Landschaftsfotografie für Einsteiger

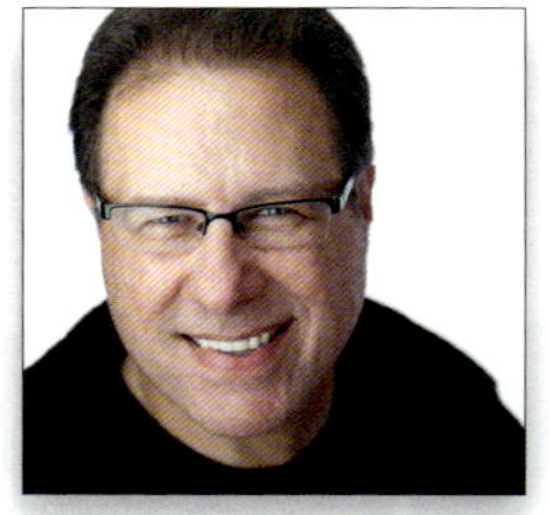

Scott Kelby ist Präsident und CEO von KelbyOne, der Online-Community für Lightroom, Photoshop und Fotografie.

Er ist Redakteur, Herausgeber und Mitbegründer des Magazins Photoshop User, Redakteur des Lightroom Magazine, Moderator des einflussreichen wöchentlichen Live-Fotografie-Podcasts The Grid sowie Begründer des jährlichen Scott Kelby's Worldwide Photo Walk.®

Scott Kelby arbeitet als Fotograf und Designer. Er ist der preisgekrönte Autor von mehr als 90 Büchern, darunter Scott Kelbys Foto-Rezepte, Scott Kelbys Photoshop CC-Praxisbuch und Scott Kelbys Blitz-Rezepte. Der erste Band der Foto-Rezepte wurde zum meistverkauften Buch in der Geschichte der Digitalfotografie.

Seine Bücher wurden in zahlreiche Sprachen übersetzt, darunter Chinesisch, Russisch, Spanisch, Koreanisch, Polnisch, Taiwanesisch, Französisch, Deutsch, Italienisch, Japanisch, Dänisch, Schwedisch, Türkisch, Portugiesisch und viele andere.

Er erhielt den renommierten ASP International Award, der alljährlich von der American Society of Photographers für »... besondere oder bedeutende Beiträge zu den Zielen der professionellen Fotografie als Kunst und Wissenschaft« verliehen wird, sowie den HIPA-Award, der ihm für seine Beiträge zur Schulung von Fotografen auf der ganzen Welt verliehen wurde.

Scott Kelby ist Conference Technical Chair der Photoshop World Conference & Expo. Er hält regelmäßig Vorträge auf Konferenzen und Veranstaltungen auf der ganzen Welt. Er ist Trainer in einer Serie Online-Kurse auf KelbyOne und bildet seit 1993 Fotografen und Adobe-Photoshop-Nutzer aus.

Mehr über Scott Kelby erfahren Sie hier:

Täglicher Lightroom-Blog: lightroomkillertips.com
Persönlicher Blog: scottkelby.com
Twitter: @scottkelby
Facebook: facebook.com/skelby
Instagram: @scottkelby

Scott Kelby

Landschaftsfotografie für Einsteiger

Über 190 Rezepte für atemberaubende Landschaftsaufnahmen

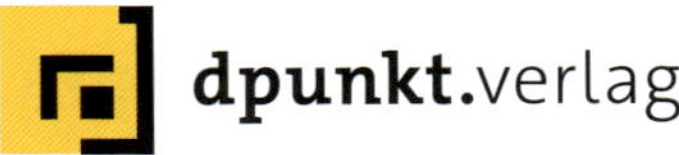

Scott Kelby
www.scottkelby.com

Lektorat: Boris Karnikowski
Übersetzung: Isolde Kommer, Großerlach, Christoph Kommer, Dresden, *www.mersinkommer.de*
Satz: Isolde Kommer und Tilly Mersin, Großerlach, *www.mersinkommer.de*
Herstellung: Stefanie Weidner
Umschlaggestaltung: Helmut Kraus, *www.exclam.de*, unter Verwendung eines Fotos des Autors
Druck und Bindung: mediaprint solutions GmbH, 33100 Paderborn

Bibliografische Information der Deutschen Nationalbibliothek
Die Deutsche Nationalbibliothek verzeichnet diese Publikation in der Deutschen Nationalbibliografie; detaillierte bibliografische Daten sind im Internet über *http://dnb.d-nb.de* abrufbar.

ISBN:
Print 978-3-86490-692-3
PDF 978-3-96088-812-3
ePub 978-3-96088-813-0
mobi 978-3-96088-814-7

1. Auflage 2019

Wieblinger Weg 17
69123 Heidelberg

Hinweis:
Der Umwelt zuliebe verzichten wir auf die Einschweißfolie.

Schreiben Sie uns:
Falls Sie Anregungen, Wünsche und Kommentare haben, lassen Sie es uns wissen: hallo@dpunkt.de

5 4 3 2 1

Dieses Buch widme ich meinem lieben Freund und Kollegen,
dem bekannten Landschaftsfotografen Moose Peterson.

Ich habe im Lauf der Jahre unheimlich viel von ihm gelernt,
und vieles davon hat es in dieses Buch geschafft.
Moose war bei meinem Einstieg in die Landschaftsfotografie
so freundlich und geduldig mit mir. Er teilt sein Wissen mit anderen,
und dieses Vermächtnis gebe ich mit diesem Buch weiter.

Ich möchte dieses Buch auch deshalb Moose widmen,
weil er mir gezeigt hat, was ein wahrer Freund ist.
Als sich vor ein paar Jahren dunkle Wolken über mir zusammenzogen,
war Moose da und hielt seinen Regenschirm über mich.
Und das werden meine Familie und ich niemals vergessen.

Dank

Auch wenn auf dem Buchcover nur ein einziger Name steht, ist ein solches Projekt nur mit einem Team engagierter und fähiger Leute zu stemmen. Es war mir eine Freude, mit euch zu arbeiten, und es ist mir eine Ehre, euch hier zu danken.

Meiner wundervollen Ehefrau Kalebra: Immer wieder beweist du mir aufs Neue, was mir alle schon immer sagen: Ich bin der glücklichste Kerl auf der Welt.

Meinem Sohn Jordan: Ich kann einfach nicht glauben, dass mein »kleiner Junge« den College-Abschluss macht. Es ging alles so schnell, aber ich freue mich sehr für dich und dass du so viel vor dir hast: die vielen Abenteuer, den Spaß, die Liebe, das Lachen. Falls es einen Vater gibt, der noch stolzer auf seinen Sohn ist als ich, dann muss ich ihn kennenlernen. #rolltide!

Meiner wunderschönen Tochter Kira: Du bist eine kleine Kopie deiner Mutter – und das ist das größte Kompliment, das ich dir überhaupt machen kann. Ich liebe deinen Sinn für Humor, dein ständiges Herumtanzen, die lustigen Gesichter, die du schneidest, und besonders, wenn du und ich zusammen zu Mittag oder Abend essen. Ich bin so glücklich, dein Vater zu sein.

Meinem großen Bruder Jeff: Deine grenzenlose Großzügigkeit, Liebenswürdigkeit, positive Einstellung und Bescheidenheit haben mich mein ganzes Leben lang inspiriert. Es ist mir eine große Ehre, dein Bruder zu sein.

Meiner Lektorin Kim Doty: Ich schätze mich unglaublich glücklich, dich als Lektorin meiner Bücher an der Seite zu haben. Ich könnte mir nicht vorstellen, sie ohne dich zu schreiben. Es macht wirklich Freude, mit dir zu arbeiten.

Meiner Buchgestalterin Jessica Maldonado: Ich liebe deine Designs mit all ihren raffinierten Details. Du bist ein Riesengewinn für unser Buchteam!

Meiner lieben Freundin und Geschäftspartnerin Jean A. Kendra: Danke, dass du es all die Jahre mit mir ausgehalten hast, und für deine Unterstützung bei allen meinen verrückten Ideen. Das ist so viel wert.

Erik Kuna: Danke, dass du für die Aufnahmen für dieses Buch mit mir überall hin gereist bist. Ohne deine Freundschaft, deine Ideen und deinen Rat wäre dieses Buch längst nicht so gut geworden.

Jeanne Jilleba: Danke, dass du mich immer wieder in die richtige Spur zurückbringst. Ich bin sehr dankbar für deine Hilfe, dein Talent und die unermessliche Geduld, die du jeden Tag wieder aufbringst.

Cindy Snyder: Riesigen Dank dafür, dass du an meinen Büchern arbeitest und tausend kleine Dinge findest, die andere übersehen hätten.

Meinem Lektor Ted Waitt bei Rocky Nook: Ich folge dir, wohin du auch gehst. Außerdem kann ich mich sowieso erst dann von dir trennen, wenn du mich nochmal bei Tony's zum Diner eingeladen hast. #whodat!

Meinem Verleger Scott Cowlin: Ich bin so glücklich, immer noch mit dir zu arbeiten, und danke dir für deine Offenheit und deinen Weitblick. Es ist gut, neue Dinge mit alten Freunden zu probieren.

Meinen Beratern John Graden, Jack Lee, Dave Gales, Judy Farmer und Douglas Poole: Danke, dass ihr eure Erfahrung eingebracht und die Peitsche geschwungen habt – beides hat mir unbeschreiblich geholfen.

Und vor allem möchte ich Gott und seinem Sohn Jesus Christus danken, die mich zur Frau meiner Träume geführt und uns mit wunderbaren Kindern gesegnet haben, die es mir ermöglicht haben, meinen Lebensunterhalt mit einer erfüllenden Arbeit zu bestreiten, die stets da sind, wenn ich sie brauche, die mich mit einem wundervollen und glücklichen Leben sowie einer liebevollen Familie gesegnet haben.

Inhaltsverzeichnis

Kapitel 5 **081**

HDR & Panoramen

Kapitel 6 **103**

Langzeitbelichtungen

Kapitel 7 **121**

Sternenhimmel & die Milchstraße

Kapitel 8 **145**

Bildbearbeitung

Wenn Sie diese beiden Seiten überblättern, ...

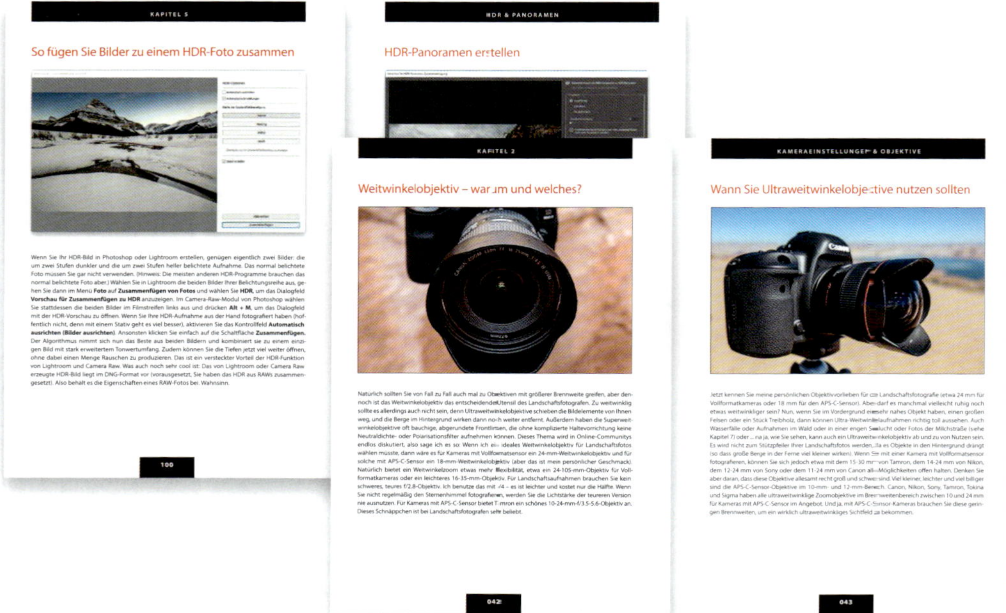

(1) Okay, diese Überschrift ist totaler Blödsinn, aber die folgenden fünf Punkte sind äußerst wichtig und Sie sollten sie zuerst lesen. Deshalb diese Überschrift: Ich wusste, dass sie Ihre Aufmerksamkeit erregt, und da Sie dies gerade lesen, hat mein kleiner Trick ja prima funktioniert. Wir sind also auf einem guten Weg. Was könnte denn nun so wichtig sein, dass Sie es auf keinen Fall überlesen dürfen? Na ja, wenn Sie diese Seiten übersprungen hätten, wüssten Sie nicht, dass es eine spezielle Webseite mit einigen Videos von mir gibt, die sehr hilfreich für Sie sein werden. Dies ist der Link zur Webseite: *kelbyone.com/books/landscape*. Und jetzt die vier anderen wichtigen Dinge (nun hören Sie schon auf zu kichern):

(2) So funktioniert dieses Buch: Im Grunde genommen ziehen Sie und ich gemeinsam zu einem Shooting los, und ich gebe Ihnen genau die Tipps und Ratschläge und bringe Ihnen die Techniken bei, die ich im Laufe der Jahre von den Top-Landschaftsfotografen gelernt habe. Mit einer Ausnahme: Die ganzen technischen Details lasse ich weg. Also angenommen, Sie drehen sich zu mir um und fragen: »Hey Scott, worauf soll ich in dieser Szene fokussieren?«, dann würde ich Ihnen keinen Vortrag über hyperfokale Entfernung oder Schärfentiefeebenen halten, sondern kurz und bündig antworten: »Stelle auf ein Objekt scharf, das sich etwa auf 1/3 der Wegstrecke ins Bild hinein befindet.« Und genau so mache ich es auch in diesem Buch.

(3) Sie müssen das Buch nicht von vorne bis hinten durchlesen. Sie können vielmehr überall einsteigen. Wenn Sie sich also mit einem bestimmten Bereich der Landschaftsfotografie zuerst vertraut machen möchten, können Sie einfach zum entsprechenden Kapitel springen und sofort durchstarten. Kein Problem. Wenn Sie völliger Anfänger sind, dann ist es jedoch wahrscheinlich hilfreich, das Buch von vorne nach hinten zu lesen, denn spätere Kapitel bauen auf früheren auf.

... könnte Ihre Kamera Schaden nehmen – oder Schlimmeres

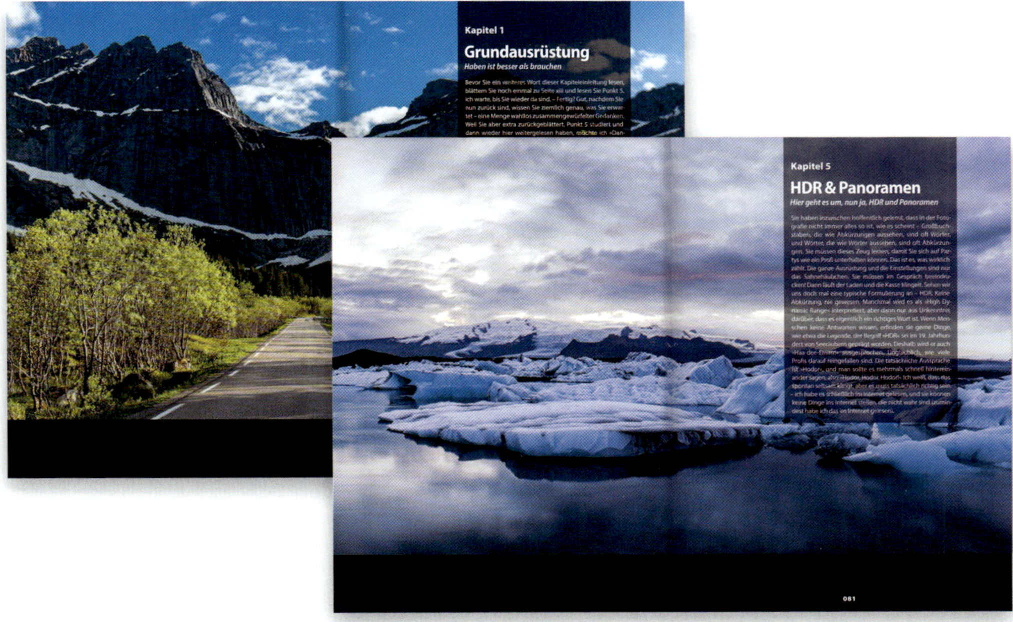

(4) Wenn Sie mit einer Digitalkamera von Sony, Olympus oder Fuji fotografieren, lassen Sie sich nicht davon beirren, dass hier oft eine Canon- oder Nikon-Kamera abgebildet ist. Die meisten Techniken in diesem Buch gelten für alle Kameras mit oder ohne Spiegel und sogar für viele gängige digitale Kompaktkameras. Ach was, viele Tipps sind sogar hilfreich, wenn Sie nur mit dem Handy fotografieren. Lassen Sie sich also nicht von Marken oder Modellen abschrecken – es geht um die Grundlagen der Landschaftsfotografie, und die sind weitestgehend kameraunabhängig.

(5) Sollten Sie die Kapiteleinleitungen lesen? In meinen Büchern pflege ich eine Tradition, die meine Leser entweder begeistert oder in den Wahnsinn treibt. Sie betrifft die Kapiteleinleitungen. In einem normalen Buch würden diese Seiten Ihnen wichtige Einblicke in das jeweils folgende Kapitel geben. Bei meinen Kapiteleinleitungen jedoch ... na ja, da ist das eben nicht so. Meine schrulligen, weitschweifigen Einleitungen haben wenig oder gar nichts mit dem Kapitelinhalt zu tun. Sie sollen einfach »mentale Pausen« zwischen den Kapiteln sein und viele Leute mögen das (so sehr, dass wir tatsächlich ein ganzes Buch nur mit den Kapiteleinleitungen aus meinen verschiedenen Büchern veröffentlicht haben – kein Scherz!). Es gibt jedoch auch Leute, die sie mit der Leidenschaft von tausend glühenden Sonnen hassen. Zum Glück für sie (und für mich) habe ich das »wirre Zeug« auf diese wenigen Einführungsseiten beschränkt – das restliche Buch kommt direkt auf den Punkt. Ich musste Sie jedoch warnen, nur für den Fall, dass Sie ein humorloser Miesepeter (oder eine humorlose Miesepetra) sind. Denn dann bitte ich Sie inständig, die Kapiteleinleitungen einfach zu überspringen. Okay, danke, dass Sie sich die Zeit genommen haben, diese beiden Seiten zu lesen. Jetzt sind Sie startklar. Blättern Sie um und machen Sie sich an die Arbeit!

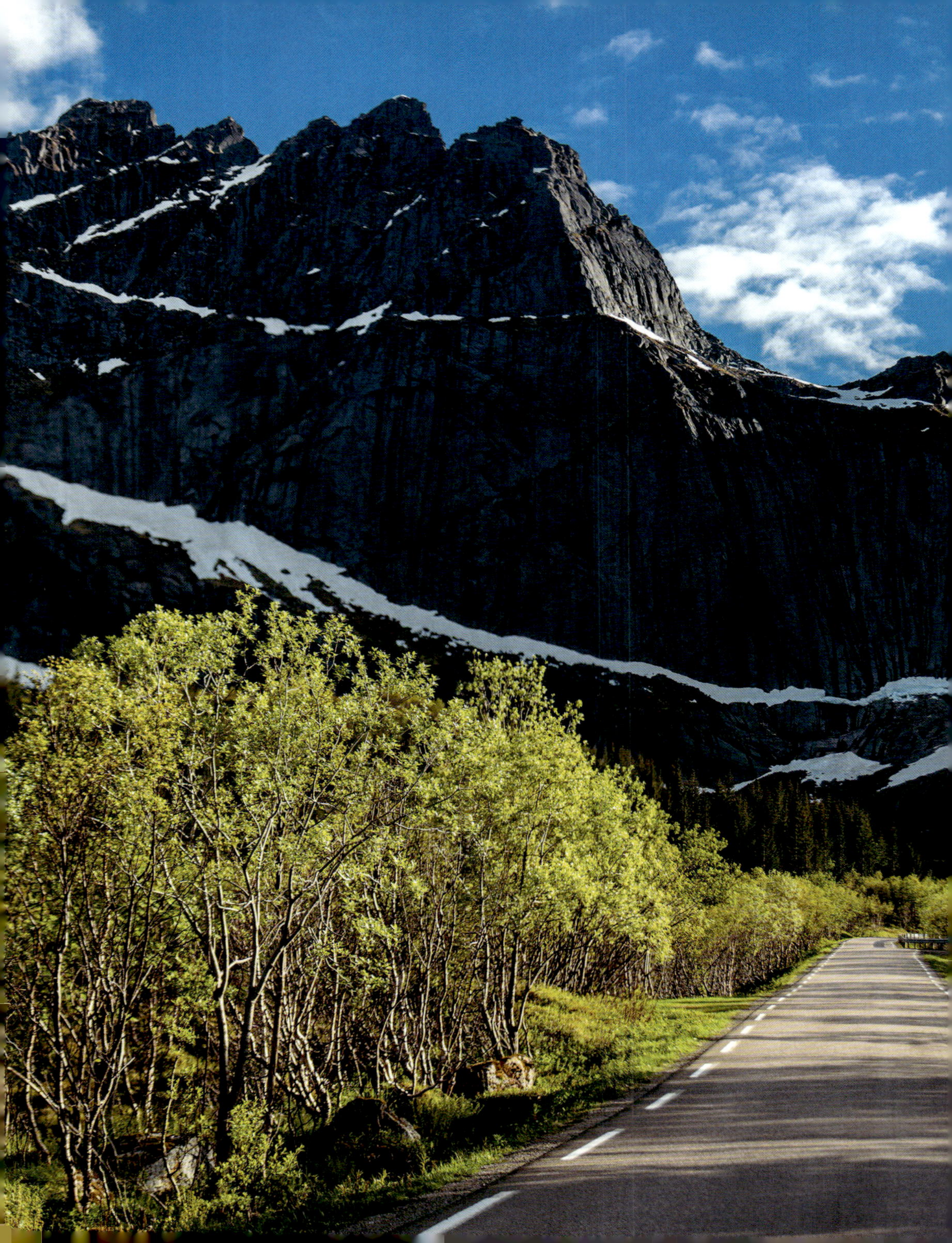

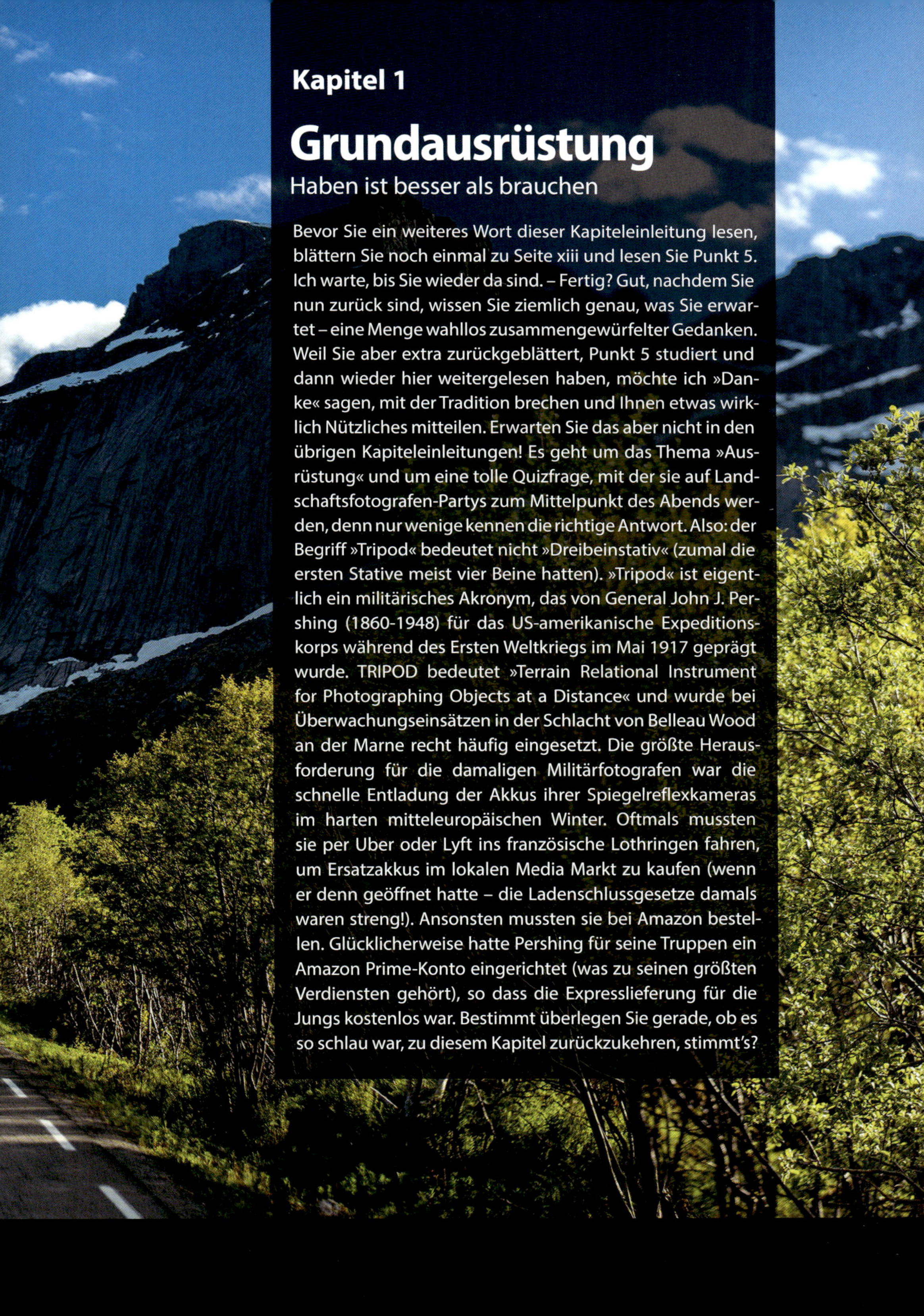

Kapitel 1

Grundausrüstung

Haben ist besser als brauchen

Bevor Sie ein weiteres Wort dieser Kapiteleinleitung lesen, blättern Sie noch einmal zu Seite xiii und lesen Sie Punkt 5. Ich warte, bis Sie wieder da sind. – Fertig? Gut, nachdem Sie nun zurück sind, wissen Sie ziemlich genau, was Sie erwartet – eine Menge wahllos zusammengewürfelter Gedanken. Weil Sie aber extra zurückgeblättert, Punkt 5 studiert und dann wieder hier weitergelesen haben, möchte ich »Danke« sagen, mit der Tradition brechen und Ihnen etwas wirklich Nützliches mitteilen. Erwarten Sie das aber nicht in den übrigen Kapiteleinleitungen! Es geht um das Thema »Ausrüstung« und um eine tolle Quizfrage, mit der sie auf Landschaftsfotografen-Partys zum Mittelpunkt des Abends werden, denn nur wenige kennen die richtige Antwort. Also: der Begriff »Tripod« bedeutet nicht »Dreibeinstativ« (zumal die ersten Stative meist vier Beine hatten). »Tripod« ist eigentlich ein militärisches Akronym, das von General John J. Pershing (1860-1948) für das US-amerikanische Expeditionskorps während des Ersten Weltkriegs im Mai 1917 geprägt wurde. TRIPOD bedeutet »Terrain Relational Instrument for Photographing Objects at a Distance« und wurde bei Überwachungseinsätzen in der Schlacht von Belleau Wood an der Marne recht häufig eingesetzt. Die größte Herausforderung für die damaligen Militärfotografen war die schnelle Entladung der Akkus ihrer Spiegelreflexkameras im harten mitteleuropäischen Winter. Oftmals mussten sie per Uber oder Lyft ins französische Lothringen fahren, um Ersatzakkus im lokalen Media Markt zu kaufen (wenn er denn geöffnet hatte – die Ladenschlussgesetze damals waren streng!). Ansonsten mussten sie bei Amazon bestellen. Glücklicherweise hatte Pershing für seine Truppen ein Amazon Prime-Konto eingerichtet (was zu seinen größten Verdiensten gehört), so dass die Expresslieferung für die Jungs kostenlos war. Bestimmt überlegen Sie gerade, ob es so schlau war, zu diesem Kapitel zurückzukehren, stimmt's?

Sie brauchen ein stabiles Stativ

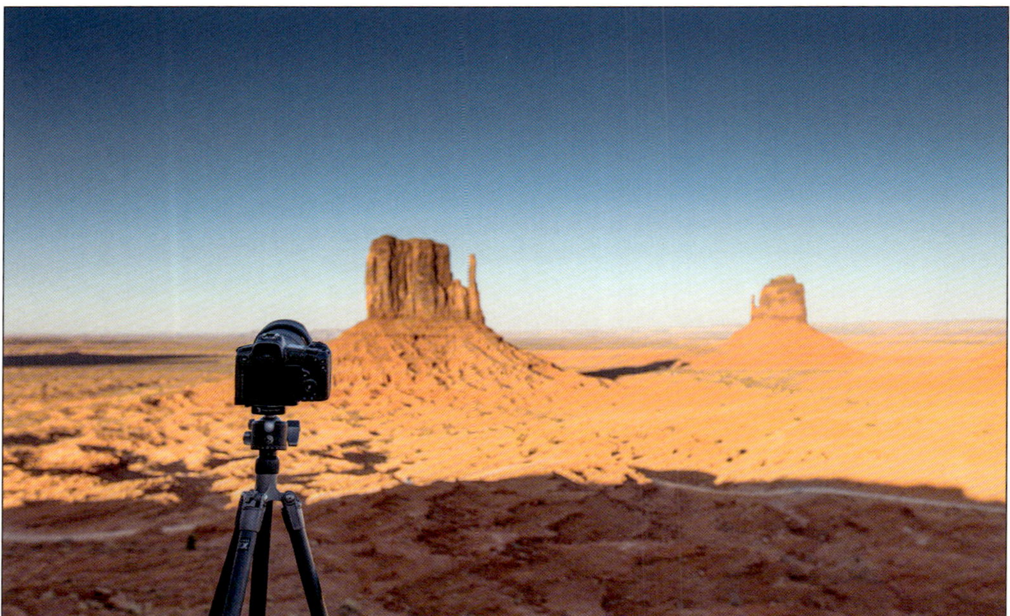

Als Landschaftsfotograf arbeiten Sie oft bei schwachem Licht und der Verschluss bleibt häufig für mehrere Sekunden offen. Deshalb benötigen Sie ein robustes Stativ, damit Ihre Kamera während der gesamten Belichtungszeit absolut ruhig steht und sich kein bisschen bewegt. Die Betonung liegt auf »robust«. Für so ziemlich alle anderen fotografischen Genres – Reisen, Architektur, Menschen und so weiter – reicht vielleicht auch eines dieser leichten, kompakten Reisestative. Kein Problem. In der Landschaftsfotografie bekommen Sie es jedoch manchmal mit windigem, regnerischem oder einfach unvorhersehbarem Wetter zu tun (einige der besten Landschaftsfotos sind bei miesem Wetter entstanden), und Sie sollten nicht riskieren, dass Ihre Ausrüstung einfach umkippt. In einem meiner Workshops ist das passiert – das gesamte Kamerasystem eines Teilnehmers kippte nicht nur um, sondern stürzte gleich noch eine Felswand hinab. Das Geräusch, das Kamera und Stativ machen, wenn sie wieder und wieder auf die Felsen schlagen, werden Sie nie wieder vergessen. Wir hätten uns leider nie träumen lassen, dass es so windig sein könnte, und mit einem schönen, stabilen Stativ wäre auch nichts passiert. Ein Kumpel von mir sagte mal: »Es gibt zwei Sorten von Stativen: einmal die leichten, tragbaren und die guten.« Diese Lektion sollten Sie nicht auf die harte Tour lernen – besorgen Sie sich ein gutes Stativ. Sie werden es viele Jahre lang im Einsatz haben, und es wird Ihnen gute Dienste leisten (sprechen Sie den hinteren Satzteil wie eine Game-of-Thrones-Figur, dann werden Sie sich vornehmer fühlen, wenn Sie das Geld dafür hinblättern).

Lassen Sie die Mittelsäule ganz unten

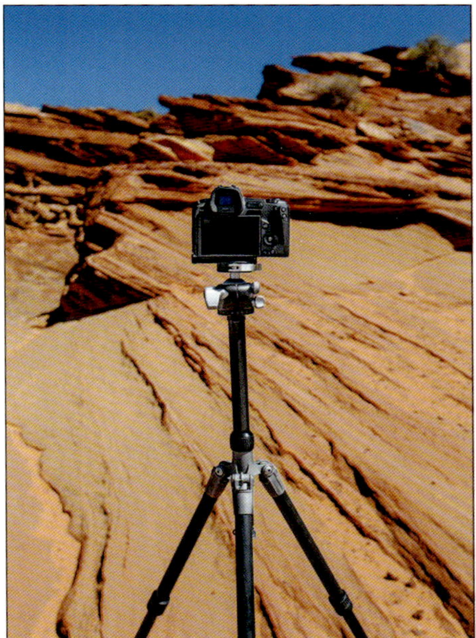

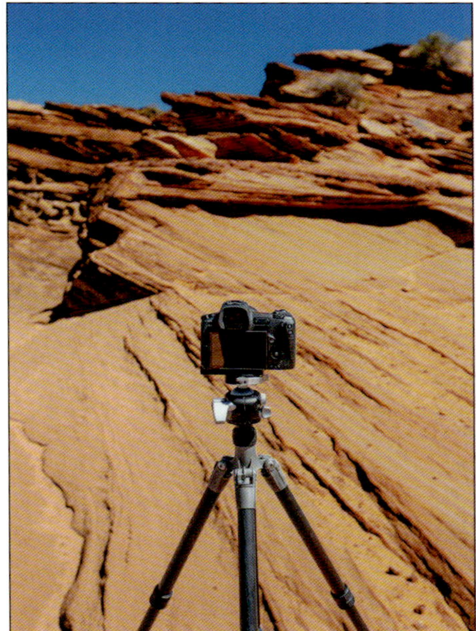

Viele der heute erhältlichen Stative – besonders die kompakten – haben eine nach oben ausziehbare Mittelsäule. Dadurch sollen Sie Ihre Kamera bequem auf Augenhöhe bekommen (wie in der linken Abbildung). Sie können ruhig ein Stativ mit Mittelsäule kaufen, sollten diese aber auf keinen Fall benutzen. Unter Fotografen trägt die Mittelsäule manchmal den Codenamen »der Weichzeichner«, weil sie die Stabilität Ihrer Kamera erheblich beeinträchtigt (schon bei leichtem Wind kann man erkennen, wie die Kamera auf der Mittelsäule wackelt). Um erst gar nicht in Versuchung zu kommen, kaufen Sie gleich das richtige Stativ – eines mit ausreichend langen Beinen. Voll ausgefahren, sollte sich die Stativplatte dann auf Augenhöhe befinden – dann müssen Sie die Mittelsäule gar nicht ausziehen.

Die Beine Ihres Stativs ausfahren

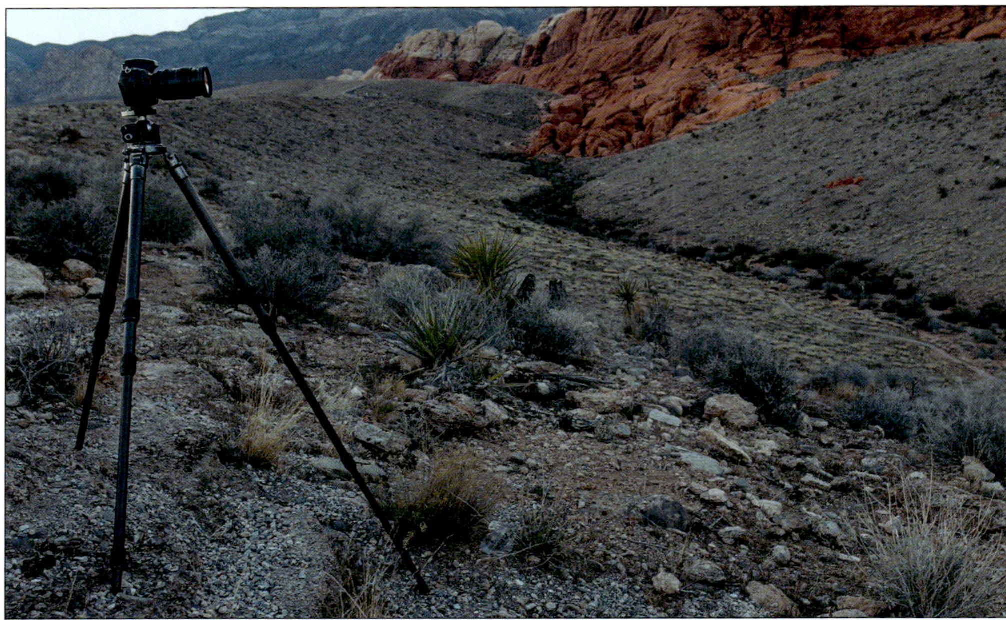

Wenn wir ein Stativ einsetzen (also sehr häufig), streben wir immer maximale Stabilität an. Selbst wenn nur ein kleines bisschen Wind geht, sollten wir die dicksten und stabilsten Abschnitte der Stativbeinauszüge nutzen. Wenn es windig ist, fahren wir deshalb die kleinen, dünnen Abschnitte unten am Stativ am besten überhaupt nicht aus, sondern nur die dickeren, stabileren weiter oben. Das bringt mit sich, dass Ihr Stativ niedriger bleibt und Sie sich je nach Fabrikat und Modell möglicherweise beim Fotografieren etwas hinabbeugen müssen. Dafür steht Ihr Stativ stabiler und die Gefahr, dass es sich bewegt oder umkippt, verringert sich. Deshalb fahren wir die Stativbeine immer zuerst von oben her aus und arbeiten uns nach unten vor (und die dünnen Abschnitte ziehen wir sowieso nur bei absoluter Windstille aus). Wenn wir schon dabei sind, eine Grundregel zum Aufstellen des Stativs: Drehen Sie das Stativ unter der Kamera so, dass eines der Beine unter dem Objektiv steht (da dort das meiste Gewicht liegt und Sie so vermeiden, dass das Stativ nach vorne kippt). Und an Berghängen oder auf anderem schrägen Untergrund gilt außerdem: richten Sie immer eines der Beine in Richtung des Gefälles aus (wie auf dem Bild oben).

Das Stativ durch Gewichte stabilisieren

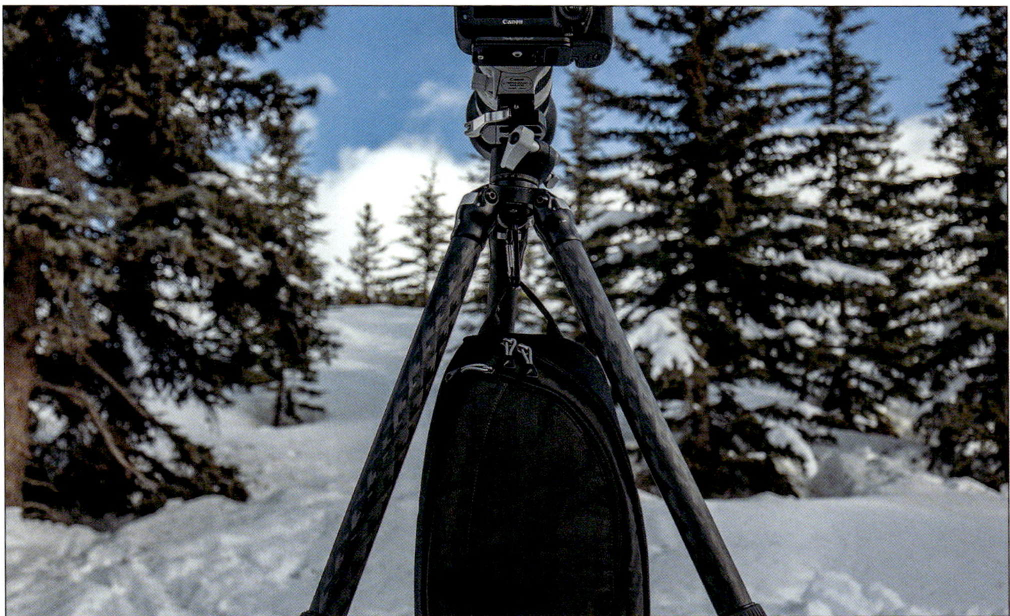

Wenn es richtig windig ist, brauchen Sie noch mehr Stabilität. Aus diesem Grund haben viele Stative unten an der Mittelsäule einen Haken. Dort können Sie ein zusätzliches Gewicht zur Stabilisierung anhängen, damit das Stativ nicht umkippt (sobald Sie ein paar Mal gesehen haben, wie ein Stativ mit einer Kamera darauf umstürzt, denken Sie automatisch dran). Anstatt einen Sandsack mitzunehmen, hängen viele Fotografen einfach ihre Kameratasche an die Mittelsäule. Sie – oder der Sandsack – sollte dabei natürlich nicht anfangen zu pendeln, das wäre kontraproduktiv. (Übrigens, wenn Sie einen Sandsack kaufen, ist normalerweise noch kein Sand drin; deshalb lässt er sich leichter transportieren, als man meinen könnte – Sie falten ihn einfach zusammen und stecken ihn in das Außenfach Ihrer Kameratasche. Den Sand füllen Sie vor Ort ein, es gibt ihn schließlich fast überall.) Bis jetzt habe ich noch kein Stativ mit einer daran hängenden Kameratasche umkippen sehen, aber klar ist: Wenn Ihr Stativ trotz Sandsack umkippt, dann haben Sie sowieso noch ganz andere Sorgen.

Die Stativbeine flach ausstrecken

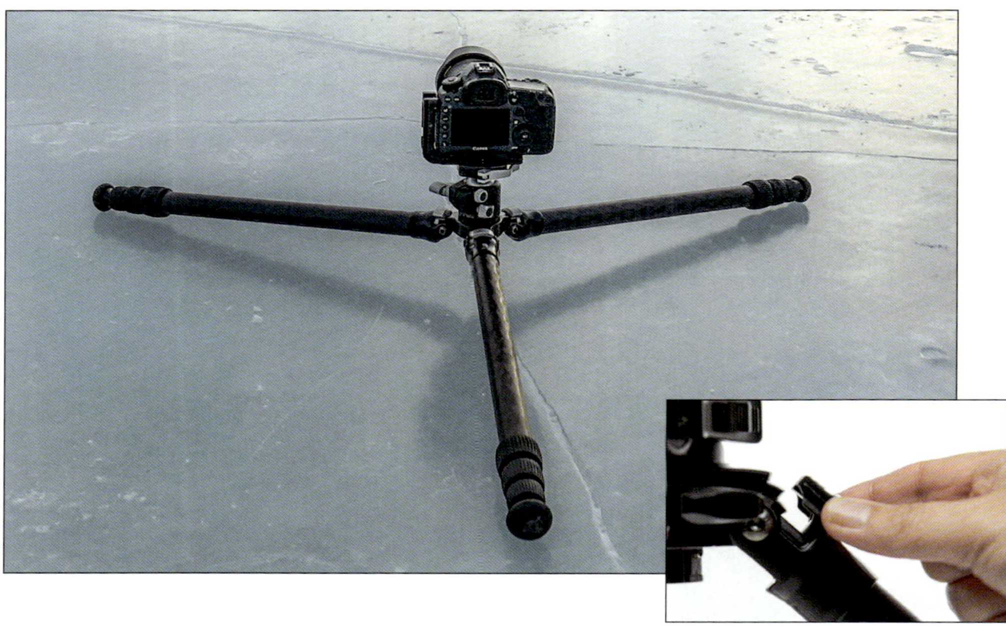

In manchen Situationen müssen Sie richtig weit runtergehen, oder Sie wollen auf den Steinen in einem Bach fotografieren, oder im Vordergrund der Szene befindet sich ein großes Objekt (vielleicht fotografieren Sie mit einem Ultra-Weitwinkelobjektiv). In solchen Situationen müssen Sie die Beine Ihres Stativs weit nach oben klappen können. Jedes Stativ ist ein wenig anders, aber meistens rasten die voll ausgezogenen Beine in einem 45°-Winkel zum Stativkopf ein. Es gibt aber – meistens – noch zwei Einrastpunkte mehr, die noch flachere Winkel erlauben. Sehen Sie sich das obere Ende der Beine an: dort, wo die Beine mit der Stativplatte verbunden sind, erkennen Sie einen kleinen Hebel (siehe kleines Bild oben). Wenn Sie diesen Hebel ziehen (dieser Entriegelungsmechanismus unterscheidet sich je nach Marke und Modell), können Sie die Beine über die erste Einrastposition hinaus fast in die Waagerechte hochklappen. Die Entriegelung selbst hat normalerweise zwei oder drei Kerben, so dass Sie die Beine entweder nur ein wenig oder aber wirklich komplett waagerecht ausrichten können (in der Abbildung sitzt mein Stativ beispielsweise flach auf einer Eisfläche). Die Möglichkeit, eine so niedrige Perspektive zu wählen, ist für die Landschaftsfotografie sehr wichtig und deshalb verfügen heutzutage viele Stative über diese Funktion.

Mit einem Platypod richtig weit runtergehen

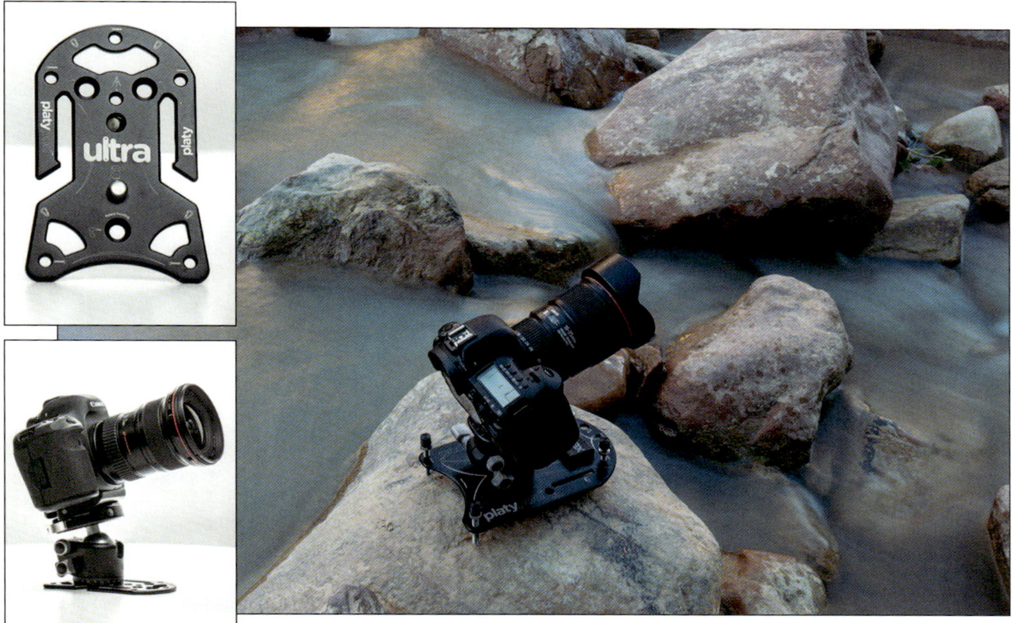

Das Platypod ist eine dünne, superstabile, nur 90,7 Gramm leichte Platte, an der Sie Ihren Kugelkopf und die Kamera befestigen und die Sie statt eines Stativs verwenden. Es gehört seit mehreren Jahren zu meinem Lieblings-Equipment und mittlerweile erzähle ich jedermann, wie phänomenal es ist. Ich verwende statt eines Stativs ein Platypod, wenn ich (1) wirklich weit auf den Boden runter und mich nicht mit dem Ausklappen der Stativbeine abplagen will, (2) an einem Ort fotografiere, wo Stative unpraktisch oder nicht erlaubt sind, oder (3) meine Kamera an einem Ort verwenden möchte, der keinen Platz für ein Stativ bietet oder wo es gefährlich sein könnte, eins zu verwenden (weil es umkippen könnte). Das Platypod passt tatsächlich in meine Hemd- oder Jackentasche. Es ist aus hochwertigem Flugzeugaluminium gefertigt und unglaublich robust – von der Kamera mit dem größten Weitwinkelobjektiv bis zum 70-200mm-Objektiv kann ich alles darauf montieren, im Zweifelsfall mit Stativschelle – es funktioniert perfekt! Das Platypod besitzt vier eingeschraubte spitze Metallfüße, sodass es auf Felsen oder Holz Halt findet, sowie eine Halterung, mit der man es direkt an einem Geländer befestigen kann (ideal für Wasserfälle oder Brücken über Wasserläufen). Auch Sie werden diesen Ausrüstungsgegenstand so sehr lieben, dass Sie zum Missionar werden. Das Platypod Ultra kostet ca. 65,- €, seinen deutlich größeren, schwereren Bruder, das Platypod Max, bekommen Sie für ca. 100,- €. Das Letztere ist für Leute mit wirklich langen Objektiven gedacht (oder für Leute mit Umkipp-Phobie).

Ein Kugelkopf ist praktisch

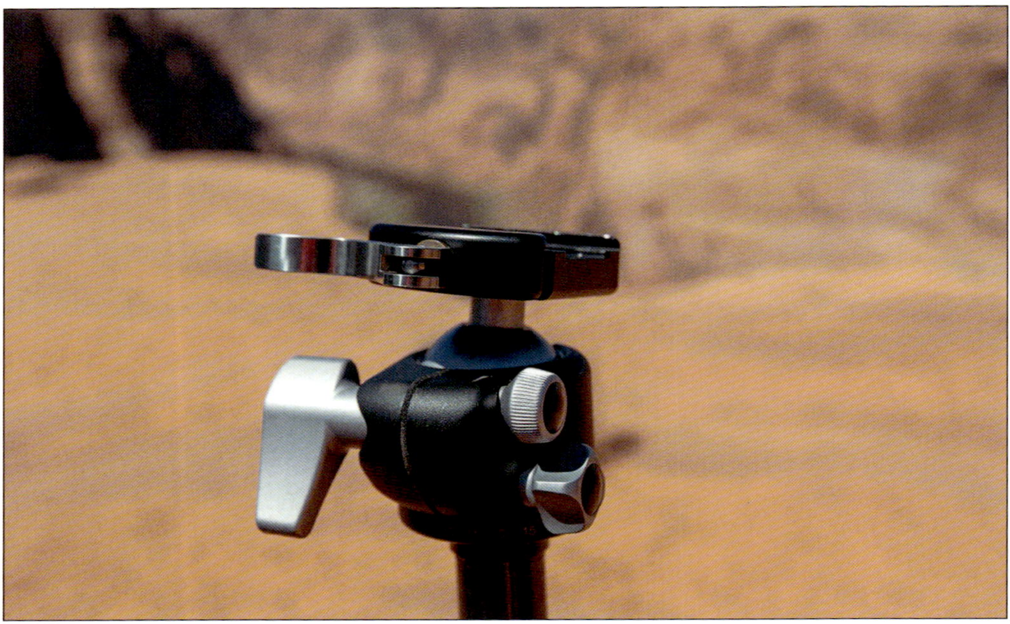

Im Lauf der Jahre habe ich jede erdenkliche Vorrichtung genutzt, um meine Kamera auf dem Stativ zu befestigen – von Pistolengriffen über Gimbals bis hin zu Videoneigern. In der Landschaftsfotografie (und so gut wie allen anderen fotografischen Genres) ist jedoch nichts so leicht einsetzbar und so präzise wie ein Kugelkopf. Es gibt ihn in allen Formen, Größen und Preisklassen. Im Lauf der Jahre hat sich bei mir eine Anzahl verschiedener Kugelköpfe angesammelt – von einem Neewer-Kugelkopf für etwa 23,- € bis hin zu meinem geliebten Really Right Stuff BH-40. Das ist ein wundervolles Stück Technik, das viele (meine Wenigkeit eingeschlossen) für den besten jemals gebauten Kugelkopf halten. Er ist nicht gerade billig (etwa 520,- € bei *www.augenblicke-eingefangen.de*), aber ich habe ihn schon seit 10 Jahren. Somit hat er mich pro Jahr nicht mal 52,- € pro Jahr gekostet, er war also ein Schnäppchen. Es gibt zahlreiche hervorragende Kugelkopfmodelle, und sobald Sie einen in Gebrauch haben, werden sie nichts anderes mehr wollen. So einfach anzuwenden und so exakt – ein reines Vergnügen.

Ein Fernauslöser ist unverzichtbar

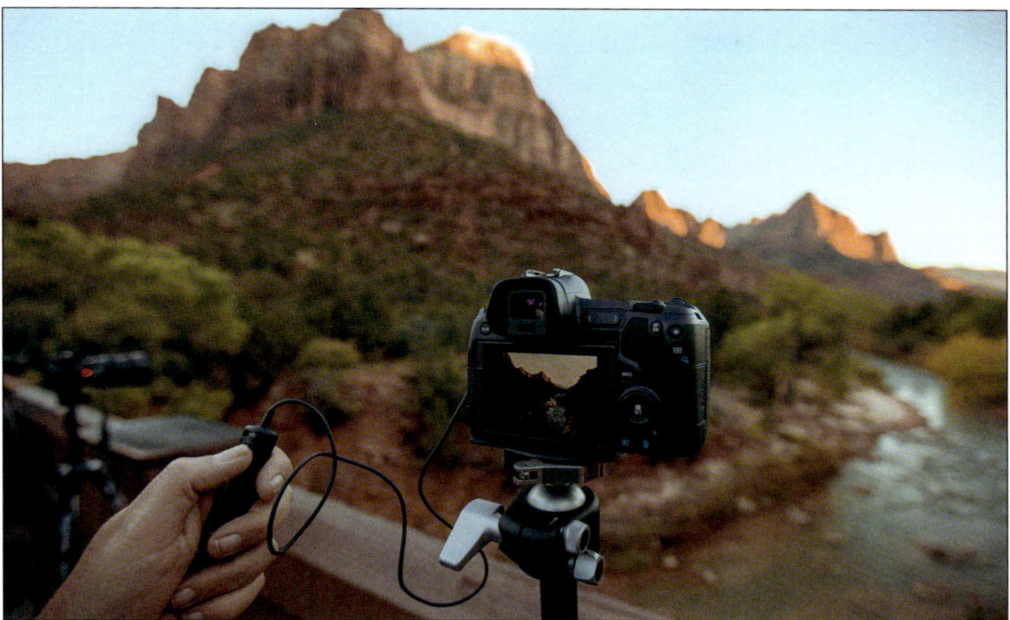

Nachdem Sie so viel Zeit und Geld in den Erwerb eines guten, soliden, robusten Stativs investiert haben, damit Ihre Kamera absolut ruhig steht, sollten Sie beim Druck auf den Auslöser nicht alles verpatzen, stimmt's? Denn wenn Sie den Auslöser mit dem Finger herunterdrücken, bewegt sich die Kamera auf jeden Fall so stark, dass Sie keine wirklich messerscharfe Aufnahme erhalten. Ich weiß, ich weiß ... Sie denken jetzt bestimmt: »Aber ich drücke den Auslöser doch nur ganz sachte«. Das ist toll, denn dann bewegt sich die Kamera weniger. Aber eben nur »weniger« und nicht »nicht«. Wie wäre es also mit einem Fernauslöser? Sie stöpseln vorne oder seitlich an der Kamera ein dünnes Kabel in die dafür vorgesehene kleine Buchse. Und wenn Sie den Knopf am Ende des Kabels drücken, löst die Kamera ganz ohne Verwackeln aus. Das ist die eine Möglichkeit. Für die meisten modernen Kameras sind zudem preiswerte Funk-Fernauslöser erhältlich. Sie kosten nur etwa um die 20,- € (es sei denn, Sie haben eine wirklich teure Kamera: In dem Fall gehen die Kamerahersteller davon aus, dass Sie viel Geld besitzen, und Sie müssen für einen Auslöser, der genau dasselbe kann wie der für 20,- €, einen ganzen Batzen mehr bezahlen. Ich weiß, das ist fies). Wie dem auch sei, wenn Sie losziehen, um Ihr Stativ zu kaufen, besorgen Sie sich auch gleich einen kabelgebundenen oder kabellosen Fernauslöser. Der ist absolut unverzichtbar.

Einen geraden Horizont erhalten: Methode 1

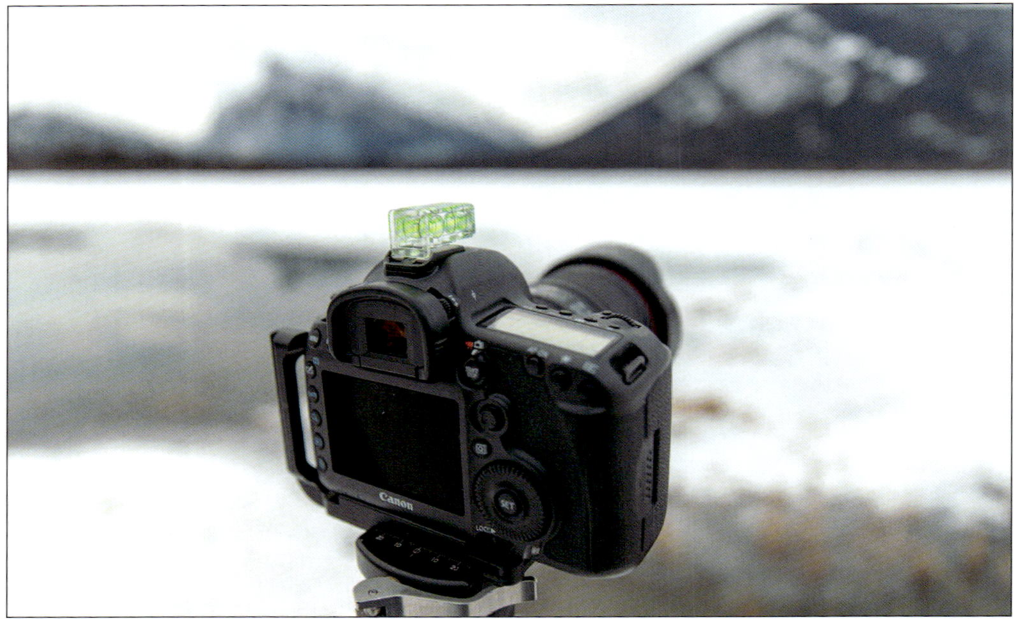

Ein schiefer Horizont ist eine der »Sieben Todsünden der Landschaftsfotografie«, und ja, Sie können das später in Lightroom oder Photoshop (oder wo auch immer) beheben. Allerdings müssen Sie Ihr Bild dazu drehen und verlieren dabei Bildinhalte. Im Prinzip komponieren Sie Ihr Foto also nachträglich neu – und zwar nicht, weil Sie aus der Aufnahme ein besseres Bild herausholen können, sondern weil Sie sie vermasselt haben. Wie wäre es, wenn Sie es gleich richtig machten, statt das Bild nachträglich in Ordnung bringen zu müssen? Eine Möglichkeit ist die Anschaffung einer preiswerten Wasserwaage. Diese passt genau in den Blitzschuh oben auf Ihrer Kamera (wie Sie in der Abbildung erkennen können) und funktioniert genauso wie eine normale Wasserwaage aus dem Baumarkt. Sie können damit sicherstellen, dass Ihre Kamera beim Fotografieren perfekt gerade steht. Dadurch ersparen Sie sich später in der Nachbearbeitung in Lightroom oder Photoshop viel Mühe und Ärger.

Einen geraden Horizont erhalten: Methode 2

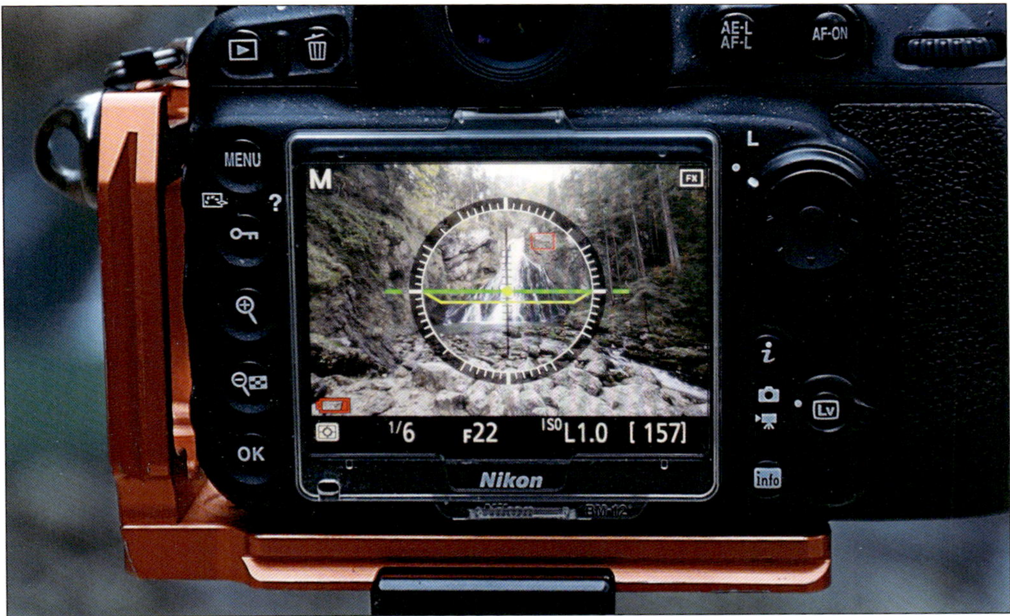

Wenn Ihre Kamera relativ neu ist, kann es gut sein, dass bereits eine Art digitale Wasserwaage verbaut ist. Diese ähnelt dem künstlichen Horizont, mit dem Piloten die Tragflächen Ihres Flugzeugs gerade halten und vermeiden, dass die Passagiere panisch kreischen, während ihre Getränke vom Tablett rutschen. So genau wollten Sie es wahrscheinlich gar nicht wissen, aber wie dem auch sei – in vielen Fällen ist so eine digitale Wasserwaage bereits in Ihre Kamera integriert. Konsultieren Sie Ihr Kamerahandbuch, um herauszufinden, ob es eine gibt. Denn eine gerade Horizontlinie ist wichtig!

Schnellwechselplatten und L-Winkel sind toll

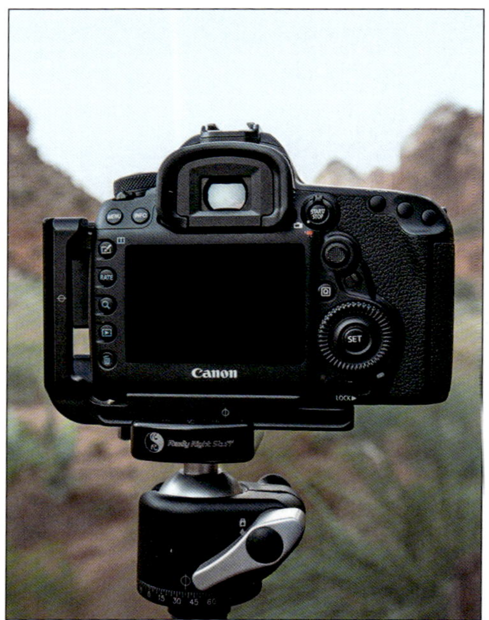

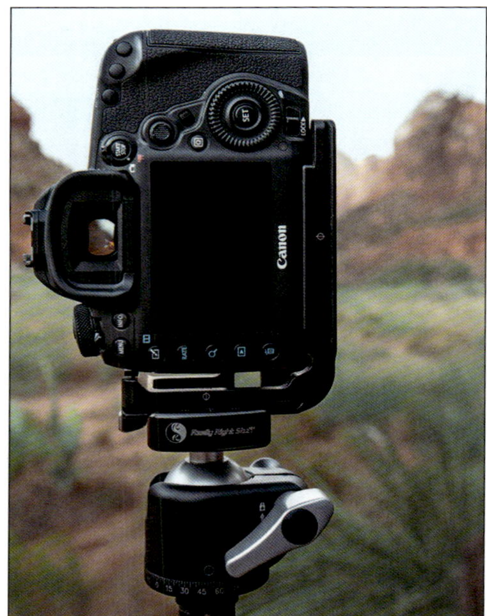

Kommen wir zu einem dieser Ausrüstungsgegenstände, bei denen man sich vor allem als Landschaftsfotograf nach einem Tag Einsatz schon fragt, wie man jemals ohne ihn klarkommen konnte: dem L-Winkel. Das ist, kurz gesagt, eine Schnellwechselplatte in L-Form, die einfach in das Stativloch an der Unterseite der Kamera eingeschraubt wird. Sie können damit auf einem Stativ in nur etwa vier Sekunden vom Querformat zum Hochformat wechseln, ohne das Bild neu einrichten zu müssen: Zuerst entriegeln bzw. öffnen Sie den Mechanismus, der den L-Winkel auf dem Kugelkopf hält. Dann drehen Sie die Kamera in die Vertikale und schieben das kurze Stück des L-Winkels zurück in die Aufnahme am Kugelkopf. Arretieren Sie alles, und schon können Sie weiterfotografieren. Der L-Winkel hat eine Aussparung, um die Steckplätze für Kabelauslöser, Mikrofone und dergleichen an der Schmalseite Ihrer Kamera frei zu lassen. Die Konstruktion ist ganz einfach und Sie werden unterwegs unzählige Landschaftsfotografen treffen, die so ein Schnellwechselsystem nutzen (wenn Sie keins haben, wird wahrscheinlich irgend jemand rüberkommen und fragen: »Warum benutzen Sie denn keinen L-Winkel?«). Der schöne und preiswerte Universal-L-Winkel der britischen Firma 3 Legged Thing kostet etwa 50,- € und funktioniert prima. Wenn Ihnen aber der Sinn nach der Crème de la Crème der L-Winkel steht, fertigt Really Right Stuff speziell zu Ihrer Kameramarke und Ihrem Modell passende L-Winkel für 140,- € bis 280,- €. Das ist zwar teurer, aber Sie können dafür den Begriff »Crème de la Crème« in die Runde werfen, wenn Sie sich mit anderen Fotografen über Ihren L-Winkel unterhalten, also ...

Ein zirkularer Polfilter gehört in die Tasche jedes Landschaftsfotografen

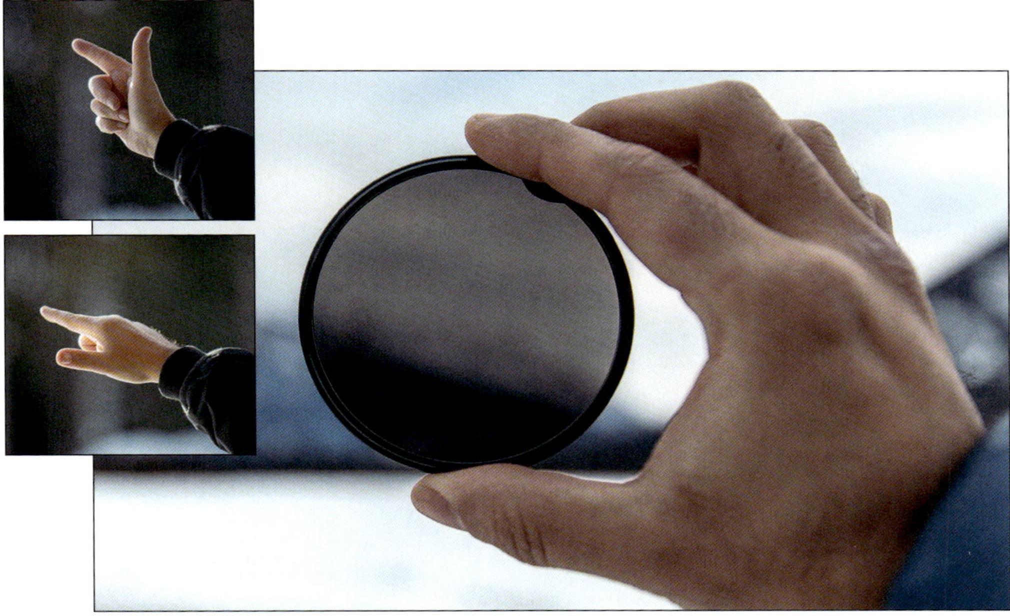

Diesen Filter brauchen Sie aus zwei Gründen: zum einen, um Reflexionen zu vermeiden. Tatsächlich ist es seine Hauptaufgabe, Reflexionen im Wasser, in Bächen etc. zu beseitigen, und dafür eignet er sich hervorragend (etwa wie eine Sonnenbrille, mit der Sie weitestgehend vermeiden können, geblendet zu werden). Zum Zweiten lässt dieser Filter einen verwaschenen Himmel dunkler und blauer erscheinen. Sie können durch Drehen am Filter einstellen, wie stark der Effekt sein soll. Das ist besonders dann nützlich, wenn Sie den Himmel fotografieren oder Reflexionen im Wasser reduzieren möchten (nicht immer sollen alle Reflexionen im Wasser entfernt werden – hören Sie einfach auf zu drehen, wenn Ihnen der Effekt zusagt). Beim Himmel erzielen Sie die besten Ergebnisse, wenn Sie in einem 90°-Winkel zur Sonne fotografieren. Andernfalls ist die Filterwirkung nicht annähernd so stark. Es gibt einen alten Trick, der Ihnen hilft, die größtmögliche Filterwirkung genau zu ermitteln: Machen Sie mit der Hand eine Pistolengeste (wie damals, als Sie ein Kind waren oder als Sie für das Cover eines Charlie's-Angels-Filmplakats posierten), dann richten Sie den »Lauf« der Pistole auf die Sonne und drehen die Hand um die Achse des Zeigefingers nach links oder rechts. Jetzt deutet Ihr Daumen auf die optimale Stelle, auf die Sie das Objektiv richten müssen, um die maximale Wirkung des Polarisationsfilters zu erzielen. Übrigens – auch wenn es nichts mit Landschaften zu tun hat: Ich nutze auch einen Polarisationsfilter, um bei der Automobilfotografie Reflexionen in den Scheiben zu vermeiden. Der Unterschied ist unglaublich.

Sie brauchen einen Neutraldichteverlaufsfilter

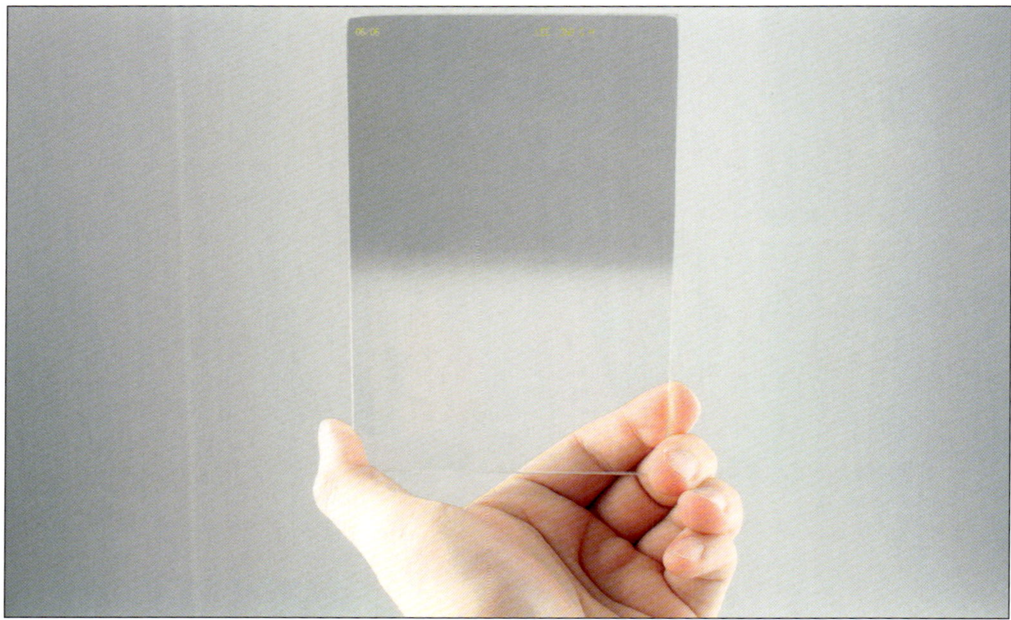

In der Landschaftsfotografie spielen zwei verschiedene Arten von Neutraldichtefilter (auch »Graufilter«) eine Rolle: solche mit und solche ohne Verlauf. Der hier vorgestellte Neutraldichteverlaufsfilter ist wahrscheinlich der wichtigere von beiden, weil er Ihnen hilft, eine Schwachstelle des Sensors auszugleichen: Wenn Sie – insbesondere tagsüber – Landschaften fotografieren, kann Ihre Kamera wegen des begrenzten Dynamikumfangs des Bildsensors oft nur entweder den Vordergrund oder den Himmel korrekt belichten. Für beides gleichzeitig reicht der Dynamikumfang des Sensors (d. h. seine Fähigkeit, zwischen absolutem Schwarz und Weiß möglichst viele Zwischentöne wiederzugeben) nicht aus. Also müssen Sie entweder den Vordergrund richtig belichten und einen überbelichteten Himmel in Kauf nehmen (die Regel) oder den Himmel korrekt belichten und mit einem viel zu dunklen Vordergrund leben. Mit einem Neutraldichteverlaufsfilter vor dem Objektiv können Sie dieses Dilemma beheben. Der Filter ist oben dunkelgrau und wird zu Mitte hin transparent. Wenn Sie mit dem Filter vor dem Objektiv auf den Vordergrund Ihres Landschaftsmotivs belichten und die Verlaufskante an der Horizontlinie ausrichten, wird der Himmel abgedunkelt und nicht überbelichtet. Der Filter selbst sieht aus wie ein klares Stück Glas (oder Plexiglas) – wegen der Form nennt man ihn auch »Rechteckfilter«. Diese Filter werden in Filterhalter gesteckt, die sie vor Ihr Objektiv schrauben – in diesen Haltern sind sie nach oben und unten verschiebbar (um die Verlaufskante an das Motiv anpassen zu können). Das ist ein großer Vorteil gegenüber runden, direkt aufs Objektiv aufschraubbaren Neutraldichteverlaufsfiltern, bei denen die Verlaufskante genau mittig verläuft: Sie können die Position der Verlaufsunterkante nicht nach oben oder unten ändern, sondern müssen stattdessen Ihre Horizontalinie immer mittig positionieren, was nicht gerade toll ist. Außerdem können Sie Rechteck-Neutraldichteverlaufsfilter mit weicheren oder härteren Übergängen entlang des Horizonts kaufen (ich selbst nehme immer weiche Verläufe – die sind hinsichtlich der Ausrichtung weniger heikel).

Und Sie brauchen wahrscheinlich auch einen Neutraldichtefilter

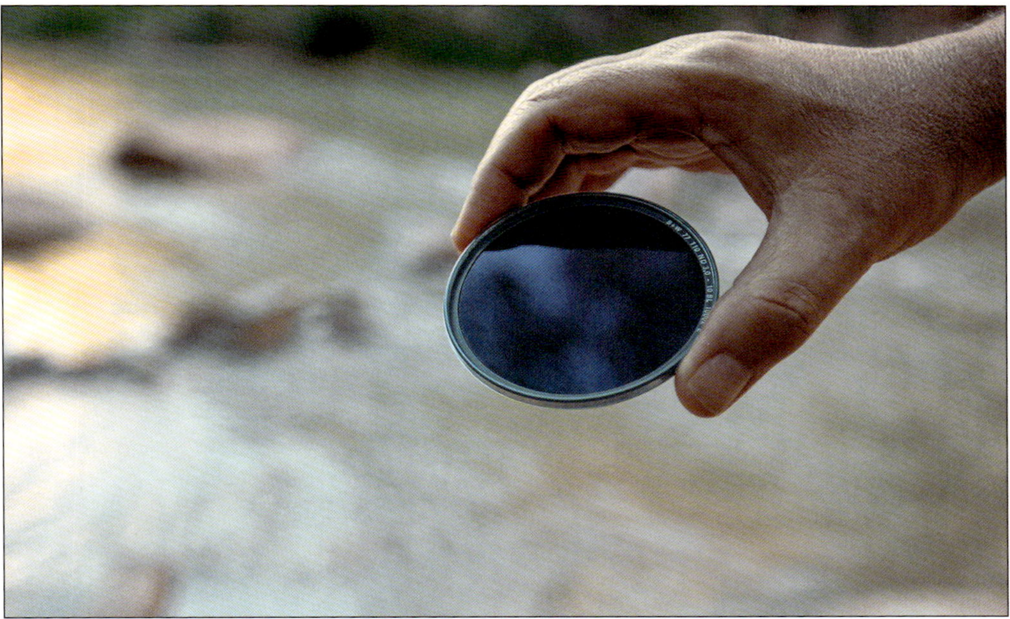

Wenn Sie seidenweiche Wasserfälle und -ströme sowie glatte, schlierenartige Wolken über Ihren monumentalen Landschaften wollen, dann sollten Sie einen einfachen Neutraldichtefilter (also einen ohne Verlauf) verwenden. Dieser dunkelt Ihr Bild komplett ab und erzwingt somit eine längere Belichtung. Bewegte Elemente wie etwa Wasserfälle werden dann mit Bewegungsunschärfe abgebildet, und so entsteht dieser seidenweiche Look (bei Wasser ist das wegen der Fließgeschwindigkeit einfach – für einen ähnlichen Effekt bei Wolken müssen diese entweder sehr schnell ziehen oder Sie länger belichten – mehr über konkrete die Anwendung von Neutraldichtefiltern erfahren Sie in Kapitel 6 auf den Seiten 112-113.). Es gibt verschiedene Arten von Neutraldichtefiltern (und unterschiedliche Abdunklungsstufen), die wir ebenfalls in Kapitel 6 behandeln. Es gibt sie als Rechteckfilter zum Einstecken in einen Filterhalter und als runde Filter zum direkten Aufschrauben auf das Objektiv. Während ich bei Neutraldichteverlaufsfiltern die rechteckige Variante mit Filterhalter bevorzuge (weil Sie dann – wie auf der vorherigen Seite erwähnt – die Verlaufskante an der Horizontlinie ausrichten können), nutze ich bei Neutraldichtefiltern die Version zum Aufschrauben. Sie schrauben sie einfach direkt auf Ihr Objektiv, anstatt zuerst eine Halterung montieren und dann den Filter vorsichtig hineinschieben zu müssen (was zweimal so lange dauert und dreimal so frickelig ist). Was die Leistung betrifft, funktionieren beide gleich: Ihre Kamera erhält den Eindruck, dass es dunkler ist als in Wirklichkeit, und verlängert die Belichtungszeit.

Das Display auch bei Tageslicht ablesen können

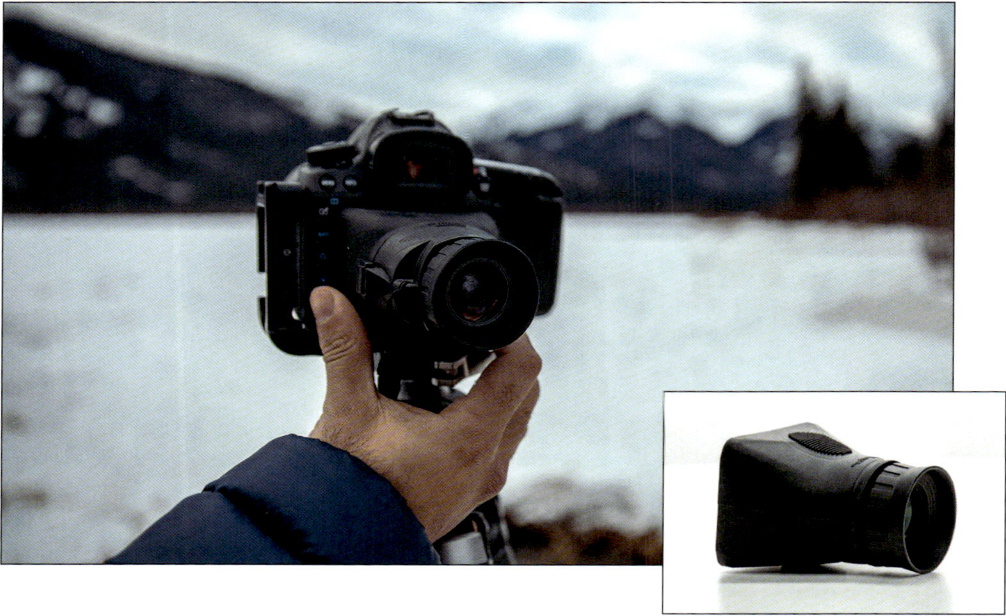

Wenn Sie schon mal versucht haben, Ihre Bilder bei Tageslicht auf dem Kameradisplay zu prüfen, wissen Sie, dass man dort nicht viel erkennen kann – außer an wirklich bewölkten Tagen. Sie können nicht beurteilen, ob Ihre Bilder scharf sind und ob die Komposition gelungen ist. Manchmal können Sie noch nicht einmal sagen, ob die Kamera überhaupt ausgelöst hat. Deshalb habe ich immer eine Hoodman HoodLoupe dabei. Sie vergrößert das Bild nicht, sitzt aber auf dem Display und schattet das Licht von außen so weit ab, dass es wirkt, als würden Sie Ihren Bildschirm im Stockdunklen betrachten (auch wenn es eigentlich extrem hell ist). Dieses Zubehörteil ist unglaublich hilfreich und wenn bei meiner Arbeit andere Fotografen rüberkommen und fragen, was die HoodLoupe bringt, drücke ich sie ihnen einfach in die Hand und fordere sie auf, sich selbst zu überzeugen. Sie setzen sie auf ihr Display – und noch während sie hindurchschauen, sagen alle dasselbe: »Mann, so was brauche ich auch.«

Sie benötigen eine kleine, leistungsstarke Taschenlampe

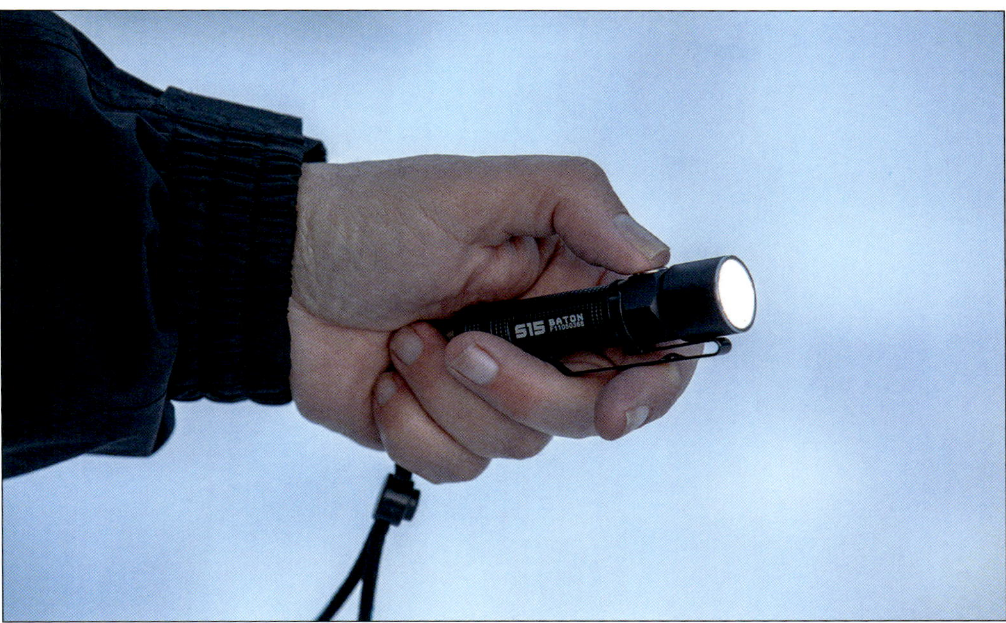

Sie werden oft bei wenig Licht fotografieren – häufig vor Sonnenaufgang, wenn es draußen noch ziemlich dunkel ist. Mit einer kleinen LED-Taschenlampe finden Sie sich im Dunklen besser zurecht. Sie brauchen Sie auch, um (1) Sachen in Ihrer dunklen Kameratasche zu finden, während es noch nicht oder nicht mehr hell ist, (2) nachts mit Licht zu malen (siehe Seiten 119 und 142), (3) um bei Nachtaufnahmen oder vor Tagesanbruch anderen Fotografen Signale zu geben und (4) die Szene zu beleuchten, wenn Sie mit Ihrem Smartphone oder Ihrer Kamera für die sozialen Medien ein Making-of-Video drehen möchten.

Das großartigste Zeug der Welt: Gafferband

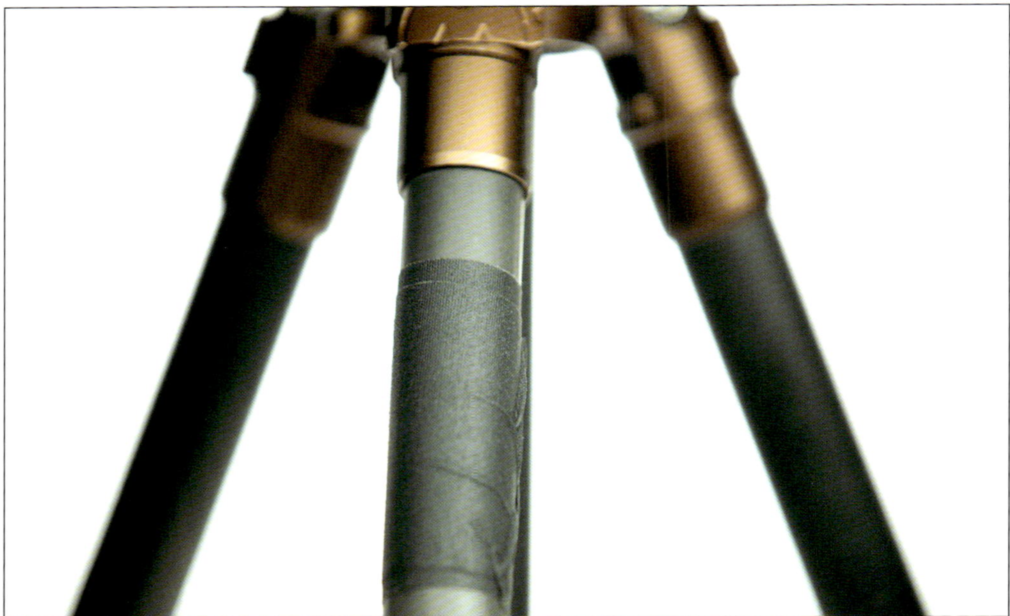

Auch das gehört zu den Dingen, die jeder Fotograf in seiner Kameratasche haben muss. Gafferband kommt aus Hollywood; dort nutzt man es, wenn man etwas zuverlässig festkleben möchte – etwa an eine gestrichene Wand oder eine Tapete oder auf einen Tisch – und es danach wieder entfernen können muss, ohne Farbe oder Tapete abzulösen oder etwas zu beschädigen und ohne einen klebrigen Rückstand zu hinterlassen. Gafferband ist der beste Freund des Landschaftsfotografen. Sie werden es unterwegs auf vielfältige Art und Weise benutzen, ohne sich Gedanken darüber machen zu müssen, ob es Ihr Equipment beschädigen könnte. Ich habe ein wenig Gafferband um das Bein meines Stativs gewickelt. Wenn ich unterwegs welches brauche, wickle ich einfach etwas davon ab, reiße es ab und fotografiere weiter. Toll ist auch, dass es zu den wenigen ziemlich preiswerten Dingen in der Fotografie gehört. Eine ganze Rolle Gafferband (schwarz, 5 cm breit und 12 Meter lang) kostet ungefähr 6,- €. Ach was, kaufen Sie einfach zwei und schenken Sie die eine Rolle einem Freund. Der wird das ganze nächste Jahr über dankbar dafür sein.

Ein gutes, preiswertes Objektivtuch

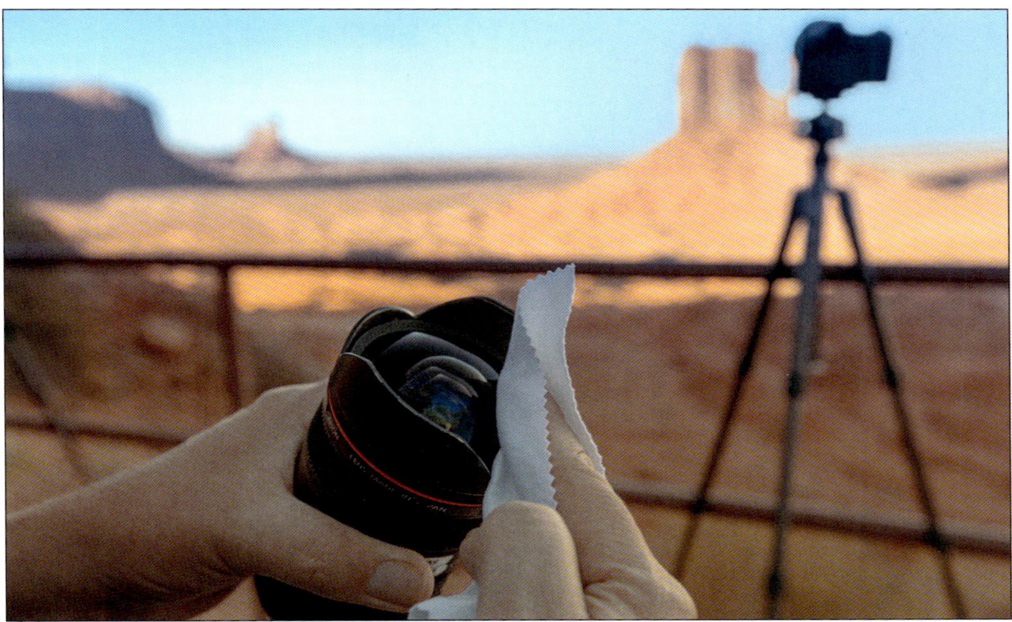

Bevor Sie mit dem Fotografieren beginnen, sollten Sie Ihre Objektive immer rasch mit einem Mikrofaser-Reinigungstuch säubern. Manche Leute machen das gerne, wenn sie ihre Ausrüstung am Ende des Shootings einpacken (damit sie dann gleich bereit für das nächste Shooting ist), andere erledigen es, sobald sie das Objektiv auf die Kamera gesetzt haben, also kurz bevor sie mit dem Fotografieren beginnen. Der genaue Zeitpunkt spielt keine Rolle – Hauptsache, Sie denken vor dem Shooting tatsächlich daran. Und deshalb ist die Reinigung des Objektivs so wichtig: Wenn Sie ein Bild in Lightroom oder Photoshop öffnen und feststellen, dass sich darauf ein Fleck oder ein Fingerabdruck befindet, dann ist nicht nur die eine Aufnahme betroffen. Vielmehr befindet sich der Fleck auf allen Fotos, die Sie mit diesem Objektiv gemacht haben. Und je nachdem, wo er sich befindet, kann er ein ganzes Shooting ruinieren. Ein paar Kreisbewegungen mit einem billigen Objektivtuch (das kostet nicht viel), und Sie vermeiden eine Menge Probleme in der Bildbearbeitung (hören Sie auf jemanden, der dafür bezahlt hat, sein Objektiv nicht rechtzeitig gereinigt zu haben – Sie würden es bereuen). Mir gefallen die MagicFiber-Mikrofaser-Reinigungstücher, sechs Stück kosten ca. 10,- €. Sie funktionieren ... ach, Sie wissen schon.

Welche Speicherkarten Sie verwenden sollten

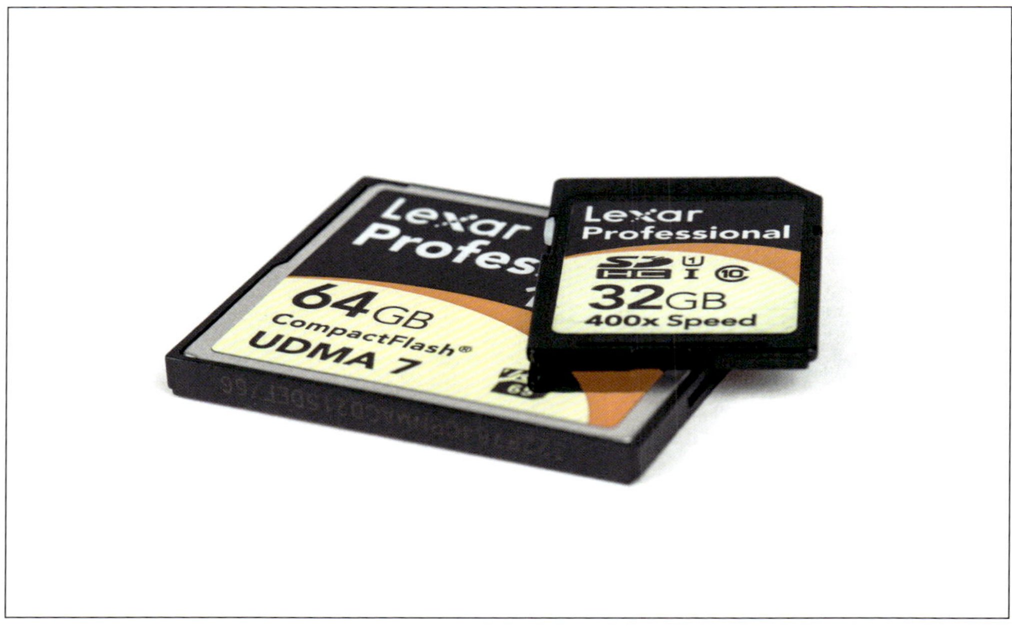

Großartige Neuigkeiten: Sie brauchen für die Landschaftsfotografie keine superschnellen, superteuren Speicherkarten. Die Super-Highspeed-Karten sind was für Leute, die viele Aufnahmen in schneller Folge machen und den internen Speicher ihrer Kamera für die nächste Runde Bilder rasch wieder freigeben müssen. Dazu gehören beispielsweise Sport- oder Flugshow-Fotografen oder Menschen, die eine Menge von Hochgeschwindigkeitsserienaufnahmen machen. Da wir in der Landschaftsfotografie nur hin und wieder den Auslöser drücken, spielt die Geschwindigkeit keine Rolle und wir müssen kein Geld für schnelle Karten ausgeben. Sie bekommen gute, für die Landschaftsfotografie geeignete 32-GB-Karten für unter 10,- € pro Stück (bei SD-Karten – gute CF-Karten in der Größe kosten ca. 50,- €, XQD-Karten noch deutlich mehr). Kaufen Sie lieber mehrere mittelgroße Karten statt einer ganz großen - das schützt etwas bei Datenverlust. Ich nutze seit Jahren Speicherkarten der Marke Lexar (ich bin einer ihrer Lexar-Elitefotografen, was bedeutet ... was bedeutet ... sie sagten mir, glaube ich, dass das gut sei und eine Ehre und so) und habe beste Erfahrungen damit gemacht. Ich habe einige schnelle und einige langsamere Karten, und alle speichern meine Fotos problemlos. Kaufen Sie gute Karten (kein Billigzeug), die Ihre Bilder sicher speichern, aber investieren Sie nicht mehr als nötig.

Ein Laufwerk zum Sichern Ihrer Aufnahmen

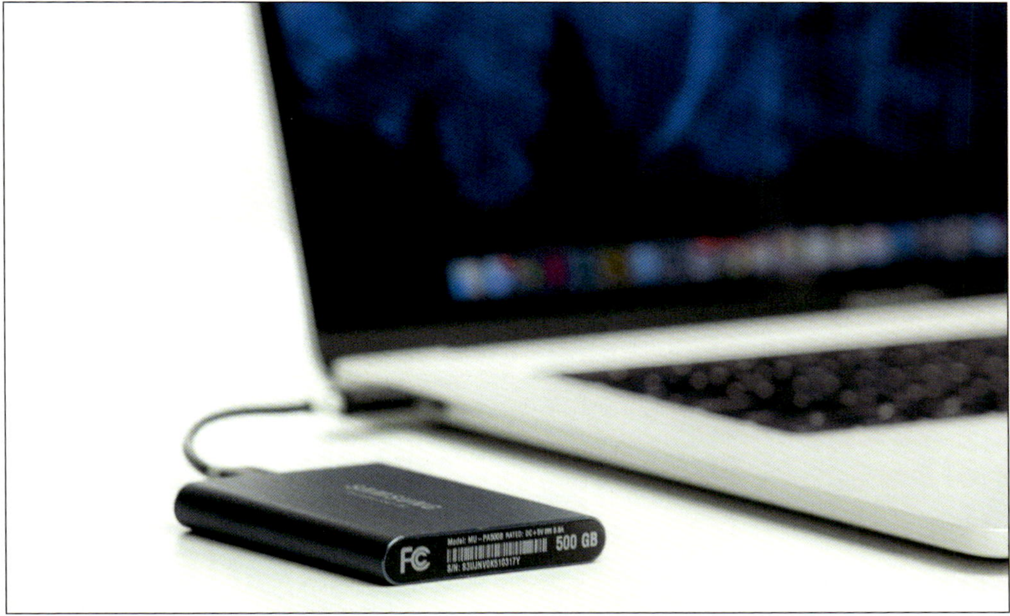

Wenn Sie mit dem Shooting fertig sind, müssen Sie Ihre Bilder sichern (meine persönliche Regel lautet: Ich brauche mindestens zwei vollständige Backups, bevor ich eine Speicherkarte lösche). Ich habe zwei großartige Lösungen für Sie, je nachdem, ob Sie mit einem Laptop unterwegs sind oder nur ein iPad oder Smartphone zum Betrachten der Bilder nutzen. Wenn ich den Laptop dabeihabe (ich nehme meinen immer mit auf Foto-Tour – ich bin zu ungeduldig, um zu warten, bis ich nach Hause komme), verwende ich ein Samsung 500 GB T5 Portable SS-Laufwerk. Es ist unglaublich klein und leicht – etwas größer als eine Streichholzschachtel bei lediglich 51 Gramm –, blitzschnell und kostet nur etwa 80,- €. Nach dem Shooting schließe ich es an meinem Laptop an und sichere alle Bilder des Tages (und, ja, ich mache das jeden Abend, egal wie müde ich bin, was nicht immer einfach ist). Wenn Sie keinen Laptop dabeihaben, dann gibt es eine andere tolle Lösung: eine externe portable Festplatte, die WD 250 GB My Passport Wireless SSD. Sie besitzt einen integrierten SD-Kartenleser und funktioniert auch ohne Computer – legen Sie einfach Ihre SD-Karte ein, drücken Sie eine Taste und schon werden Ihre Bilder gesichert. Außerdem wird beim nächsten Einstecken der Karte ein Smart-Backup durchgeführt, bei dem nur die Aufnahmen gesichert werden, die Sie seit dem letzten Shooting gemacht haben. Besonders toll daran ist das passwortgeschützte WLAN-Netzwerk: Sobald sich Ihre Bilder auf dem Laufwerk befinden, können Sie sie mit der zugehörigen App direkt auf Ihrem Handy oder Tablet drahtlos anzeigen und sogar ausgewählte Bilder auf Ihr Handy oder Tablet übertragen und dort bearbeiten. Wie cool ist das denn?! Die WD 250 GB kostet etwa 200,- €.

Ersatzakkus (besonders bei tiefen Temperaturen)

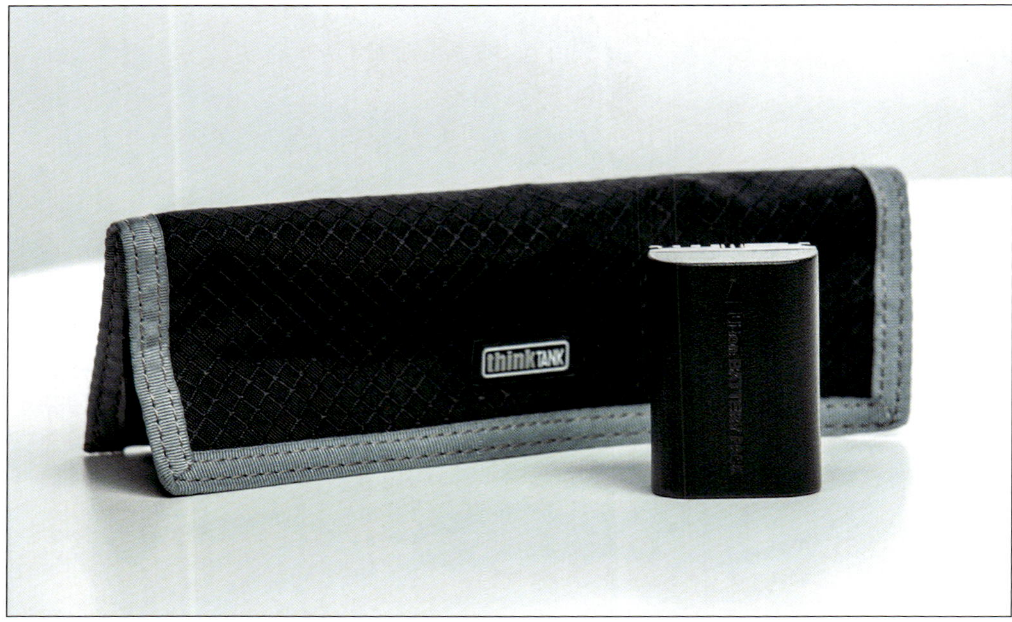

Es gibt nichts Schlimmeres, als das Shooting genau dann beenden zu müssen, wenn das Licht richtig gut wird, nur weil der Akku leer ist und Sie keinen Ersatz dabeihaben. Sie brauchen mindestens zwei – besser drei – Ersatzakkus (mindestens drei, wenn Sie mit einer spiegellosen Kamera fotografieren). Und wenn Sie oft bei Kälte unterwegs sind, brauchen Sie vielleicht sogar einen vierten Akku, denn dann lässt die Akkuleistung stark nach. Doch es gibt auch gute Nachrichten: Heutzutage müssen Sie Ihre Ersatzakkus nicht mehr beim Kamerahersteller kaufen. Wenn Sie sich dort bereits nach Ersatzakkus umgesehen haben, wissen Sie, dass diese sehr teuer sind – dabei gibt es für viel weniger Geld zahlreiche gute Alternativen. Anstatt zum Beispiel über 60,- € für einen einzelnen Akku hinzulegen, habe ich mir von PowerExtra Akkus für mein Kameramodell für ca. 10,- € das Stück besorgt. Ich konnte da wirklich keinen Qualitätsunterschied feststellen und stehe damit auch nicht alleine da. Der Fotograf, der mich auf sie aufmerksam gemacht hat, sagt dasselbe. Fünf dieser PowerExtra-Akkus kosten mich weniger als ein Akku von meinem Kamerahersteller. Ich nehme fünf Stück mit – vier in einer einfachen Think-Tank-Akkutasche für rund 20,- €, den fünften in meiner Kamera).

Ein guter Rucksack (aber kein großer)

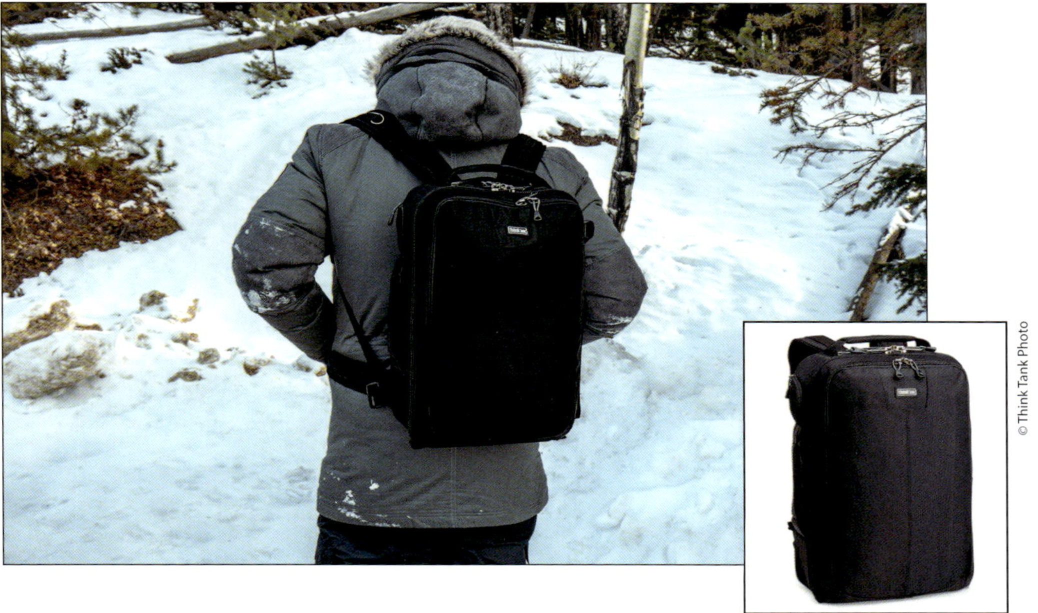

© Think Tank Photo

Wenn Sie einen großen Rucksack für Ihre Shootings kaufen, wird er auch voll. Sie werden einfach immer mehr Zeug hineinpacken, bis er so schwer ist, dass Sie ihn nach einem Tag nicht mehr tragen wollen und ihn auf dem Parkplatz im Kofferraum lassen. Das ist schlecht, denn sobald Sie on Location angekommen sind, wird Ihnen einfallen, dass Sie genau das brauchen, was Sie im Rucksack im Kofferraum zurückgelassen haben. Diese Situation habe ich selbst leider schon oft erlebt. Also: Ja, ein Rucksack ist für die Landschaftsfotografie ideal, aber selbst wenn Sie normalerweise nur etwa 100 Meter von Ihrem Auto entfernt fotografieren, würde ich trotzdem zu einem raten, der gerade groß genug für Ihre Ausrüstung ist, und so klein, dass Sie nicht zu viel mitnehmen können. Was packen wir in diesen Rucksack? Zwei Kameragehäuse, wenn Sie an einem entlegenen Ort unterwegs sind (wo Sie Ihre Kamera bei Beschädigung nicht gleich zur Reparatur geben können), ein Weitwinkel-Zoomobjektiv (ich würde mein 16-35mm f/4 einpacken), ein Teleobjektiv (mein 70-200mm), dann einige Filter, einen Kabelauslöser, ein Platypod, eine Hoodman HoodLoupe, Ersatzakkus, Speicherkartenhalter, Reinigungstuch und Ladegerät (wenn Sie Stromanschluss haben). Seitlich kann ich mein Stativ befestigen. Ich benutze einen Think Tank Photo Airport Essentials-Rucksack. In den passt all das problemlos hinein und ich muss keine Riesentasche mit zusätzlicher Ausrüstung tragen, die ich draußen nicht wirklich brauche. Außerdem ist er so klein, dass ich ihn in den meisten kleineren Regionalfliegern mitnehmen kann, zudem entspricht er den kleineren internationalen Handgepäckgrößen. Wenn ich nur eine Tasche an Bord nehmen will, passen in den Think Tank sogar mein Laptop und mein iPad – aber dann verfehlt er den Zweck, dass ich on Location mit leichtem Gepäck unterwegs sein kann (es sei denn, ich lasse Laptop und iPad im Hotelzimmer-Safe).

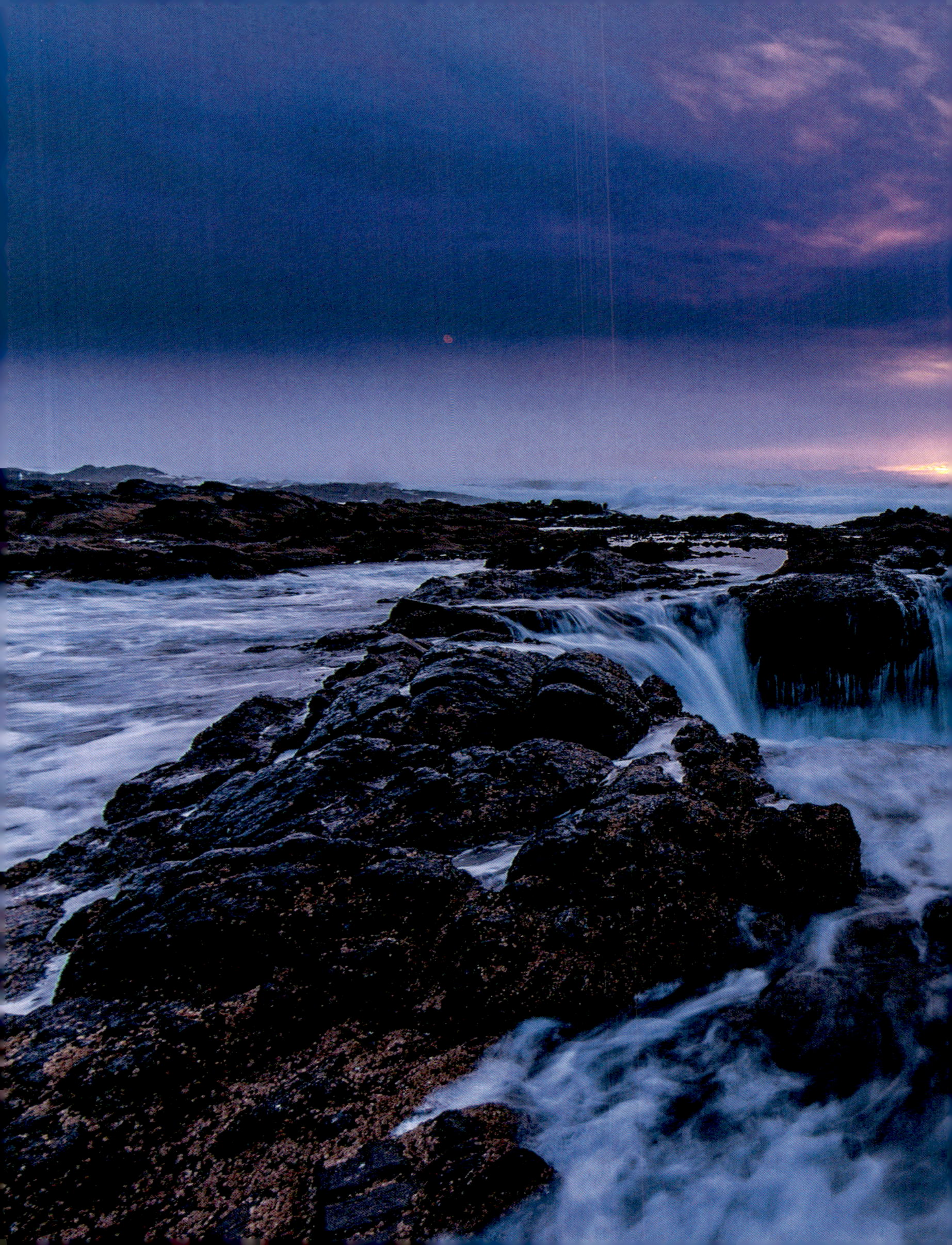

Kapitel 2

Kameraeinstellungen & Objektive

So treffen Sie die richtigen Einstellungen

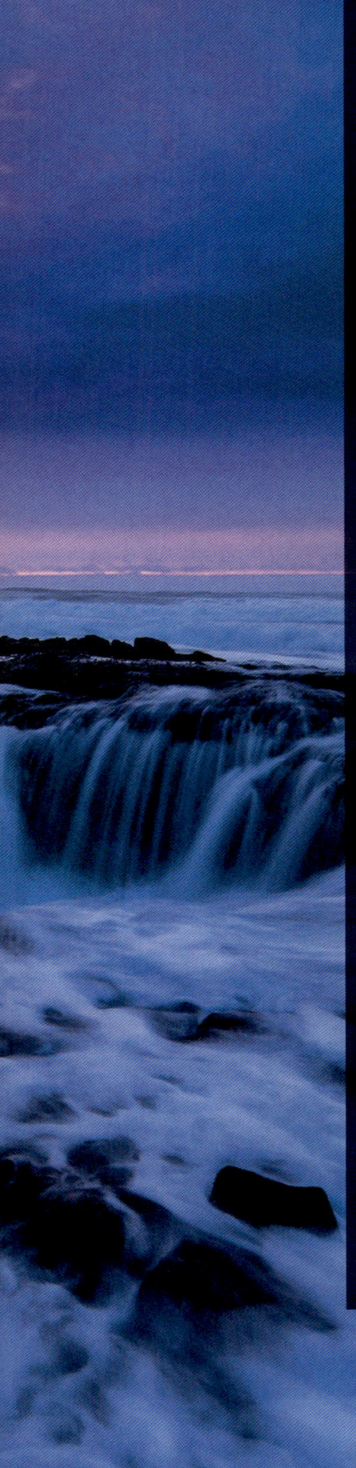

Sie glauben ja gar nicht, wie knapp ich davor war, dieses Kapitel einfach »Camera« zu nennen, als Hommage an den Song »Camera« von DJ Drama. Falls Sie schon richtig alt sind, können wir auch so tun, als sei es eine Hommage an den Song »Camera« von Crosby, Stills & Nash (Sie wissen schon, die berühmte Anwaltskanzlei). Das hätte jedenfalls zu meiner Tradition gepasst, meine Kapitel manchmal nach Filmen, Fernsehsendungen oder Liedern zu benennen. Ich war ehrlich gesagt überrascht, wie viele Songs »Camera« heißen. Ich hätte einen von Drake oder R.E.M. nehmen können. Es gibt sogar ein Lied von der Band »Camera«, deren Album tatsächlich »This Is Camera« heißt. Mit diesem Kapiteltitel hätten Sie das Buch wahrscheinlich für ein Kinderbuch gehalten und es gar nicht gekauft – und dann? Ich ging also auf Nummer sicher und wählte »Kameraeinstellungen & Objektive«. Beim Surfen habe ich aber die Audiovorschau für DJ Drama's »Camera« angeklickt, noch ehe ich das Warnsymbol für den unanständigen Text daneben entdeckte. Das muss man DJ Drama lassen: die Warnung war nicht umsonst. Schon nach den ersten vier Worten musste ich mir ein Stück Seife kaufen gehen, denn der Inhalt wurde sehr schnell sehr eindeutig. Aber dann fiel mein Blick auf das Ranking des Songs, und auch dieses war eindeutig – der Song ist trotz dieser Warnung sehr beliebt. Da habe ich mir überlegt, dass ich mir vielleicht eine eigene Warnung ausdenken sollte. Möglicherweise sollte mein Buch eine Warnung vor anzüglichen Limericks enthalten, damit ich unanständige Gedichte hineinschreiben kann. Eines könnte etwa so beginnen: »Es war einmal ein Mann aus China ...«. Den Rest können Sie sich ja selbst zusammenreimen.

Stellen Sie den geringsten nativen ISO-Wert Ihrer Kamera ein

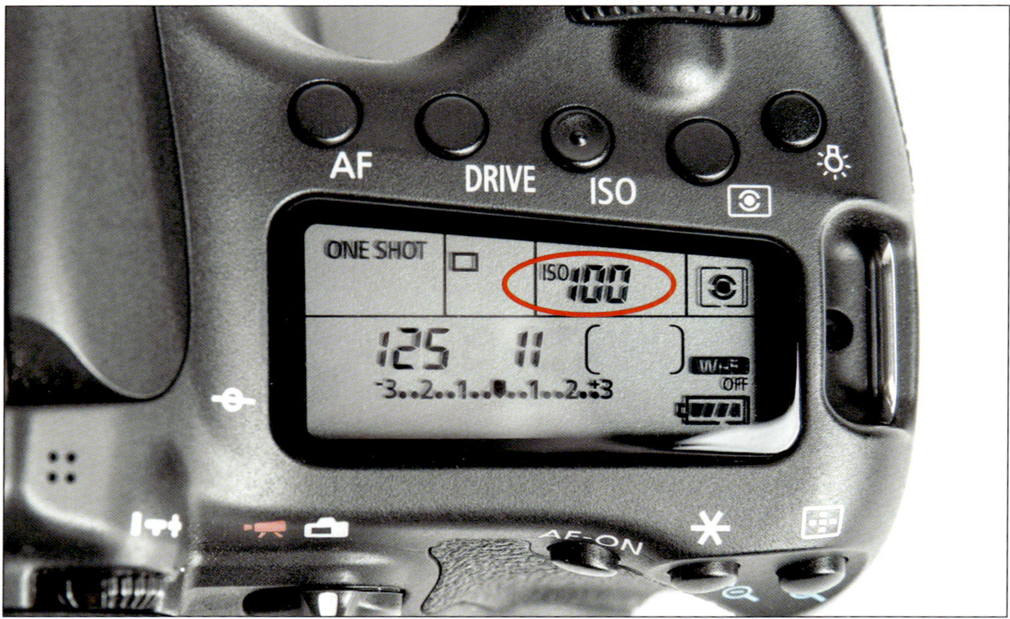

Wenn Sie wunderbar scharfe und knackige Landschaftsfotos machen wollen, nutzen Sie dafür (hoffentlich) meist ein Stativ. Und wenn Sie mit einem Stativ fotografieren, können, nein: müssen Sie den niedrigsten und saubersten nativen ISO-Wert einstellen. Bei den meisten Kameras beträgt dieser heutzutage 100. Ja, bei dem einen oder anderen Kameramodell oder Hersteller beträgt der optimale native ISO-Wert auch einmal 50 oder sogar 200, aber meist ist es ISO 100. Wenn Sie sich nicht sicher sind, welcher ISO-Wert bei Ihrem Sensor die beste Bildqualität liefert, sehen Sie in der Bedienungsanleitung Ihrer Kamera nach. Wenn Sie aber nun aus der Hand fotografieren, statt ein Stativ zu verwenden? Tun Sie das nicht. Nicht, wenn Sie wirklich phänomenal scharfe Bilder anstreben. Denn wenn Sie zur richtigen Tageszeit fotografieren, das Licht gut ist und die Schatten weich sind, müssen Sie unbedingt ein Stativ nutzen. Was aber, wenn Sie einen weiten, hellen, schönen Mittagshimmel haben und das Licht oder die Schatten zwar nicht umwerfend sind, es sich aber trotzdem lohnt zu fotografieren? Was dann? In diesem Fall würden Sie ebenfalls den saubersten nativen ISO-Wert einstellen. Wieso? Wenn es draußen superhell ist, wird die Verschlusszeit wahnsinnig kurz (wahrscheinlich unter 1/2000 Sekunden), und Sie bekommen auch ohne Stativ eine sehr scharfe Aufnahme. Nicht ganz so scharf wie mit Stativ, aber eben immer noch verdammt scharf.

Fotografieren Sie im Blendenvorwahlmodus

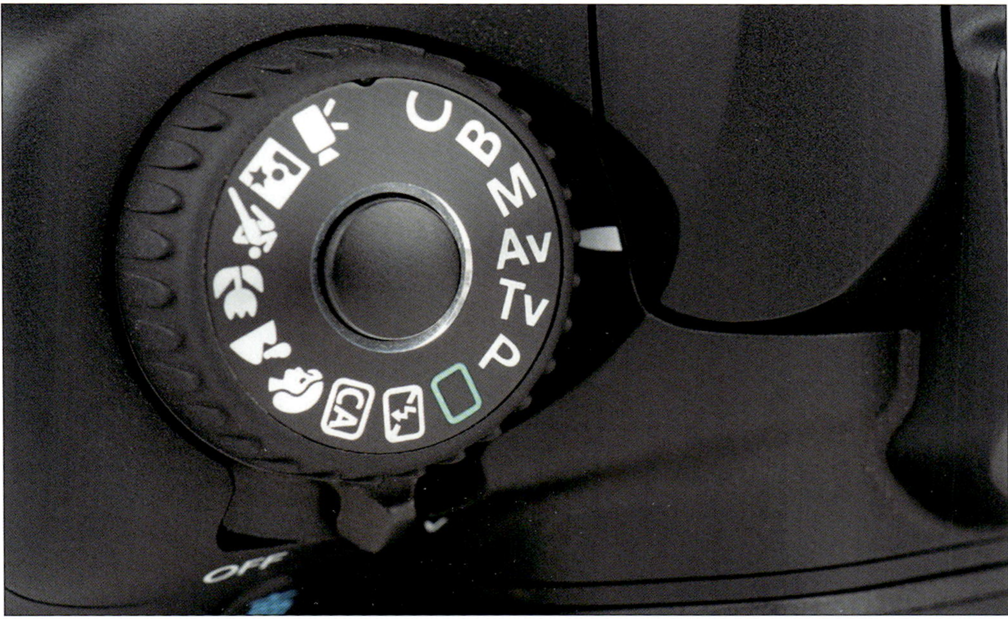

Wenn Sie seit Jahren im manuellen Modus fotografieren und glücklich damit sind, überspringen Sie diese Seite einfach. Für alle anderen, besonders für diejenigen, die eher neu in der Landschaftsfotografie sind, empfehle ich aber den Blendenvorwahlmodus. An den meisten Kameras ist das die Einstellung AV oder A (wie in »Aperture«, Öffnung, also hier: Blende) am Moduswahlrad. Dabei geben Sie die Blende vor und die Kamera berechnet automatisch die richtige Verschlusszeit für die Szene, die Sie gerade anvisieren. So wird alles ganz einfach. Sie brauchen nur eine Entscheidung zu treffen, zumal Sie den ISO-Wert ja bereits festgelegt haben – wenn Sie ein Stativ verwenden, setzen Sie ihn auf den saubersten nativen ISO-Wert (siehe vorige Seite).

Welchen Blendenwert Sie verwenden sollten

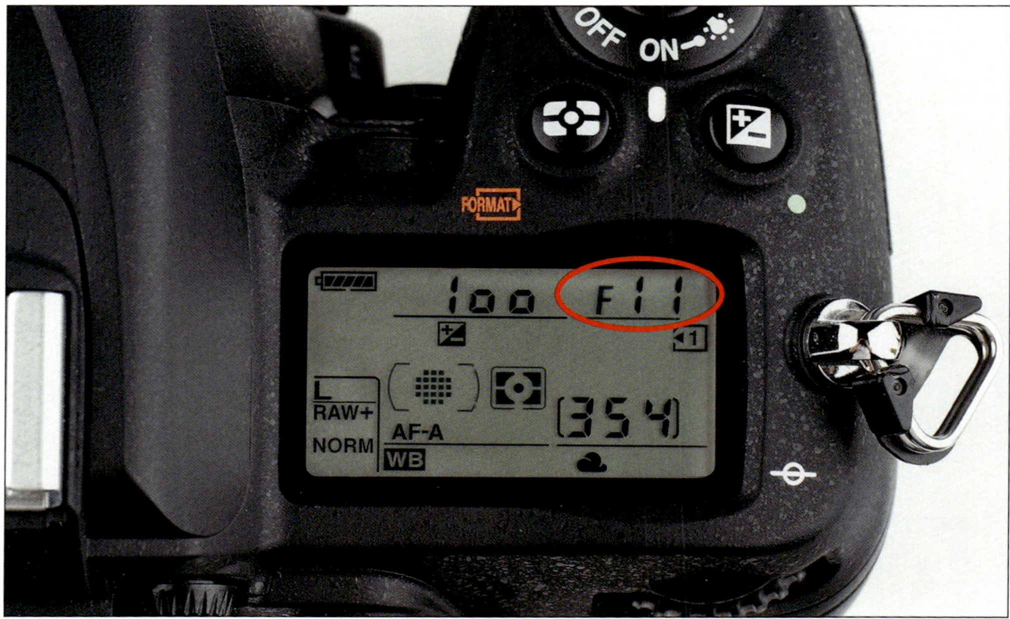

Bei Landschaftsfotos soll meist der gesamte Bildinhalt von vorne bis hinten scharf sein, also brauchen Sie eine passende Blendeneinstellung. Die ist einfacher zu finden, als man meinen könnte: Wenn alles scharf sein soll, nehme ich fast immer f/11. Die meisten Profis, die ich kenne, wählen entweder f/11 oder f/16. Das sind aber nicht die einzigen Blendenwerte, bei denen das gesamte Bild scharf bleibt. f/8 funktioniert auch gut, aber ich verwende am liebsten f/11. Mir fällt die Wahl also sehr leicht. Würden Sie einen echten Schärfeunterschied zwischen f/8 und f/11 (oder gar f/16) bemerken? Mit bloßem Auge und ohne das Bild stark zu vergrößern, bezweifle ich das. Solange Sie nicht über f/16 hinausgehen, sollten Sie keine Probleme bekommen. Achtung, Nerd-Alarm: Theoretisch würde eine noch kleinere Objektivöffnung wie etwa f/22 eine schärfere Abbildung liefern. Aufgrund eines optischen Phänomens, das als »Beugungsunschärfe« bezeichnet wird, ergeben extrem kleine Blendenöffnungen wie f/22 oder f/32 tatsächlich weichere und weniger scharfe Bilder als gängige Blendenwerte wie f/8 oder f/11. Ich empfehle daher, die obersten Blendenzahlen zu meiden und einfach bei einer bewährten Einstellung wie etwa f/11 zu bleiben. Noch etwas: Jedes Objektiv hat eine Blende, bei der es am schärfsten abbildet. Die alte Faustregel besagt, dass die schärfste Blende eines Objektivs 2 oder 3 Blendenstufen über seiner größten Blende liegt. Wenn also f/4 die größte Blende Ihres Objektivs ist, erhalten Sie die schärfste Abbildung etwa bei f/8 oder f/11. Ist f/2.8 die größte Blende, dann ist f/8 die schärfste. Leider gilt das nicht immer und für alle Objektive. Ohne langweilige und umständliche Objektivtests ist es also einigermaßen sicher zu sagen, dass die schärfste Blende Ihres Objektivs wahrscheinlich bei einem der »mittleren« Blendenwerte liegt, etwa f/8 oder f/11.

Welche Verschlusszeit Sie verwenden sollten

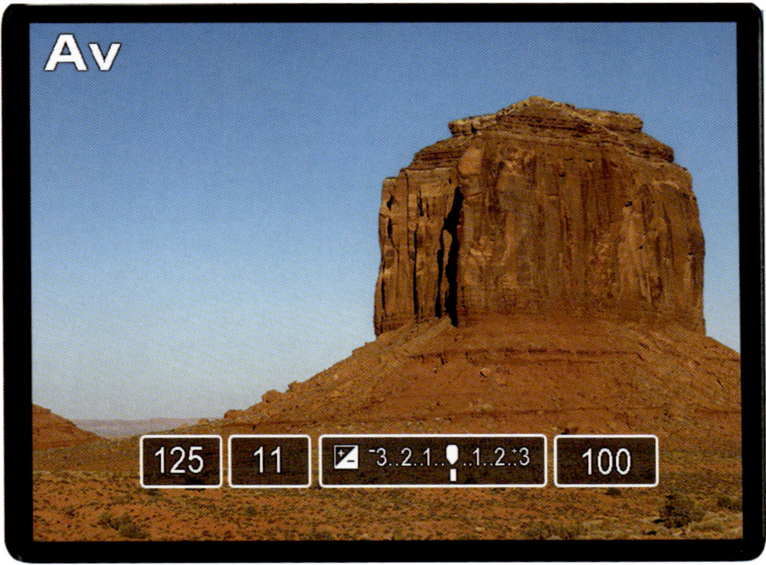

Gute Nachrichten: Wenn Sie meinen Rat befolgen und im Blendenvorwahlmodus fotografieren, müssen Sie sich darum nicht kümmern. Ihre Kamera bestimmt die Verschlusszeit automatisch. Sie wählen die Blende (z.B. f/11) und die Kamera gibt ihr Bestes, um die richtige Verschlusszeit zur optimalen Belichtung Ihres anvisierten Motivs zu ermitteln.

RAW-Aufnahmen bieten einen größeren Dynamikumfang

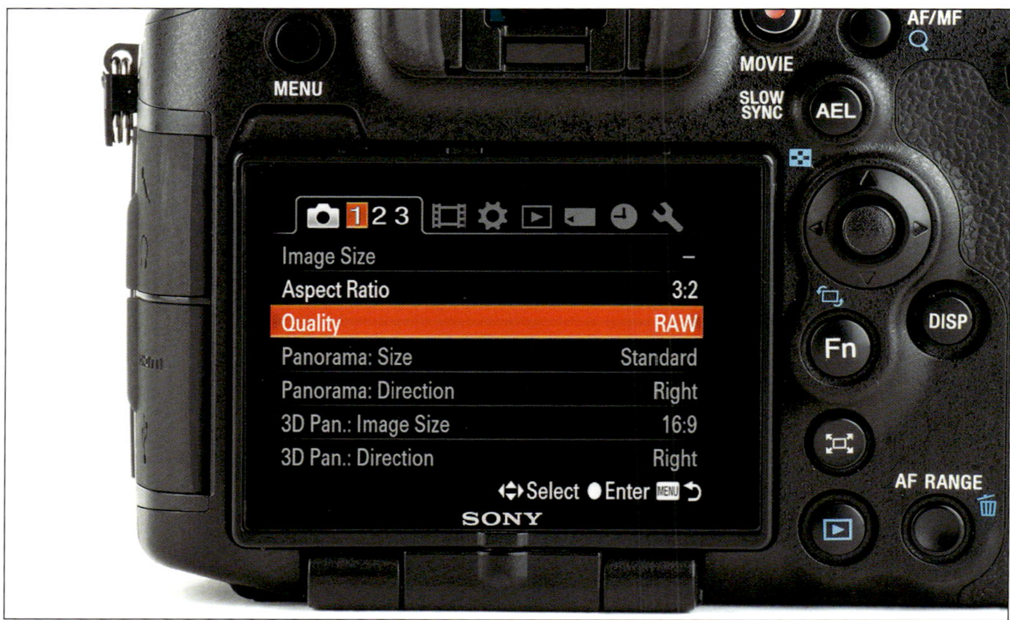

Aufnahmen im RAW-Format bieten eine Reihe Vorteile. Das gilt besonders für Landschaftsfotos mit ihrem oft großen Dynamikumfang. Das RAW-Format erfasst einen größeren Helligkeitsbereich als JPEG und bietet Ihnen das bestmögliche Ausgangsmaterial aus der Kamera. Außerdem erlauben RAW-Dateien viel eher Fehlerkorrekturen, zum Beispiel beim Weißabgleich. Sie ermöglichen außerdem zusätzliche Nachbearbeitungsfunktionen, wie etwa die Auswahl eigener RAW-Profile, was es bei JPEG-Bildern so nicht gibt. Und wenn Sie bei der Nachbearbeitung ernsthafte Probleme beheben müssen oder ein Bild wirklich stark mit Photoshop oder Lightroom verändern (und dem Künstler in Ihnen freien Lauf lassen) möchten, dann werden Sie sich über das RAW-Format freuen, weil es auf Ihre Bearbeitungen äußerst tolerant reagiert. Sie bekommen weichere Farbverläufe am Himmel mit weniger Streifenbildung, also sichtbaren Übergängen zwischen den einzelnen Blautönen. Außerdem erhalten Sie bessere Ergebnisse beim Wiederherstellen überbelichteter Bereiche (siehe Seite 152). RAW ist einfach das qualitativ bessere und robustere Bildformat. Das sind einige der Gründe, warum professionelle Landschaftsfotografen auf der ganzen Welt in RAW fotografieren. Kurz gesagt, für optimale Landschaftsaufnahmen sollten Sie das ebenfalls tun. Mehr hätte ich dazu eigentlich gar nicht schreiben müssen.

Schalten Sie Ihre Überbelichtungswarnung ein

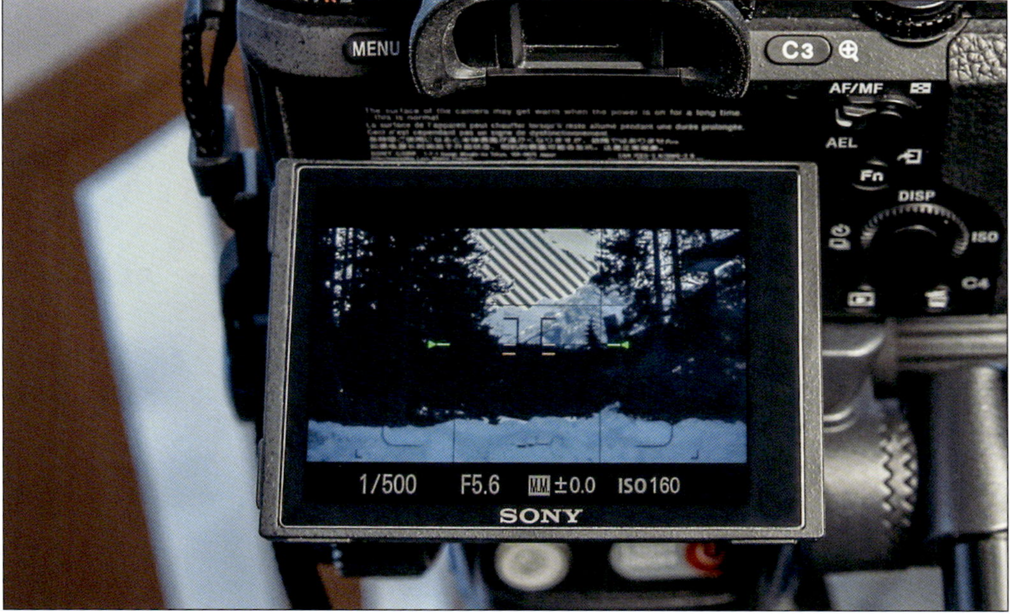

Der schlimmste Belichtungsfehler beim Fotografieren ist wohl, den hellsten Bereich im Bild so stark überzubelichten, dass die Details darin unwiderruflich verlorengehen (wohlgemerkt: sofern Ihr Motiv an diesen Stellen Details hat und Ihnen diese wichtig sind). Wir sprechen in diesem Fall von »ausgefressenen«, »beschnittenen« oder »übersteuerten Lichtern«. Einzelne Bildbereiche werden dann so hell, dass es dort keinerlei Details mehr gibt. Gar keine. Da sind keine Pixel mehr, und wenn Sie das Bild drucken würden, wäre dort einfach nur weißes Papier. Wenn das jetzt schlimm für Sie klingt (und das sollte es), dann schalten Sie die Überbelichtungswarnung Ihrer Kamera ein. Ja, das Problem ist so groß, dass Ihre Kamera Sie vor »beschnittenen Lichtern« warnen kann. Je nach Kamera kann diese Warnung eine etwas andere Bezeichnung haben. Manchmal sprechen wir von »Blinkies«, denn wenn diese Funktion eingeschaltet ist, blinken die übersteuerten Bildbereiche bei der Bildkontrolle auf dem Display Ihrer Kamera. Bei Fuji heißt die Funktion etwa »LiveView-Überbelichtungswarnung« und bei Canon einfach nur »Überbelichtungswarnung«. Bei den meisten Nikon-Kameras finden Sie im Wiedergabemenü unter **Opt. für Wiedergabeansicht** das Kontrollfeld **Lichter**, das Sie aktivieren müssen. Manche Kameras zeigen die Warnung nach der Aufnahme auf dem Display an (deshalb stellen Sie die Warnung im Wiedergabemenü ein). Andere zeigen Ihnen die ausgefressenen Bereiche – wie in der Abbildung oben – bereits bei der Bildkomposition als zebraartiges Muster im Sucher oder auf dem Display. Egal wie und wo – das Wichtigste ist, diese Warnfunktion einzuschalten. Auf den nächsten beiden Seiten erfahren Sie, was zu tun ist, wenn die Warnung auftaucht oder wenn Sie in Saskatchewan sind, wo bereits Bigfoots gesichtet wurden.

Ist die angezeigte Lichterwarnung wirklich präzise? Äh ... nein.

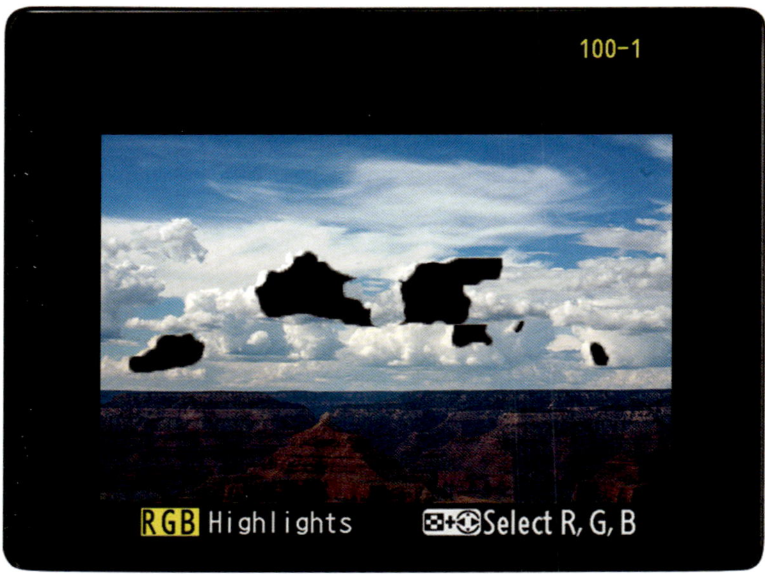

Okay, sagen wir, Sie sehen bei der Bildkontrolle eine Lichterwarnung auf dem Display Ihrer Kamera (oder haben bereits vor der Aufnahme ein zebraartiges Muster im Sucher oder auf dem Display). Wenn keine größeren Flächen ausgefressen sind, sondern nur hier und da ein kleiner Bereich, dann stehen die Chancen nicht schlecht, dass Sie beim Öffnen des Bildes in Lightroom oder Photoshop nichts mehr von der Überbelichtung sehen (ja, sowohl in Lightroom als auch in Camera RAW gibt es ebenfalls Lichterwarnungen). Also, warum löst sich das Problem in Luft auf? Weil es wahrscheinlich nie wirklich existiert hat. Beim Fotografieren im RAW-Format erfassen Sie einen größeren Tonwertumfang als mit einem JPEG-Bild, d. h. im RAW wird in den Lichtern stärker differenziert. Jetzt fragen Sie sich vielleicht: »Aber wieso sehe ich eine Überbelichtungswarnung, wenn ich doch in RAW fotografiere?!« Nun, Ihre Kamera zeigt Ihnen, auch wenn Sie im RAW-Modus fotografieren, trotzdem das qualitativ minderwertigere JPEG-Bild an. Was Sie also sehen, ist die Übersteuerung in der JPEG-Datei, nicht in ihrem RAW-Bild. Aber was, wenn es sehr stark ausgefressene Lichter gibt? Dann müssen Sie sich bei Ihrer Kameraarbeit damit auseinandersetzen (und darauf gehe ich auf der nächsten Seite näher ein): Nutzen Sie die Belichtungskorrektur, um die von der Kamera ermittelte Belichtung außer Kraft zu setzen und um eine Drittel Belichtungsstufe abzudunkeln. Wiederholen Sie die Aufnahme und prüfen Sie, ob die Lichter immer noch übersteuern.

Wie Sie mit ausgefressenen Lichtern umgehen

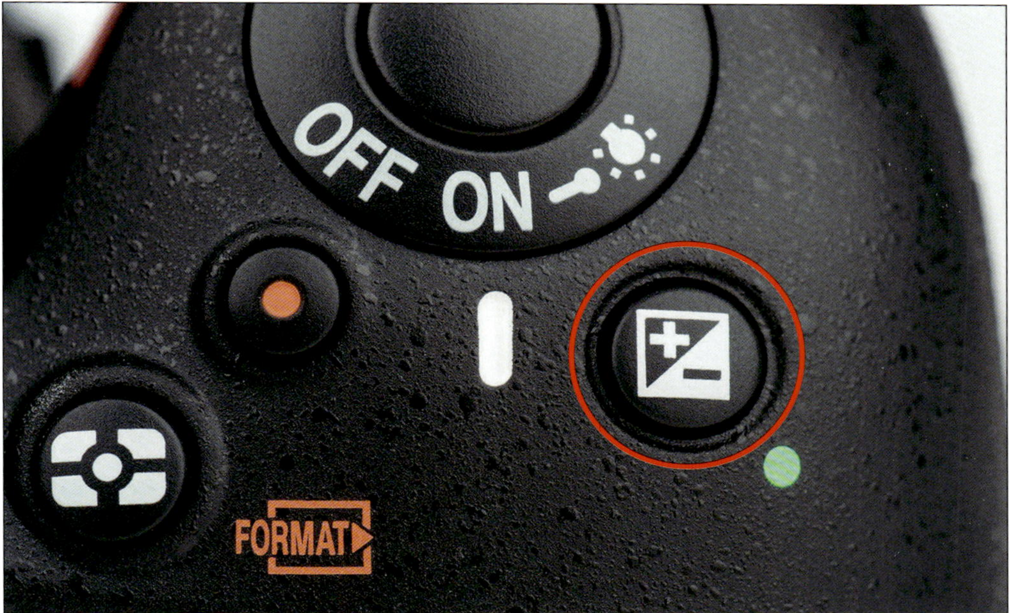

Achtung, Spoiler: Um beschnittene Lichter wiederherzustellen, verringern Sie die Belichtung etwas. Je nach Aufnahmemodus (für Landschaftsaufnahmen empfehle ich die Blendenvorwahl) sieht diese Korrektur unterschiedlich aus. Bei der Blendenvorwahl stellen Sie die Blende ein und die Kamera wählt die passende Verschlusszeit für die Szene. Aber manchmal liegt die Kamera auch falsch, und die Lichter fressen aus. Wenn das geschieht, setzen Sie den Belichtungsvorschlag der Kamera außer Kraft, indem Sie die fantastische und für Landschaftsfotografen unverzichtbare Belichtungskorrekturfunktion verwenden: »Meine Kamera liegt falsch (die Lichter fressen aus), also gleiche ich das aus, indem ich die Aufnahme etwas abdunkele – normalerweise in Schritten von 1/3 Belichtungsstufen«. Sie dunkeln das Bild also mit dem Einstellrad für die Belichtungskorrektur um 1/3 Stufe ab (meist entspricht das einer Stufe mit dem Einstellrad – je nach Kamera kann das ein eigenes Einstellrad sein, oder Sie halten eine Taste gedrückt und drehen zugleich das Einstellrad), machen eine Probeaufnahme, schauen sich das Bild an und prüfen, ob das Problem noch vorhanden ist. Sind immer noch größere Bereiche überbelichtet, verringern Sie die Belichtung wieder um 1/3 Stufe. Wenn es danach noch kleinere Problemzonen gibt, dann belassen Sie es einfach dabei. Wie bereits erwähnt, zeigt die Vorschau auch im RAW-Modus immer nur das JPEG-Bild. Die Chancen stehen also gut, dass ein kleiner überbelichteter Bereich kein echtes Problem mehr darstellt. Übrigens: Im manuellen Modus ist die Belichtungskorrektur bei den meisten Kameras deaktiviert, so dass Sie Ihre Belichtung durch Ändern der Blende manuell verringern müssen. Wenn Sie bei f/11 sind, gehen Sie auf den nächsthöheren Blendenwert (meist f/16), machen eine Probeaufnahme und prüfen, ob die Lichter immer noch beschnitten werden. Wenn ja, dunkeln Sie die Szene noch etwas ab, bis die Warnung verschwindet.

Welche Methode Sie zur Belichtungsmessung nutzen sollten

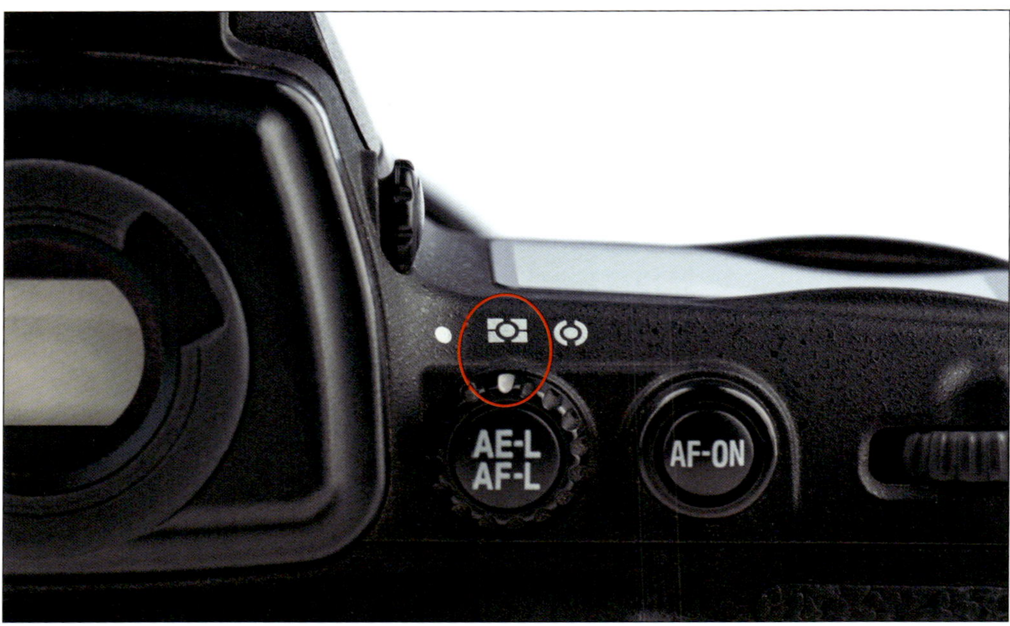

Das ist überraschend einfach. Viele denken hier intensiv nach und kommen darüber ins Schwitzen, aber das ist total unnötig. Ich verwende den Messmodus, der bei den meisten Kameras heutzutage standardmäßig aktiviert ist: die Matrix- oder auch Mehrfeldmessung. Dies ist die derzeit fortschrittlichste Messmethode, und deshalb funktioniert sie in den meisten Beleuchtungssituationen auch so gut. Die Kamera analysiert dabei das Licht der gesamten Szene und kombiniert dann die Daten aller Bildbereiche für eine gute Gesamtbelichtung. Früher war das etwas kniffliger, aber dank der Mehrfeldmessung brauchen Sie in den meisten Fällen gar nicht mehr darüber nachzudenken. Ich muss nur selten – wirklich selten – die Messmethode ändern (und überhaupt tue ich das nur in einer bestimmten Situation, siehe nächste Seite). Also, wenn Sie die ganze Belichtungsgeschichte bisher immer gestresst hat, dann entspannen Sie sich (zumal es ja eine Belichtungskorrektur gibt – siehe vorherige Seite). Wenn Sie mit der kameraseitigen Belichtung Ihrer Aufnahme nicht zufrieden sind, können Sie die Belichtung selbst außer Kraft setzen. Und wenn Sie das während der Aufnahmen irgendwie verpasst haben und später ein Bild öffnen und feststellen, dass es eine halbe Stufe oder mehr zu hell oder zu dunkel ist, können Sie das in Lightroom oder Camera Raw korrigieren, indem Sie einen einzelnen Regler um wenige Millimeter verschieben.

Wann Sie die Spotmessung einschalten sollten

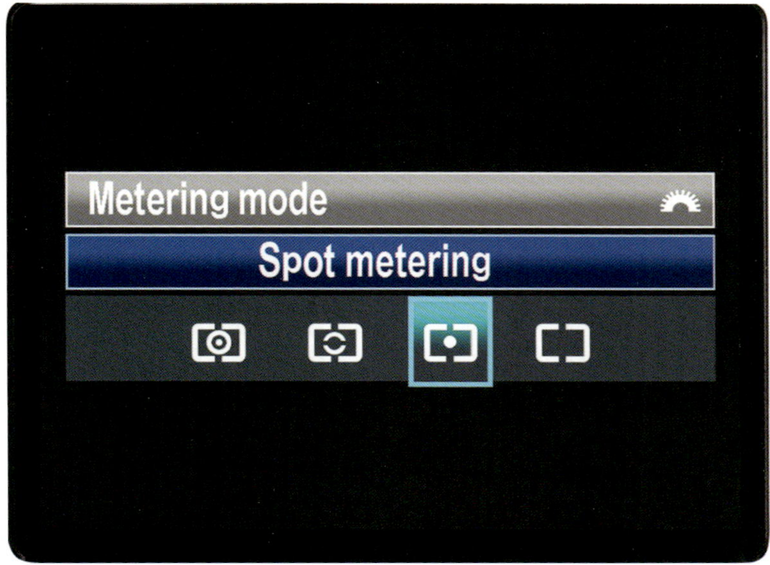

Wie bereits erwähnt, ist die meist als Mehrfeld- oder Matrixmessung bezeichnete Standardmessmethode der heutigen Kameras so gut, dass ich nur selten den Messmodus wechseln muss. Tatsächlich tue ich das nur, wenn meine Kamera in einer schwierigen Beleuchtungssituation die Szene entweder über- oder unterbelichtet. Der Grund dafür ist, dass die Standardmessmethode Ihrer Kamera die Lichtintensität im gesamten Bild mittelt, um insgesamt eine gute Belichtung zu erzielen. Bei kniffligen Beleuchtungssituationen kann dieser Durchschnittswert manchmal falsch sein, und Sie bekommen dann ein sehr dunkles oder sehr helles Bild. Wenn Sie auf Spotmessung umschalten, mittelt die Kamera nicht mehr die Lichtintensität im gesamten Bild, sondern betrachtet nur noch die Lichtverhältnisse in dem kleinen Bildbereich, den Sie in Ihrem Fokusbereichs haben. Sehen Sie in Ihrem Kamerahandbuch nach, wie Sie auf Spotmessung umschalten können. Damit sagen Sie der Kamera: »Nur auf diesen Bereich belichten – das ist der wichtige Teil«. Das ist, wie gesagt, nicht oft nötig – aber wenn die Gesamtbelichtung offensichtlich nicht passt, wechseln Sie zur Spotmessung, nehmen den relevanten Bereich ins Visier und prüfen, ob Sie das Problem dadurch lösen können.

Stellen Sie den Weißabgleich auf »Bewölkt«

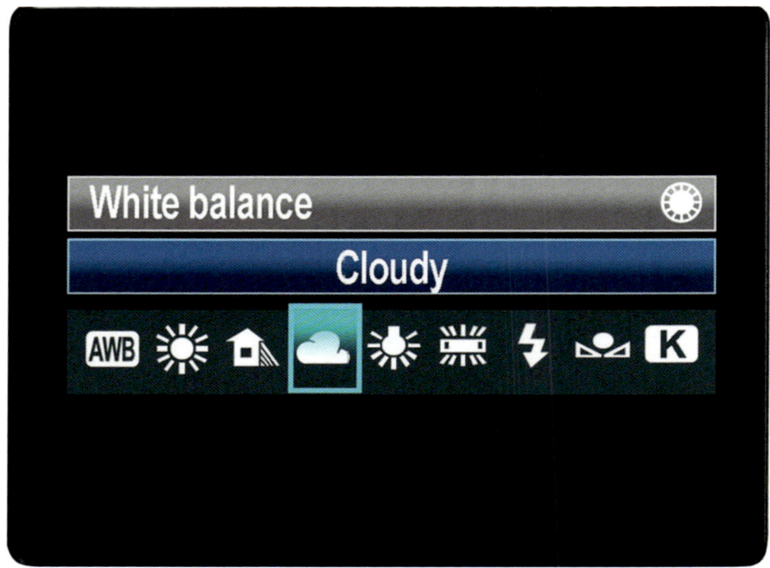

Diesen Trick habe ich bei einem Shooting mit einem absoluten Profi aufgegriffen und nutze ihn seither: Stellen Sie den Weißabgleich für Landschaftsaufnahmen auf **Bewölkt**, auch wenn es gar nicht bewölkt ist. Dadurch sehen Ihre Bilder insgesamt wärmer aus, und im Allgemeinen empfinden wir wärmer wirkende Objekte als angenehmer. Das gilt auch für Hauttöne, aber bei Landschaften wirkt es Wunder. Auf jeden Fall mache ich das jetzt schon seit mindestens 10 Jahren so. Probieren Sie es mal aus – ich denke, das Ergebnis wird Ihnen gefallen.

Überprüfen Sie die Schärfe während der Aufnahmen

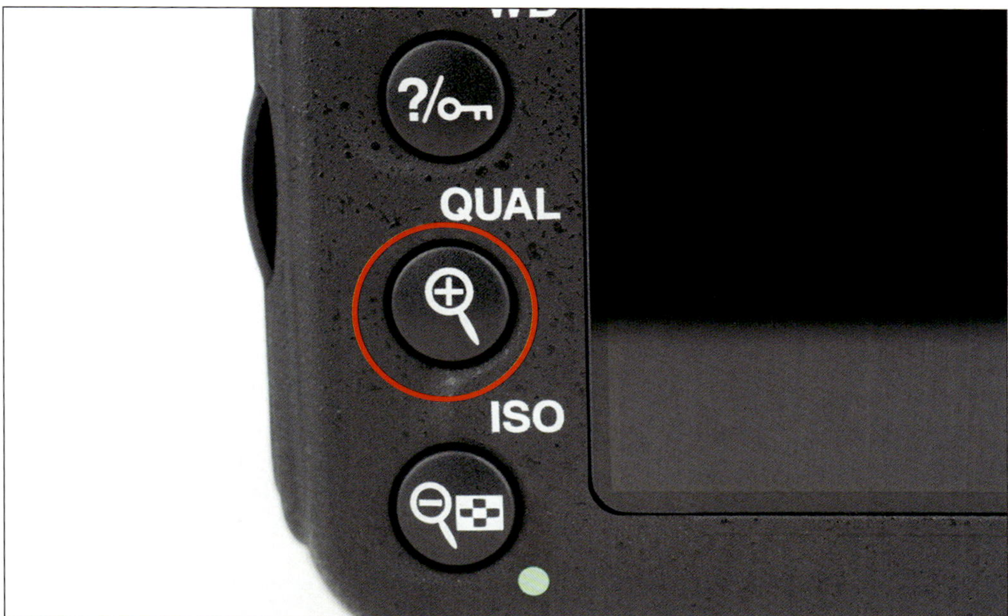

Wie oft habe ich schon ein Landschaftsfoto mit dem Stativ aufgenommen und im Nachhinein gemerkt, dass die Aufnahme leicht oder sogar komplett unscharf geraten war: Ich war gegen das Stativbein gestoßen war oder hatte den Drahtauslöser nicht dabei gehabt, sodass sich die Kamera beim Betätigen des Auslösers ein kleines bisschen bewegt hatte usw. Hätte ich dafür nur jedes Mal einen Dollar bekommen! Das winzige Display auf der Kamerarückseite zeigt eben leider zunächst alles scharf an. Der Herzschmerz setzt erst später ein, wenn Sie die Aufnahme am Computer in voller Größe öffnen. Deshalb ist es so wichtig, unmittelbar vor Ort hineinzuzoomen und die Schärfe der Aufnahme zu überprüfen. Jetzt können Sie noch reagieren und neue Bilder machen. Das ist entscheidend und dauert nur wenige Sekunden, die es aber absolut wert sind. Um den Vorgang noch schneller und einfacher zu gestalten, können Sie heutzutage bei vielen Kameras eine Taste auf der Rückseite mit einer schönen, stark vergrößernden Zoomfunktion belegen (z. B. bei Canon die **Set**-Taste am Schnellwahlrad oder bei Nikon die **OK**-Taste). So brauchen Sie nur eine Taste zu drücken und zoomen sofort nahe heran, erkennen, ob das Bild scharf ist, und zoomen dann wieder aus. Ein Klick rein, ein Klick raus.

Trick: Extra scharfe Bilder mit Live View

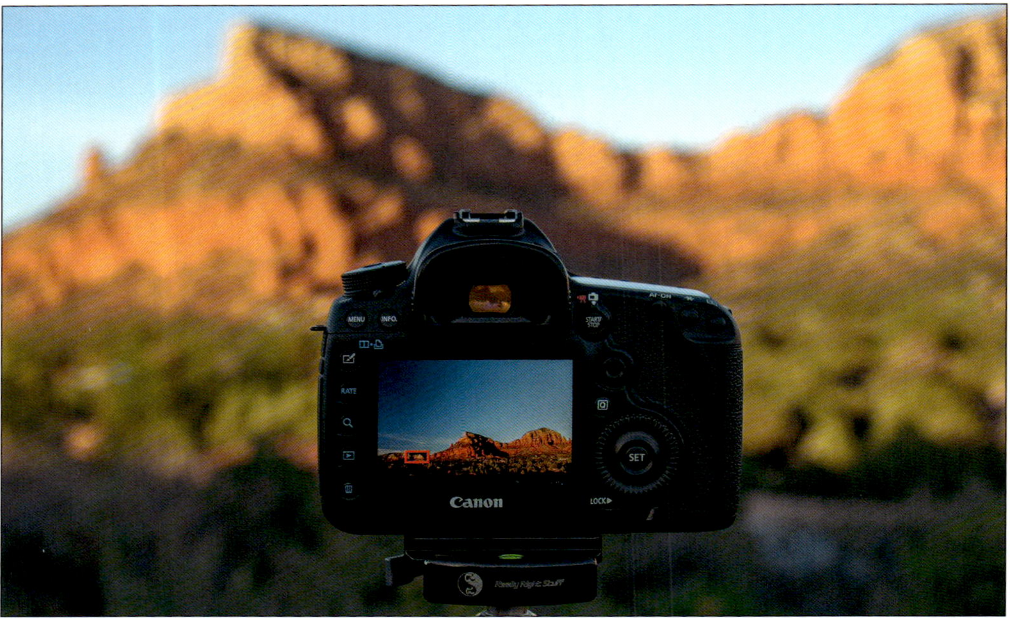

Dieser Trick wird immer beliebter, weil er mit dem Autofokus der Kamera beginnt, Sie dann aber die Scharfstellung nochmals manuell optimieren, um ein wirklich gestochen scharfes Bild zu bekommen. Und so geht es: (1) Positionieren Sie Ihren Fokuspunkt so, dass er auf etwa 1/3 der Wegstrecke in Ihr Bild hinein liegt. Halten Sie dann den Auslöser (oder die Taste, mit der Sie fokussieren) halb gedrückt, um den Autofokus an dieser Stelle zu fixieren. (2) Schalten Sie nun Live View ein, um die Szene auf dem rückwärtigen Display zu betrachten. Das Tolle am Live View-Modus ist, dass Sie bereits vor der Aufnahme näher heranzoomen können (normalerweise können Sie ein Bild auf dem Display erst nach der Aufnahme vergrößern). Also drücken Sie die Zoomtaste (bei den meisten Kameras zeigt sie ein Lupensymbol) und vergrößern die im ersten Schritt scharf gestellte Stelle. Handelt es sich dabei beispielsweise um einen Felsen, der auf 1/3 Wegstrecke ins Bild hinein liegt, dann zoomen Sie direkt auf diesen Felsen ein. So können Sie beurteilen, wie scharf er wirklich ist. (3) Deaktivieren Sie den Autofokusschalter am Objektivtubus, um manuell nachfokussieren zu können. Betrachten Sie nun den vergrößerten Bereich und drehen Sie den Fokusring am Objektiv, bis die anvisierte Stelle gestochen scharf ist. Jetzt können Sie die Aufnahme einfach machen, weil Sie wissen, dass sie absolut scharfgestellt ist. Mit dieser Methode bekommen sie die bestmögliche Bildschärfe. Ich muss aber zugeben, dass ich diesen Trick nicht allzu oft benutze – der Autofokus der heutigen Kameras ist ziemlich gut. Also hebe ich mir die Technik für die absoluten Killermotive auf, wo ich absolut und hundertprozentig sicher gehen möchte, dass die Schärfe passt. Dann investiere ich die zusätzliche Zeit und Mühe gerne.

Welchen Fokusmodus Sie nutzen sollten

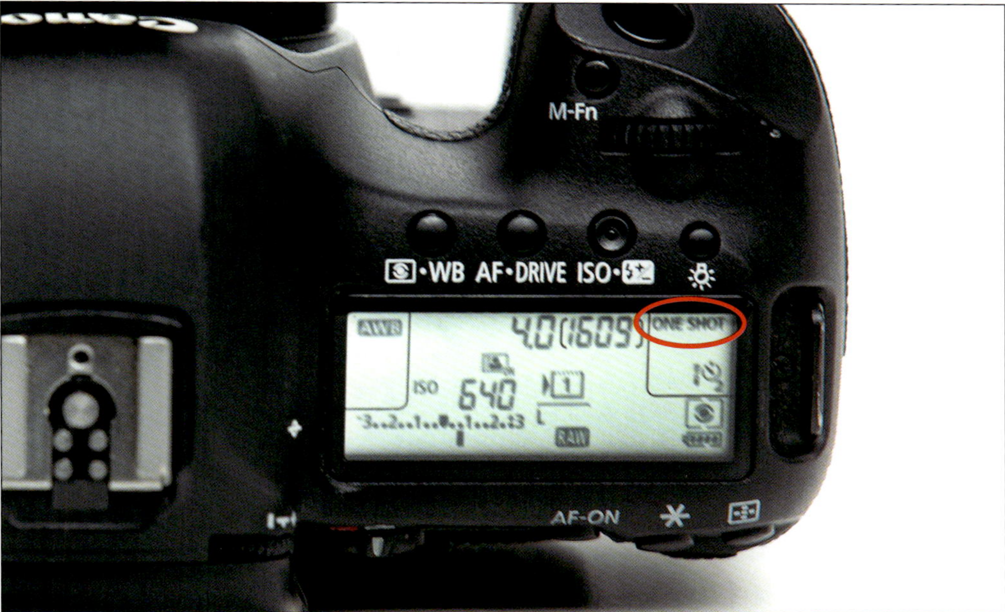

Das ist wieder so eine Einstellung, die Sie für Ihre Landschaftsfotografie einmal vornehmen und anschließend vergessen können. Sie brauchen sie dann nicht mehr zu ändern. Da Ihre Landschaft ein ruhendes Objekt ist, stellen Sie Ihren Fokusmodus auf ein einzelnes Messfeld ein. Sie sollten selbst in der Lage sein, die Stelle zu bestimmen, die Ihre Kamera scharfstellt – diese Auswahl dürfen Sie nicht der Kamera überlassen, denn die Wahrscheinlichkeit wäre groß, dass sie keine besonders gute Wahl trifft. Stellen Sie also Ihren Fokusmodus auf Einzelmessfeld und schon können Sie loslegen.

Spiegelvorauslösung

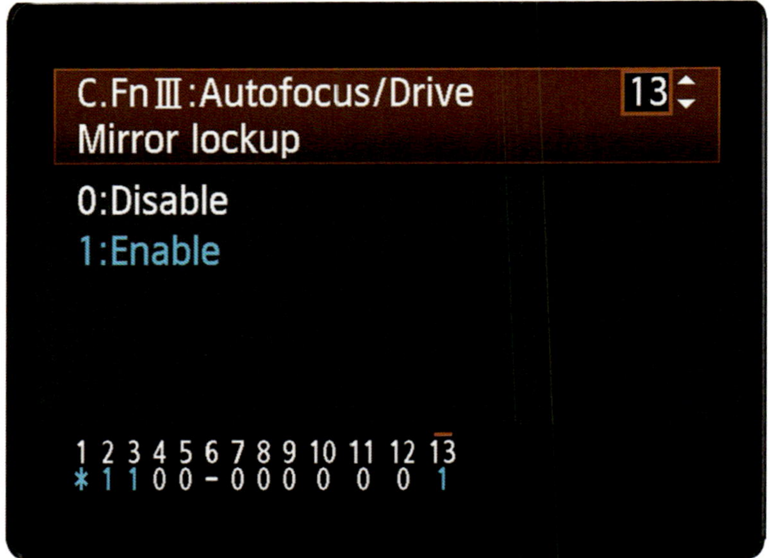

Wenn Sie probieren, das letzte Quäntchen Schärfe aus Ihrer digitalen Spiegelreflexkamera zu quetschen (bei spiegellosen Kameras ist dieser Trick nicht erforderlich) und dabei natürlich ein Stativ verwenden, dann können Sie eine Funktion namens »Spiegelvorauslösung« verwenden. Der Spiegel wird dabei bereits *vor* der Aufnahme hochgeklappt, was die geringen Vibrationen, die beim Hochklappen des Spiegels sonst *während* des Aufnahmevorgangs auftreten, nochmals reduziert. Die Funktion ist einfach anzuwenden, wird aber nicht von jeder Kamera unterstützt. Suchen Sie also in der Bedienungsanleitung Ihrer Kamera nach »Spiegelvorauslösung« oder »Spiegelverriegelung«. Wenn Ihre Kamera die Funktion beherrscht, können Sie dort nachlesen, unter welchem Menüpunkt Sie sie finden, und brauchen sie nur einzuschalten. Wenn Ihre Suche in der Bedienungsanleitung keine Ergebnisse liefert, können Sie hier aufhören zu lesen, weil Ihre Kamera die Funktion nicht unterstützt. Wie auch immer, wenn Sie sie einmal eingeschaltet haben, können Sie loslegen. Denken Sie nur daran, die Funktion zu deaktivieren, wenn Sie aus der Hand fotografieren.

Ihre Alternative zum Fernauslöser

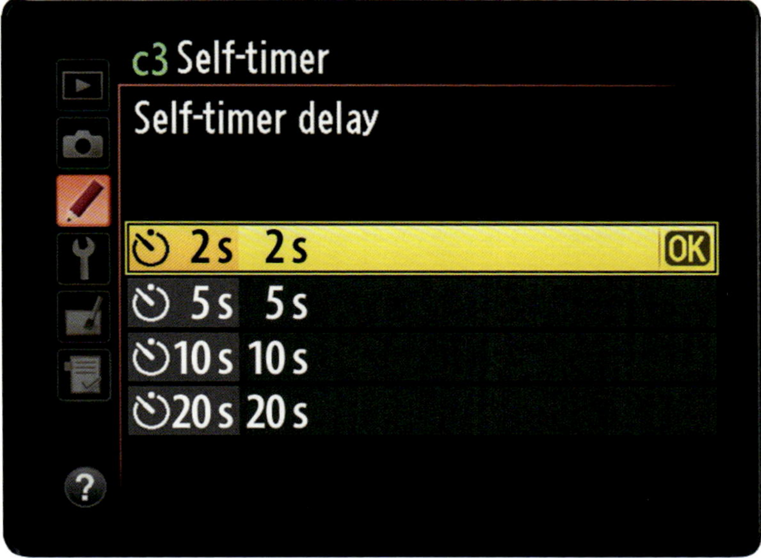

Wenn Sie keinen Fernauslöser besitzen, ihn vergessen oder im Auto zurückgelassen haben, das einen längeren Fußmarsch vom Aufnahmeort entfernt parkt, dann ist hier Ihr Notfallplan: Nutzen Sie die Selbstauslöserfunktion Ihrer Kamera. Nachdem Sie den Auslöser gedrückt haben (was Ihre Kamera in Schwingungen versetzt) bleiben so noch einige Sekunden, in denen sich diese Bewegung beruhigen kann, und Sie erhalten eine scharfe Aufnahme. Die meisten Kameras bieten einige Zeitintervalle zur Auswahl, bis die Aufnahme ausgelöst wird: Standardmäßig sind meist 10 Sekunden vorgegeben, was ideal für Gruppenfotos ist, bei denen Sie mit ins Bild möchten. Wenn Sie neben der Kamera stehen und darauf warten, dass Ihr Landschaftsfoto aufgenommen wird, fühlen sich die zehn Sekunden aber eher wie sechs Minuten an. Deshalb ändere ich die Einstellung auf zwei Sekunden. Diese zwei Sekunden fühlen sich trotzdem wie zweieinhalb Minuten an, aber das ist immer noch dreieinhalb Minuten besser als die gefühlten sechs Minuten.

Weitwinkelobjektiv – warum und welches?

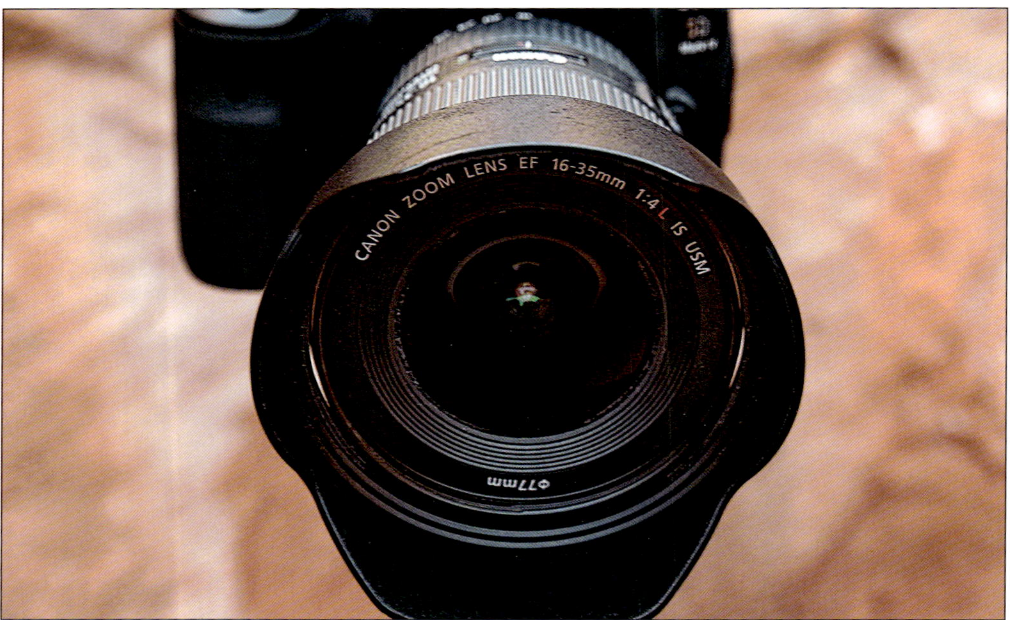

Natürlich sollten Sie von Fall zu Fall auch mal zu Objektiven mit größerer Brennweite greifen, aber dennoch ist das Weitwinkelobjektiv das entscheidende Utensil des Landschaftsfotografen. Zu weitwinklig sollte es allerdings auch nicht sein, denn Ultraweitwinkelobjektive schieben die Bildelemente von Ihnen weg, und die Berge im Hintergrund wirken dann noch weiter entfernt. Außerdem haben die Superweitwinkelobjektive oft bauchige, abgerundete Frontlinsen, die ohne komplizierte Haltevorrichtung keine Neutraldichte- oder Polarisationsfilter aufnehmen können. Dieses Thema wird in Online-Communitys endlos diskutiert, also sage ich es so: Wenn ich ein ideales Weitwinkelobjektiv für Landschaftsfotos wählen müsste, dann wäre es für Kameras mit Vollformatsensor ein 24-mm-Weitwinkelobjektiv und für solche mit APS-C-Sensor ein 18-mm-Weitwinkelobjektiv (aber das ist mein persönlicher Geschmack). Natürlich bietet ein Weitwinkelzoom etwas mehr Flexibilität, etwa ein 24-105-mm-Objektiv für Vollformatkameras oder ein leichteres 16-35-mm-Objektiv. Für Landschaftsaufnahmen brauchen Sie kein schweres, teures f/2.8-Objektiv. Ich benutze das mit f/4 – es ist leichter und kostet nur die Hälfte. Wenn Sie nicht regelmäßig den Sternenhimmel fotografieren, werden Sie die Lichtstärke der teureren Version nie ausnutzen. Für Kameras mit APS-C-Sensor bietet Tamron ein schönes 10-24-mm-f/3.5-5.6-Objektiv an. Dieses Schnäppchen ist bei Landschaftsfotografen sehr beliebt.

Wann Sie Ultraweitwinkelobjektive nutzen sollten

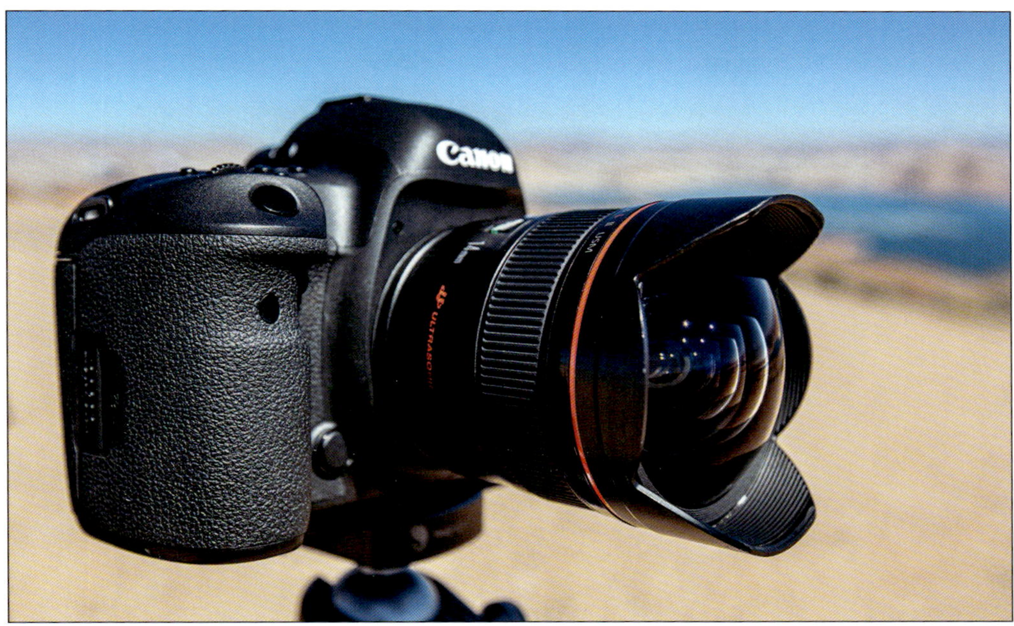

Jetzt kennen Sie meine persönlichen Objektivvorlieben für die Landschaftsfotografie (etwa 24 mm für Vollformatkameras oder 18 mm für den APS-C-Sensor). Aber darf es manchmal vielleicht ruhig noch etwas weitwinkliger sein? Nun, wenn Sie im Vordergrund ein sehr nahes Objekt haben, einen großen Felsen oder ein Stück Treibholz, dann können Ultra-Weitwinkelaufnahmen richtig toll aussehen. Auch Wasserfälle oder Aufnahmen im Wald oder in einer engen Schlucht oder Fotos der Milchstraße (siehe Kapitel 7) oder ... na ja, wie Sie sehen, kann auch ein Ultraweitwinkelobjektiv ab und zu von Nutzen sein. Es wird nicht zum Stützpfeiler Ihrer Landschaftsfotos werden, da es Objekte in den Hintergrund drängt (so dass große Berge in der Ferne viel kleiner wirken). Wenn Sie mit einer Kamera mit Vollformatsensor fotografieren, können Sie sich jedoch etwa mit dem 15-30 mm von Tamron, dem 14-24 mm von Nikon, dem 12-24 mm von Sony oder dem 11-24 mm von Canon alle Möglichkeiten offen halten. Denken Sie aber daran, dass diese Objektive allesamt recht groß und schwer sind. Viel kleiner, leichter und viel billiger sind die APS-C-Sensor-Objektive im 10-mm- und 12-mm-Bereich. Canon, Nikon, Sony, Tamron, Tokina und Sigma haben alle ultraweitwinklige Zoomobjektive im Brennweitenbereich zwischen 10 und 24 mm für Kameras mit APS-C-Sensor im Angebot. Und ja, mit APS-C-Sensor-Kameras brauchen Sie diese geringen Brennweiten, um ein wirklich ultraweitwinkliges Sichtfeld zu bekommen.

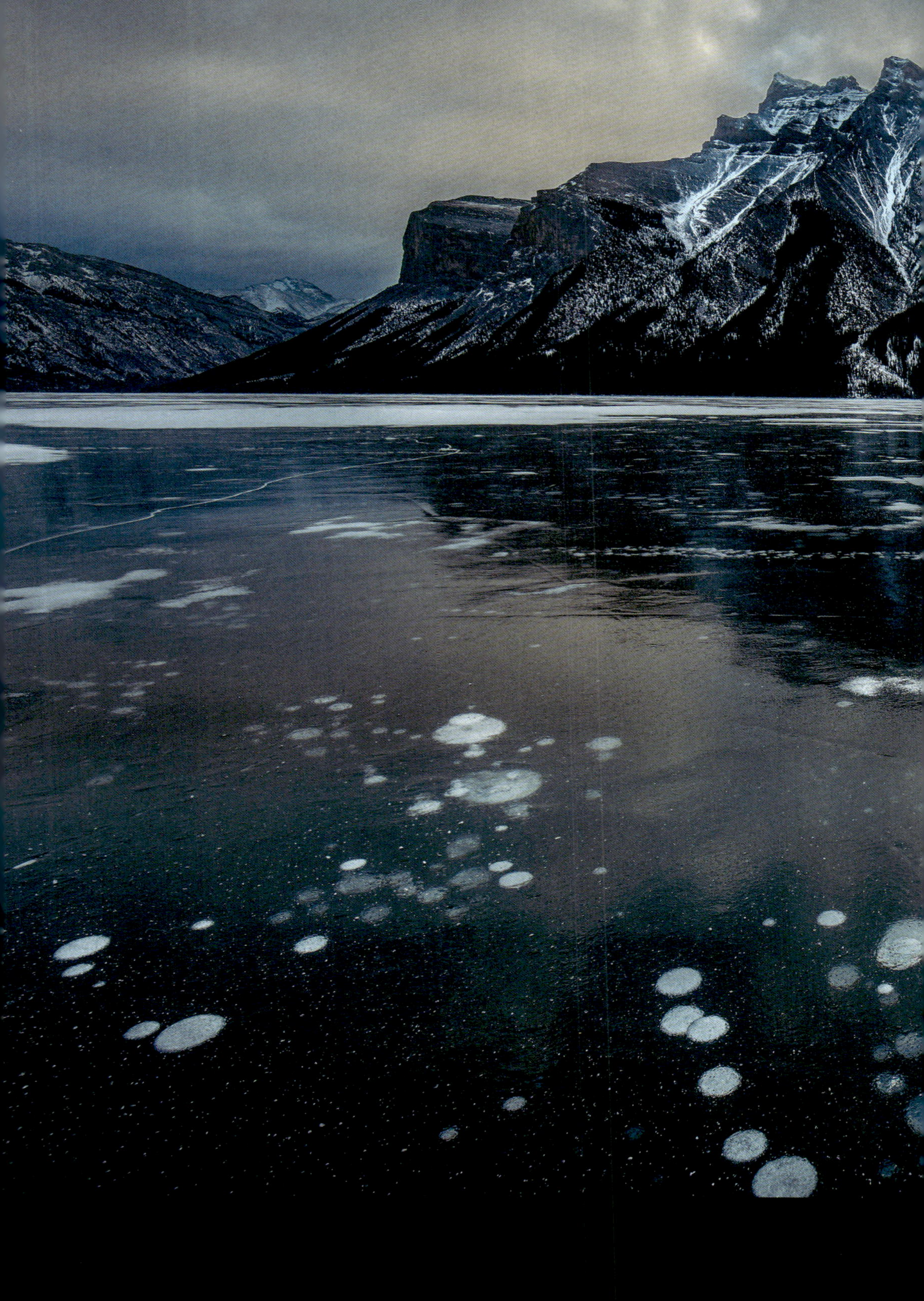

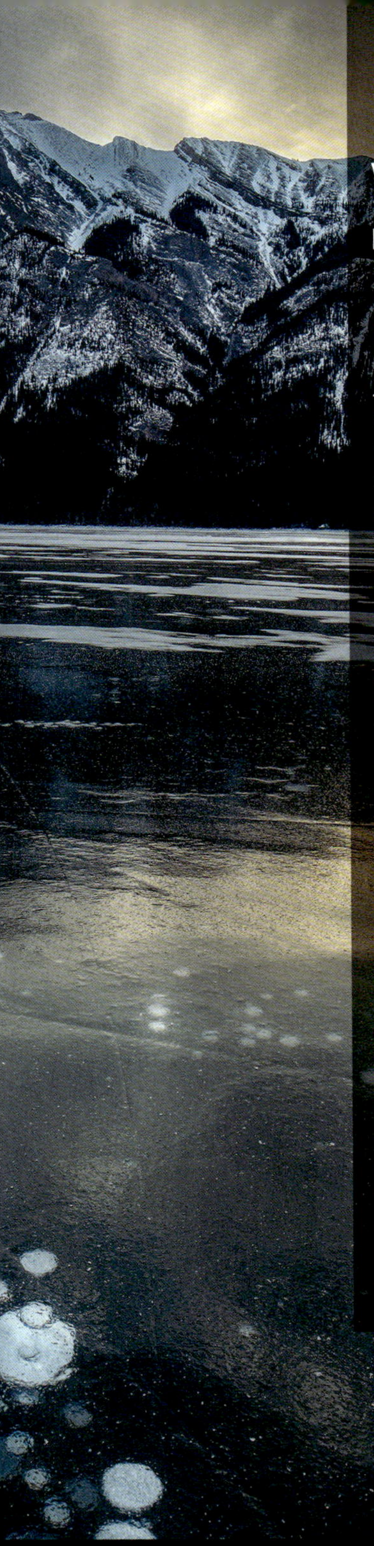

Kapitel 3

Vor dem Shooting

Die Kunst, sich auf den Erfolg vorzubereiten

In diesem ganzen Kapitel geht es eigentlich nur um eines. Ich habe das vor langer Zeit als junger Praktikant eines berühmten Landschaftsfotografen gelernt, und es ist mir über all die Jahre im Gedächtnis geblieben. Eines Morgens brachen wir früh auf, um einen Sonnenaufgang zu fotografieren. Wir holten die Ausrüstung aus dem Wagen, bauten sie auf und fünf Minuten später begann es, in Strömen zu regnen. Wir packten schnell alles wieder ein und saßen kurz darauf beide wieder im Auto – unser Sonnenaufgangs-Shooting war ins Wasser gefallen. In diesem Moment zog er ein Kästchen hervor, das er geerbt hatte. Er erzählte, dass sein Vater – ebenfalls ein Landschaftsfotograf – es ihm gegeben habe, als er selbst noch ein junger und naiver Fotograf war, mit den Worten, dass dieses alte Kästchen das enthalte, was im Leben wirklich zähle. Nun würde er es mir weitergeben. Mir fehlten die Worte. Ich war demütig und verunsichert, aber vor allem stolz darauf, dass er mich nun endlich an einem Punkt sah, an dem er das mit mir teilen konnte. Mir stiegen Tränen in die Augen, aber ich beherrschte mich. Er erzählte mir, was dieser Moment als junger Mann für ihn bedeutet hatte, und ließ das Kästchen in meinen Schoß gleiten. Ich erinnere mich noch an das Geräusch des Regens, der auf das Autodach prasselte, als ich eine kleine Flasche Knob Creek Kentucky Straight Bourbon Whiskey aus dem Kästchen zog, ein Schmuddelheft und die Schlüssel eines 1994er Pontiac Bonneville. Er schaute mir in die Augen und sagte: »Die Landschaftsfotografie ist Glückssache, mein Junge, und du wirst nie ein Haus besitzen, Frau und Kinder haben oder genug Essen auf dem Tisch«. Dann öffnete er die Tür, stieß mich in den Regen hinaus und fuhr davon. Da stand ich nun mit meiner halben Flasche Schnaps und den Schlüsseln zu einem Auto, das auf einem Schrottplatz irgendwo außerhalb von Abilene stand. Das Heft hat er behalten – diese Geschichte ist wirklich so passiert.

Recherchieren Sie zuerst

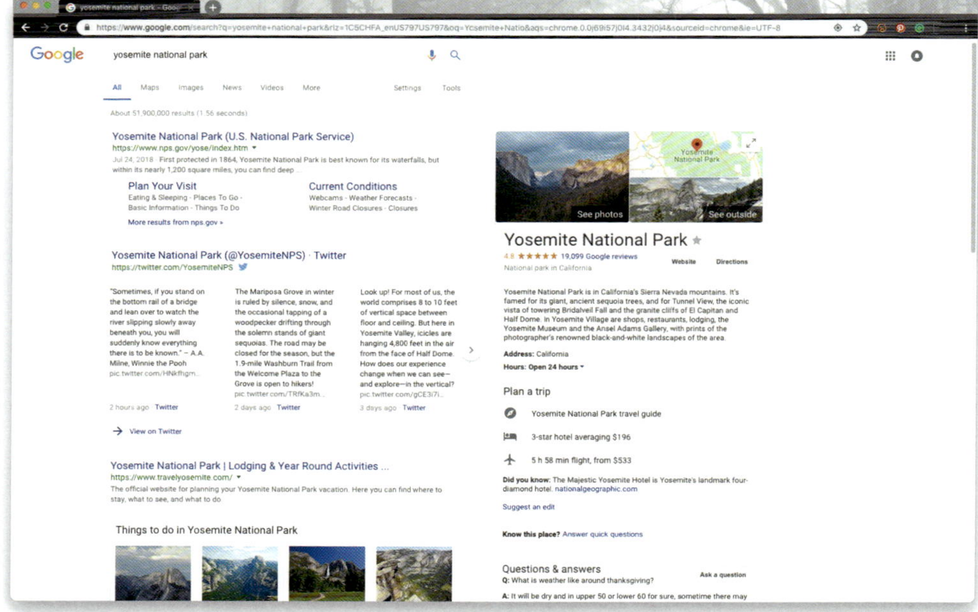

Ich kann das gar nicht genug betonen. Früher habe ich diesen Schritt vernachlässigt. Wenn ich dann nach Hause kam und das erste Bild im Internet veröffentlicht hatte, folgten Kommentare wie: »Hast du das hier und dort aufgenommen?« (Denken Sie sich dazu den Namen der wunderbaren Location, von der ich nicht wusste, dass sie sich in unmittelbarer Nähe befand). Manchmal zeigte sich, dass dieser Aufnahmeort wesentlich besser gewesen wäre als meine Wahl. Das brach mir immer wieder das Herz – und schon etwas Vorarbeit hätte genügt, um nicht etwas Großartiges zu verpassen.

Beginnen Sie mit Pinterest

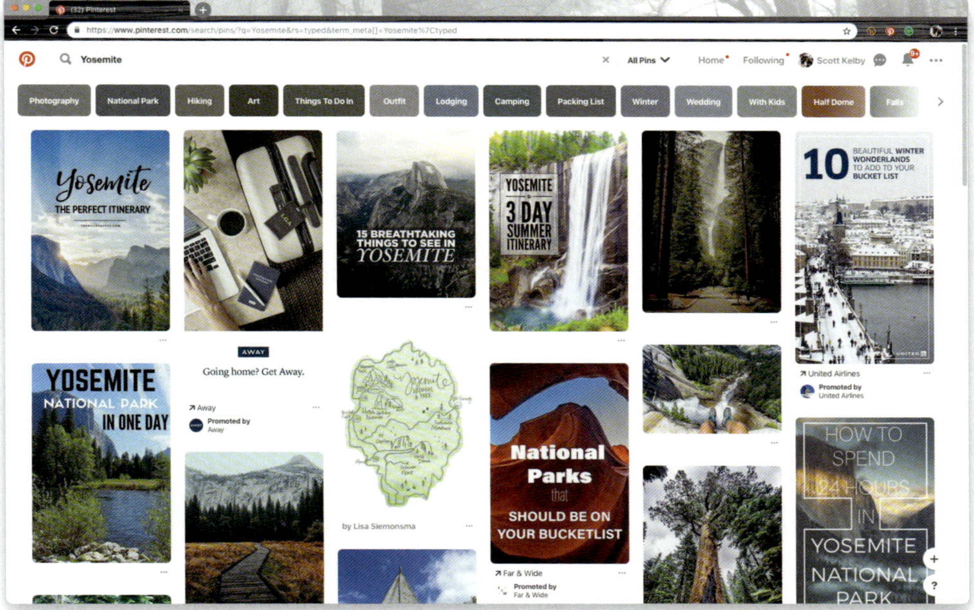

Eine kostenlose Mitgliedschaft bei Pinterest lohnt sich, falls Sie bisher noch keinen Account hatten. Dort finden Sie gleichgesinnte Landschaftsfans, die ihre Lieblingsfotos präsentieren, sowie Artikel aus dem Web, alles an einem Ort. Geben Sie zuerst einen Suchbegriff für Ihr Vorhaben ein. Zum Beispiel habe ich gerade »Yosemite« eingegeben und eines der ersten Ergebnisse (alle in Form von Bildern) war ein Artikel namens »17 Breathtaking Things to Do in Yosemite«, der auch verrät, wo das Titelfoto aufgenommen wurde (mit der Anmerkung, dass Sie dort ganz leicht mit dem Auto hinfahren können). Wenn Sie in diesem Artikel nach unten scrollen, finden Sie andere Orte in der Gegend, die Sie bei einer einfachen Google-Suche vielleicht verpassen würden. Dazu kommen hilfreiche Hinweise wie »… einfacher 1,5 km-Fußweg vom Parkplatz aus, mit einem Rundumblick auf Yosemite« und »Nehmen Sie den Nebelpfad, um den tollen Wasserfall zu bestaunen, aber denken Sie unbedingt an festes Schuhwerk, da der Pfad feucht und sehr rutschig ist« (hier ist übrigens der Link zu dem Artikel: *https://localadventurer.com/best-things-to-do-in-yosemite-national-park/*). Noch einmal: Pinterest liefert Ihnen bildbasierte Ergebnisse mit Links zu Artikeln, Blogs und natürlich Bildern und ist daher lange vor dem Shooting meine erste Anlaufstelle, wenn ich ein Gebiet erforsche, in dem ich fotografieren möchte.

Sehen Sie sich dann bei 500px.com um

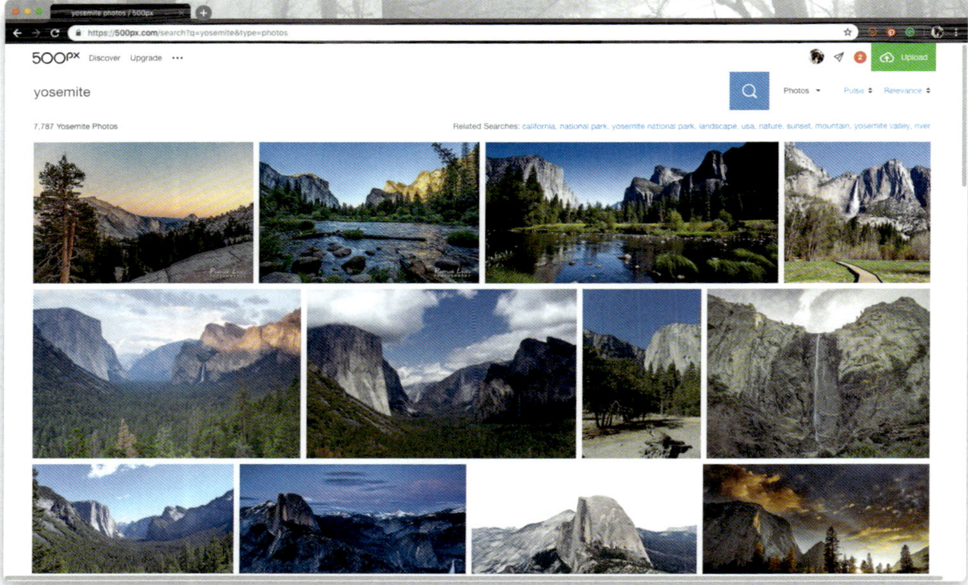

Die Website *500px.com* ist eine riesige weltweite Fotocommunity für leidenschaftliche Fotografen. Wenn Sie dort einen Ort ins Suchfeld eingeben, erhalten Sie sofort viele beeindruckende Aufnahmen von dieser Location. Wenn Sie auf ein Bild klicken und sich die bereitgestellten Informationen ansehen, erfahren Sie häufig den genauen Standort, an dem es aufgenommen wurde (oft mit einer Karte), welche Ausrüstung verwendet wurde und manchmal sehr spezifische Informationen darüber, wie Sie diese Location erreichen können (einschließlich der besten Jahreszeiten, um dort zu fotografieren, der Dinge, auf die Sie achten sollten etc.). Ich habe dort schon einige großartige Entdeckungen gemacht, die mir sonst entgangen wären.

Schließlich: Google-Bildersuche und Google Maps

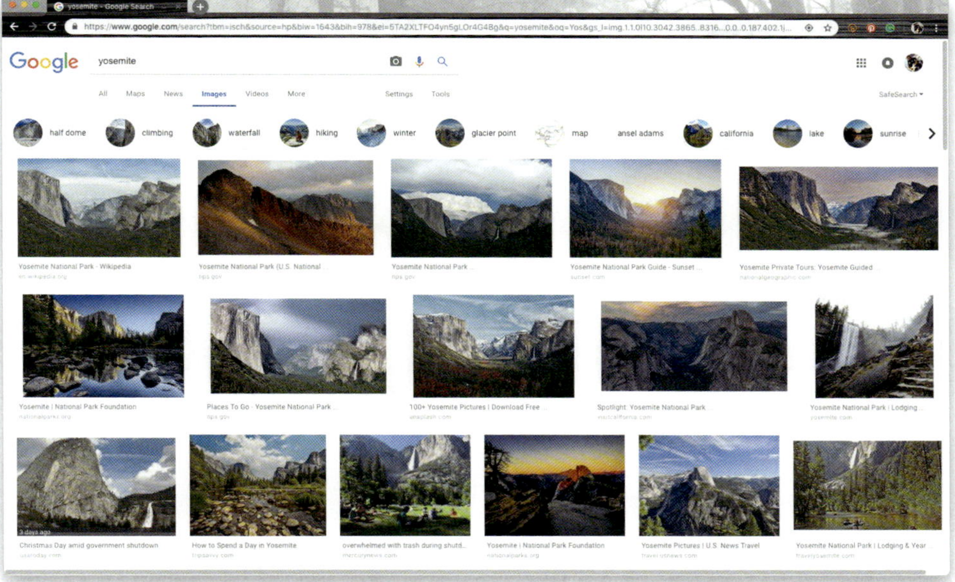

Sowohl Pinterest als auch 500px bieten viele großartige Fotos in den Suchergebnissen. Eine Bildersuche per Google liefert ebenfalls zahlreiche Ergebnisse. Die sind zwar nicht immer toll, aber Sie finden dort mitunter ein schwaches Foto von einer fantastischen Location, auf die Sie mit den anderen beiden Plattformen vielleicht nicht gestoßen wären. Es lohnt sich also, die Google-Bildersuche als drittes Standbein Ihrer Recherchen zu betrachten. Das vierte Standbein ist Google Maps (oder die Google-Earth-App). Sobald Sie einen bestimmten Aufnahmeort in die engere Wahl ziehen, ist dies eine wirklich großartige Quelle, um beispielsweise herauszufinden, wo Sie in der Nähe parken können, wo verschiedene Wege und welche Bereiche zugänglich sind, und viele andere nützliche Informationen. Allerdings konsultiere ich Google Maps erst dann, wenn ich die Location über Pinterest oder 500px bereits grob eingegrenzt habe.

Die Location auskundschaften

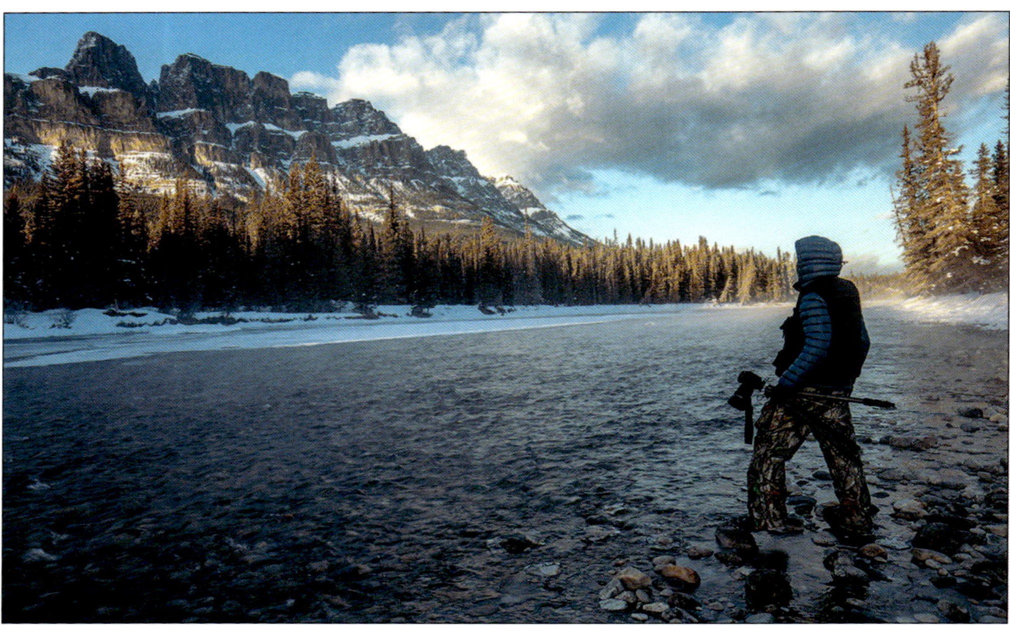

Dies ist von besonderer Bedeutung, wenn Sie im Morgengrauen fotografieren wollen, denn im Dunklen ist es wirklich schwer, den perfekten Standort zu finden. Leider bin ich daran mehr als einmal gescheitert. Als ich am geplanten Aufnahmeort eintraf, merkte ich, dass die Stelle doch nicht so toll war, wie ich dachte. Und dann war es zu spät – ich saß dort fest und machte sehr enttäuschende Aufnahmen. Hätte ich mir die Location am Vortag gründlich angesehen, dann wäre mir aufgefallen, dass die Stelle nicht so großartig war, und hätte einen besseren Platz gefunden. Das ist vor allem dann wichtig, wenn Sie nicht am nächsten Tag zurückkehren und es erneut probieren können. Wenn Sie nur einen Versuch haben, sollten Sie die Location am Vortag auskundschaften und prüfen, ob sie wirklich Ihre Erwartungen erfüllt. Sie müssen nicht einmal Ihre Ausrüstung auspacken – machen Sie einfach schnell einen Schnappschuss mit Ihrem Smartphone, um zu prüfen, ob es wirklich die geeignete Location ist, die Sie am nächsten Tag in der Dämmerung aufsuchen wollen. Jetzt denken Sie vielleicht, dass Auskundschaften bei Sonnenuntergangfotos nicht nötig ist, aber auch daran bin ich schon gescheitert. Das Schlimmste ist, wenn Sie ankommen und feststellen, dass der Platz geschlossen oder gesperrt ist oder dass mittlerweile etwas im Weg steht (bei mir war einmal ein riesiger Lastwagen geparkt und es war einfach unmöglich, eine Aufnahme zu machen, ohne ihn im Blickfeld zu haben). Wäre ich am Vortag hingefahren, hätte ich gesehen, dass ich eine andere Location für den Sonnenuntergang finden musste.

Großartige Landschaften ergeben tolle Landschaftsfotos

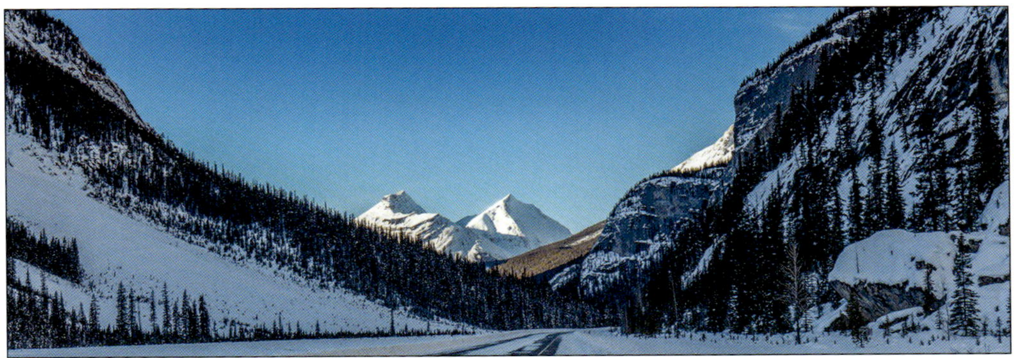

Als Landschaftszauberer können Sie vielleicht auch in einer langweiligen Gegend schöne Bilder machen. Aber mit einer tollen Landschaft steigen Ihre Chancen auf eine tolle Landschaftsaufnahme exponentiell. Wenn Sie im Morgengrauen an einem guten Platz vor dem Half Dome im Yosemite-Nationalpark stehen, werden Sie wahrscheinlich ein wundervolles Foto machen – besonders, wenn das Wetter mitspielt und die Natur Ihnen einen beeindruckenden bunten Wolkenhimmel schenkt. Sie stehen dann eben einfach richtig für ein spektakuläres Landschaftsfoto. Wenn Sie sich nicht an einer der 50 weltbesten Locations für Landschaftsbilder befinden (es gibt online ein Dutzend solcher Listen – mir gefällt diese internationale Zusammenstellung des U.S. News & World Report: *https:// travel.usnews.com/gallery/the-50-most-beautiful-landscapes-in-the-world*), müssen Sie diesen Umstand durch Ihre Kameraarbeit ausgleichen. Es ist doch so: Wenn Sie ein großartiger Autofotograf sein wollen, sollten Sie idealerweise Ferraris, Lamborghinis, Porsches, Jaguare, McLarens usw. fotografieren, weil diese Autos mit ihren schönen Linien, glänzenden Oberflächen und tollen Rädern einfach fotogen sind. Können Sie auch ein tolles Foto von einem Toyota Prius machen? Vielleicht, aber dann sollten Sie Ihr Handwerk schon sehr gut verstehen. Mit einem Ferrari-Foto erzielen Sie viel schneller einen »Wow-Effekt«. Ja, es ist schwieriger, einen Ferrari zu finden, aber er steigert Ihre Chancen auf ein außergewöhnliches Foto enorm. Und, ja, es erfordert mehr Aufwand, in eine fantastische Landschaft zu reisen, aber Ihre Chancen auf ein tolles Bild steigen dann ebenfalls erheblich. Was Sie beim Betätigen des Auslösers vor sich haben, macht den entscheidenden Unterschied aus.

Wann fotografieren: in der Morgendämmerung

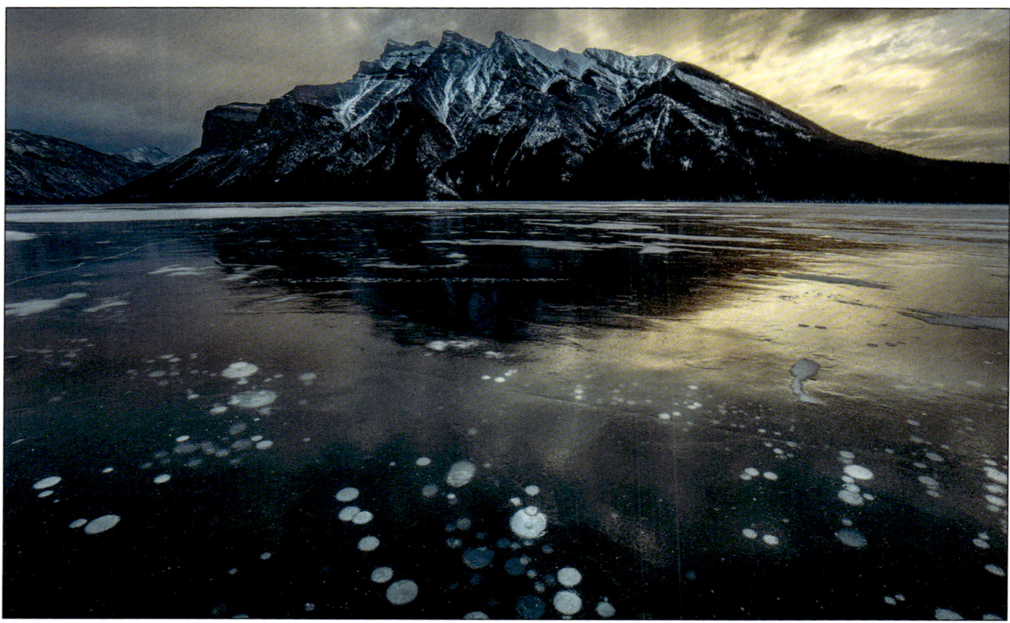

Wenn Sie sich in ein phänomenales Landschaftsbild verliebt haben, wurde es wahrscheinlich in der Morgen- oder Abenddämmerung aufgenommen – zu diesen Tageszeiten ist das Licht schön, die Schatten sind weich und die Landschaft sieht einfach am besten aus. In der Morgendämmerung zu fotografieren ist schwerer, weil man so verflixt früh aufstehen muss, aber als Entschädigung erhalten Sie oft einen spektakulär bunten Himmel und weiche, glasklare Reflexionen. Es wird Sie vielleicht überraschen, dass die besten Aufnahmen wahrscheinlich mehrheitlich vor dem eigentlichen Sonnenaufgang entstehen. Das ist die optimale Aufnahmezeit: Die 15 bis 20 Minuten, bevor die Sonne tatsächlich über den Horizont steigt, bieten meist das beste Licht. Sie müssen also spätestens 30 Minuten vor Sonnenaufgang alles fertig aufgebaut haben und aufnahmebereit sein. Stellen Sie Ihren Wecker deshalb zeitig. Wenn einige Wolken am Himmel die Farben kurz vor Sonnenaufgang einfangen, kann die Szene geradezu magisch wirken. Nach Sonnenaufgang haben Sie in der Regel (je nach Standort, etwa in den Bergen) noch ca. 10 bis 15 Minuten Zeit zum Fotografieren – danach steht die Sonne so hoch, dass das schöne Licht der Morgendämmerung in helles, hartes Licht übergeht. Dann können Sie aufhören. Sie wollen ja fotografieren, wenn die Landschaft in ein schönes, weiches, vorteilhaftes Licht getaucht ist. Dieses Zeitfenster »guten Lichts« erstreckt sich über etwa 30 bis 35 Minuten (20 Minuten vor Sonnenaufgang und etwa 10 bis 15 Minuten danach). Natürlich hängen diese Zeitspannen auch davon ab, wo Sie fotografieren (so hält etwa die Dämmerung im sommerlichen Norwegen vier Stunden lang an), und was Sie fotografieren (Berge können den Sonnenaufgang verzögern).

Wann fotografieren: in der Abenddämmerung

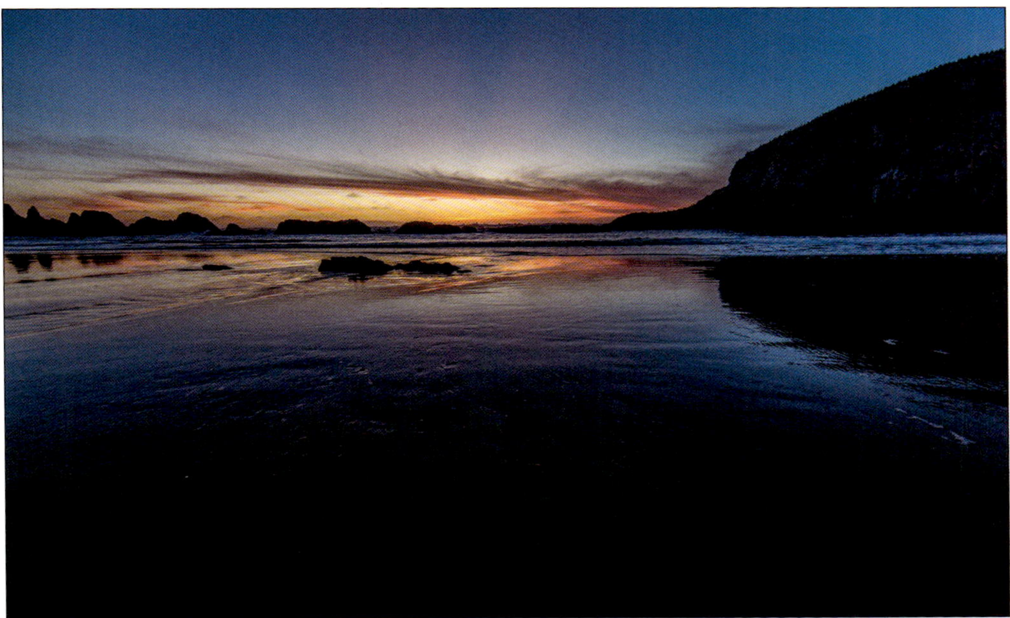

Auch das wird endlos online diskutiert (wie eigentlich so ziemlich jedes fotografische Thema): Viele Landschaftsfotografen arbeiten lieber bei Sonnenuntergang als bei Tagesanbruch. So bekommen sie ebenfalls weiches, schönes, vorteilhaftes Licht, aber (1) müssen nicht so wahnsinnig früh aufstehen und (2) müssen ihren Standort nicht am Vortag erkunden – eine Stunde vorher genügt. Außerdem (3) ist das Zeitfenster für die Aufnahmen länger: Es beginnt ungefähr 45–60 Minuten vor Sonnenuntergang und dauert bis etwa 20 Minuten danach, oder auch länger – abhängig davon, was und wo Sie fotografieren. In den Bergen verschwindet die Sonne oft viel früher, als der Sonnenuntergang für diesen Tag angegeben war. Und (4) das Fotografieren bei Sonnenuntergang ist einfacher: Man stolpert nicht im Dunkeln umher, die Standortsuche ist einfacher, Taschen- oder Stirnlampe sind unnötig und es ist nicht so kalt (und erwähnte ich, dass Sie ausschlafen können?). Ich versuche meist, beides zu machen, und fotografiere dann wegen des Sonnenstands normalerweise an zwei verschiedenen Locations – einige sind besser für Fotos bei Sonnenaufgang geeignet, andere wirken bei Sonnenuntergang wesentlich schöner. Meist können Sie ziemlich leicht herausfinden, was Sie wann fotografieren sollten, wenn Sie vorab recherchieren. Die Leute binden es Ihnen förmlich auf die Nase: »Das ist definitiv ein Sonnenaufgangsfoto ...« und erklären auch, warum. Auch deshalb lohnen sich die Nachforschungen. So werden Sie auch nicht als Einzige/r an einem fotografischen Hotspot auftauchen und ausrufen: »Wow! Ich kann nicht glauben, dass ich hier ganz alleine bin. Ich habe die freie Standortwahl, juchu!« Und wenn dann die Sonne auf- oder untergeht, sehen Sie, warum.

Was Sie zu anderen Zeitpunkten fotografieren sollten

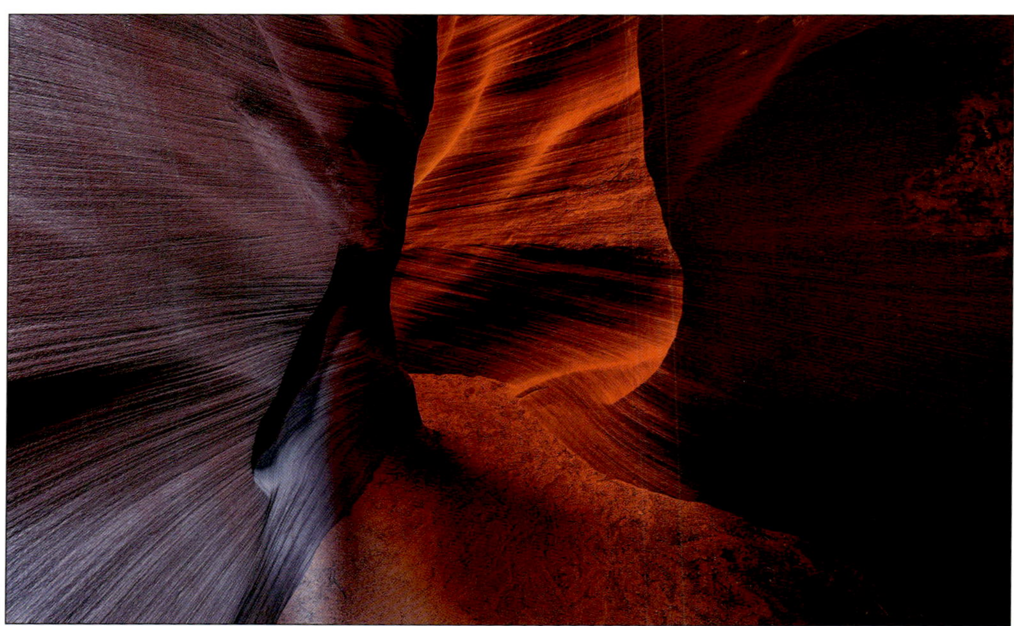

Ich kenne viele Landschaftsprofis, die bei Tageslicht gar nicht fotografieren. Sie finden das Licht zu grell und die Schatten zu hart und meinen, die Mittagszeit eigne sich nur für die Standortsuche oder um zu Hause Bilder zu sortieren und nachzubearbeiten. Aber wenn Sie unbedingt tagsüber gute Bilder fotografieren wollen, dann wählen Sie Motive, die nicht vom schönen Licht der Morgen- oder Abenddämmerung abhängen. Zum Beispiel ist tagsüber die perfekte Zeit, um einen Wasserfall oder Bach im Wald zu fotografieren. Wenn die Bäume genug Schutz bieten, erhalten Sie durch eine Langzeitbelichtung weiches, seidiges Wasser. Bei meinen letzten Wasserfallfotos lag der komplette Fußweg zum Parkplatz in der grellen Sonne, aber am Ziel standen die Bäume so dicht, dass das weiche Licht ideal zum Fotografieren geeignet war. Wenn es wolkig ist oder der Himmel dunkel und dramatisch wirkt, können Sie schöne, kontrastreiche Schwarzweiß-Bilder machen – besonders kurz vor oder nach einem Unwetter gibt es oft besonders eindrucksvolle Wolkenformationen. Tagsüber können Sie auch in engen Schluchten oder in Höhlen fotografieren (ich habe einen Wasserfall in einer Höhle in Island mitten an einem hellen, sonnigen Tag aufgenommen – es war zwar ziemlich feucht da drin, aber dafür wunderbar schattig). Auch große Gewässer können Sie oft recht gut im direkten Sonnenlicht fotografieren. Denken Sie an Fotos von kleinen Inseln, die von kristallklarem Wasser umgeben sind (Bahamas, Bali, Usedom etc.) oder an ein knackiges Strandfoto mit einigen Palmen. Wenn Sie Wasser in der Nähe haben, ist ein schönes Foto meist auch nicht weit. Und auf den Bahamas, auf Bali oder auf Usedom sind Sie mit Sicherheit ganz nah an einem coolen Mittagsbild dran. Und sollten Sie nicht fündig werden, ist es doch auch egal – immerhin sind Sie auf den Bahamas, auf Bali oder auf Usedom!

In der blauen Stunde fotografieren

Den Begriff »Blaue Stunde« muss wohl ein Marketing-Experte geprägt haben, denn es handelt sich bestenfalls um 30 Minuten. Das Phänomen der blauen Stunde tritt etwa 15 bis 20 Minuten nach Sonnenuntergang auf und hält etwa 30 Minuten (der Anfangszeitpunkt hängt davon ab, wo Sie fotografieren, aber wenn Sie geduldig warten, werden Sie nicht enttäuscht – ganz ähnlich wie beim Weihnachtsmann). Der Name deutet an, dass der Himmel dann nicht so schwarz ist wie der normale Nachthimmel, sondern für diese 30-minütige »Stunde« einen schönen, tiefen Blauton aufweist. Deshalb können Sie auch nach Sonnenuntergang weiter fotografieren und bekommen ein paar spektakuläre Bilder. Das ist besonders hilfreich, wenn Sie keinen schönen Wolkenhimmel haben. Die gute Nachricht ist, dass Sie nichts Besonderes tun müssen, um im Licht der blauen Stunde zu fotografieren – Sie müssen die Einstellungen nicht ändern (ich nutze beispielsweise f/11 bei ISO 100 mit Blendenpriorität, dadurch stellt die Kamera die Verschlusszeit automatisch ein), können dieselbe Ausrüstung verwenden (Stativ, Fernauslöser usw.) und brauchen auch keinerlei Polarisations-, Grauverlaufs- oder Neutraldichtefilter. Sie machen also ein einfaches Foto unter einem wunderschönen blauen Nachthimmel (vorausgesetzt natürlich, der Himmel ist nicht so stark bewölkt, dass man ihn gar nicht sehen kann, aber das haben Sie sich sicher schon gedacht). Übrigens gibt es oft auch am Morgen, direkt vor Sonnenaufgang, eine kürzere blaue Stunde. Sie ist aber wirklich sehr kurz, weshalb die meisten Leute die blaue Stunde nach Sonnenuntergang bevorzugen.

Wann Sie zu Sonnenaufgangsfotos aufbrechen sollten

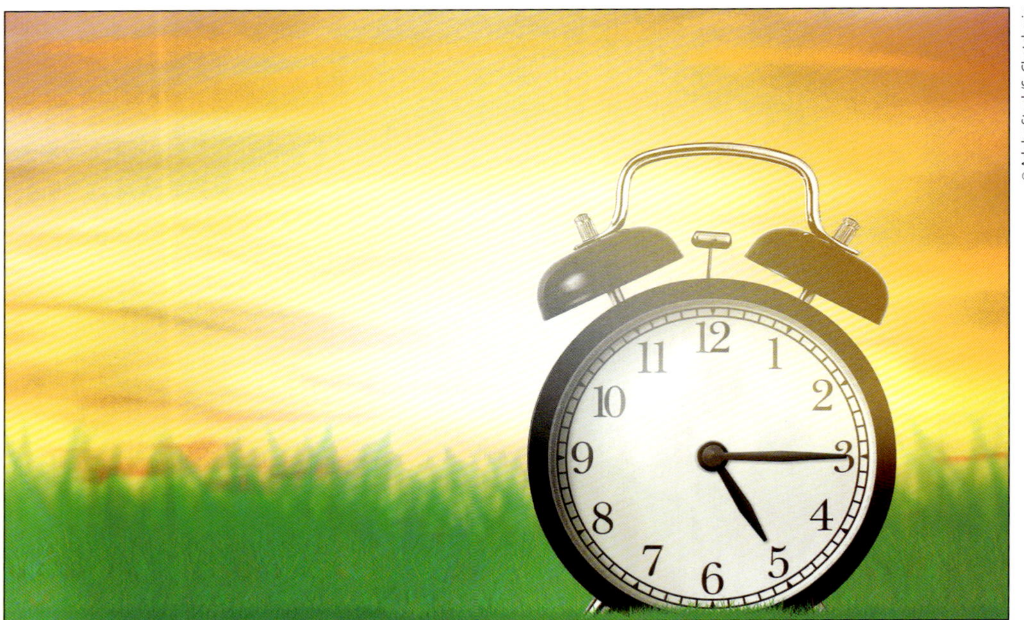

Der größte Fehler, den Sie bei Shootings am frühen Morgen machen können (neben dem Vergessen wichtiger Ausrüstung), ist, zu spät einzutreffen. Ja, das ist mir schon passiert. Wir hatten die Anreise unterschätzt und den Sonnenaufgang total verpasst. Das war wirklich bitter. Es gibt nichts Schlimmeres, als den Sonnenaufgang von der Landstraße aus zu beobachten, wenn man eigentlich schon am Strand sein sollte, um spektakuläre Felsformationen zu fotografieren. Um Frust und Hektik zu vermeiden und nicht gegen die Uhr kämpfen zu müssen, sollten Sie bei Shootings zu Sonnenaufgang immer versuchen, eine halbe Stunde eher einzutreffen, als Sie es eigentlich für nötig halten. Auch wenn etwas schiefgeht oder Sie die Entfernung, die Verkehrslage oder die Länge des Fußwegs falsch eingeschätzt haben, bleibt dann immer noch genug Zeit, um in Ruhe aufzubauen, in den kreativen Flow zu kommen und das Shooting zu genießen. Bevor Sie Ihren Wecker aberwitzig früh einstellen, sehen Sie sich am Vorabend noch die Wettervorhersage an. Ich weiß: Wetter-Apps liegen mit ihren Prognosen nicht immer richtig. Wenn Sie eine Regenjacke tragen und es nicht regnet, ist das kein Weltuntergang. Wenn Sie aber nicht nachgesehen und deshalb keine Jacke mitgenommen haben und es dann doch kälter und windiger ist als gedacht, ist das nicht nur ärgerlich, sondern es verkürzt wahrscheinlich auch Ihr Shooting – wenn Sie nicht gleich ganz aufgeben. Sehen Sie in der App auch nach, wo die Sonne aufgeht, damit Sie in die beste Richtung fotografieren können. Vor Ort werden Sie dann auch feststellen, ob die beste Perspektive in Richtung der aufgehenden Sonne ist oder nicht. Das hängt natürlich auch von der Location ab, aber es ist trotzdem hilfreich, vorab die genaue Richtung des Sonnenaufgangs zu kennen.

Was Sie am Abend vor den Aufnahmen des Sonnenaufgangs erledigen sollten

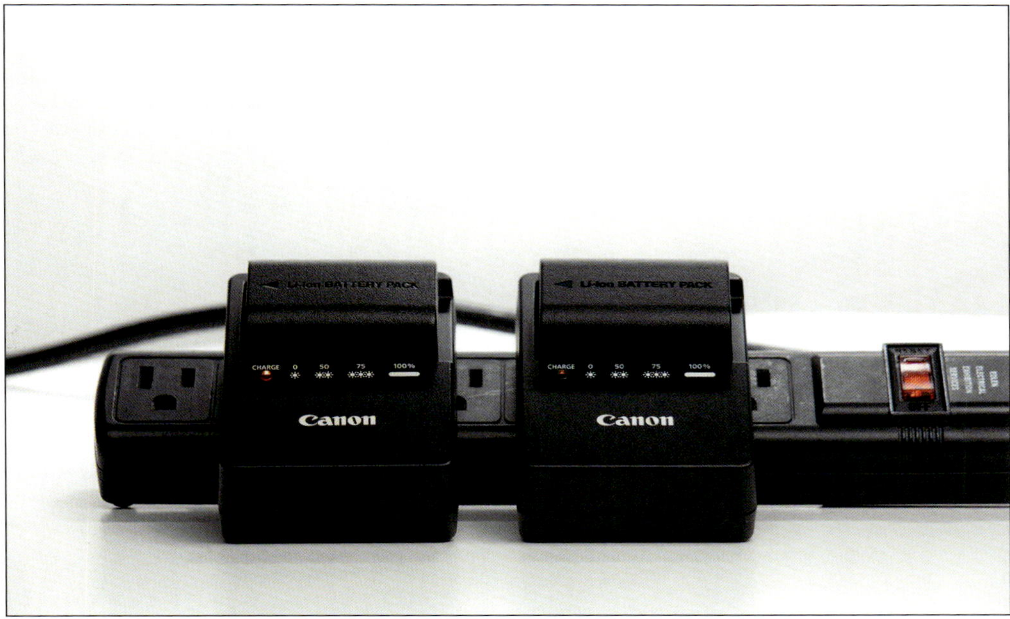

Wenn Sie in aller Frühe schlaftrunken Ihre Ausrüstung einpacken, vergessen Sie eher einzelne Teile oder einen wichtigen Handgriff. Das könnte Ihnen die Aufnahmen in der Morgendämmerung vermasseln. Sie sollten nicht vor Ort im Dunkeln nach Ihrem Fernauslöser kramen oder sich einen fremden Kameraakku leihen müssen, während alle anderen den Sonnenaufgang ihres Lebens fotografieren. Deshalb müssen Sie am Vorabend alles für den nächsten Morgen vorbereiten. Zuerst laden Sie die Akkus auf. Nehmen Sie unbedingt Zusatzakkus mit – besonders, wenn es morgens kalt ist, denn die Akkus verbrauchen sich bei tiefen Temperaturen wesentlich schneller. Als Zweites sollten Sie sicherstellen, dass Sie eine Speicherkarte mit genug freiem Speicherplatz in Ihrer Kamera haben, und ein weitere Karte als Ersatz einpacken, falls die erste voll wird. Vergewissern Sie sich, dass Ihr Stativ einsatzbereit ist und dass Sie den Fernauslöser dabei haben. Reinigen Sie auch die Objektive und vergewissern Sie sich, dass Sie den korrekten Zeitpunkt für den Sonnenaufgang kennen (daran bin ich ebenfalls schon gescheitert). Ich treffe auch meine Kameraeinstellungen schon am Vorabend, da ich sie bereits recht genau kenne: ISO 100, f/11, Blendenvorwahlmodus, Aufnahme im RAW-Format, Fokus mit Einzelmessfeld usw. Vergessen Sie etwas davon, dann sind Ihre Aufnahmen zum Scheitern verurteilt. Ich habe in Workshops schon so viele Leute gesehen, die etwas vergessen hatten und verärgert und frustriert im Dunkeln herumfummelten. Selbst wenn sie das Benötigte schließlich noch fanden (oder es sich borgen konnten), war ihre kreative Stimmung dahin. Wenn Sie diese Sachen am Vorabend erledigen, können Sie morgens einfach Ihre Ausrüstung schnappen und in der Gewissheit losziehen, dass Sie einfach nur noch alles aufbauen müssen und loslegen können.

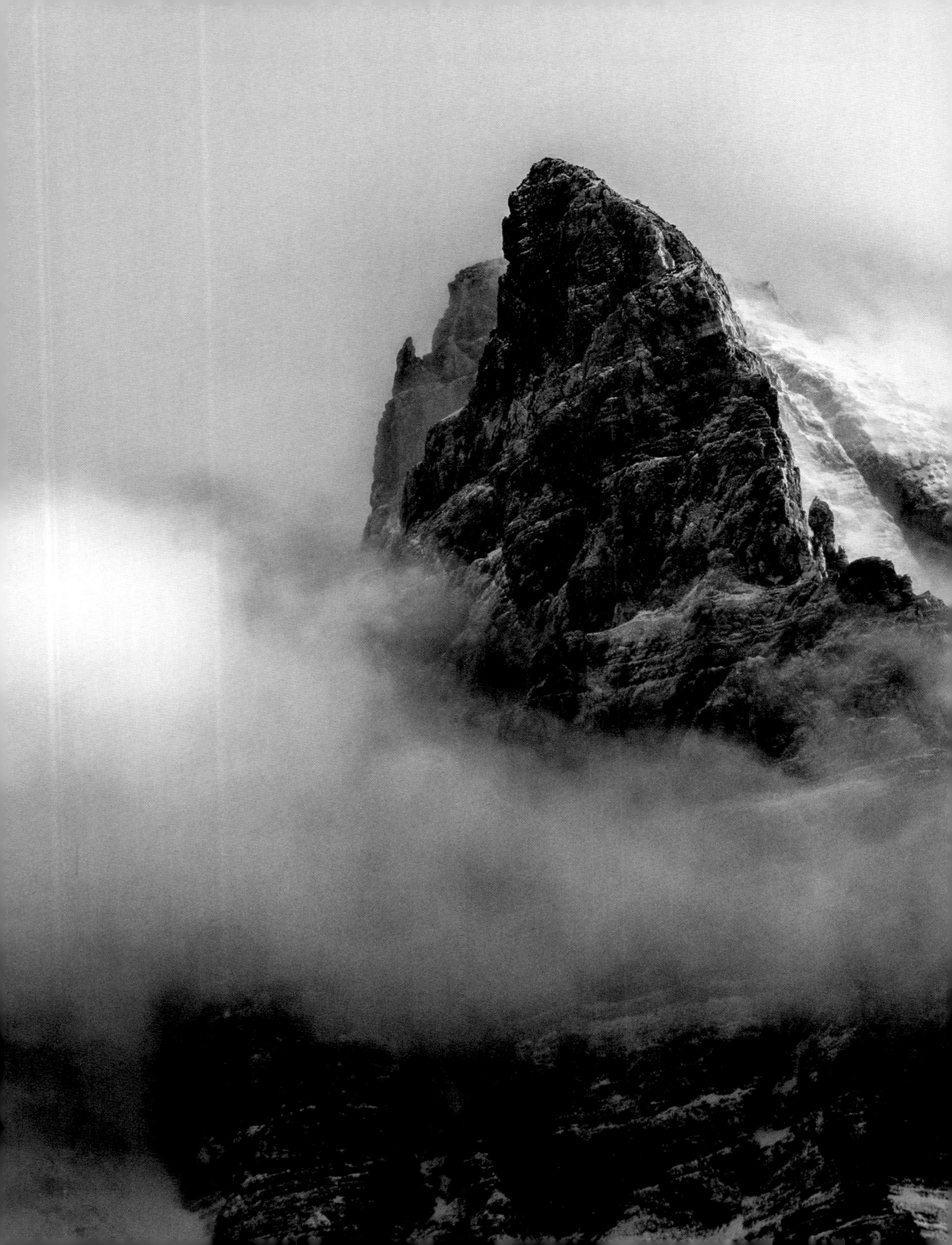

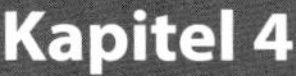

Kapitel 4

Bildkomposition

Der richtige Bildausschnitt zählt!

Ein Fotograf spaziert am Seeufer entlang und entdeckt einen ertrinkenden Mann. In der verfügbaren Zeit kann er nun entweder den Mann retten oder ein Bild von ihm machen. Das stellt ihn vor die alles entscheidende Frage: »Welches Objektiv soll ich verwenden?« Die Landschaftsfotografie wirft viele solcher Fragen auf, und sie inspiriert außerdem zu einer Fülle schlechter Witze (von denen ich hier keinen erzählen werde, ich liefere Ihnen nur beste Qualität). Wie auch immer, zum Fotografendasein gehört gezwungenes, spontanes Gelächter über Witze, die andere Fotografen morgens um viertel vor fünf bei eisiger Kälte und Windstärke 4 machen, während man am liebsten einem der anderen Fotografen ein Bein stellen würde, sodass er den Hügel hinabrollt und man endlich seine Pfannkuchen essen kann. Hey, eine Quizfrage: Wie bekommt man einen professionellen Fotografen von seiner Veranda? Bezahle ihn für die Pizza (träräää!). Natürlich würde ich nicht im Traum daran denken, einem Fotografen etwas anzutun (na ja, jedenfalls nicht wegen der Pfannkuchen), vor allem, weil es ja Fotoassistenten gibt. Viele Leute betrachten diese Assistenten nur als Sherpas, die die Ausrüstung tragen und aufbauen, dabei haben sie noch einen weniger bekannten Nutzen: Unter professionellen Assistenten gilt die ungeschriebene Regel, dass ihre Aufgabe auch darin besteht, andere Fotografen in der Nähe in ernsthafte Selbstzweifel zu stürzen, ihnen ein Gefühl der Unzulänglichkeit und eines minderwertigen Genpools zu geben, indem sie sich über sie, ihre Ausrüstung und ihre Kleidung lustig machen. Wenn Sie das Glück haben, so einen Assistenten zu finden, oh Mann, dann können Sie ihn mit warmem Vermont-Ahornsirup aufwiegen.

Die richtige Aufnahmeposition wählen

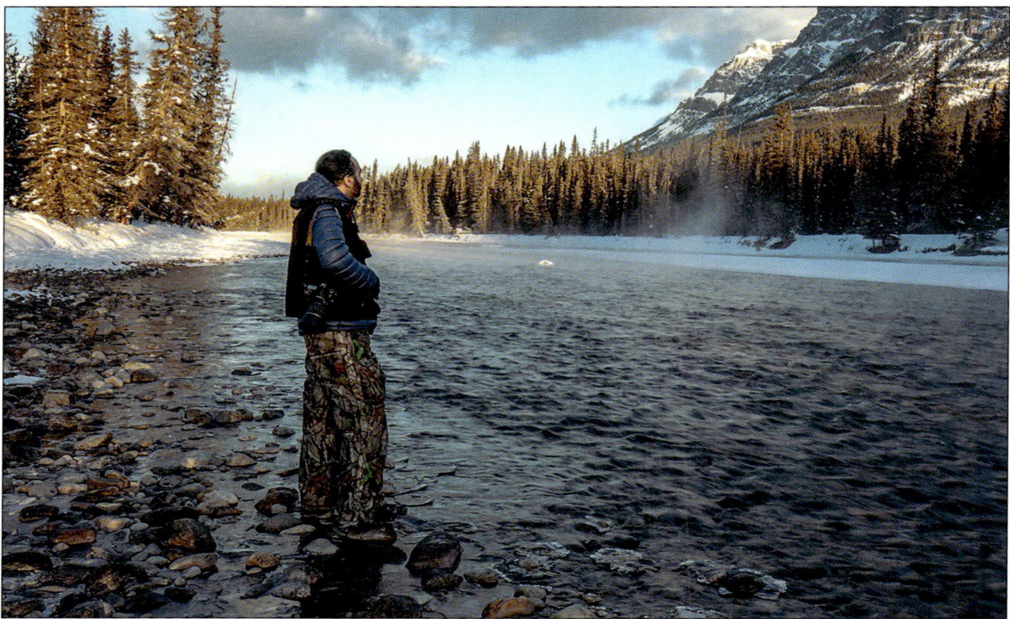

Wenn Sie an Ihrem Aufnahmeort angekommen sind, nehmen Sie nicht einfach Ihr Stativ und platzieren es dort, wo es Ihrer Meinung nach passen könnte (Anfängerfehler). Lassen Sie es zusammengeklappt, laufen Sie mit der Kamera in der Hand herum und probieren Sie verschiedene Blickwinkel aus. Machen Sie keine Fotos, während Sie sich umsehen – schauen Sie nur durch den Sucher, um herauszufinden, welcher Blickwinkel am vorteilhaftesten für diesen speziellen Ort ist. Sobald Sie das herausgefunden haben, dann (und erst dann) stellen Sie Ihr Stativ auf. Diese Vorgehensweise ist schnell, einfach und effektiv. Mit der Kamera auf dem Stativ sind Sie langsam, stolpern leicht und wählen am Ende vielleicht voreilig eine Stelle, von der Sie keine guten Fotos machen können – nur um nicht mehr das schwere Gerät herumschleppen zu müssen. Tun Sie sich den Gefallen und erkunden Sie zuerst die Gegend, bevor Sie Ihr Stativ aufstellen. Ich verspreche Ihnen, dass Sie dadurch bessere Bilder bekommen.

Hoch- oder Querformat?

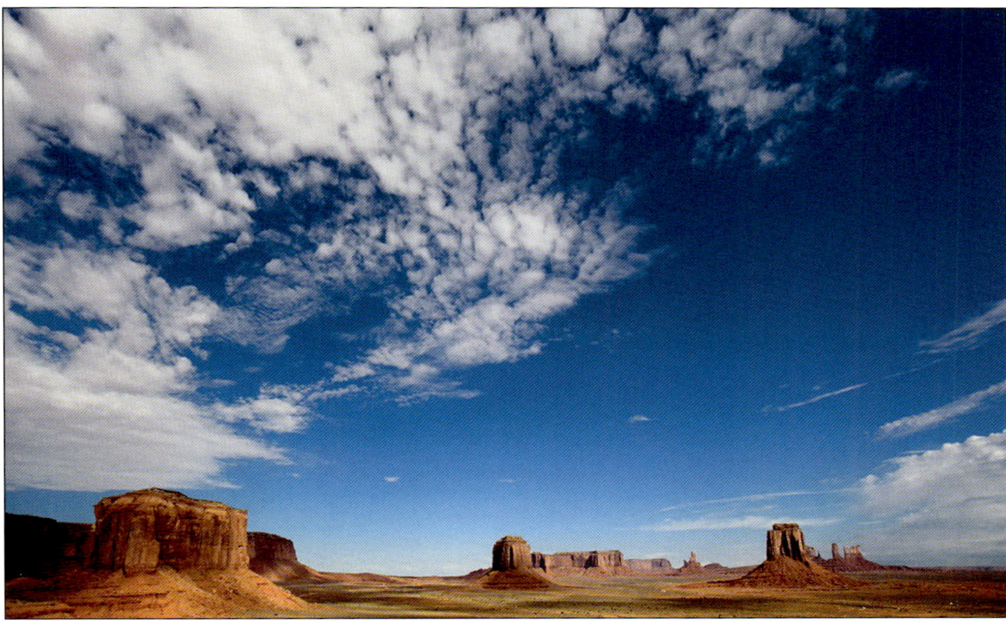

Natürlich ist beides möglich. Hier gilt das alte Sprichwort: » Wann sollten Sie ein Foto im Hochformat aufnehmen? Gleich nachdem Sie eins im Querformat gemacht haben.« Ich darf aber sagen, dass ich fast immer das Querformat nutze, wenn ich nicht gerade ein Motiv fotografiere, das unbedingt vertikal dargestellt werden muss (wie zum Beispiel einen sehr hohen, schmalen Wasserfall). Im Allgemeinen fotografiert man Landschaftsaufnahmen im Querformat (immerhin bezeichnet man das Querformat im Englischen als »landscape orientation« und das Hochformat als »portrait orientation«). Für mein Empfinden bieten Landschaftsaufnahmen im Querformat mehr Flexibilität, da ich ein solches Bild bei Bedarf so zurechtschneiden kann, dass ich ein Hochformat erhalte. In den seltensten Fällen lassen sich hingegen hochformatige Bilder zu guten Querformaten zuschneiden. Es ist also beides möglich. Wenn ich jedoch einem Freund einen Ratschlag zu Landschaftsfotos geben sollte, würde ich ihm empfehlen, wegen der größeren Flexibilität im Querformat zu arbeiten (es sei denn, wie bereits erwähnt, das Motiv erfordert das Hochformat).

Worauf Sie scharfstellen sollten

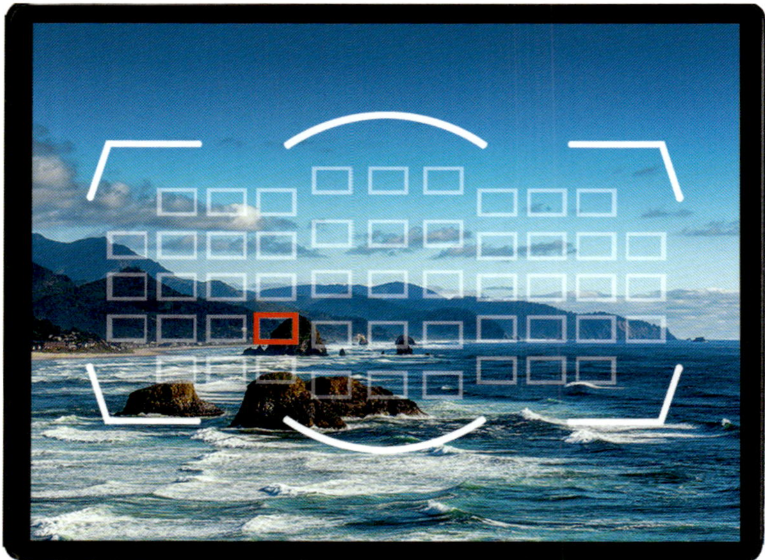

Wenn Sie eine kleine Blende nutzen, um alles im Bild von vorne bis hinten scharf abzubilden (etwa f/11 oder f/16), stellen Sie sicher, dass sie auf die richtige Stelle fokussieren und somit die größtmögliche Schärfentiefe erzielen. Diese Stelle befindet sich ungefähr auf 1/3 der Wegstrecke ins Bild hinein. Normalerweise suchen wir uns ein Objekt am Boden im Vordergrund, das wir scharfstellen können. Das bedeutet wahrscheinlich auch, dass Sie den Fokuspunkt in der Suchermitte auf diesen Punkt im unteren Bildbereich verschieben müssen. Natürlich kommt es immer auf das Motiv an. Aber ungeachtet unseres Motivs probieren wir stets, ein Element scharfzustellen, das sich auf etwa 1/3 der Strecke ins Bild hinein befindet.

Oder Sie fokussieren auf unendlich, um alles scharfzustellen

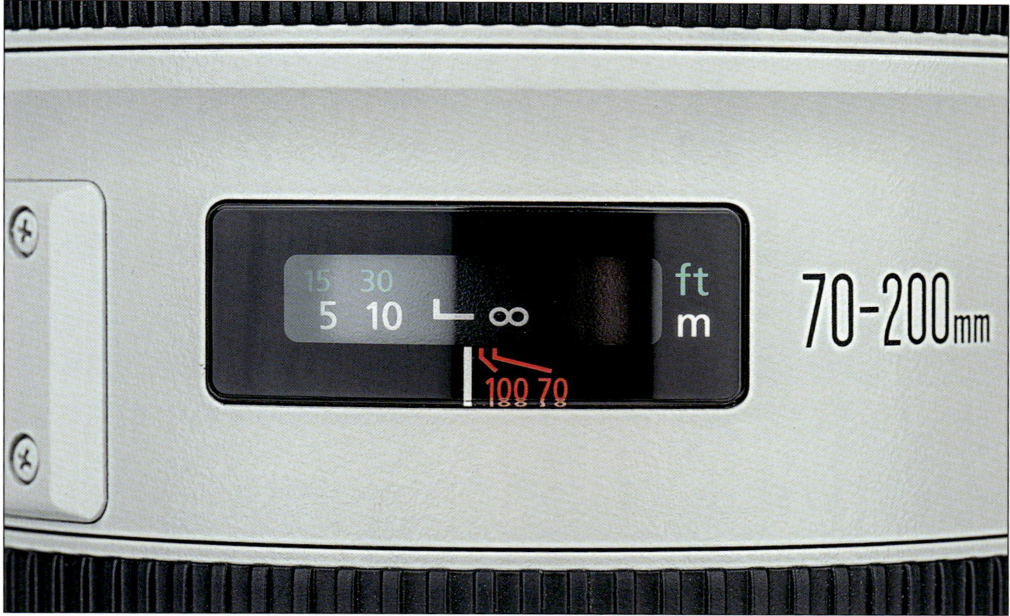

Wenn es auf 1/3 der Strecke ins Bild hinein kein brauchbares Objekt zum Scharfstellen gibt, können Sie den Fokus auch auf »unendlich« einstellen. Dazu gibt es zwei Methoden: (1) Sie stellen auf ein weit entferntes Objekt scharf (wenn es dunkel ist, versuchen Sie, es mit Ihrer Taschenlampe anzuleuchten). (2) Sie stellen manuell auf »unendlich«. Schalten Sie einfach am Objektiv von Autofokus auf manuellen Fokus um. Achten Sie dann auf die kleine Skala zur Entfernungseinstellung: Hier sehen Sie ein Unendlichkeitssymbol (∞). Drehen Sie den manuellen Fokusring am Objektiv bis zum Unendlichkeitssymbol. Anschließend drehen Sie ihn ein kleines Stück zurück (bis zu der kleinen senkrechten Linie kurz vor dem Unendlichkeitssymbol, wenn Sie die haben). Genau an dieser Stelle haben Sie auf »unendlich« fokussiert.

Wo Sie die Horizontlinie positionieren sollten

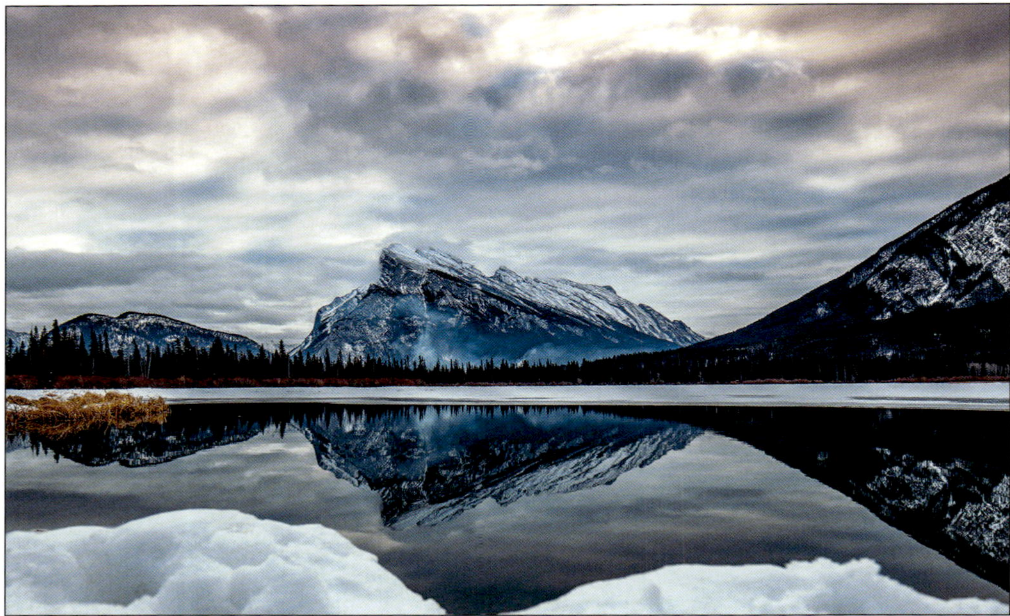

Die Positionierung der Horizontlinie ist eine der wichtigsten Entscheidungen bei der Bildkomposition. Zum Glück gibt es eine Richtschnur, die uns die Entscheidung relativ leicht macht: Die Drittelregel eignet sich perfekt für Landschaftsaufnahmen. Grundsätzlich ist die Bildmitte normalerweise der schlechteste Platz für die Horizontlinie. Das gilt nicht nur für Horizontlinien – total zentriert heißt meist auch total langweilig – aber beim Horizont trifft das eben erst recht zu. Wo wäre in Ihrem Bild demnach eine interessantere Stelle für die Horizontlinie? Wenn Sie dem Konzept der Drittelregel folgen, sollten Sie sie entweder im unteren oder im oberen Bilddrittel platzieren. Und woher wissen Sie, ob oben oder unten? Das ist supereinfach, denn die Regel lautet: Legen Sie das Gewicht auf den interessantesten Bildbereich. Sagen wir zum Beispiel, im Vordergrund haben Sie eine interessante Felsformation, aber der Himmel ist farb- und wolkenlos. Sicher können Sie sich denken, was ich Ihnen raten würde – zeigen Sie weniger Himmel, stimmt's? Dazu legen Sie die Horizontlinie ins oberen Bilddrittel. Dann sieht man mehr von den interessanten Felsen und weniger vom langweiligen, wolkenlosen Himmel. Wenn Sie einen spektakulären Himmel zum Highlight Ihres Fotos machen wollen, dann zeigen Sie mehr Himmel (und weniger Vordergrund), indem Sie die Horizontlinie etwa auf der unteren Drittellinie Ihres Bilds platzieren. Übrigens muss dieses »Drittel« nicht exakt sein. Strengen Sie sich also nicht zu sehr an, ein perfektes Drittel zu erzielen – es ist eine Kompositionshilfe, kein ehernes Gesetz. Sie haben also einen Spielraum (manchmal sieht ein Bild vielleicht auch besser aus, wenn die Horizontlinie 1/4 statt 1/3 von der unteren Bildkante entfernt ist).

So leiten Sie den Blick des Betrachters

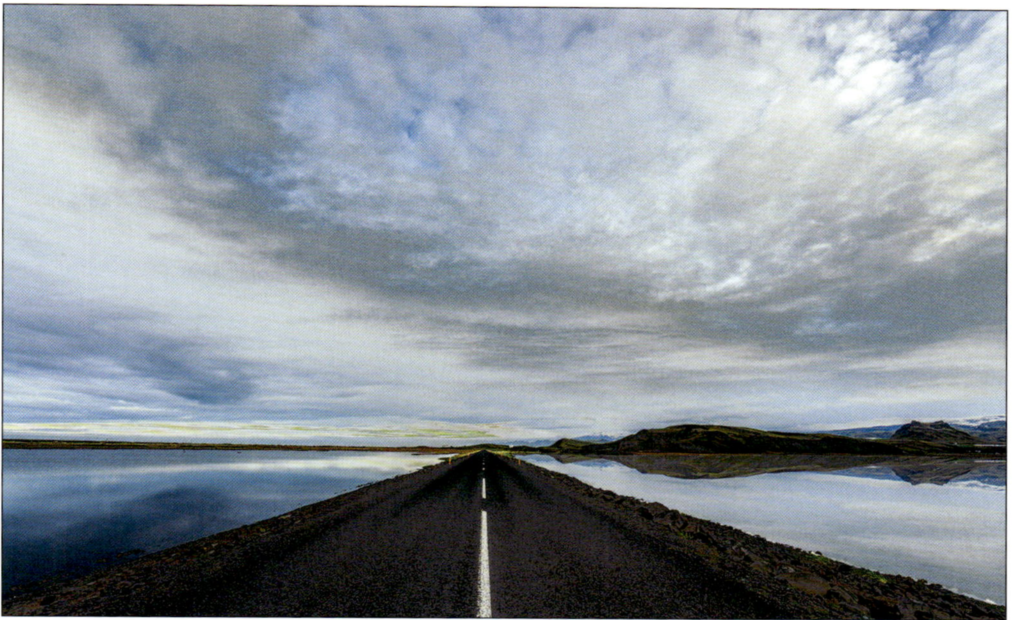

Eine sehr beliebte Technik in der Landschaftsfotografie besteht darin, den Blick des Betrachters mit »Führungslinien« an die gewünschte Stelle zu leiten. Das Foto eines Baches führt den Blick ganz natürlich den Bach entlang – und genau das sollten Sie auch bei von Menschenhand gemachten Elementen anstreben (etwa bei einem Weg, der sich durch einen Wald schlängelt, oder einem Lattenzaun, der zu einem Leuchtturm führt, oder einem Landesteg, der in einen See hinausführt). Selbstverständlich gilt das auch für andere natürliche Objekte (wie den Kamm einer Sanddüne, eine Baumreihe oder eine Uferlinie, die den Strand entlang zu einem großen Felsen im Wasser führt). Wenn Sie es richtig machen, sollten sie genau durch diese Linien eine Verbindung zeichnen können, die den Betrachter zu Ihrem Hauptmotiv oder einem anderen interessanten Teil Ihres Bildes leitet. Achten Sie darauf, ob es bereits viele natürliche Führungslinien in der Szene gibt. Prüfen Sie, ob Sie sie so positioniert haben, dass die Führungslinien den Blick des Betrachters alle an dieselbe Stelle führen. Der Blick sollte nicht erst in eine und dann plötzlich in eine ganz andere Richtung und an einen ganz anderen Ort gelenkt werden. Überlegen Sie bei der Planung also, welche Führungslinien im Bild vorhanden sind, und stellen Sie sicher, dass sie den Betrachter an die gewünschte Stelle leiten, ohne miteinander in Konflikt zu geraten.

Den Blick durch negativen Raum leiten

Eine andere Kompositionstechnik, mit der wir den Blick des Betrachters an die gewünschte Stelle leiten können, sind Leerflächen in einem Teil des Bilds. Durch die springt das eigentliche Motiv erst richtig ins Auge. Beispiele wären ein Hügel, auf dem nur ein einsamer Baum steht, oder ein gewaltiger, leerer Himmel, in den nur die Spitze eines Berges ragt. Solche Leerräume nennt man »negativen Raum«, und da in dem Raum um das Motiv herum gar nichts zu sehen ist, zieht dieses den Blick unweigerlich auf sich. In der Landschaftsfotografie kann das eine sehr nützliche und kraftvolle Kompositionstechnik sein. Der negative Raum muss nicht wirklich leer sein, er sollte nur nichts Spannendes enthalten, das in Konkurrenz zu Ihrem Motiv treten könnte: Der Rest des Bildes ist »sauber« und das Motiv steht sozusagen für sich alleine da. Probieren Sie das mal aus – es geht oft ziemlich einfach und kann ein wirklich faszinierendes Foto ergeben.

Den Blick durch Licht leiten

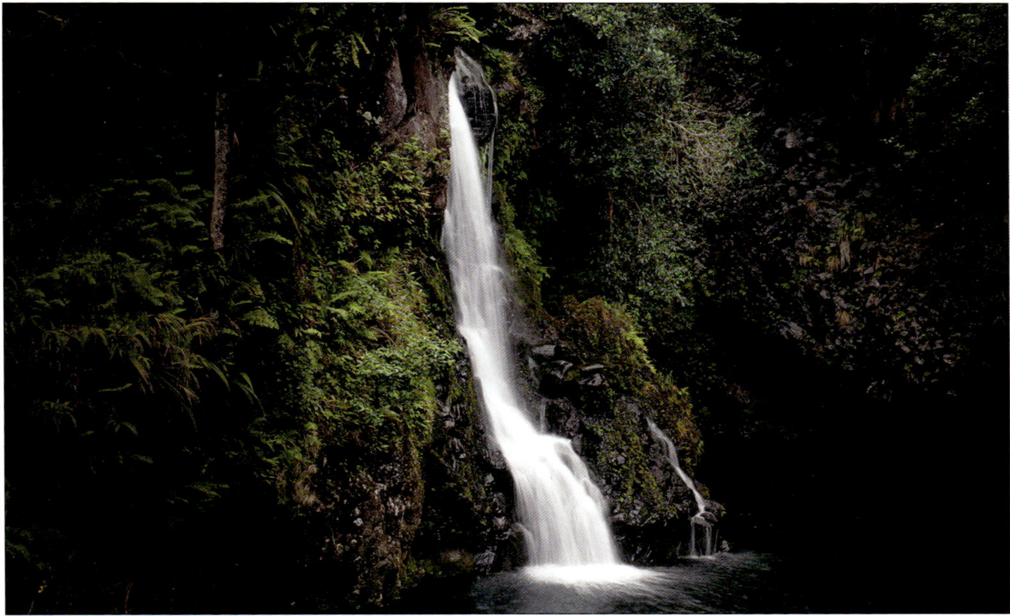

Den hellsten Bildbereich nehmen unsere Augen immer als Erstes wahr. Gleich danach kommt das schärfste Element, und wenn das hellste Element zugleich auch das schärfste ist, ... dann ist das schon ziemlich unwiderstehlich. Wie bekommen Sie dadurch eine stärkere Komposition? Planen Sie das Bild so, dass Ihr scharfgestelltes Hauptmotiv der hellste Bildbereich ist und dass es keine noch helleren Bereiche im Bild gibt. Vielleicht müssen Sie dazu den Blickwinkel oder die Perspektive ändern oder die Kamera etwas nach links oder rechts versetzen. Ein anderer Trick, um den Blick des Betrachters zu leiten, ist die Aufhellung des Hauptmotivs in der Nachbearbeitung in Lightroom oder Photoshop. Nehmen Sie dazu den Korrekturpinsel, erhöhen Sie die Belichtung um eine halbe bis eine Stufe und übermalen Sie den Blickpunkt, damit er den Betrachter regelrecht »anspringt«.

Warum Sie ein Vordergrundobjekt brauchen

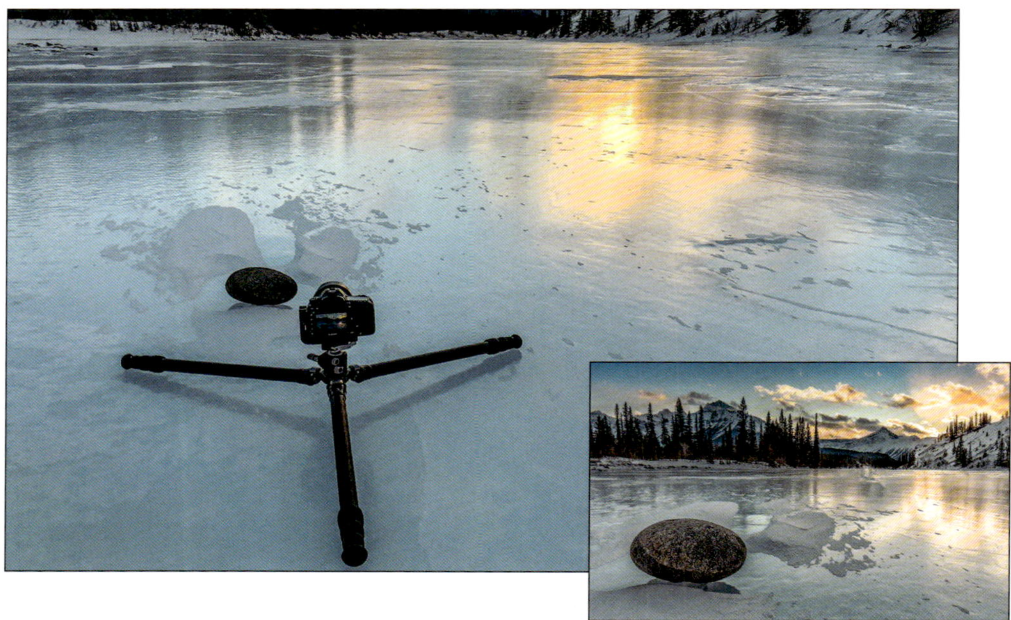

Wenn Sie ein Landschaftsbild fotografieren, erzählen Sie eine Geschichte. Es sollte eine großartige, gewaltige, eindringliche Geschichte sein, die den Betrachter geradewegs in das Bild führt. Dabei ist es hilfreich, wenn Sie alle drei Schlüsselkomponenten des Bilds richtig einsetzen: den Vorder-, den Mittel- und den Hintergrund. Der Vordergrund zieht den Blick in das Bild, führt ihn visuell und bewirkt, dass der Betrachter mehr herausfinden möchte. Ein Tiefeneindruck entsteht. Ein starker Vordergrund ist von entscheidender Bedeutung. Positionieren Sie ein Element im unteren Bereich des Bildausschnitts, zum Beispiel Felsen am Küstenstreifen, einen Baumstamm oder ein paar Wildblumen oder ein anderes Objekt, durch welches der Blick des Betrachters in die Bildmitte geführt wird. Wenn Sie zum Beispiel einen See mit einem Berg dahinter fotografieren, sollte Ihre Komposition nicht in der Mitte des Sees beginnen. Das wäre so, als würde man mitten in einer Geschichte zu lesen anfangen. Stattdessen sollten Sie am unteren Bildrand beispielsweise ein paar Felsen am Ufer zeigen (oder vielleicht entdecken Sie ein paar interessante Steine im seichten Wasser in Ufernähe), dann den Betrachter hinaus auf den See (in die Bildmitte) führen, seinen Blick anschließend zu dem Berg und dem Himmel über dem See (dem Hintergrund) lenken. Ihre Geschichte sollte alle drei Teile beinhalten: Vorder-, Mittel- und Hintergrund. Positionieren Sie ein starkes und idealerweise interessantes Objekt direkt im Vordergrund. Dadurch wird das Bild insgesamt stärker, führt den Betrachter und erzählt die ganze Geschichte.

Sie benötigen ein eindeutiges Motiv

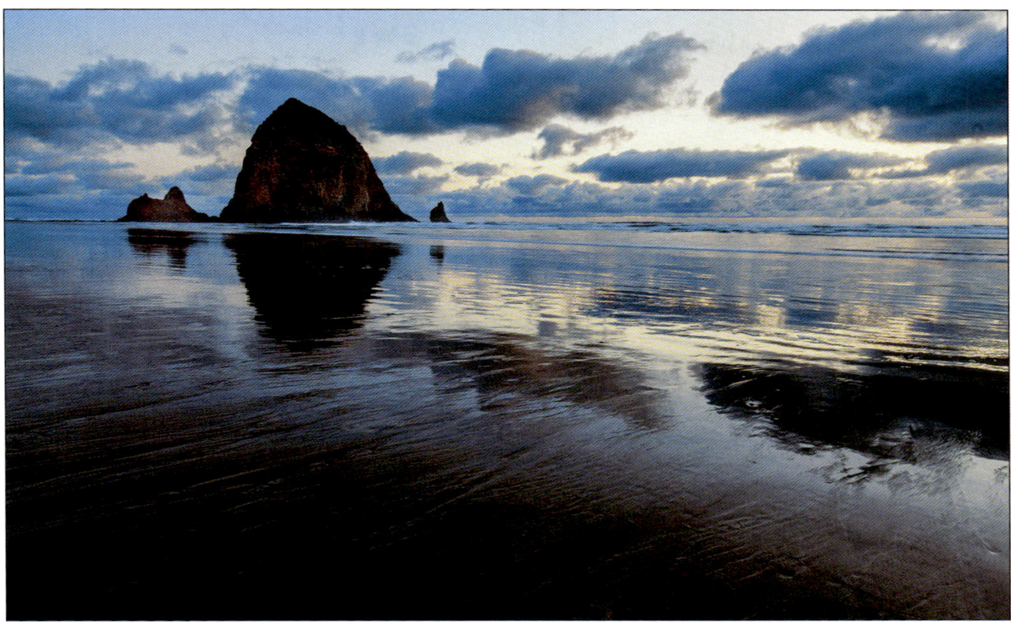

Was ich Ihnen jetzt sage, klingt vielleicht erst mal albern, aber ich sehe so oft Landschaftsbilder, die diesen einfachen Punkt nicht beachten: Ihr Bild braucht ein Motiv. Der Betrachter muss sofort eine Verbindung mit dem Motiv herstellen können – er sollte Ihr Bild sehen und sagen »Oh, ein Bach«, oder »Ich liebe Sonnenuntergangsfotos«, oder »Was für ein wunderschöner Wasserfall«. Wenn er beim Betrachten Ihres Fotos auch nur einen Moment lang still ist und dann sagt, »Nun, das ist hübsch. Was ist das?«, dann wissen Sie, dass Ihr Bild misslungen ist (dass es hübsch ist, sagt er nur aus Höflichkeit). Denken Sie auch nicht, die ganze Szene sei Ihr Motiv – das sind zwei unterschiedliche Dinge. Ein Motiv ist ein Element in der Szene (eine Brücke, ein Berg, ein See, ein Wasserfall, eine Wildblumenwiese, ein Leuchtturm, eine Landstraße usw.). Versuchen Sie auch nicht, sich ein Motiv einfallen zu lassen, nachdem Sie das Bild gemacht haben (»Oh, es sind diese Bäume links ... beziehungsweise dieser Berg rechts« oder »Es sind diese Felsbrocken unter Wasser«). Wenn Ihr Bild gelingen soll, brauchen Sie ein klares, eindeutiges Motiv, bevor Sie anfangen zu fotografieren.

Die Szene vereinfachen

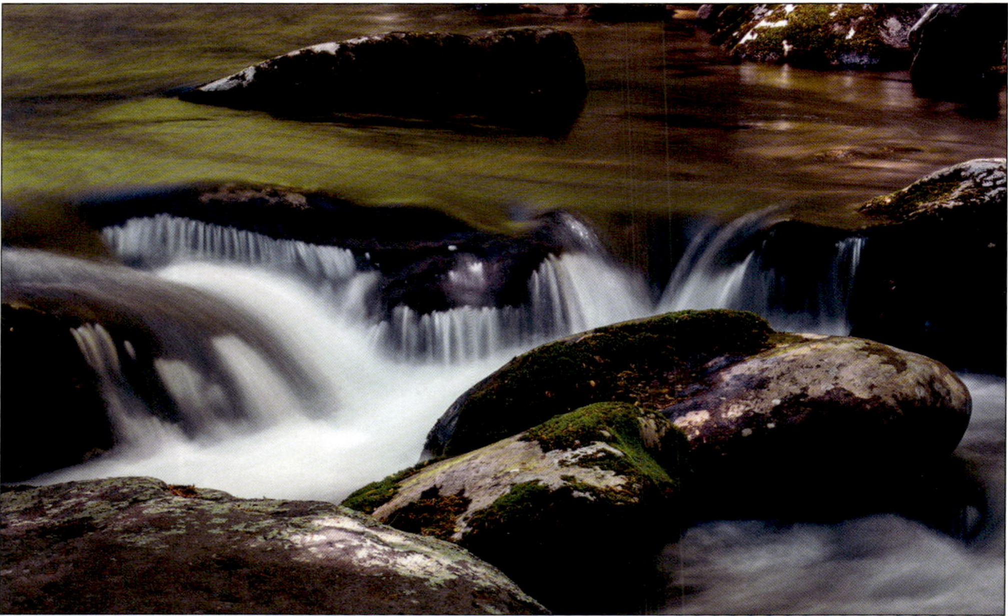

Landschaftsfotos wirken häufig ziemlich unstrukturiert und enthalten eine Vielzahl von Elementen. Wenn Sie die Szene vereinfachen, erhalten Sie oft ein viel stärkeres Bild. Nehmen Sie zum Beispiel einen Bach. Da sind oft viele Stöcke und Blätter und Zweige und Baumäste und alle möglichen ablenkenden Objekte zu sehen. Der Betrachter weiß gar nicht, wohin er eigentlich schauen soll. Wenn Sie die Szene vereinfachen und nur wenige Elemente zeigen, wirkt das Bild viel stärker. Können Sie zwischen einem Bergkamm mit einer Ansammlung von Bäumen und einem Bergkamm mit einem einzigen Baum wählen, sollten Sie sich fast immer für Letzteren entscheiden. Einfache Bildern wirken eindringlicher und simple, gut strukturierte Szenen ergeben visuell interessantere Bilder mit starkem Tiefeneindruck. Hier gilt auf jedem Fall die Maxime »weniger ist mehr«.

Störende Elemente am Bildrand vermeiden

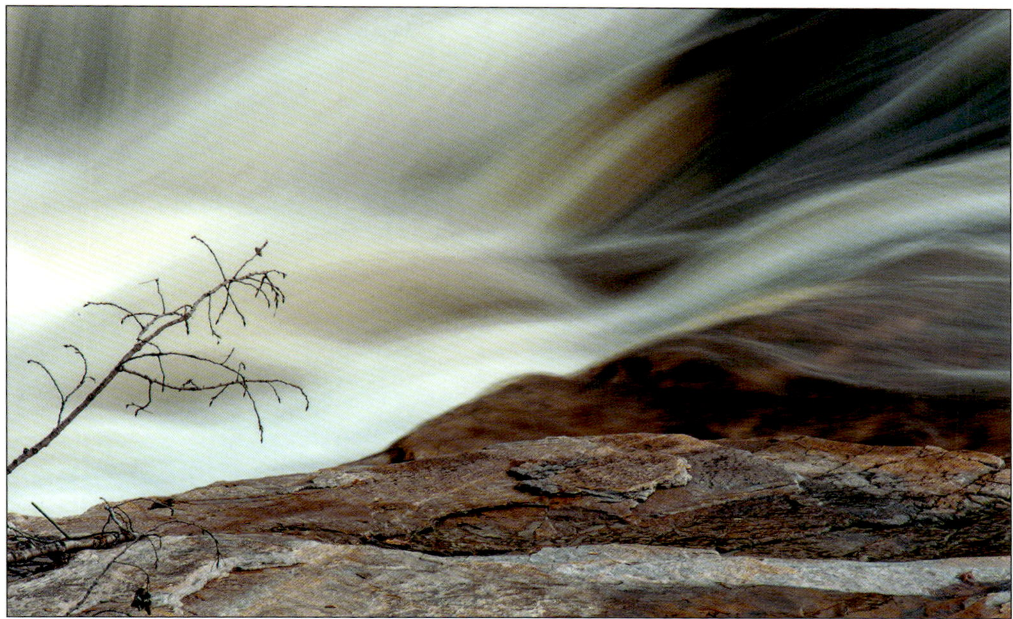

Bei der Beurteilung von Landschaftsfotos fällt mir immer wieder ein besonders einfach vermeidbarer Fehler auf: Achten Sie auf störende Elemente an den Bildrändern. Ich meine damit Äste oder Zweige, die seitlich ins Bild ragen (wie oben links), ein abgestorbenes Baumgerippe oder Teile von irgendeinem Objekt oder andere kleine Elemente, die sich ins Bild schleichen und es ruinieren. Das passiert oft, weil wir uns so sehr auf das Bildmotiv konzentrieren. Nehmen wir zum Beispiel an, Sie fotografieren einen Wasserfall. Sie achten auf den Wasserfall selbst und konzentrieren sich darauf, das Wasser glatt und seidig darzustellen. Der Betrachter hingegen nimmt auch alles andere im Bildausschnitt wahr – den dummen Ast, der seitlich ins Bild ragt, oder den Zweig auf der anderen Seite. All diese störenden Elemente, auf die wir nicht geachtet haben, springen anderen Leuten ins Auge und ruinieren die Szene. Ich habe einmal gelesen, dass wir für jeden Zentimeter unseres Bildes verantwortlich seien – nicht nur für das Hauptmotiv. Geben Sie solchen störenden Objekten keine Chance, Ihr ansonsten wunderschönes Bild kaputt zu machen. Behalten Sie die Bildränder im Auge und falls sich dort doch irgendetwas eingeschlichen hat, entfernen Sie es später in Photoshop (siehe Seite 172).

Warum Wolken im Bild wichtig sind

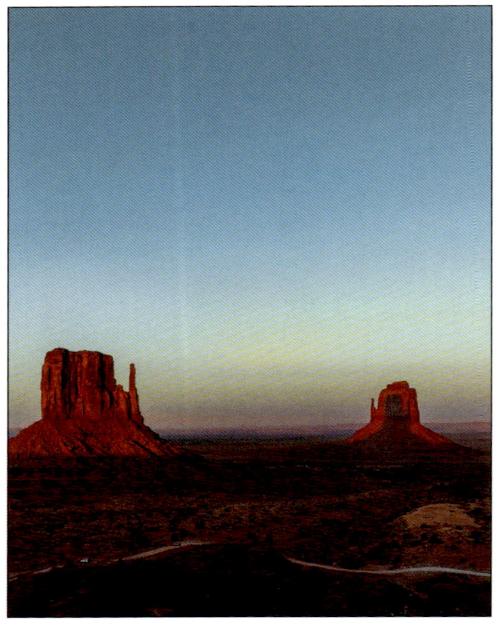

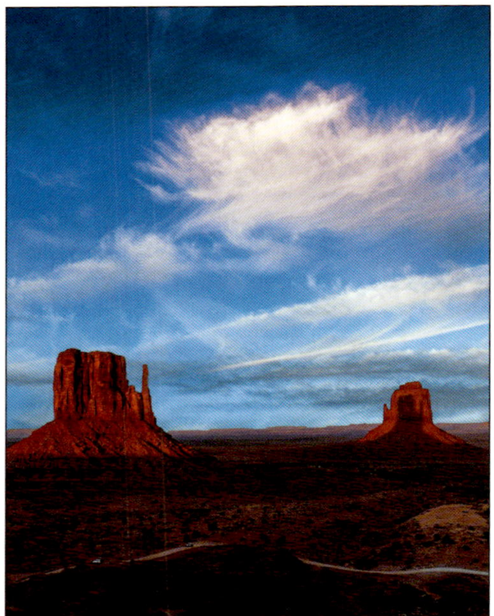

Leonardo da Vinci schrieb einst: »Wenn du einmal den Geschmack des Himmels gekostet hast, wirst du für immer nach oben schauen.« Wolken sind himmlisch. Wir lieben sie. Wir schreiben Lieder und Gedichte darüber. Wir bewundern ihre Leichtigkeit, sehen Gesichter und Tiere in ihren Formen, und es gibt ganze Fotobücher mit nichts anderem als Wolkenbildern. Ohne Wolken würden wir nicht ehrfurchtsvoll in den Himmel schauen oder faszinierende Wolkenbilder bestaunen – der Himmel bei Sonnenauf- oder -untergang wäre ohne Wolken ... na ja ... leer. Abgesehen vom richtigen Licht sind sie wahrscheinlich das Wichtigste für Ihr Landschaftsbild, denn sie zeigen die Farben des Sonnenauf- und -untergangs. Der Himmel ist nur eine Leinwand. Die Wolken sind die Kunstwerke darauf und können Ihr Bild im wahrsten Sinne des Wortes zerstören oder retten. Ganz ehrlich – mit einem phänomenalen Himmel und fantastischen Wolken wird der Rest ganz einfach. Wenn Sie einen großen, hässlichen Felsen in einer öden Wüste fotografieren und dabei faszinierende Wolken auftauchen, können Sie ein Spitzenbild machen. So wichtig ist ein toller Himmel für die meisten Landschaftsfotos – und das ist wohl auch die größte Herausforderung, denn wir haben keinerlei Einfluss darauf, wann Wolken auftauchen. Deshalb sind Geduld und Ausdauer für den Landschaftsfotografen so wichtig. Wenn Sie ein schönes Motiv gefunden haben, müssen Sie diesen Ort unter Umständen tagelang bei jeder Morgen- oder Abenddämmerung besuchen, bis die Natur Ihnen so einen Traumhimmel präsentiert, dass Sie es kaum fassen können. Heißt das, dass Sie ohne Wolken kein gutes Landschaftsbild fotografieren können? Nein. Aber durch großartige Wolken wird es fast immer noch sehr viel besser.

Spiegelungen im ruhigen Wasser

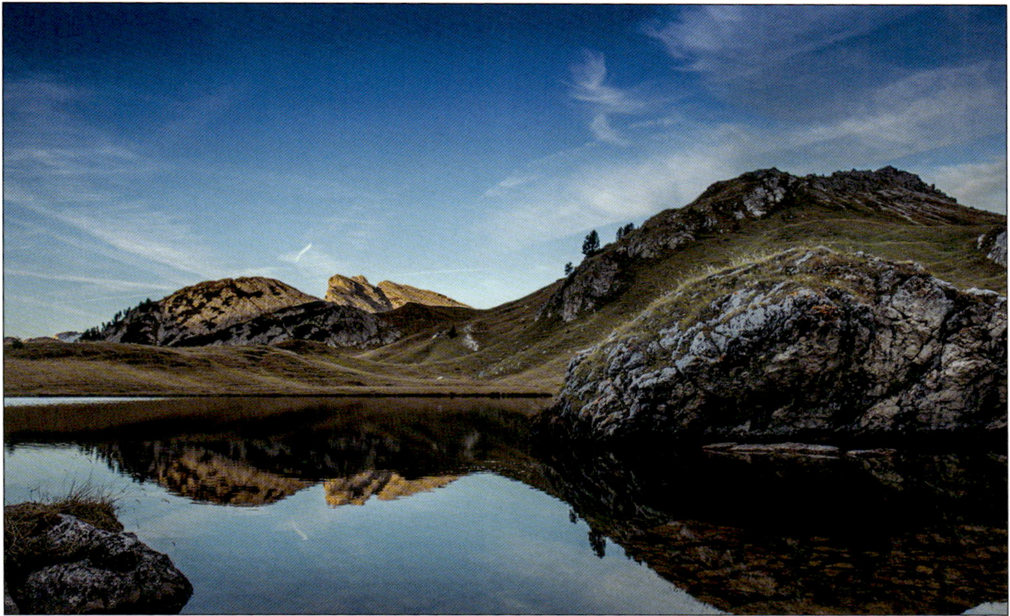

Wenn Sie ein Landschaftsbild fotografieren möchten, dass die Betrachter mit hundertprozentiger Sicherheit lieben werden, suchen Sie sich ruhiges Wasser (einen See, einen Teich usw.), setzen Sie einen Berg in den Hintergrund und das Wunder wird geschehen. Wir Menschen fühlen uns von Bildern mit Reflexionen angezogen und je spiegelglatter und glasklarer die Spiegelung ist, desto besser. Die Herausforderung ist, dass das Wasser meistens nicht ruhig genug ist, um solche Reflexionen zu erzeugen. Deshalb faszinieren sie uns wahrscheinlich auch so sehr. Jedes kleines Lüftchen kräuselt das Wasser und die Spiegelung geht verloren. Was ist also das Geheimnis ruhigen, spiegelglatten Wassers? Stehen Sie superfrüh auf. Ganz früh am Morgen findet man am ehesten stilles Wasser mit Spiegelungen. Auch wenn es zweimal am Tag gutes Licht gibt (in der Morgen- und der Abenddämmerung), erhalten Sie meistens nur eine Chance, glasklares Wasser zu fotografieren, und das ist in der Morgendämmerung. Also – stellen Sie Ihren Wecker und hoffen Sie auf Windstille.

Fantastische Bergfotos aufnehmen

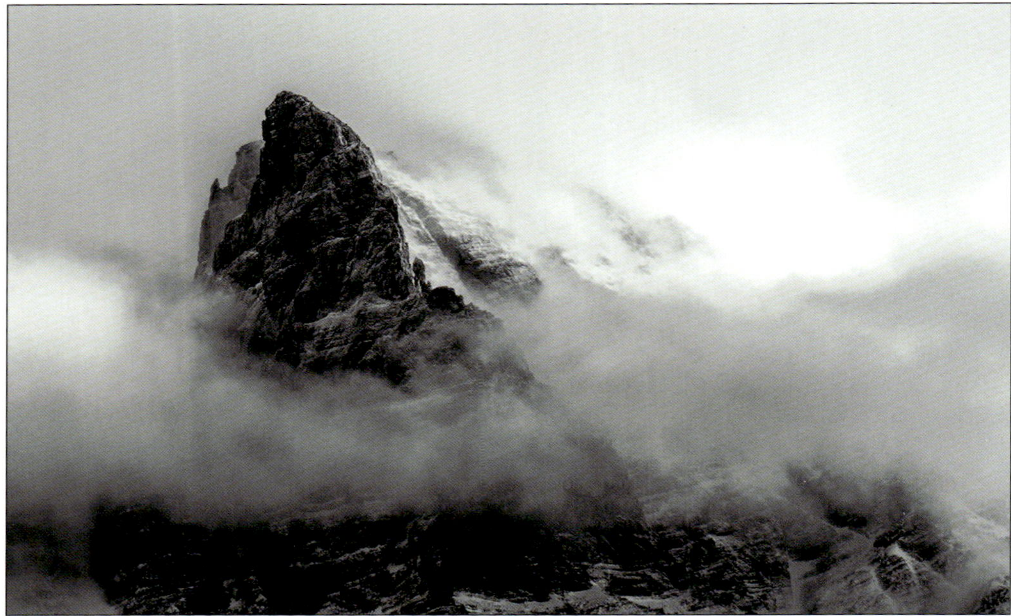

Wie entstehen die meisten Bergfotos? Vom Boden aus. Wahrscheinlich aus stehender Position. Wenn Sie möchten, dass Ihre Bergfotos genauso aussehen wie alle anderen (nämlich langweilig), dann machen Sie es auch so. Richten Sie Ihr Objektiv nach oben auf die Berggipfel. Möchten Sie dagegen dramatischere, eindrucksvolle Gebirgsaufnahmen, dann fotografieren Sie stattdessen selbst von den Bergen aus. Auf diese Weise fotografieren Sie in gerader Linie zu den Bergen hinüber oder vielleicht auch auf sie hinunter. Diese Perspektive bekommt man sehr viel seltener zu Gesicht und deshalb wirkt sie viel interessanter – und nein, Sie müssen keinen Berg erklimmen, um solche Bilder zu schießen. Oft können Sie zu Aussichtspunkten hinauffahren, die eine völlig andere Perspektive gewähren. Ich habe schon Skilifte und Seilbahnen genommen, um zu wunderschönen Aussichtsplattformen zu gelangen, und an einem Wintertag ist die klare Luft unglaublich gut für Landschaftsaufnahmen geeignet. Recherchieren Sie vor Ihrem Shooting, ob es hohe Aussichtspunkte gibt, die Sie ohne lange Wanderungen oder Klettertouren erreichen können (es sei denn, Sie lieben lange Wanderungen und Klettertouren, dann werden Sie fantastische Möglichkeiten zum Fotografieren finden). Und ein zusätzlicher Tipp: Verwenden Sie nicht immer nur Ihr Weitwinkelobjektiv. Holen Sie Ihr Zoomobjektiv heraus, um ein paar tolle Fotos von den Gebirgsgipfeln zu machen – so können Sie wirklich spektakuläre Ansichten festhalten.

Berge als Hintergrund nutzen

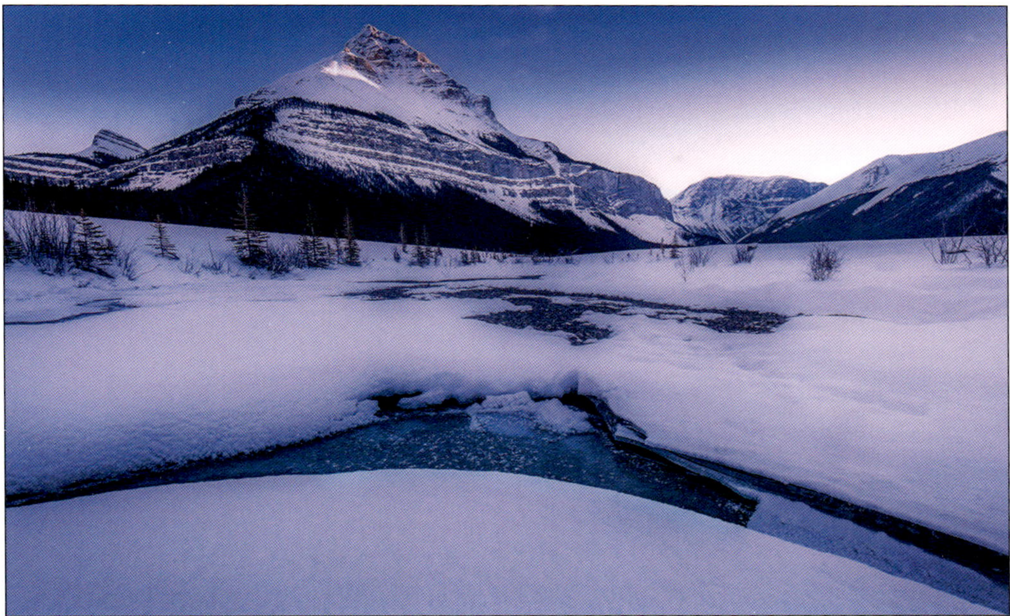

Wenn Sie die Berge nicht als Vordergrund nutzen möchten, setzen Sie sie in den Hintergrund. Denken Sie etwa an diese alte Scheune im Grand-Teton-Nationalpark in Wyoming, die ständig fotografiert wird (googeln Sie mal »most photographed barn«, dann wissen Sie sofort, welche ich meine)! Der Grund ist, dass die Szene fast schon zu perfekt wirkt: Eine faszinierende, altertümliche Scheune (die für sich schon eine interessante Form hat) und dann die wunderschöne Bergkette dahinter, die das Bild auf ein ganz neues Niveau hebt. Das Bild einer alten Scheune in gutem Licht? 8 von 10 Punkten. Dazu ein paar schöne Wolken? 9 von 10. Dann auch noch schöne Berge im Hintergrund? 10 von 10.

Berge von ganz unten fotografieren

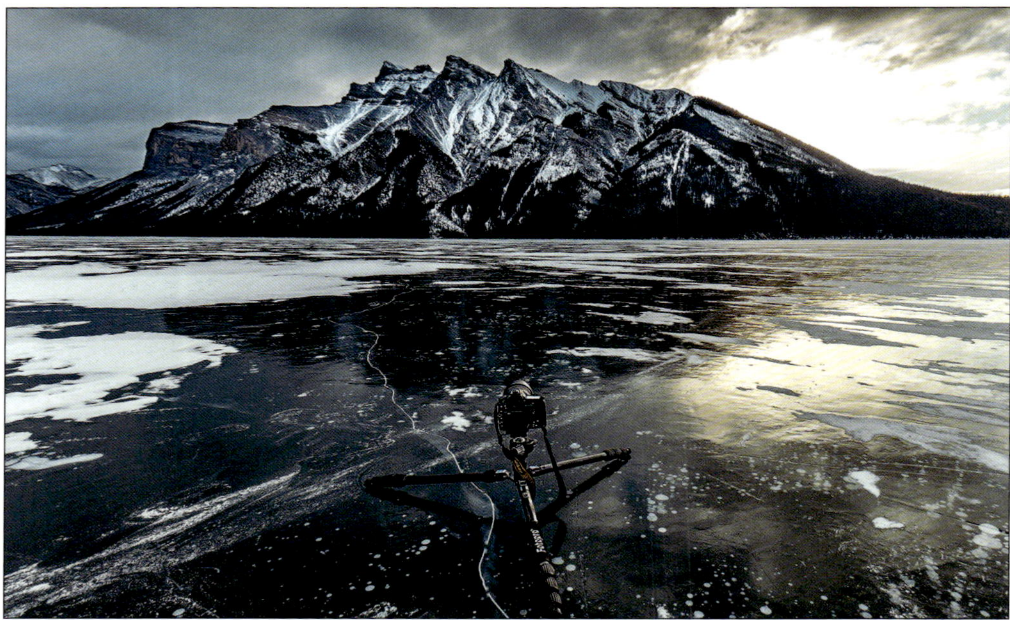

Wenn Sie nicht hoch hinaus möchten, um Berge zu fotografieren, dann machen Sie doch das genaue Gegenteil und gehen Sie richtig tief runter. Entweder spreizen Sie die Beine Ihres Stativs komplett ab, so dass sich Ihre Kamera nur noch 15 bis 20 cm über dem Boden befindet. Oder Sie verwenden beispielsweise ein Platypod, damit der Vordergrund genau vor Ihnen und der Berg im Hintergrund liegt. Von so weit unten ragt der Berg hoch über Ihnen auf. Sie sollten eine Weitwinkelaufnahme machen – aber nicht zu weitwinklig, sonst wirkt der Berg zu weit entfernt. Auch dies ist eine weitere tolle Möglichkeit, um Berge zu fotografieren, da Sie nicht aus stehender Position fotografieren. Weil sie von unten mit einem starken Vordergrundelement fotografieren, bekommen Sie eine großartige, majestätische, monumentale Ansicht, und doch ist dem Betrachter des Bilds unmittelbar klar, dass der Berg das Hauptmotiv ist.

Die Sonne im Bild zeigen

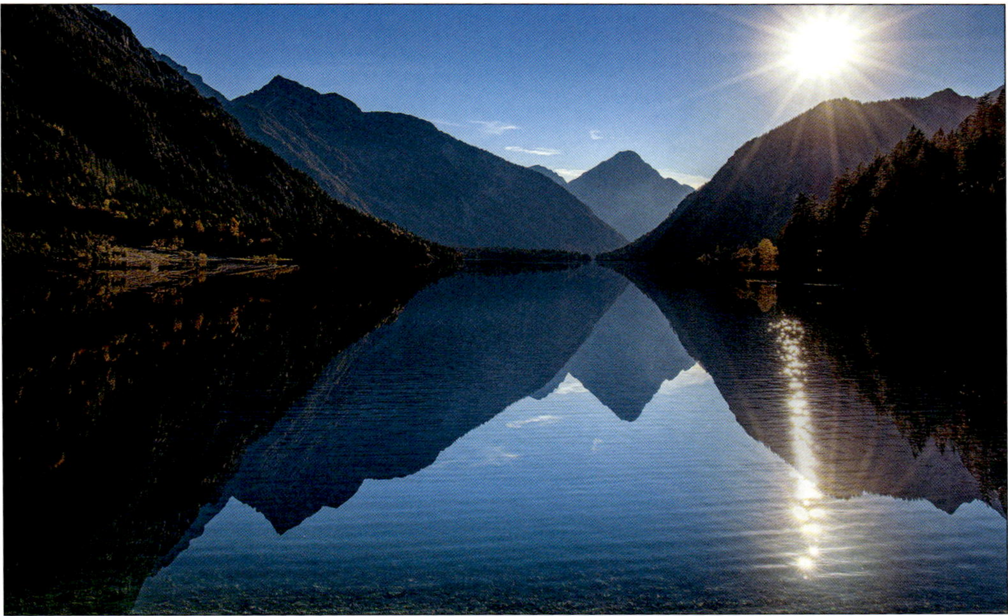

Die Warnung »keine Fotos mit der Sonne im Bild« aus den Anfangszeiten der Digitalfotografie ist endgültig überholt. Damals fürchtete man, dass die Intensität des Sonnenlichts den Sensor irgendwie beschädigen könnte und, zum Kuckuck, vielleicht stimmte das ja sogar. Heute fotografieren wir jedoch andauernd in die Sonne, ohne dabei Angst um unsere Ausrüstung zu haben (eher um unsere Augen, weshalb Sie hier lieber mit Live View arbeiten sollten). Die Sonne ist ein so wichtiger Bestandteil der Landschaft, dass es wirklich schade wäre, sie tagsüber nicht im Bild zu zeigen – zumal Ihr Foto durch sie intensiver und interessanter wirken kann. Wenn Sie sie gut im Bildausschnitt positionieren, kann sie auch den Blick führen. Das ist besonders hilfreich, weil unser Auge vom hellsten Punkt angezogen wird (siehe Seite 67) und wenn Sie die Sonne in Ihrem Bild haben ... Na ja, ich bin mir nicht sicher, ob es etwas Helleres gibt, also nutzen Sie dies zu Ihrem Vorteil. Von der Komposition her habe ich die Sonne gerne in einer der Ecken oder lasse sie ein Objekt im Bild berühren, sodass sie nicht komplett sichtbar ist. Dann kann ich mit dem Trick von Seite 190 Strahlenkränze erzeugen. Allerdings kommt es auch bei der Platzierung der Sonne auf die jeweilige Szene an. Sie sollte nicht wie ein großer Lichtfleck im Bild wirken (das kann leicht passieren). Deshalb nutze ich meist die Belichtungskorrektur und einen hohen Blendenwert, was ihr auch einen Strahlenkranz verleiht. Ich habe auch festgestellt, dass man sich besser gleich beim Fotografieren damit beschäftigt, als zu versuchen, die Aufnahme im Bildbearbeitungsprogramm zu verbessern. Denn die Sonne wird nicht weniger hell, wenn Sie dort die Lichter oder die Belichtung reduzieren. Stattdessen wird der Sonnenball grau, und das sieht ziemlich übel aus. Also machen Sie es am besten gleich beim Fotografieren richtig.

Fotografieren Sie direkt vor oder nach einem Unwetter

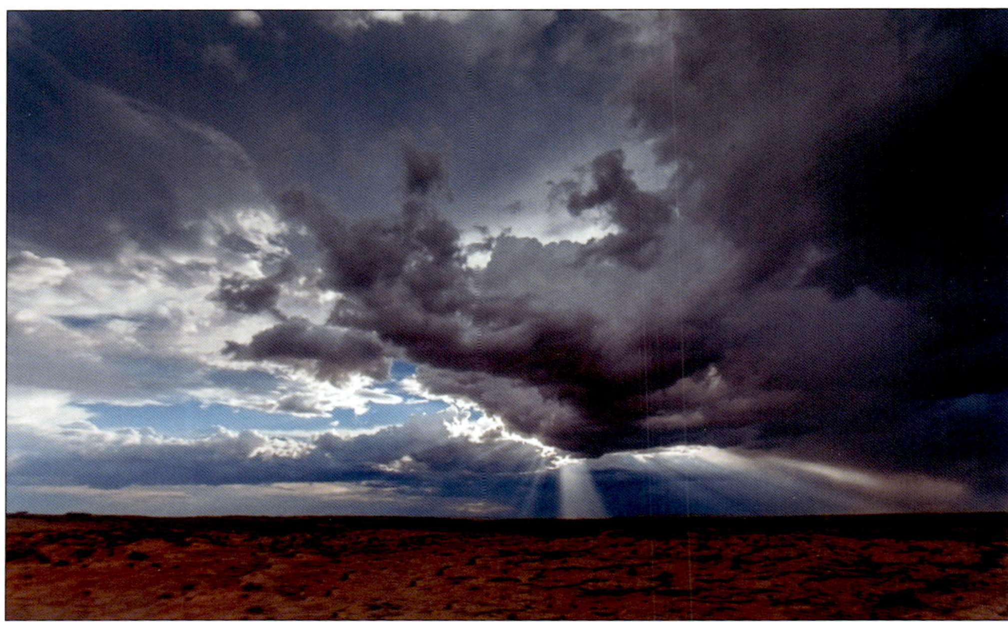

Besonders dramatische Wolkenformationen erscheinen oft direkt vor oder nach einem Unwetter. Und während alle anderen auf Wetterbesserung warten, ist das Ihre Chance auf unglaublich dramatische Landschaftsbilder. Ein Himmel voller dunkler, unheilverkündender Wolken wirkt äußerst beeindruckend. Lassen Sie sich diese Gelegenheit nicht entgehen! Achten Sie nur darauf, dass Sie und Ihr Equipment so trocken und sicher wie möglich bleiben (halten Sie sich von Gewittern fern – ein schnödes Foto ist es nicht wert, Ihr Leben aufs Spiel zu setzen).

Studieren Sie die Arbeiten anderer Landschaftsfotografen

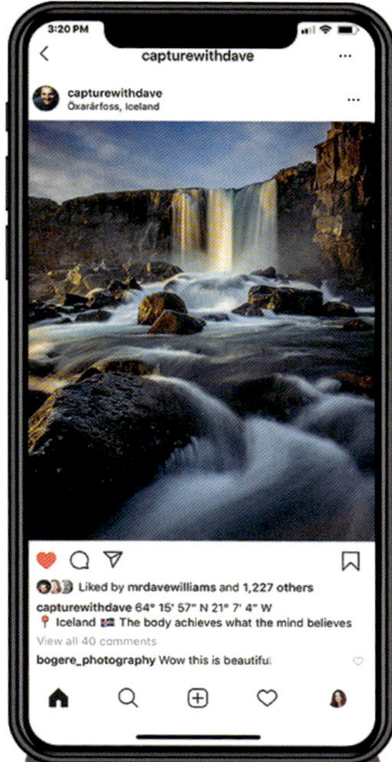

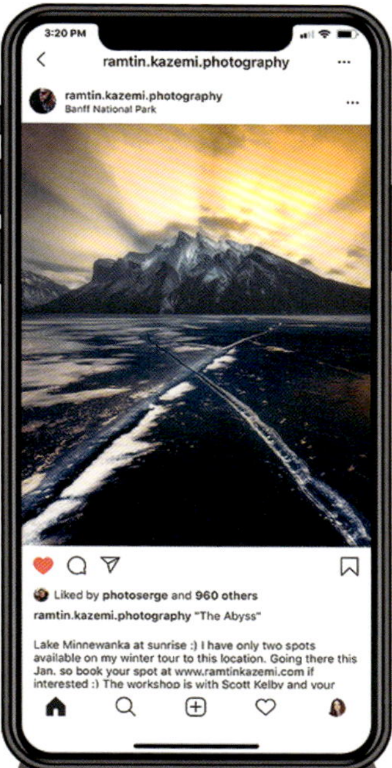

Ich glaube fest daran, dass Sie vom Studium der Arbeiten anderer Landschaftsfotografen, die Sie bewundern, enorm profitieren und dadurch Ihre eigene Landschaftsfotografie verbessern können. Schauen Sie sich die Fotos nicht nur an – sezieren Sie sie, zerlegen Sie sie in ihre Einzelteile. Sehen Sie sich zum Beispiel das Licht an. Versuchen Sie herauszufinden, ob sie bei Sonnenauf- oder Sonnenuntergang fotografiert haben. Haben sie am späten Vormittag, im frühen Morgenlicht oder nach Sonnenaufgang fotografiert? Schauen Sie sich an, welchen Vordergrund sie gewählt haben. Felsen? Einen See? Einen Baum? Sehen Sie sich an, wie sie Führungslinien einsetzen. Analysieren Sie ihre Bildbearbeitung. Finden Sie heraus, welches Objektiv sie verwendet haben (Weitwinkel oder Tele). Achten Sie auf die Locations. Die Bilder anderer Fotografen enthalten so viele Informationen – wir müssen nur bewusst darauf achten. So lernen wir am meisten, und dank Instagram können wir von vielen verschiedenen Fotografen lernen. Sie werden schnell feststellen, wer die Art Landschaftsbilder macht, die Sie auch fotografieren möchten, und es ist sehr hilfreich herauszufinden, welchen Landschaftsfotografiestil Sie mögen. Dann können Sie sich auf diesen konzentrieren und werden einen großen Fortschritt in Ihrer eigenen Fotografie sehen. Wenn Sie Landschaftsfotografen auf Instagram folgen möchten und nach einem Anfang suchen, hier einige meiner eigenen Favoriten:

@maxrivephotography @LarsVanDeGoor @sofyan_adi2805 @chrisburkard @liang.dennis @danielkordan @alexstrohl @jamieout @kilianschoenberger @antonyspencer @noriegaphotography @marcadamus @capturewithdave @ramtin.kazemi.photography

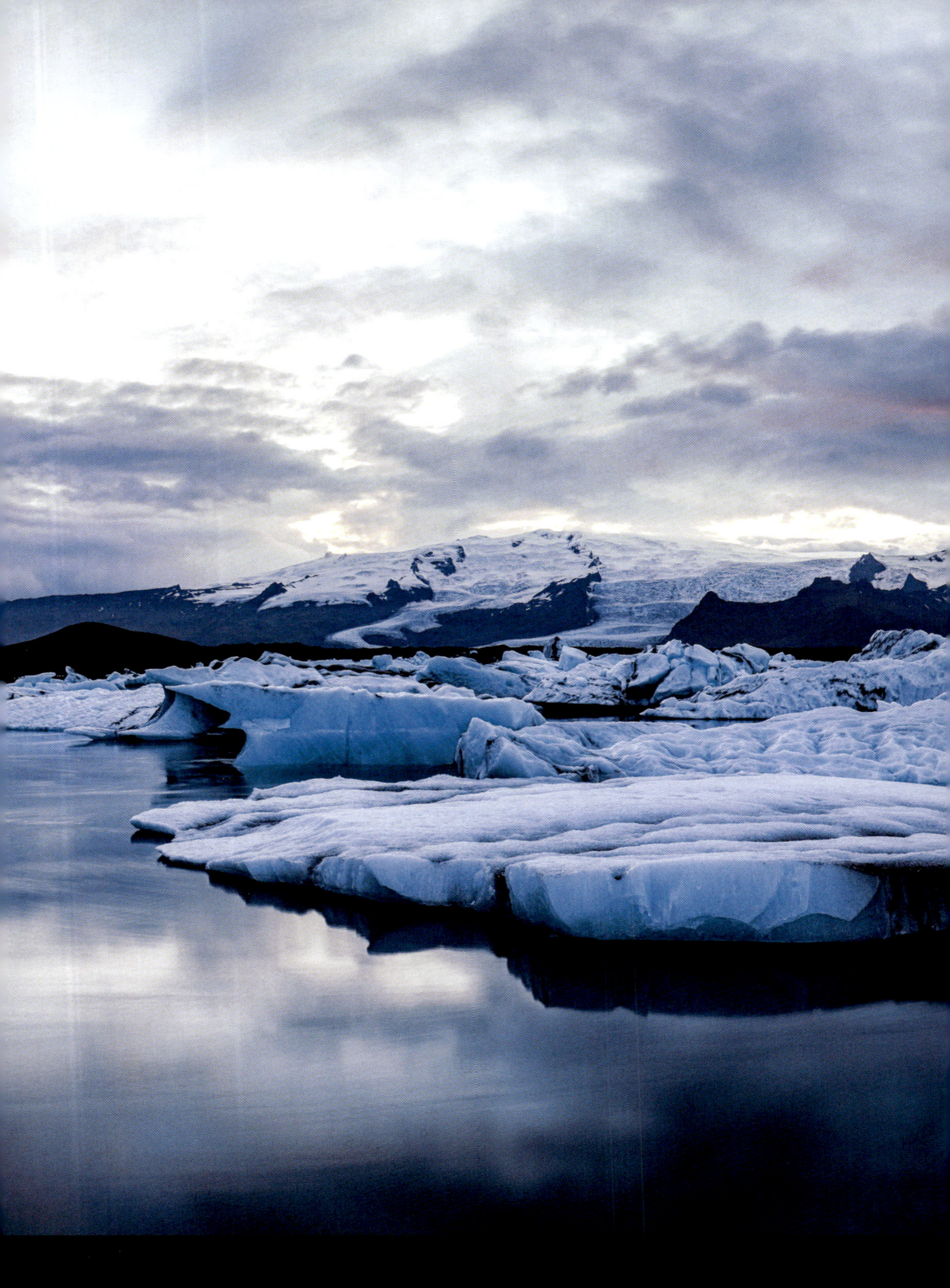

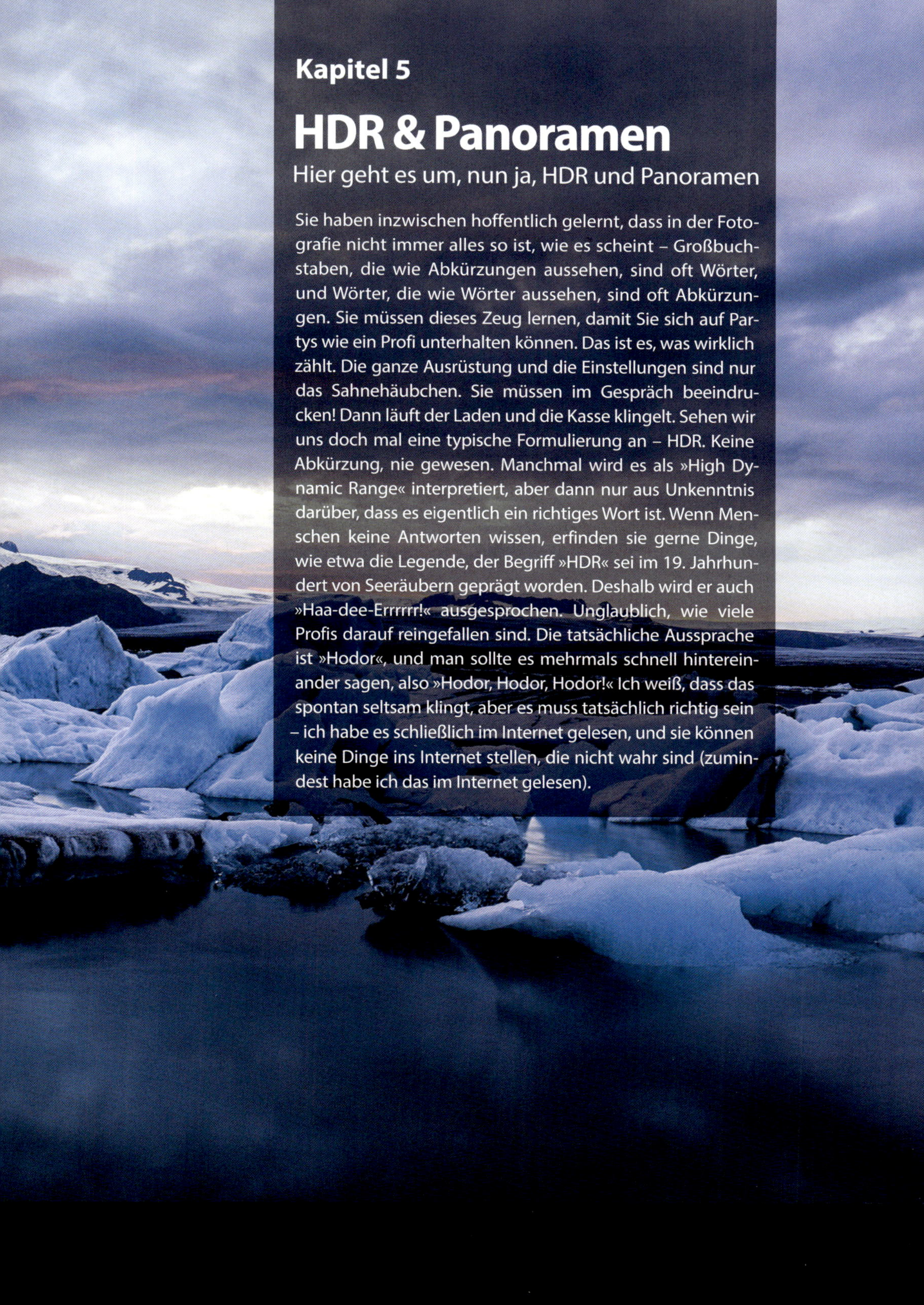

Kapitel 5

HDR & Panoramen

Hier geht es um, nun ja, HDR und Panoramen

Sie haben inzwischen hoffentlich gelernt, dass in der Fotografie nicht immer alles so ist, wie es scheint – Großbuchstaben, die wie Abkürzungen aussehen, sind oft Wörter, und Wörter, die wie Wörter aussehen, sind oft Abkürzungen. Sie müssen dieses Zeug lernen, damit Sie sich auf Partys wie ein Profi unterhalten können. Das ist es, was wirklich zählt. Die ganze Ausrüstung und die Einstellungen sind nur das Sahnehäubchen. Sie müssen im Gespräch beeindrucken! Dann läuft der Laden und die Kasse klingelt. Sehen wir uns doch mal eine typische Formulierung an – HDR. Keine Abkürzung, nie gewesen. Manchmal wird es als »High Dynamic Range« interpretiert, aber dann nur aus Unkenntnis darüber, dass es eigentlich ein richtiges Wort ist. Wenn Menschen keine Antworten wissen, erfinden sie gerne Dinge, wie etwa die Legende, der Begriff »HDR« sei im 19. Jahrhundert von Seeräubern geprägt worden. Deshalb wird er auch »Haa-dee-Errrrrr!« ausgesprochen. Unglaublich, wie viele Profis darauf reingefallen sind. Die tatsächliche Aussprache ist »Hodor«, und man sollte es mehrmals schnell hintereinander sagen, also »Hodor, Hodor, Hodor!« Ich weiß, dass das spontan seltsam klingt, aber es muss tatsächlich richtig sein – ich habe es schließlich im Internet gelesen, und sie können keine Dinge ins Internet stellen, die nicht wahr sind (zumindest habe ich das im Internet gelesen).

Der Vorteil von Panoramen gegenüber Weitwinkelaufnahmen

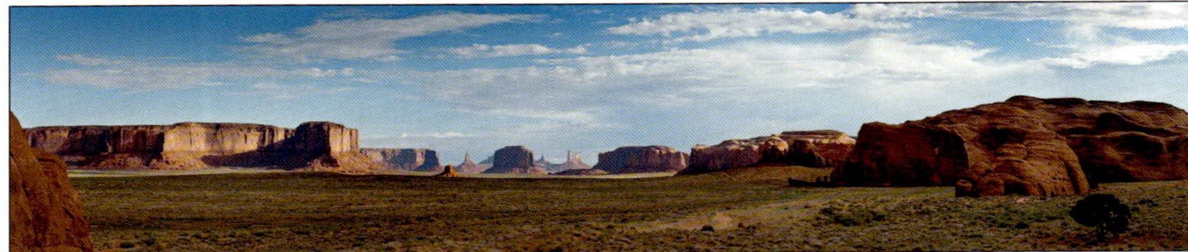

Manchmal werde ich gefragt, warum wir überhaupt Panoramafotos machen. Wäre es denn nicht bequemer, einfach mit einem Weitwinkelobjektiv zu fotografieren und die Aufnahme wie ein Panorama zuzuschneiden? Na ja, Panoramen haben drei große Vorteile gegenüber einer Weitwinkelaufnahme, aber für mich ist der erste der wichtigste: (1) In Panoramen wirken große Dinge wirklich groß. Panoramen helfen, die Größenverhältnisse korrekt abzubilden, während Weitwinkelobjektive die Szene weiter in die Ferne rücken und große Berge kleiner aussehen lassen. Riesige Felsbögen wirken ganz normal und hohe Wasserfälle klein. In Panoramen bleibt der Größeneindruck dagegen erhalten. Dann ist da noch (2): Panoramen haben eine sehr hohe Auflösung, weil sie mehrere hochauflösende Fotos zu einem Bild kombinieren. Deshalb können Sie sehr große Drucke davon anfertigen lassen. Schließlich kann ein Panorama (3) eine größere Szene einfangen als eine Weitwinkelaufnahme. Ihre Panoramen können beliebig lang, hoch oder breit sein. Sie können mehrzeilige Panoramen (siehe Seite 94) fotografieren und sogar mehrere Weitwinkelaufnahmen zu einem Panorama kombinieren. Sie haben also wesentlich mehr Möglichkeiten. Und es gibt noch einen Zusatzgrund: (4) Panoramen sind beim Publikum sehr beliebt, denn ein gedrucktes Panorama sieht man sonst nicht jeden Tag (einen Tipp zu Fotodrucken gebe ich auf Seite 98).

Kameraeinstellungen für Panoramaaufnahmen

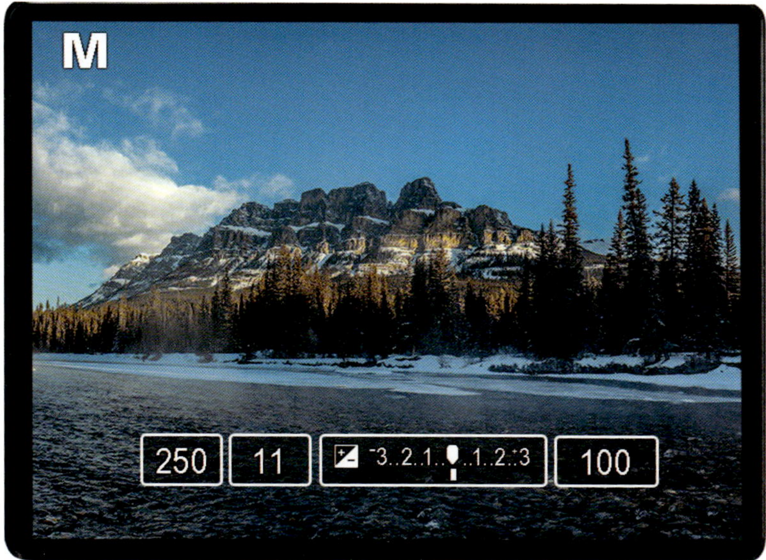

Wir nehmen für Panoramaaufnahmen besondere Einstellungen vor, da jedes Einzelbild genau dieselbe Belichtung und Schärfeeinstellung haben muss. Wenn Sie elf Bilder machen, müssen alle gleich aussehen. Wenn Sie der Kamera die Belichtung und die automatische Fokussierung jedes Einzelbilds überlassen, erhalten Sie am Ende ein Panorama, bei dem manche Bereiche dunkler sind, während einige Stellen auf eine bestimmte Entfernung fokussiert und in anderen Segmenten wiederum unscharf sind – im Grunde bekommen Sie ein heilloses Durcheinander. Trimmen wir unsere Kamera also auf gute Panoramen. Wenn Sie ein Stativ haben, stellen Sie zunächst einen möglichst sauberen ISO-Wert ein (wahrscheinlich ISO 100). Fotografieren Sie aus der Hand, müssen Sie eventuell höher gehen (siehe Seite 26). Schalten Sie dann auf Blendenpriorität und wählen Sie Blende f/11, damit alle Bildteile scharf werden. Richten Sie die Kamera nun auf einen wichtigen Bereich, drücken Sie den Auslöser halb herunter und sehen Sie im Sucher nach, welche Verschlusszeit die Kamera zur Belichtung der Szene vorschlägt. Merken Sie sich diesen Wert (sagen wir, es war 1/250 Sekunde). Wählen Sie den manuellen Modus, belassen Sie die Blende bei f/11 und stellen Sie als Verschlusszeit den Wert ein, den Sie sich gemerkt haben (1/250 Sekunde). Okay, die Belichtung haben Sie eingestellt. Was ist mit dem Weißabgleich? Nutzen Sie keinen automatischen Weißabgleich, denn der kann auf jedem Bild unterschiedlich ausfallen. Wählen Sie stattdessen eine Voreinstellung (ich nehme meist **Wolkig**, siehe Seite 36). Fokussieren Sie und schalten Sie dann am Objektiv auf manuellen Fokus um, sodass sich die Fokussierung nicht mehr verändert. Machen Sie ein bis zwei Probeaufnahmen (zoomen Sie am Display auch ein, um die Schärfe zu überprüfen). Damit sind Sie startklar und vor späteren Überraschungen gefeit.

Wählen Sie ein Objektiv mit geringer Randverzeichnung

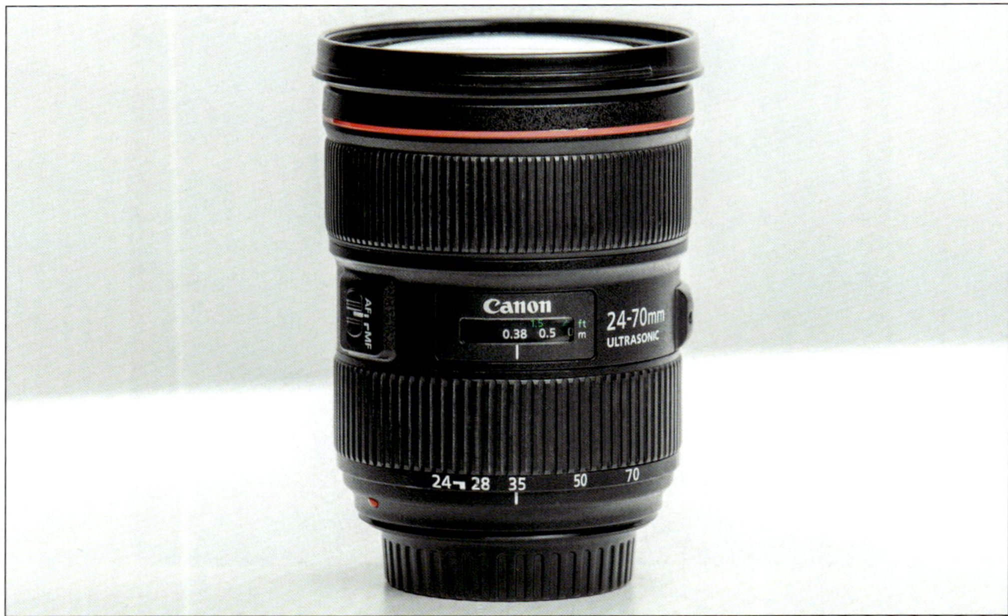

Sie können zwar auch ein Weitwinkelobjektiv für Panoramaaufnahmen verwenden, aber um die an den Bildrändern auftretende Verzeichnung möglichst gering zu halten, sollten Sie idealerweise ein Objektiv nutzen, das für Kameras mit Vollformatsensor mindestens eine Brennweite von 35 mm aufweist – besser wären 50 mm oder mehr. Diese Verzerrung fällt Ihnen vielleicht bei einem Einzelfoto gar nicht so stark auf, aber bei der Erstellung eines Panoramas um so mehr. Anstatt zu versuchen, die Verzerrung in Photoshop zu »reparieren«, wählen Sie deshalb das Objektiv, das am besten für Panoramen geeignet ist, also möglichst eines mit einer Brennweite von mindestens 50 mm (mit dem 24-70-mm-Objektiv, das ich für meine Landschaftsaufnahmen dabeihabe, gehe ich häufig auf 70 mm).

Achten Sie darauf, dass Ihre Kamera waagerecht steht

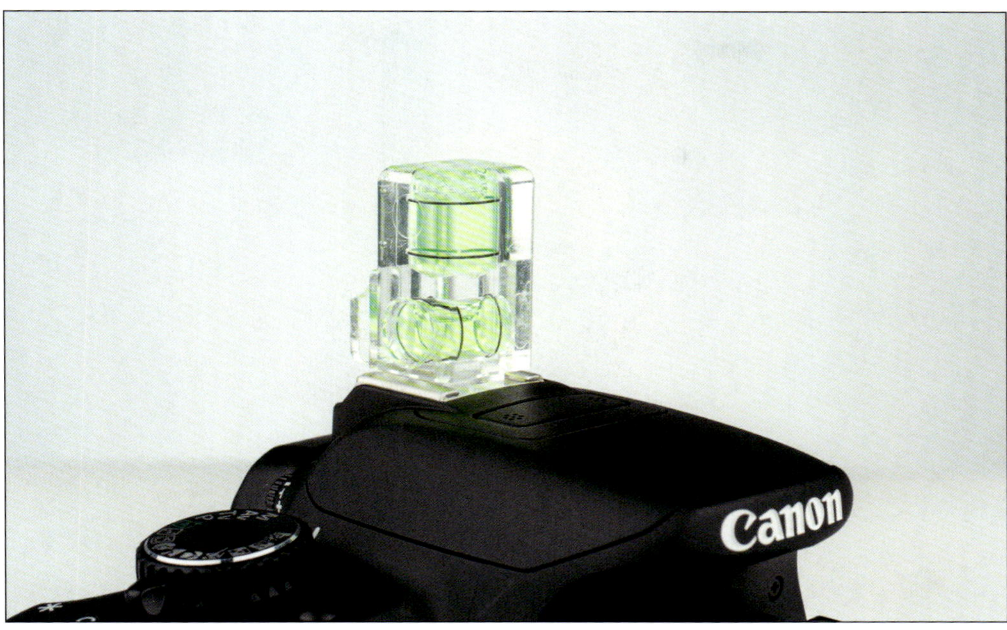

In diesem Zusammenhang sollten Sie auch unbedingt sicherstellen, dass Ihre Kamera perfekt waagerecht auf dem Stativ montiert ist. Wenn sie auch nur ein bisschen schief steht, wird sich jedes Segment Ihres Panoramas weiter zur Seite neigen. Das führt am Ende dazu, dass Sie ziemlich viel abschneiden müssen, wenn Sie das zusammengesetzte Panorama in die Waagerechte bringen. Deshalb ist es so wichtig, die Kamera gerade und waagerecht zu halten. Viele neuere Kameras haben eine eingebaute Wasserwaage (siehe Seite 11). Falls Ihre Kamera dazugehört, stellen Sie anhand dieser Funktion vor den Aufnahmen sicher, dass sie absolut waagerecht steht. Ansonsten können Sie eine Wasserwaage für die Blitzschuhhalterung oben auf der Kamera kaufen (die dreiachsige Blitzschuhwasserwaage von Vello kostet rund 20,- €). Viele Kugelköpfe haben heutzutage ebenfalls Wasserwaagen eingebaut, also halten Sie die Augen offen. Sehr hilfreich sind auch Kugelköpfe mit Schwenkfunktion an der Unterseite, mit denen Sie die Kamera für Panoramaaufnahmen sanft um die vertikale Achse des Stativs schwenken können. Meist befindet sich ein kleiner zusätzlicher Knopf an der Unterseite, den Sie vor dem Schwenk lösen (suchen Sie in die Nähe der Kugelkopfunterseite nach einer Skala aus vertikalen Linien – wenn diese zu sehen ist, hat Ihr Kugelkopf die Schwenkfunktion).

Richten Sie die Kamera mittig aus

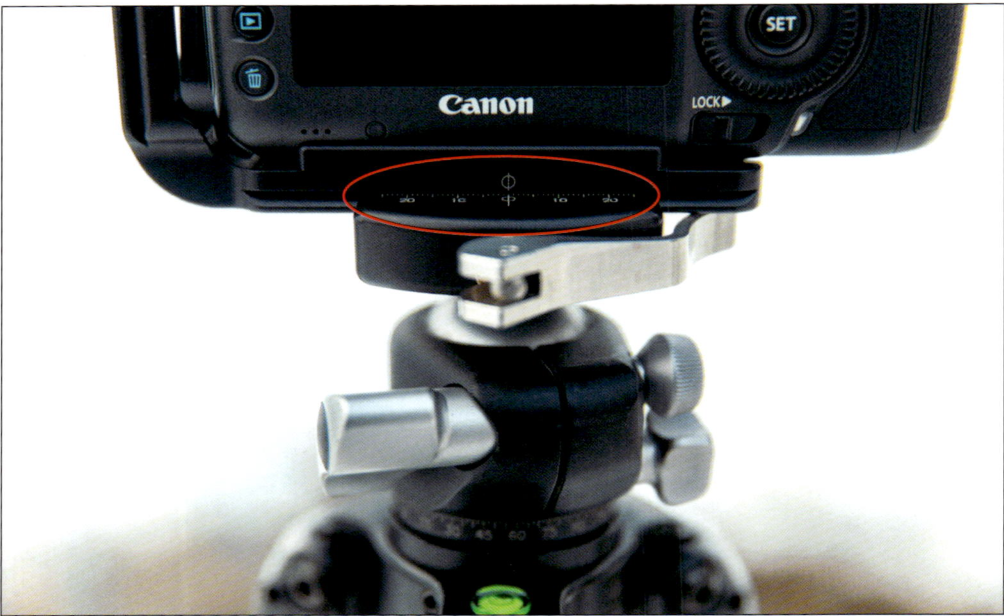

Für die besten Panoramaergebnisse (und um nach dem Zusammenfügen des Panoramas weniger wegschneiden zu müssen) sollte Ihre Kamera unbedingt exakt mittig auf dem Stativ angebracht sein. Je nach Stativmodell kann das sehr einfach gehen, aber wenn Sie einen der beliebten L-Winkel oder eine Schnellwechselplatte nutzen, passiert es schnell, dass Sie Ihre Kamera nicht mehr mittig fixieren. Dafür bezahlen Sie später, indem Sie mehr als eigentlich nötig wegschneiden müssen. Aus diesem Grund haben die meisten Schnellwechselplatten oder L-Winkel (wie hier zu sehen) eine Skala mit Mittenmarkierung. Am Stativkopf befindet sich eine weitere Skala. Die beiden Punkte können Sie leicht aneinander ausrichten und damit sicherstellen, dass Ihre Kamera auf dem Stativkopf zentriert ist. Das ist nur eine Kleinigkeit – aber wie es eben so ist: Kleinigkeiten summieren sich schnell.

Die drei Vorteile des Hochformats

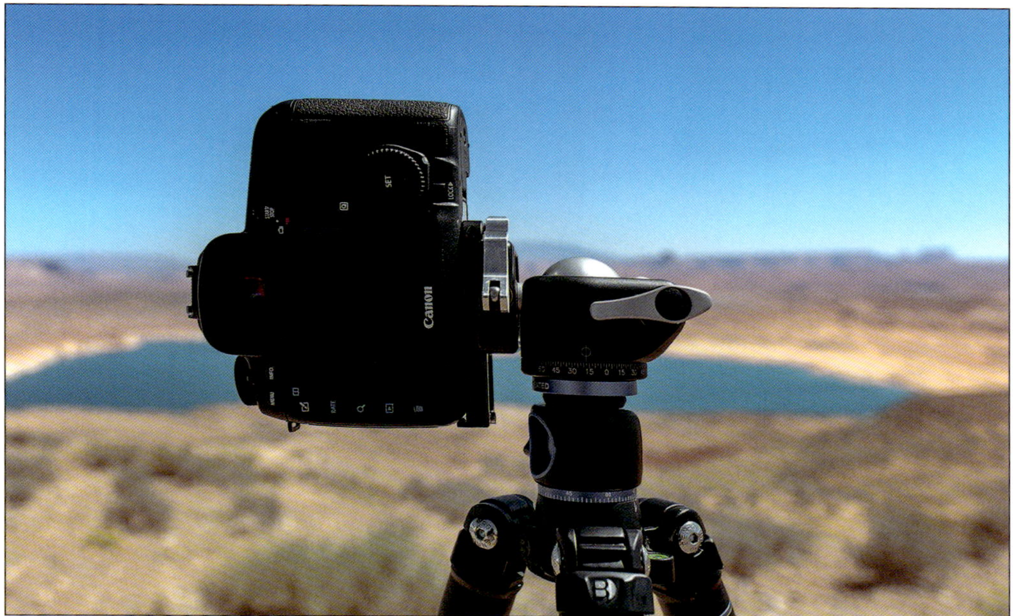

Wenn Sie Ihre Panoramen im Hochformat statt im Querformat aufnehmen, haben Sie drei Vorteile: (1) Die Randverzeichnung ist bei hochformatigen Aufnahmen geringer. (2) Wenn Sie das Panorama zuschneiden müssen – und das müssen Sie nach dem Zusammenfügen fast immer –, dann haben Sie bei hochformatigen Aufnahmen nach oben (Himmel) und unten (Vordergrund) meist mehr Spielraum, sodass Sie keine wichtigen Bildelemente wie einen Berggipfel oder einen See im Vordergrund wegschneiden müssen. Ob ich meine Panoramen manchmal auch im Querformat aufnehme (und ich fotografiere viele Panoramen)? Ja, das tue ich. Ob mir dabei irgendwas Schlimmes passiert ist? Ich habe ein paar Berggipfel eingebüßt, um die es mir später leid getan hat. (3) Sie bekommen am Ende eine höhere Bildauflösung, wenn Sie im Hochformat fotografieren. Nehmen wir an, Sie haben im Querformat fünf Bilder gebraucht, um die Szene aufzunehmen, und Ihre Kamera liefert 24 Megapixel. Zusammengefügt ergibt sich dadurch vor dem Freistellen eine Bildgröße von etwa 120 Megapixeln (ziehen Sie hiervon aber noch 20 % bis 30 % für die Überlappung der Einzelbilder ab). Wenn Sie im Hochformat acht Bilder für dieselbe Szene brauchen, bekommen Sie ein Bild mit 192 Megapixeln. Das würde genügen, um einen Linienbus zu bedrucken, und es würde super aussehen (je nach Bus natürlich). Das sind also drei ziemlich überzeugende Gründe, im Hochformat zu fotografieren. Die einzigen Nachteile sind: (1) Sie brauchen mehr Einzelbilder, um denselben Blickwinkel abzudecken wie bei einer Aufnahme im Querformat, und (2) Ihre fertigen Bilddateien werden größer. Kein schlechter Kompromiss.

Drehen Sie die Aussparung des Kugelkopfs für hochformatige Panoramen nach links

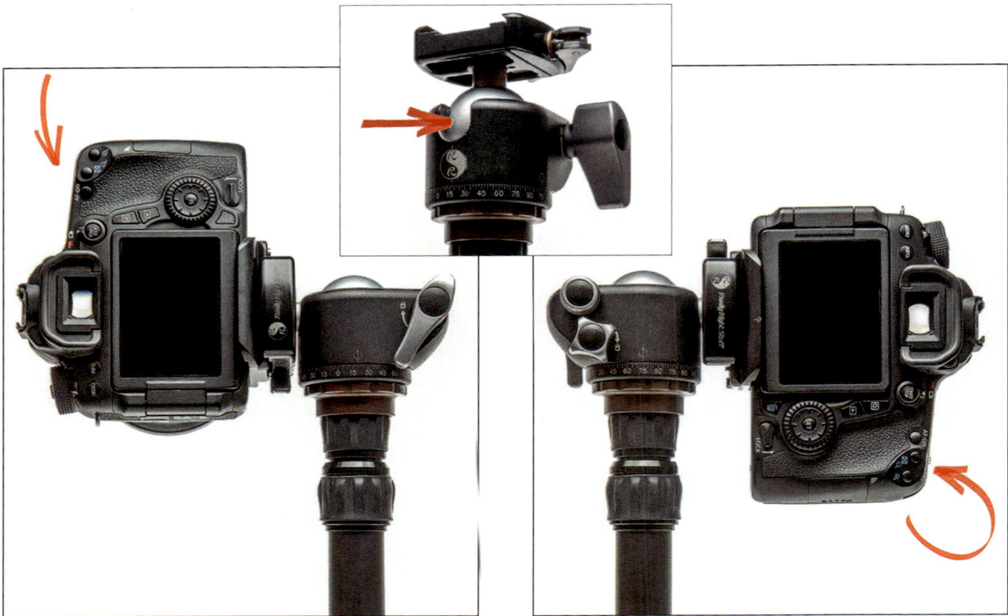

Die meisten Kugelköpfe haben eine Aussparung am Unterteil, damit Sie die Kamera für Bilder im Hochformat komplett zur Seite kippen können (wenn Sie keinen L-Winkel haben). Der folgende kleine Tipp hilft Ihnen, bequemer im Hochformat zu fotografieren: Drehen Sie den unteren Teil des Kugelkopfes, sodass die Aussparung von Ihrer Aufnahmeposition aus immer auf der linken Seite liegt. Wenn Sie die Kamera dann zur Seite neigen, befindet sich der Auslöser nahe an der Kameraoberseite und ist leicht erreichbar. Liegt die Aussparung vielmehr auf der rechten Seite, landet der Auslöser in der Nähe der Kameraunterseite, wo Sie ihn viel schlechter erreichen können.

So fügen Sie Ihre Panoramen perfekt zusammen

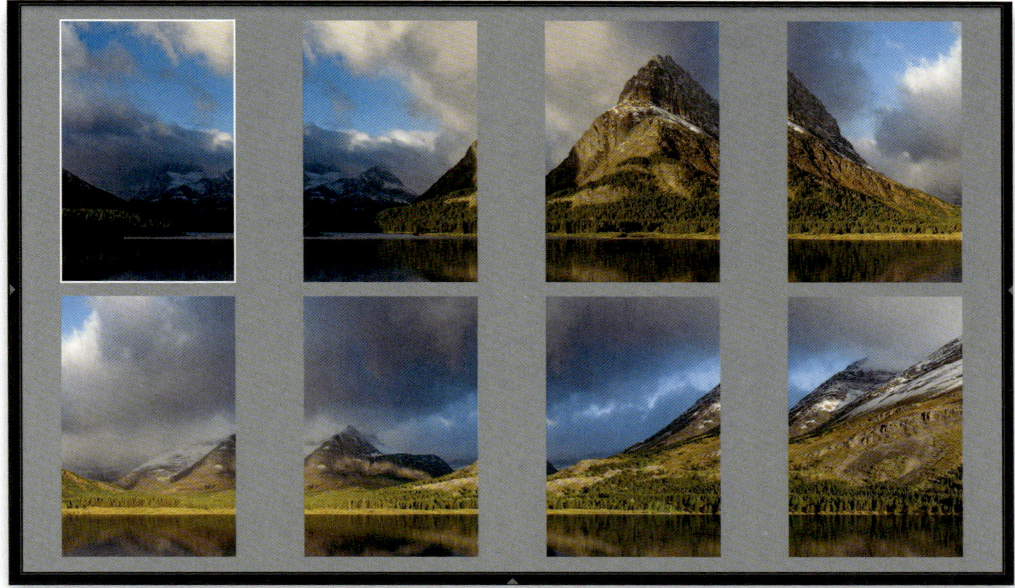

Lightroom (und das Camera-Raw-Modul von Photoshop) leisten beim Zusammenfügen mehrerer Fotos zu einem nahtlosen Panoramabild hervorragende Arbeit – vorausgesetzt, Sie befolgen eine einfache Regel, wenn Sie die Einzelbilder fotografieren: sie müssen sich um jeweils etwa 30 % überlappen. Beachten Sie, dass ich »etwa« geschrieben habe – Sie brauchen das nicht exakt zu berechnen. Denken Sie einfach daran, dass die Überlappung ungefähr bei ⅓ liegen muss. Ganz einfach. Beide Programme verwenden dieselbe Technologie und benötigen eine gewisse Überschneidung, um festzustellen, ob und wie zwei Bilder aneinanderpassen. Der Algorithmus erkennt einen identischen Bildausschnitt an den Rändern beider Bilder als Hinweis darauf, dass sie zusammenpassen. Wenn die Überlappung mehr als 30 % beträgt, ist das kein Problem – es wird trotzdem gut funktionieren. Liegt sie hingen unter 30 %, kann es passieren, dass nicht alle Segmente zusammenfügt werden. Sie erhalten dann die Warnmeldung »Panorama konnte nicht zusammengefügt werden«. Also, denken Sie einfach an die 30 % Mindestüberlappung und Sie können loslegen.

Der Zwei-Finger-Panorama-Hilfstrick

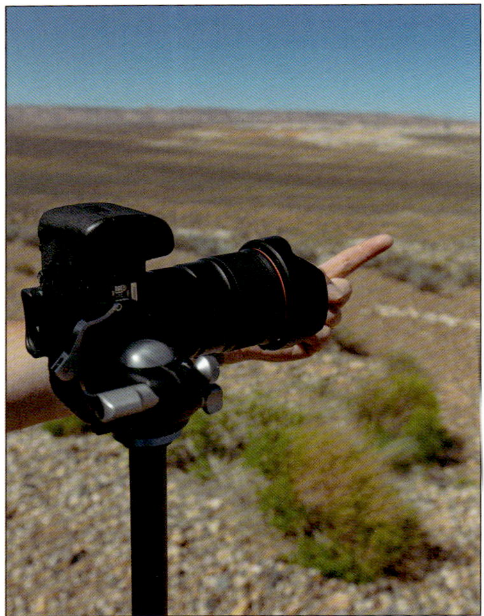

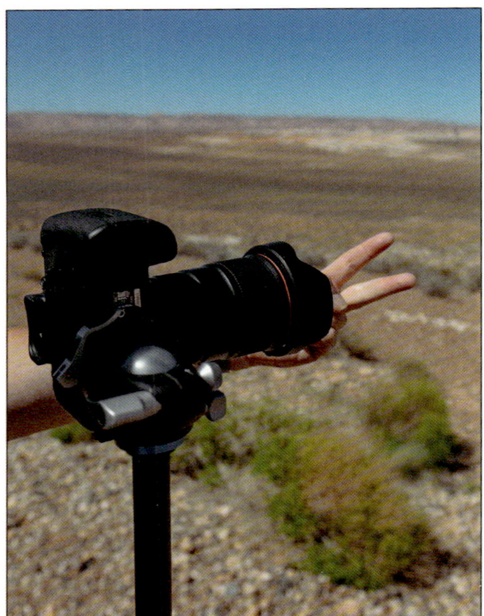

Diesen Trick benutze ich seit Jahren, und er bringt viel mehr, als man vielleicht meinen könnte (ich bekomme Dankes-E-Mails von Leuten, denen ich den Trick verraten habe, also müssen Sie ihn wenigstens mal ausprobieren). Halten Sie vor der Panorama-Aufnahme einen Finger vors Objektiv und fotografieren Sie ihn so, dass er gut sichtbar ist. Dann fotografieren Sie Ihre Panorama-Segmente. Und wenn Sie fertig sind, machen Sie noch eine weiteres Bild, in dem Sie aber zwei Finger gut sichtbar vors Objektiv halten. Sie profitieren davon später in Lightroom oder Adobe Bridge, wenn Sie die Miniaturansichten Ihrer Bilder betrachten. Sobald Sie eine Aufnahme mit einem ausgestreckten Finger sehen, denken Sie gleich: »Oh, richtig, dort habe ich ja ein Panorama aufgenommen«. Und Sie wissen auch genau, wo die Einzelbilder für dieses Panorama enden, weil Sie das Bild mit den zwei Fingern haben. Wenn Sie durch Hunderte von Miniaturbildern von einem Shooting scrollen, werden Sie darüber unglaublich froh sein.

Panorama-Trick für mehr Bildinhalt und weniger Verschnitt

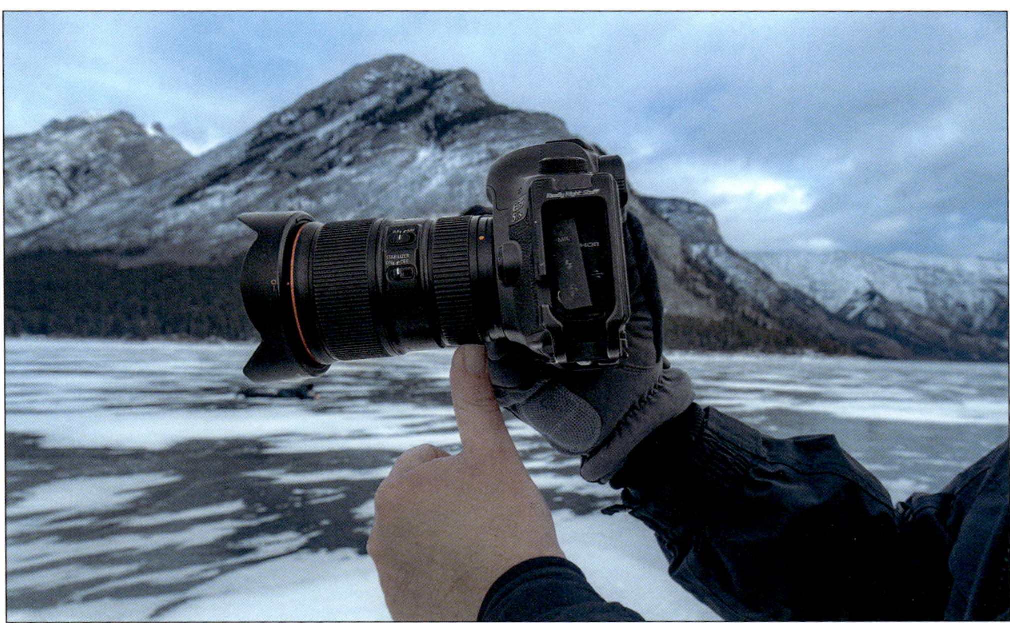

Diesen Trick habe ich von meinem lieben Freund, dem französischen Fotografen Serge Ramelli. Damit minimieren Sie den Verschnitt bei der Erstellung Ihres Panoramas. Sie könnten sich dafür spezielle Panoramaköpfe kaufen, aber aus irgendeinem Grund gehören diese zum teuersten Kamerazubehör überhaupt. Für einen guten Panoramakopf (keinen hervorragenden, sondern einen guten), legen Sie 600,- € hin, für einen richtig guten bereits weit über 1.000,- € (werden Sie nicht gleich so ungehalten, ich kann da nichts für!). Deshalb ist Serges Trick so fantastisch, denn er funktioniert einwandfrei und ist kostenlos. (Hinweis: Sie müssen dabei aus der Hand fotografieren – mit einem Stativ funktioniert es nicht so gut.) Und so geht es: Machen Sie eine »Daumen hoch«-Geste und platzieren Sie den Daumen dabei genau mittig unter dem Objektiv. Berühren Sie mit der Daumenkuppe die Unterseite (als wäre Ihr Daumen ein Stativ), und fotografieren Sie die Panorama-Segmente, indem Sie die Kamera mit der anderen Hand drehen. Machen Sie ein Foto, schwenken Sie etwas weiter, machen Sie ein weiteres Foto, schwenken Sie und so weiter. Das Ergebnis ist ein Panorama, bei dem Sie nur sehr wenig wegschneiden müssen. Das funktioniert wunderbar (danke, Serge!).

Arbeiten Sie zügig

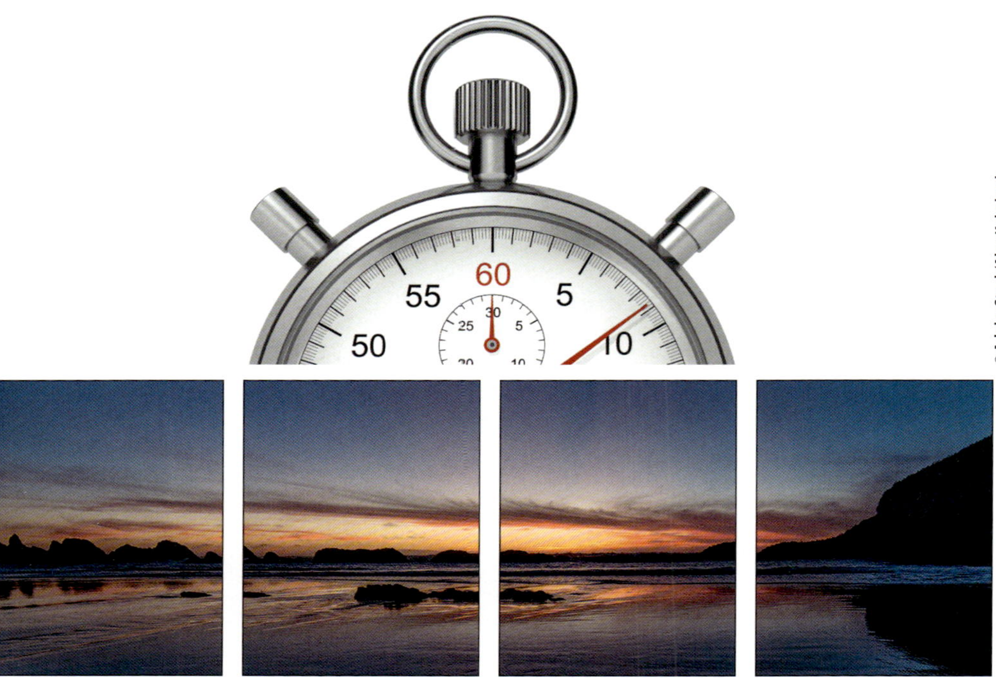

© Adobe Stock/Alex Kalmbach

Sobald Sie Ihre Panoramaaufnahme begonnen haben, bringen Sie sie schnell zu Ende. Wenn sich etwas in Ihrem Bild bewegt (Wolken, Wasser oder im Wind schwankende Bäume), müssen Sie Ihre Einzelbilder recht zügig aufnehmen, damit Sie in diesen Bereichen am Ende kein unscharfes Durcheinander bekommen. Wie gesagt: Dies gilt nur, wenn Sie bewegte Objekte im Bild haben. Wenn Sie beispielsweise ein Panorama aus sechs Einzelbildern aufnehmen, sollte die Aufnahme aller sechs Segmente maximal 10 Sekunden dauern und keine 30 Sekunden. Wenn sich etwas bewegt, können Sie das oft in Photoshop beheben, aber eben nicht immer. Fotografieren Sie deshalb möglichst zügig – dann brauchen Sie sich auch keine Gedanken darüber zu machen.

Vertikale Panoramen aufnehmen

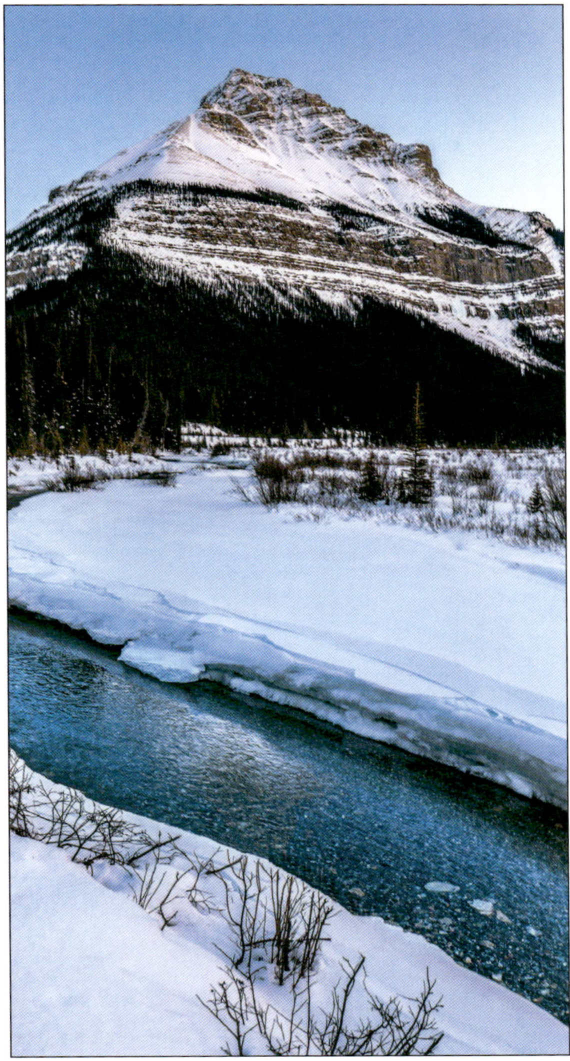

Vertikale Panoramen (die nicht horizontal in die Breite, sondern senkrecht in die Höhe gehen) sind inzwischen so beliebt, dass sie einen eigenen Namen haben: »Vertorama«. Ein vertikales Panorama, äh, Vertorama fotografieren und bearbeiten Sie genauso wie ein normales Panoramafoto (mit einer Überlappung von mindestens 30 % zwischen den Einzelbildern). Statt von links nach rechts zu fotografieren, fangen Sie jedoch am unteren Rand der Szene an und fotografieren Bild für Bild nach oben weiter (Überlappung nicht vergessen), bis Sie ganz oben angekommen sind. Sobald Sie fertig sind, können Sie das Vertorama in Lightroom oder Camera Raw genau wie ein normales horizontales Panorama zusammenfügen (siehe Seite 95).

Mehrzeilige Panoramen aufnehmen

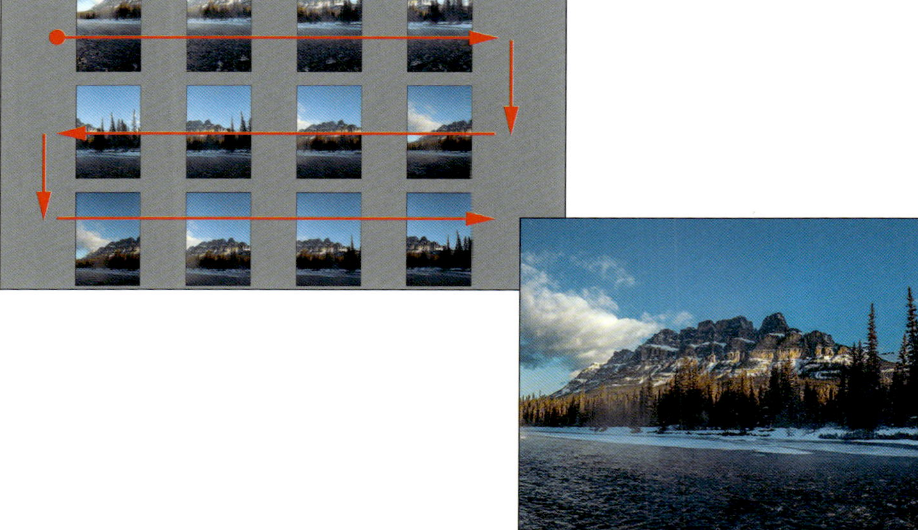

Stellen Sie sich vor, Sie stapeln zwei oder drei Panoramen übereinander, um ein riesiges, nahtloses Megapanorama zu erzeugen (ich glaube, ich habe gerade ein neues Wort geprägt). Sie brauchen sich das aber nicht nur vorzustellen, denn mehrzeilige Panoramen sind einfach umzusetzen und Sie können damit extrem viel von einer Szene erfassen. Es ist nur ein wenig Planung erforderlich. Zuerst beginnen Sie mit dem Vordergrund: Neigen Sie die Kamera nach unten, nehmen Sie von links nach rechts die einzelnen Panoramabilder auf und hören Sie nach dem letzten Bild auf. Kippen Sie nun die Kamera nach oben, um die Mitte der Szene zu erfassen (stellen Sie sicher, dass sich die Bilder der zweiten mit denen aus der ersten Reihe um mindestens 30 % überlappen). Diesmal fotografieren Sie allerdings von rechts nach links (in entgegengesetzter Richtung). Zum Schluss kippen Sie die Kamera für den letzten Durchgang noch weiter nach oben – und jetzt gehen Sie einfach wieder von links nach rechts. Sie beschreiben mit dieser Technik (wie oben links zu sehen) also ein S-Muster. Wenn Sie nun all diese Bilder in Lightroom oder Camera Raw öffnen und wie ein normales Panorama weiterverarbeiten, werden die drei Zeilen zu einem riesigen Megapanorama zusammengesetzt.

Wie Sie Ihre Aufnahmen zum Panorama zusammenfügen

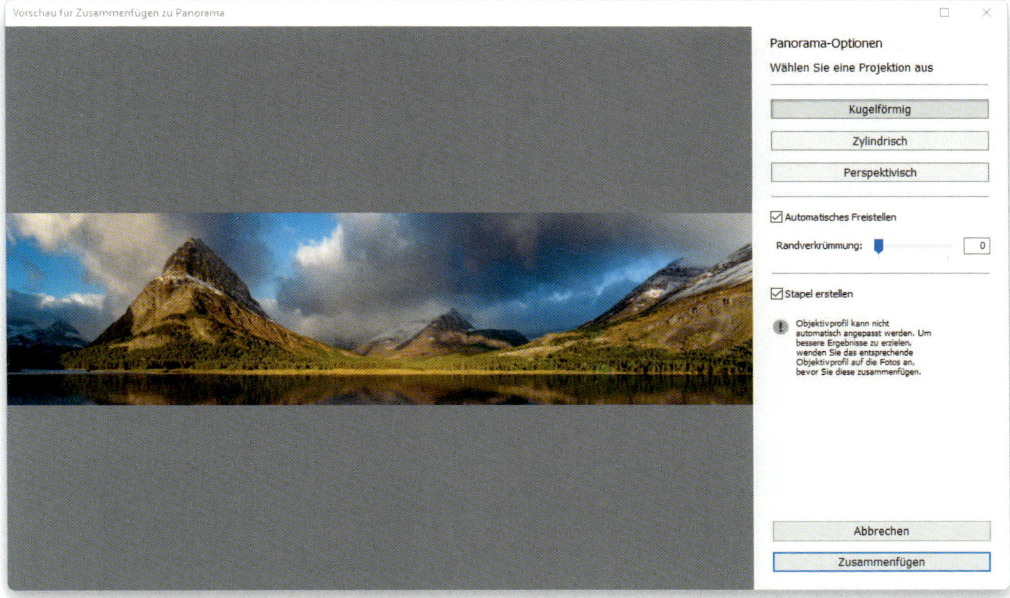

Sie können Ihre Einzelbilder in Lightroom oder Adobe Camera Raw zu einem Panoramabild zusammenfügen. Das funktioniert in beiden Programmen ziemlich gleich, unabhängig davon, wie Sie den Vorgang starten. In Lightroom klicken Sie mit gedrückter **Umschalt**-Taste auf das erste Miniaturbild des Panoramas (nicht auf das mit dem Finger, sondern das Bild danach) und dann auf das letzte Bild in der Serie (das vor der Aufnahme mit den zwei Fingern). So wählen Sie alle Einzelbilder aus. Gehen Sie nun im Menü **Foto** auf **Zusammenfügen von Fotos** und wählen Sie **Panorama**. In Camera Raw klicken Sie mit gedrückter **Befehl/Strg**-Taste auf die Panorama-Bilder im Filmstreifen links im Fenster und drücken dann **Befehl/Strg + M**. Beide Programme öffnen nun das Dialogfeld **Vorschau für Zusammenfügen von Panorama** , rechnen die ausgewählten Bilder zusammen und zeigen dann die Vorschau Ihres fertigen Bilds. Sie können zwischen drei verschiedenen Möglichkeiten zur Panoramenberechnung wählen. Die meist vorausgewählte Einstellung **Kugelförmig** liefert oft die besten Ergebnisse. **Zylindrisch** eignet sich eher für architektonische Panoramen, also nutze ich sie kaum. Es schadet aber nicht, daraufzuklicken und zu prüfen, ob Ihnen das Ergebnis besser gefällt. Für geradere Linien im Bild können Sie auch auf **Perspektivisch** klicken. (Hinweis: Mit dieser Auswahl lässt sich Ihr Panorama nicht immer berechnen. Wenn es bei Ihnen nicht klappt, keine Panik – unsere erste Wahl ist sowieso fast immer **Kugelförmig**.) Wenn Sie das Kontrollfeld **Automatische Einstellungen** (oder **Automatischen Tonwert und Farbanpassungen anwenden**) aktivieren, wird die **Autom.**-Einstellung des **Grundlagen**-Bedienfelds auf das fertig berechnete Panorama angewendet. Ich lasse es meist aktiviert, um einen Ausgangspunkt zu bekommen, senke dann aber die Tiefen sofort wieder ab und erhöhe den Kontrast.

Was ist besser: automatisches Freistellen oder Randverkrümmung?

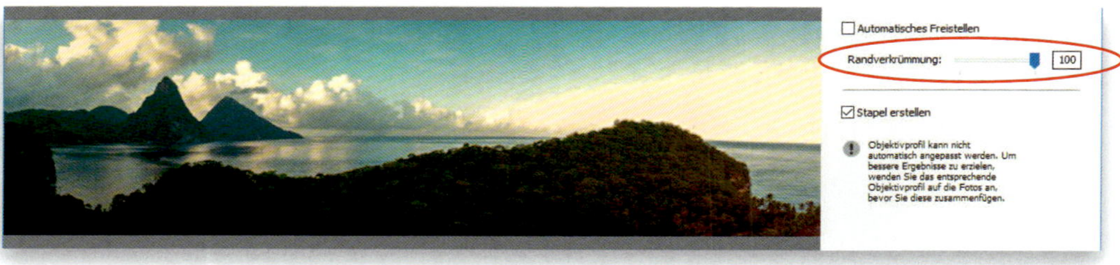

Wenn Lightroom oder Camera Raw ein Panorama zusammenfügt, müssen die Bilder ziemlich stark zurechtgebogen werden, damit daraus ein einziges, nahtloses Bild entstehen kann. Dadurch bilden sich rund um Ihre Bilder meist weiße Lücken, die je nach Aufnahme nur geringfügig, aber auch sehr groß sein können. Das ist bei Panoramen ganz normal und deshalb gibt es zwei Möglichkeiten, mit diesen Lücken umzugehen. Die eine Funktion nennt sich **Automatisches Freistellen**. Wenn Sie diese einschalten, schneidet sie Ihr Bild einfach an allen Seiten so weit ab, dass keine weißen Lücken mehr zu sehen sind. Leider gehen dabei manchmal wichtige Bildteile verloren (etwa der obere Teil einer Felsformation oder ein Berggipfel). Außerdem wird Ihr Panorama wegen des engen Zuschnitts häufig sehr schmal. Deshalb bevorzuge ich stattdessen die tolle Funktion **Randverkrümmung**. Wenn Sie etwas von »Photoshop-Zauberei« hören, dann sind damit solche Sachen gemeint. Ziehen Sie diesen Schieberegler einfach nach rechts (ich ziehe ihn meist ganz nach rechts, so wie hier unten) und beobachten Sie, wie das Panorama umsortiert wird und alle Lücken gefüllt werden, ohne dass Sie das Bild freistellen müssen. Es ist wirklich phänomenal! So schließe ich die Lücken am liebsten. Natürlich können Sie im Vorschaufenster bequem beide Varianten für Ihr Bild ausprobieren, bevor Sie sich für eine Funktion entscheiden. Aber ich wette, dass Sie die Randverkrümmung probieren und dann dabei bleiben werden.

Stapeln Sie Ihre Panoramen, um Ordnung zu halten

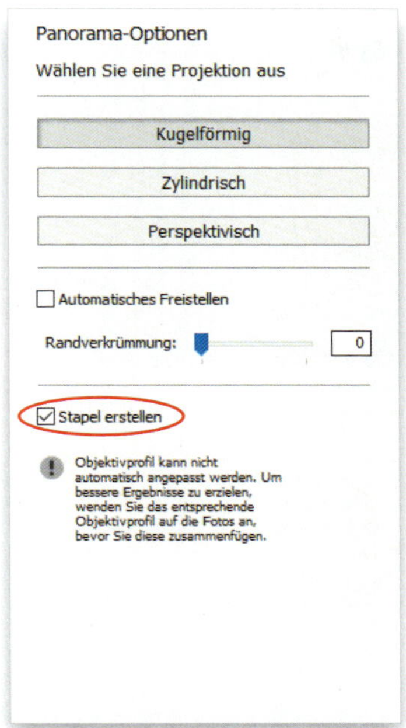

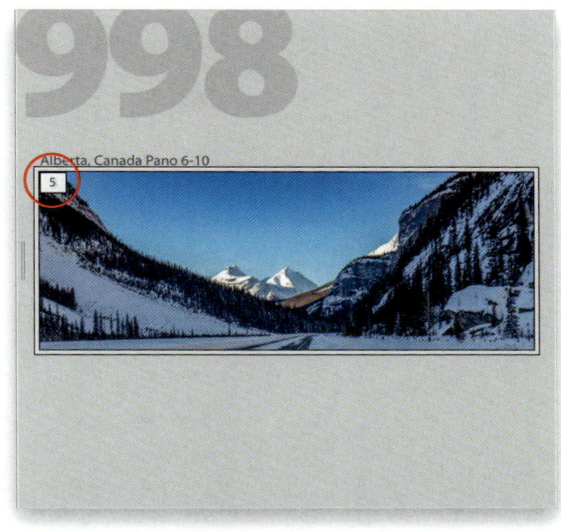

In Lightroom finden Sie im Dialogfenster **Vorschau für Zusammenfügen zu Panorama** das Kontrollfeld **Stapel erstellen**. Ich empfehle Ihnen dringend, es zu aktivieren, weil es zur besseren Übersicht beiträgt. Die Funktion schafft Ordnung, indem sie alle Einzelbilder Ihres Panoramas hinter das Panorama-Miniaturbild stapelt. Sagen wir zum Beispiel, Ihr Panorama besteht aus vier Aufnahmen. Sie sehen dann nicht mehr alle vier Miniaturansichten und Ihr Panorama, sondern einfach nur noch das fertige Panorama mit der Zahl »5« links oben im Miniaturbild. Daran erkennen Sie, dass unter diesem Miniaturbild vier weitere Bilder gestapelt sind. Das ist total praktisch, denn wenn Sie das Panorama einmal zusammengefügt haben, benötigen Sie die vier Miniaturbilder ja kaum noch. Wir wollen sie natürlich nicht löschen (schließlich sind es unsere Originale), aber wir brauchen sie auch nicht zu sehen – das lenkt uns nur ab. Indem wir sie also außer Sichtweite verstauen, räumen wir unser Übersichtsfenster etwas auf. Wenn Sie die vier Bilder wieder betrachten möchten, klicken Sie einfach mit der rechten Maustaste auf die Zahl **5** und der Stapel wird ausgeklappt, sodass Sie wie gewohnt alle fünf Bilder sehen. Um sie erneut zu einem Stapel zusammenzufassen, klicken Sie auf die Stelle, an der sich diese Zahl befand (dort steht jetzt **1 von 5**). Es gibt auch ein Tastenkürzel, falls Ihnen das lieber ist: Klicken Sie einfach auf das Miniaturbild und drücken Sie die Taste **S**, um zwischen der Ansicht der Panorama-Einzelbilder und dem fertigen Panorama-Bild mit den dahinter gestapelten Originalbildern hin und her zu wechseln. Ideal, um Ordnung zu halten.

Fotodrucke von Panoramen anfertigen lassen

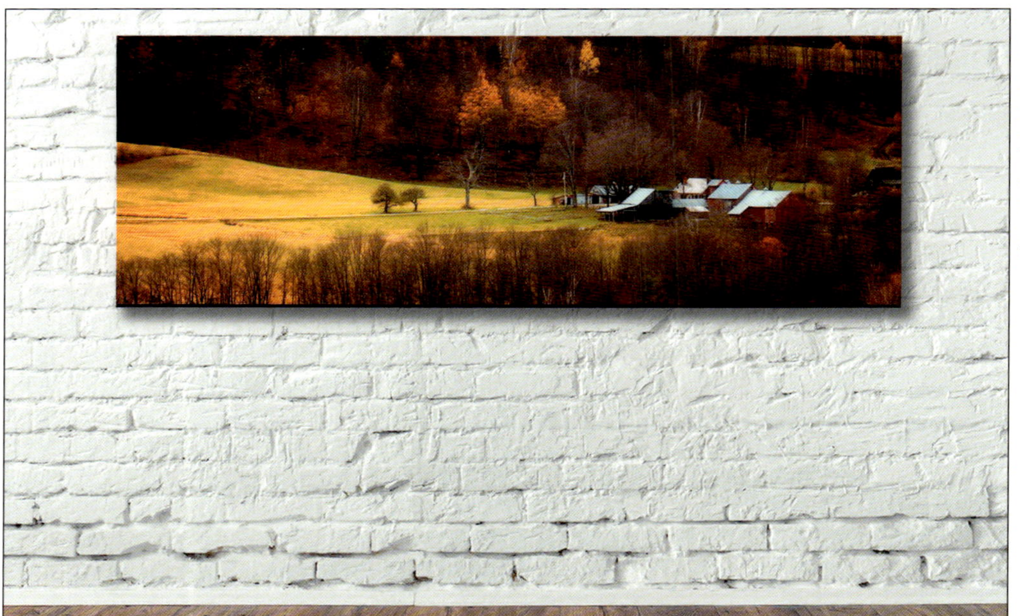

Hintergrund © Adobe Stock/Dmitry_Evs

Es gibt einige Online-Anbieter für Fotodrucke, die auch Panoramaformate drucken. Für meine Panoramen bevorzuge ich Drucke auf Leinwand – das ist das toleranteste Druckmedium überhaupt. Wenn Ihr Bild nicht in ausreichender Auflösung für einen großen Abzug vorliegt, lassen Sie es auf Leinwand drucken und keiner wird etwas bemerken. Außerdem verschenke ich Panoramen unheimlich gerne. Die Empfänger vergessen sich buchstäblich vor Freude. Ich habe hier in den USA zwei Anlaufstellen für Panoramadrucke, was Ihnen in Deutschland, Österreich oder der Schweiz natürlich nichts nützt, deshalb gleich zwei Empfehlungen für den deutschsprachigen Markt: *WhiteWall.com* und *meinxxl.de*. Was Bilderdruckqualität angeht, kann White Wall getrost als Referenz gelten. Sie können auf einer Vielzahl von Materialien drucken und Ihr Bild auch rahmen lassen – die Resultate sind sehr wertig. *meinxxl.de* empfehle ich Ihnen, wenn Sie einen günstigen Preis für eine Panoramaleinwand möchten und die Qualität nicht ganz so entscheidend ist. Wenn Sie den Newsletter abonnieren, erhalten Sie immer wieder tolle Angebote (nicht nur für Panoramaformate). Die Qualität ist gut – nicht fantastisch, aber gut. Als Geschenk für Nicht-Fotografen (wir sind ja so heikel) ist das ideal. Na ja, ich wollte Ihnen nur ein paar Tipps geben, wo Sie Ihre Panoramen drucken lassen können.

So fotografieren Sie HDR-Bilder

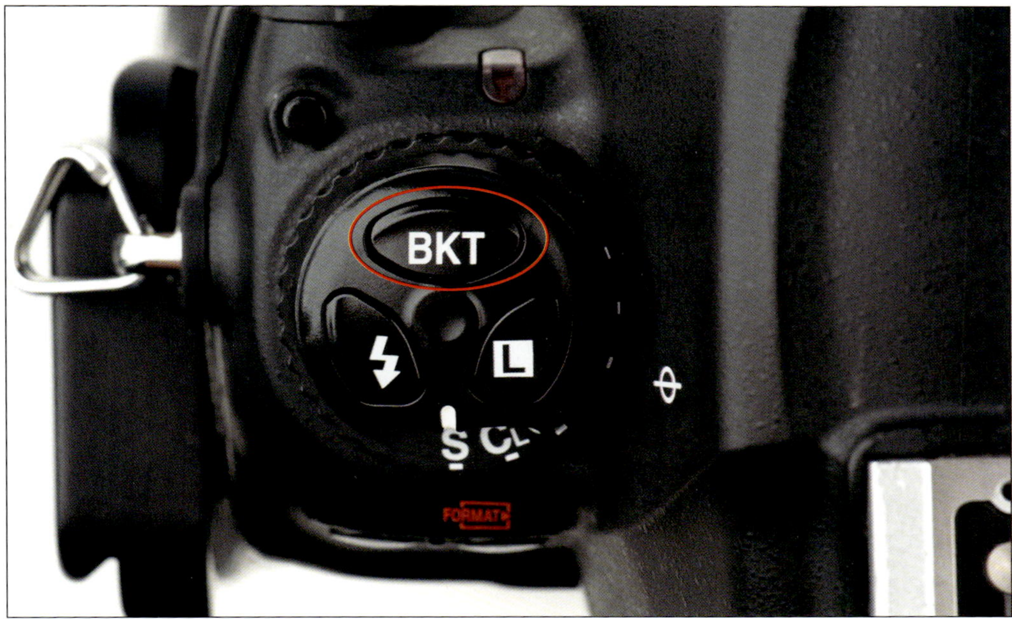

Hierbei führen Sie mehrere Aufnahmen derselben Szene zu einem einzigen Bild zusammen. Sie können HDR-Bilder zwar auch aus der Hand fotografieren, die besten Ergebnisse erzielen Sie aber mit einem Stativ. Stellen Sie Ihre Kamera auf den niedrigsten, saubersten ISO-Wert (siehe Seite 26) und auf Blendenpriorität ein und wählen Sie eine Blende, bei der alle Bildbereiche scharf abgebildet werden, etwa f/11. Für diese Technik müssen Sie eine Belichtungsreihe aufnehmen. Wenn Sie die Funktion, die auch mit »BKT« oder »AEB« abgekürzt wird, aktivieren, macht die Kamera für jedes Foto automatisch noch zwei weitere, die aber jeweils dunkler und heller belichtet sind. Bei meiner Kamera stelle ich die Belichtungsreihe auf zwei Belichtungsstufen ein, sodass neben der normalen Belichtung jeweils noch eine um 2 Stufen hellere und dunklere Aufnahme entsteht. Diese drei Bilder brauchen Sie, um ein HDR-Foto zu erstellen. Bei meiner Kamera klappt das, andere Modelle lassen aber teilweise nur einen Abstand von einer Belichtungsstufe zu. Kein Problem. Statt nur drei Fotos aufzunehmen (die zwei Stufen voneinander entfernt sind), müssen Sie dann eben fünf Aufnahmen im Abstand von einer Stufe machen. So bekommen Sie am Ende neben der normalen Belichtung trotzdem eine um zwei Stufen abgedunkelte und eine um zwei Stufen aufgehellte Aufnahme. Die beiden übrigen Fotos dazwischen (eine Stufe dunkler bzw. heller) können Sie ignorieren. Wenn Sie alle Fotos mit einem einfachen Druck auf den Auslöser aufnehmen möchten, müssen Sie zwei Dinge tun: (1) Schalten Sie den Serienbildmodus ein. Damit halten Sie den Auslöser gedrückt, bis Sie alle Aufnahmen der Belichtungsreihe im Kasten haben. Ich aktiviere aber (2) gerne noch den Selbstauslöser der Kamera. Bei eingeschaltetem Serienbildmodus nimmt sie dann nach dem ersten Bild auch gleich die übrigen Bilder der Belichtungsreihe auf, ohne dass Sie dafür den Auslöser gedrückt halten müssen.

So fügen Sie Bilder zu einem HDR-Foto zusammen

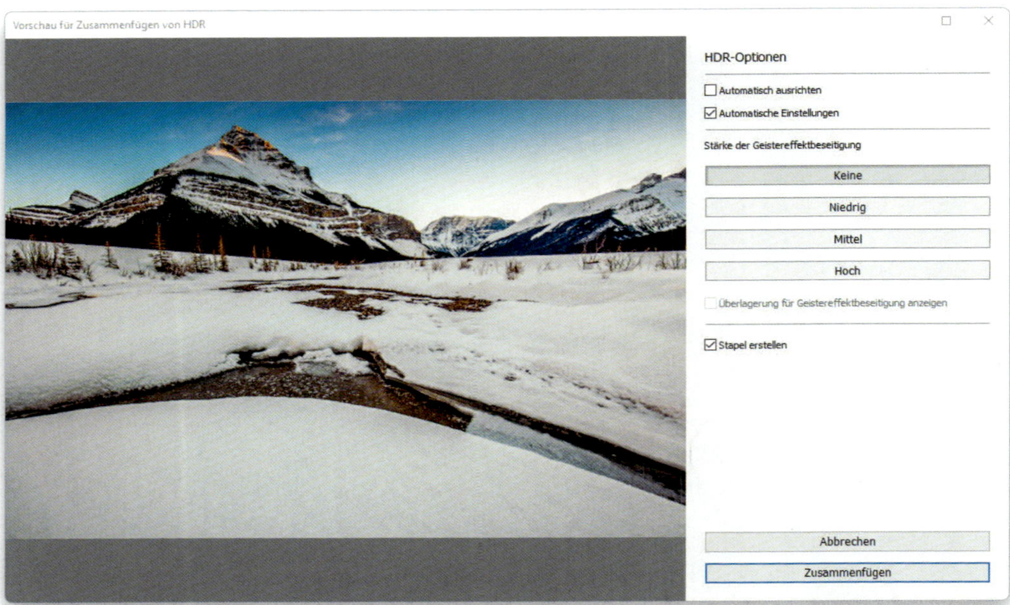

Wenn Sie Ihr HDR-Bild in Photoshop oder Lightroom erstellen, genügen eigentlich zwei Bilder: die um zwei Stufen dunkler und die um zwei Stufen heller belichtete Aufnahme. Das normal belichtete Foto müssen Sie gar nicht verwenden. (Hinweis: Die meisten anderen HDR-Programme brauchen das normal belichtete Foto aber.) Wählen Sie in Lightroom die beiden Bilder Ihrer Belichtungsreihe aus, gehen Sie dann im Menü **Foto** auf **Zusammenfügen von Fotos** und wählen Sie **HDR**, um das Dialogfeld **Vorschau für Zusammenfügen zu HDR** anzuzeigen. Im Camera-Raw-Modul von Photoshop wählen Sie stattdessen die beiden Bilder im Filmstreifen links aus und drücken **Alt + M**, um das Dialogfeld mit der HDR-Vorschau zu öffnen. Wenn Sie Ihre HDR-Aufnahme aus der Hand fotografiert haben (hoffentlich nicht, denn mit einem Stativ geht es viel besser), aktivieren Sie das Kontrollfeld **Automatisch ausrichten (Bilder ausrichten)**. Ansonsten klicken Sie einfach auf die Schaltfläche **Zusammenfügen.** Der Algorithmus nimmt sich nun das Beste aus beiden Bildern und kombiniert sie zu einem einzigen Bild mit stark erweitertem Tonwertumfang. Zudem können Sie die Tiefen jetzt viel weiter öffnen, ohne dabei einen Menge Rauschen zu produzieren. Das ist ein versteckter Vorteil der HDR-Funktion von Lightroom und Camera Raw. Was auch noch sehr cool ist: Das von Lightroom oder Camera Raw erzeugte HDR-Bild liegt im DNG-Format vor (vorausgesetzt, Sie haben das HDR aus RAWs zusammengesetzt). Also behält es die Eigenschaften eines RAW-Fotos bei. Wahnsinn.

HDR-Panoramen erstellen

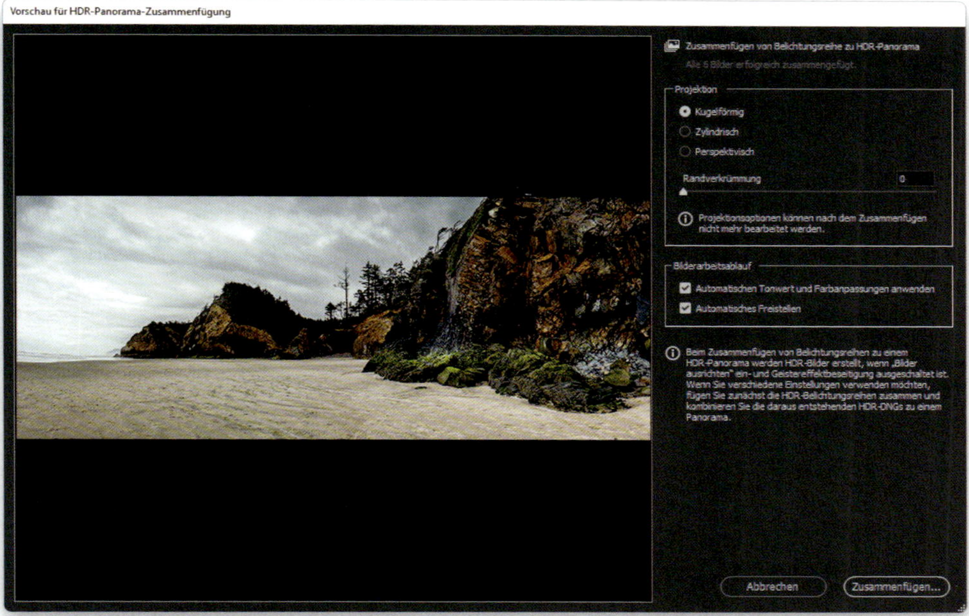

Jetzt legen Sie noch mal einen Gang zu. Kein bloßes HDR-Bild. Kein einfaches Panorama. Nein, hier haben Sie beides in einem, und die Umsetzung ist erstaunlich einfach (besonders, weil Lightroom und Photoshop Funktionen zum Zusammenfügen und Verarbeiten von HDR-Panoramen bieten). Und so geht es: Sie fotografieren ein ganz normales Panorama (decken die Szene also von links nach rechts ab), aber statt nur eine Aufnahme für jedes Panoramasegment zu machen, aktivieren Sie die Belichtungsreihe an Ihrer Kamera und machen jeweils drei Bilder. Dann schwenken Sie die Kamera zum nächsten Bild, machen wieder eine dreifache Belichtungsreihe – und so weiter, bis Sie am Ende der Szene ankommen sind. Importieren Sie dann alle Belichtungsreihen der Panoramabilder in Lightroom oder öffnen Sie sie im Camera-Raw-Modul. In Lightroom wählen Sie alle Bilder aus, gehen im Menü **Foto** auf **Zusammenfügen von Fotos** und wählen **HDR-Panorama**. In Camera Raw wählen Sie alle Bilder im Filmstreifen links aus, klicken dann auf das Menüsymbol mit den vier Linien oben rechts über dem Filmstreifen und wählen **Zu HDR-Panorama zusammenfügen**. In beiden Fällen öffnet sich wieder das Dialogfeld **Vorschau für Zusammenfügen zu HDR-Panorama**. Hier gibt es nichts Besonderes zu beachten – tun Sie einfach so, als wäre es ein normales Panorama. Aber wenn Sie auf **Zusammenfügen** klicken, werden hinter den Kulissen zuerst die HDR-Bilder und dann das Panorama zusammengefügt. Das dauert definitiv etwas länger als das Errechnen eines einfachen Panoramas. Also eine tolle Gelegenheit, sich eine Tasse Kaffee aufzubrühen (oder zu einem Fotohändler in der nächsten Stadt zu fahren).

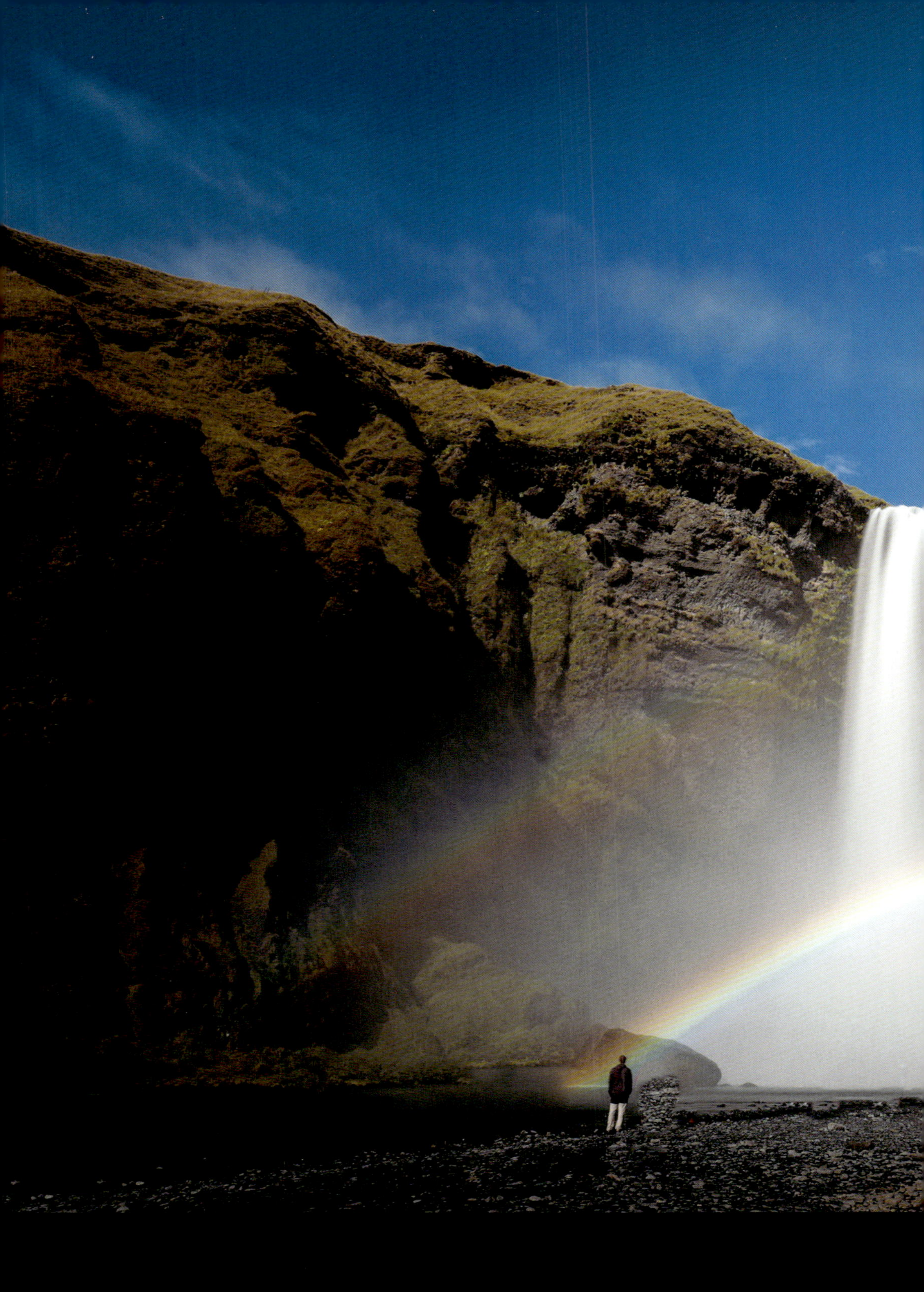

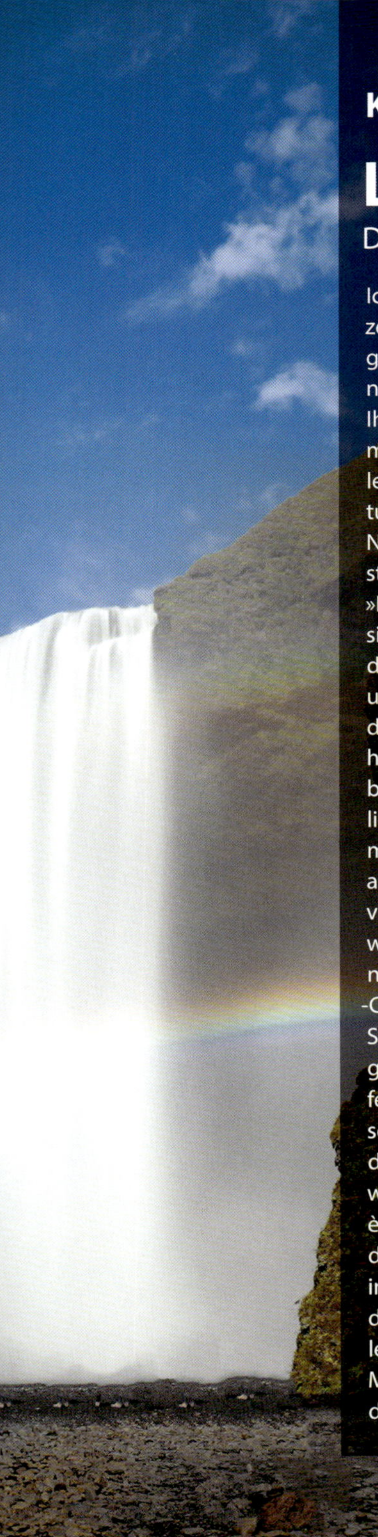

Kapitel 6

Langzeitbelichtungen

Die Kunst, Bewegung darzustellen

Ich kann Ihnen sagen – ich bin ein großer Fan von Langzeitbelichtungen. Je länger, desto besser. Da fällt mir doch gleich wieder meine Idee für eine Erfindung ein. Ich habe noch niemandem davon erzählt, aber jetzt verrate ich sie Ihnen, und wenn Sie daraus eine Kickstarter-Kampagne machen, werde ich zu Ihren ersten Unterstützern zählen. Die Idee kam mir während der 14-minütigen Belichtung eines Kanals, bei der ich einen 10x- und einen 6x-Neutraldichtefilter übereinander gestapelt hatte. Ich stand also nichtstuend herum und plötzlich traf es mich – »Ich stehe hier rum und tue nichts. Ich könnte doch auch sitzen und mich entspannen. Wenn nur schon jemand den Langzeitbelichtungsstuhl entwickelt hätte.« Klein und leicht müsste er sein und direkt nach dem Drücken des Auslösers schnell einsetzbar, mit einem Getränkehalter und einer Seitentasche für Snacks. Und nein, ein besserer Campingstuhl reicht nicht aus. Wir sind schließlich Fotografen und Campingzubehör ist viel zu billig. Sie müssten den Preis für den Stuhl als Fotozubehör erhöhen, als Videozubehör verdreifachen. Überlegen Sie nur, wie viele Langzeitbelichtungen Sie noch aufnehmen würden, wenn Sie direkt nach dem Drücken des Auslösers mit einem herrlich bequemen, ausgeklügelten Pro-Foto-Sessel/-Chaiselongue/-Schlummergerät verschmelzen könnten. Stellen Sie sich die neidischen Blicke der anderen Fotografen vor, wenn Sie in die Seitentasche greifen und ausrufen: »Oh, was haben wir denn da? Erdnussflips!« Oder Sie schalten noch einen Gang höher: »Oh, was haben wir denn da? Currywurst mit Pommes!« Oder sogar: »Oh, was haben wir den da? Thermidor-Hummer mit ofengebräunter Gruyère-Käsekruste.« Sie und ich wissen, dass die anderen bei diesem Anblick sofort ohnmächtig zu Boden fallen und dort in Embryonalhaltung verharren. Und wenn Sie noch einen draufsetzen möchten, nähen Sie links ein Fach für eine Rolle Salzcracker und rechts eins für eine Dose Sprühkäse ein. Man wird Ihnen die Bude einrennen! Hier habt ihr zuerst davon gehört, Leute!

Sie brauchen ein Stativ und einen Fernauslöser

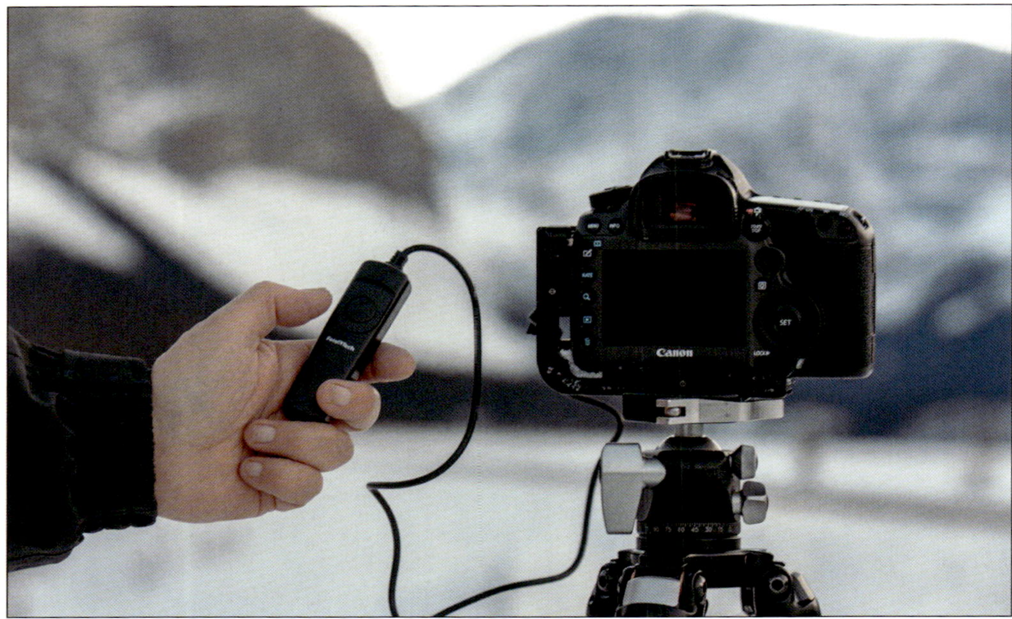

Bei der ganzen Sache mit der Langzeitbelichtung geht es darum, den Verschluss Ihrer Kamera für längere Zeit (einige Sekunden bis einige Minuten) offen zu lassen. Während dieser Zeit darf sich die Kamera nicht im Geringsten bewegen. Auch durch die winzigste Bewegung wird Ihre Aufnahme unscharf und ist dann reif für die Tonne. Sie müssen die Kamera also unbedingt auf eine stabile Basis stellen. Außerdem sollten Sie sichergehen, dass sich die Kamera beim Betätigen des Auslösers nicht bewegt. Daher sollten Sie einen Drahtauslöser, einen kabellosen Fernauslöser oder wenigstens den Selbstauslöser der Kamera verwenden (siehe Seite 41), um jegliche Bewegung der Kamera zu verhindern.

Beginnen Sie mit dem Autofokus und schalten Sie dann auf manuellen Fokus um

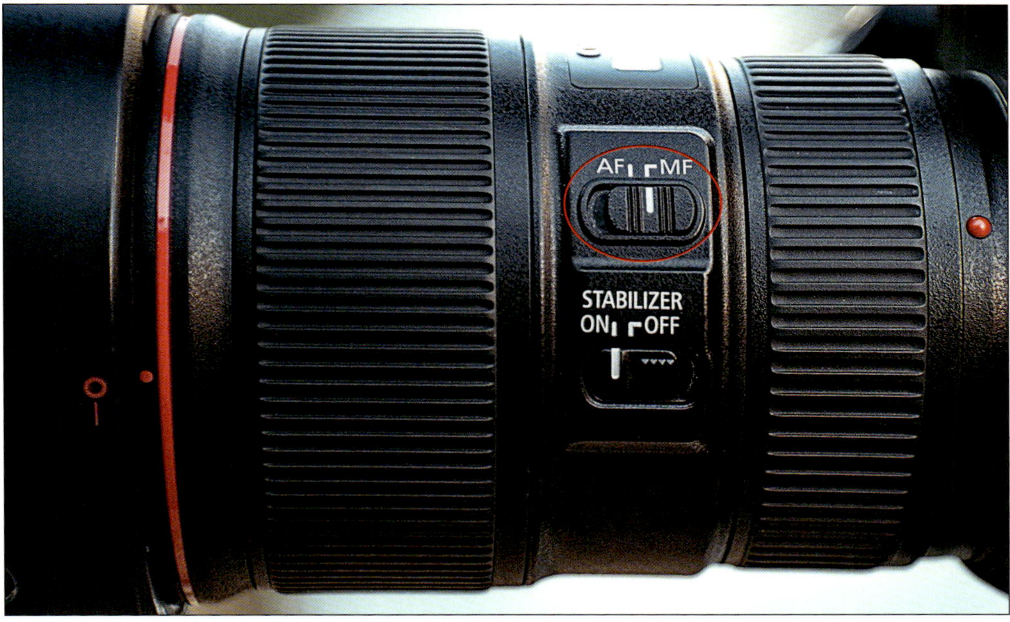

Sie müssen einen sehr dunklen Filter vor das Objektiv setzen – so dunkel, dass der Autofokus Ihrer Kamera nicht mehr funktioniert. Sie verwenden den Autofokus des Objektivs also, bevor Sie den Filter aufschrauben. Sobald Sie das Bild scharfgestellt haben, legen Sie den Schalter an der Seite des Objektivs um und gehen in den manuellen Modus. Mehr gibt es dazu nicht zu sagen. Na ja, jedenfalls nicht zu diesem Teil.

Schalten Sie den Bildstabilisator aus

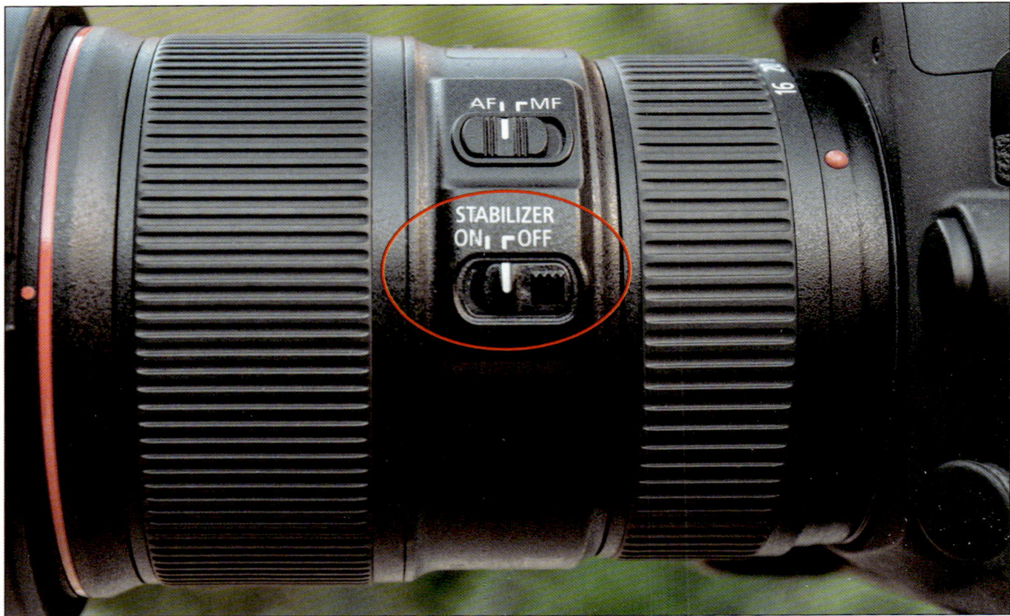

Wenn Ihr Objektiv über eine integrierte Funktion zur Vibrationsreduzierung oder Bildstabilisierung verfügt, schalten Sie diese für die Langzeitbelichtung aus. Auf dem Stativ benötigt das Objektiv keine Stabilisierung, weil es hier absolut bewegungslos sein sollte. Bei eingeschaltetem Bildstabilisator sucht der Motor im Inneren des Objektivs ständig nach Vibrationen, denen er entgegenwirken kann, und auf dem Stativ kommt es dadurch zu leichten Schwingungen. Wenn Sie die Kamera in der Hand halten, bemerken Sie diese Bewegungen kaum, aber auf dem Stativ werden die Bilder dadurch eventuell unschärfer (oh nein!). Schalten Sie den Schalter also einfach direkt am Objektiv selbst aus.

Welchen ISO-Wert Sie einstellen sollten

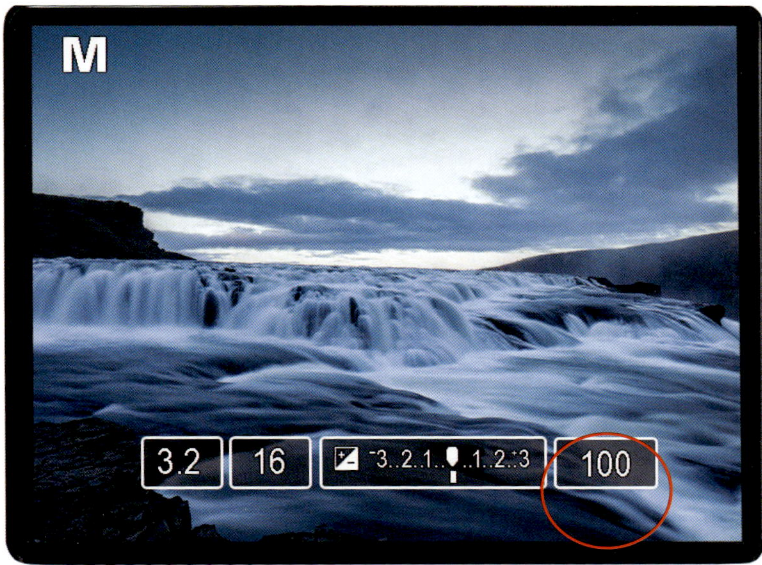

Je länger die Belichtungszeit, desto größer ist die Gefahr des Bildrauschens. Deshalb sollten Sie mit einem möglichst sauberen ISO-Wert beginnen. Da Sie ein Stativ verwenden, wird sich Ihre Kamera überhaupt nicht bewegen. Wenn Sie also nicht gerade nachts die Milchstraße fotografieren (siehe Kapitel 7), stellen Sie Ihre Kamera auf den niedrigsten, saubersten nativen ISO-Wert ein, um die schärfsten, farbenfrohesten und kontrastreichsten Bilder zu erhalten (höhere ISO-Werte haben Auswirkungen auf alle Bereiche, von den Farben über den Kontrast bis zum Bildrauschen). Bei den meisten Kameras liegt der optimale ISO-Wert um die 100, bei einigen Kameras kann er aber auch 50 oder 200 betragen. Um das für Ihre Kamera herauszufinden, googeln Sie einfach Ihr Kameramodell und »native ISO«, dann wissen Sie nach zwei Sekunden Bescheid. Wenn Sie immer noch unsicher sind, stellen Sie ISO 100 ein.

Wie lange Sie belichten sollten

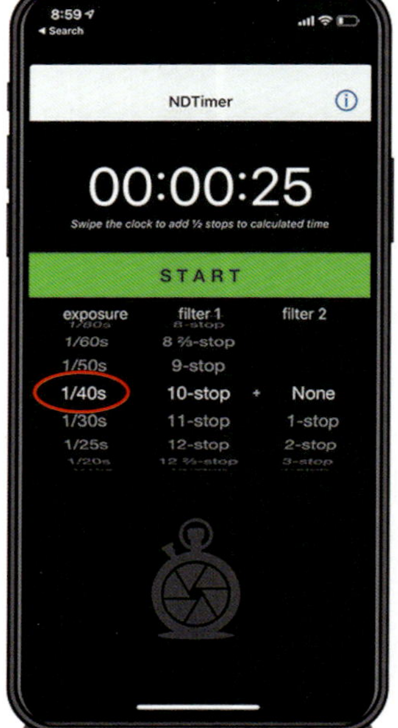

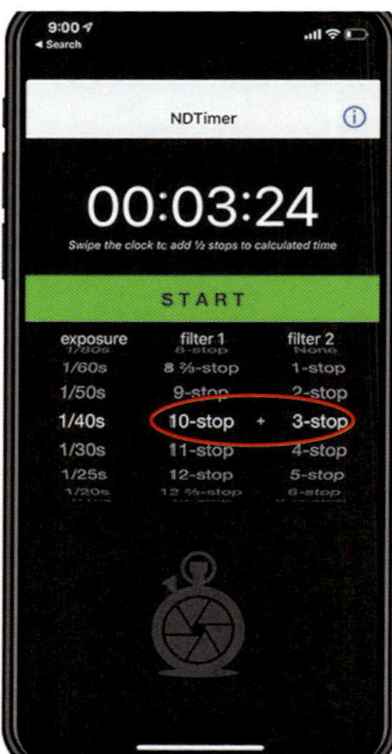

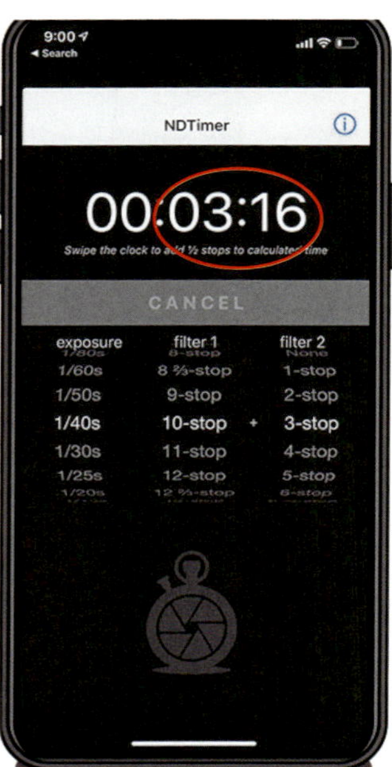

Ob Sie es glauben oder nicht, Sie werden recht schnell ein Gefühl dafür bekommen, wie lange Sie den Verschluss in bestimmten Situationen offen halten können. Bis dahin ist es natürlich schön, wenn Sie nicht nur raten müssen, denn das kostet Zeit. Deshalb sollten Sie sich eine der unglaublich praktischen Apps herunterladen, die alles für Sie ausrechnen. Die App teilt Ihnen nicht nur mit, wie lange genau der Verschluss für die aktuelle Szene offen bleiben muss, sondern gibt Ihnen auch Bescheid, wenn Sie den Verschluss wieder schließen müssen. Mein Lieblingstimer für iOS (iPhone) heißt »ND Timer«. Ich nutze ihn schon seit Jahren. So funktioniert er: Bevor Sie Ihren Neutraldichtefilter auf das Objektiv schrauben, stellen Sie die Kamera auf Blendenpriorität und f/11 und halten den Auslöser halb gedrückt. Sehen Sie nun im Sucher nach, welche Verschlusszeit die Kamera zur korrekten Belichtung ausgewählt hat. Nehmen wir an, es war 1/40 s. Geben Sie in der ND-Timer-App jetzt in der ersten Spalte bei **Exposure** »1/40 s« ein (scrollen Sie dazu einfach wie oben links gezeigt bis **1/40s** nach unten). Geben Sie dann in der zweiten Spalte den Verdunklungsgrad Ihres Neutraldichtefilters an (z. B. 3, 6 oder 10 Belichtungsstufen). Die dritte Spalte brauchen Sie nur, wenn Sie mehrere Filter übereinanderstapeln (Für einen Filter mit drei Belichtungsstufen über einem mit zehn Belichtungsstufen würden Sie also »10-Stop« und dann »3-Stop« eingeben, wie oben in der Mitte zu sehen). Die App zeigt Ihnen sofort genau an, wie lang Sie den Verschluss für eine korrekte Belichtung offen lassen müssen (siehe oben rechts). Wenn Sie für Ihre Langzeitbelichtung bereit sind, tippen Sie auf die Starttaste und der Timer beginnt herunterzuzählen. Sobald er bei Null ankommt, läutet es. Für Android-Handys gibt es eine entsprechende App namens »ND Filter Timer«.

So belichten Sie länger als 30 Sekunden

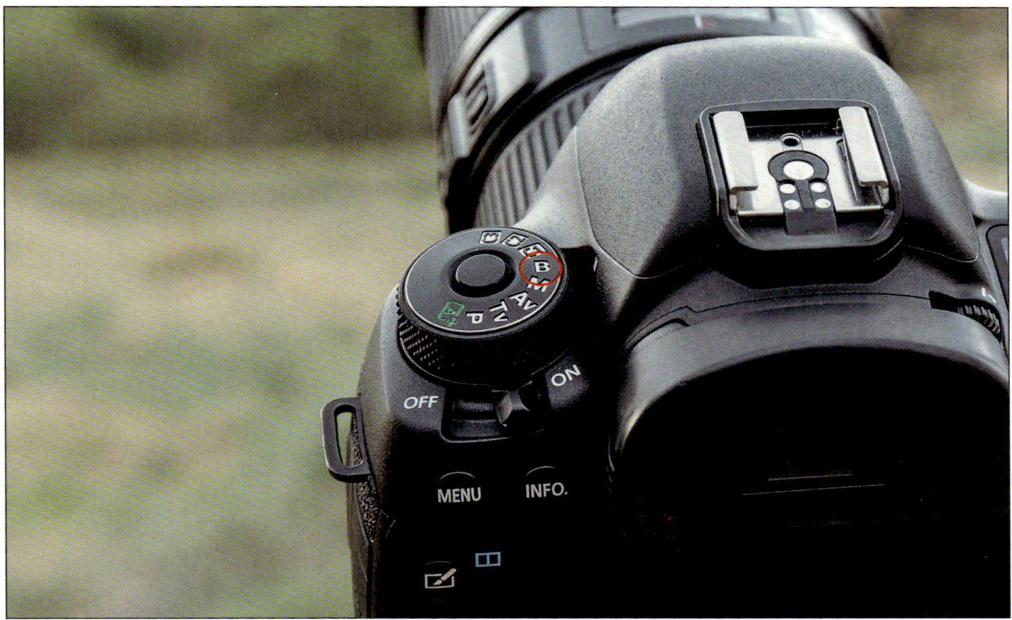

Bei den meisten Kameras können Sie nur eine maximale Verschlusszeit von etwa 30 Sekunden einstellen – das Einstellrad endet bei der 30-Sekunden-Marke und erlaubt keine höheren Werte. Wie bekommen Sie also Aufnahmen, die länger als 30 Sekunden belichtet wurden? Dazu wechseln Sie in den Bulb-Modus, der speziell für Langzeitbelichtungen entwickelt wurde. Dann bleibt Ihr Verschluss so lange geöffnet, wie Sie den Auslöser gedrückt halten. Fünf Minuten, zehn Minuten, egal. Der Bulb-Modus ist bei den meisten Kameras eine wichtige Betriebsart, wenn Sie also ein richtiges Moduswahlrad auf der Oberseite Ihrer Kamera haben, suchen Sie nach dem Buchstaben »B«. Andernfalls werden Sie eine entsprechende Modus-Taste vorfinden, oder Sie müssen je nach Kameramodell vielleicht auch in einem Menü nachsehen. Und was ist, wenn Sie bei Ihrer Kamera eine beliebige Verschlusszeit wählen können, auch ohne in den Bulb-Modus zu wechseln? Dann seien Sie einfach froh, dass Ihnen hier eine zusätzliche Einstellung für Langzeitbelichtungen erspart bleibt.

Decken Sie den Sucher ab, um Lichtlecks zu vermeiden

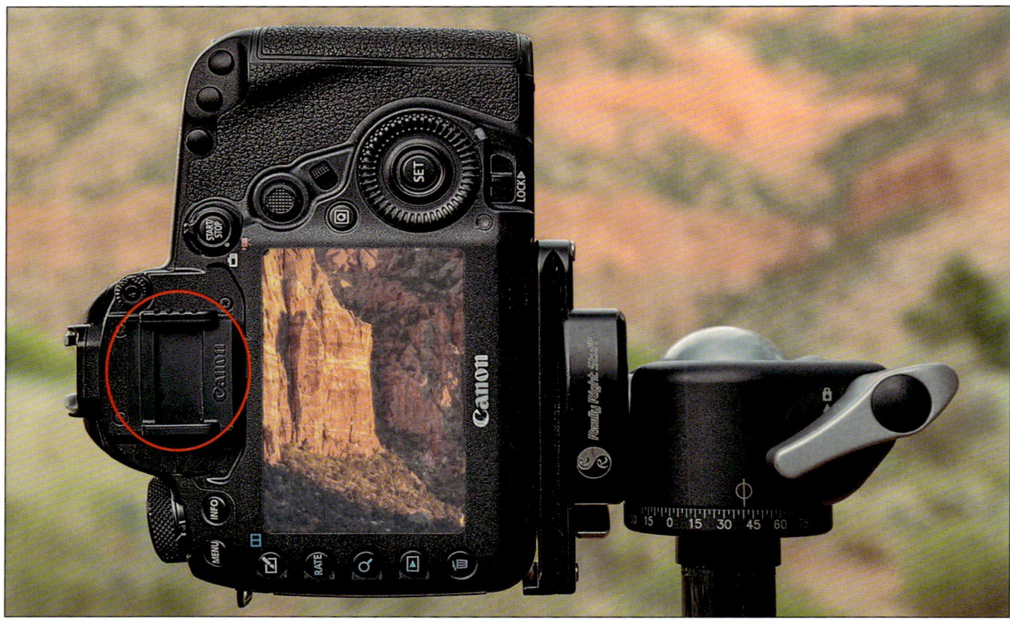

Wenn Sie den Verschluss für längere Zeit offen lassen, besteht die Gefahr, dass durch den Sucher Licht in Ihr Bild eindringt (es sei denn, Sie verwenden eine spiegellose Kamera, dann können Sie diese Seite ganz überspringen – hier geht es ausschließlich um Spiegelreflexkameras). Je nach Marke und Modell Ihrer Kamera gibt es vielleicht extra einen kleinen Hebel neben dem Sucher, mit dem Sie diesen verschließen können. Wenn Ihre Kamera diese Funktion nicht hat, dann können Sie den Sucher auch mit, äh ... irgend etwas anderem abdecken. Ich habe schon Leute gesehen, die ein kleines Stück Pappe über die Öffnung gelegt haben. Oder Sie nehmen ein Stück schwarzes Textilklebeband (siehe Seite 18). Bei einigen Kameras ist tatsächlich auch ein kleiner Plastikdeckel am originalen Kameragurt befestigt, den Sie direkt auf den Sucher stecken können, um Streulicht fernzuhalten. Egal welche Methode Sie verwenden, Hauptsache, Sie tun es. Übrigens rate ich davon ab, die Sucheröffnung einfach mit dem Daumen abzudecken. Hier laufen Sie unweigerlich Gefahr, versehentlich gegen die Kamera zu stoßen und die Aufnahme zu ruinieren.

Warum Sie die Auslösertaste feststellen sollten

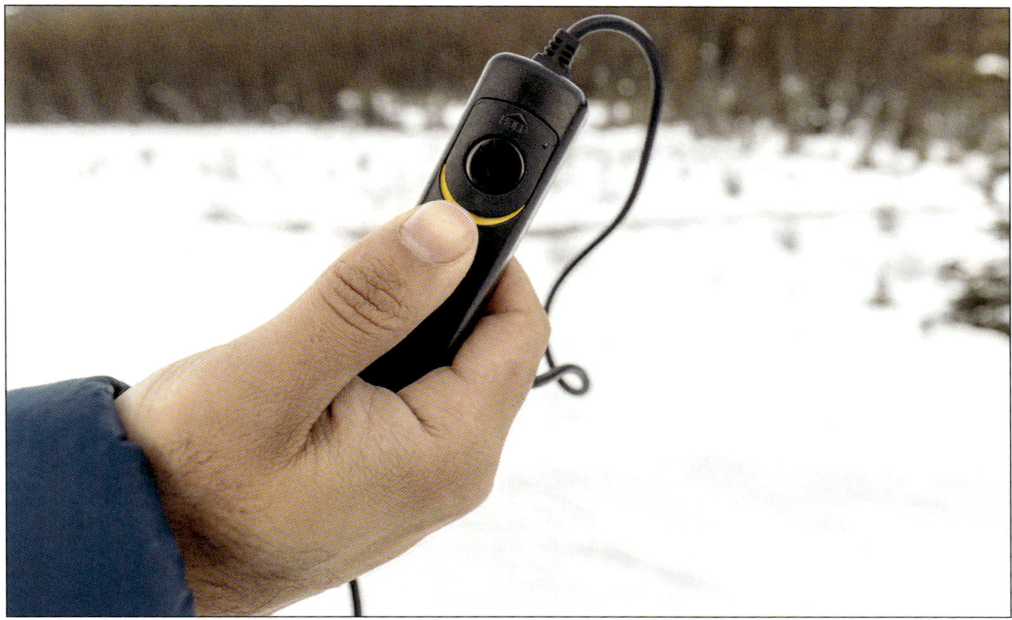

Bei sehr langen Belichtungszeiten (sagen wir 10 oder 11 Minuten), ist es anstrengend, die ganze Zeit danebenzustehen und den Auslöser gedrückt zu halten. Deshalb haben die meisten Auslöser eine Feststellfunktion. Bei einigen Modellen drücken Sie die Taste und schieben sie dann nach oben, um sie in der geöffneten Position zu verriegeln (wie oben zu sehen, der gelbe Bereich unter dem Schieber zeigt an, dass der Verschluss in geöffneter Position arretiert wurde). Ich hatte schon Situationen mit so langen Belichtungszeiten, dass ich den Auslöser betätigt und verriegelt und mich dann bis zum Ende der Belichtung in mein Auto gesetzt habe (hey, draußen war es ziemlich kalt). Auf jeden Fall ist es wichtig zu wissen, dass Ihr Fernauslöser so eine Feststellfunktion besitzt, denn wenn die Belichtungszeit mehr als nur einige Sekunden beträgt, ist das ungemein praktisch.

Sie benötigen einen Neutraldichtefilter

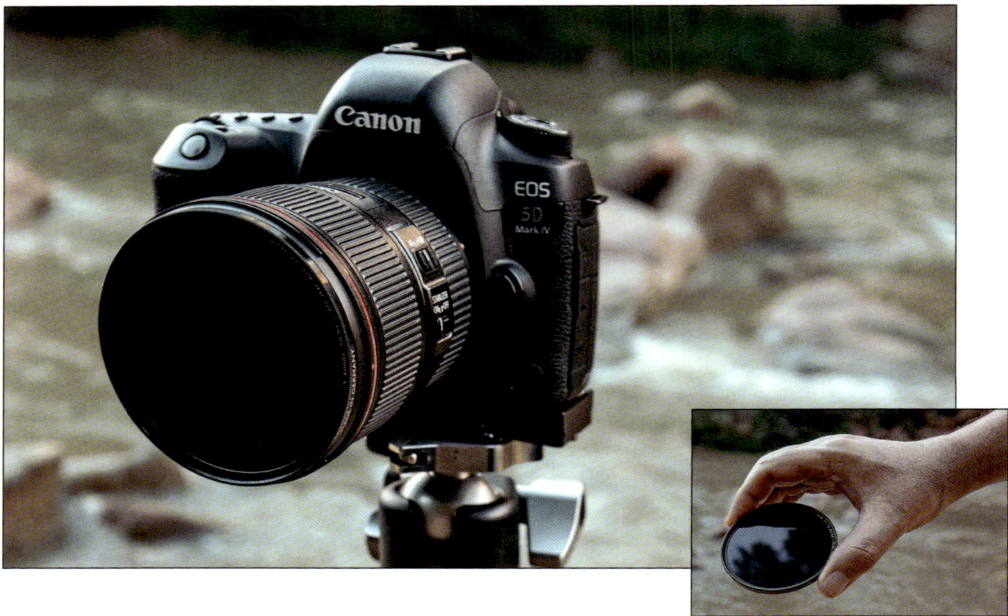

Für Langzeitbelichtungen bei Tageslicht (wenn die Kamera eine sehr kurze Verschlusszeit vorgibt) müssen Sie die Kamera dazu zu bringen, den Verschluss länger offen zu halten, als es für eine korrekte Belichtung notwendig wäre. Dazu setzen Sie einen sehr dunklen Filter – einen Neutraldichtefilter (wir haben uns diesen in Kapitel 1 auf Seite 15 angesehen) – vor das Objektiv. Solche Filter gibt es in verschiedenen Abdunklungsstufen, von einer Belichtungsstufe bis hin zu 12 oder 15 Belichtungsstufen (wegen einer Stufe braucht man eigentlich keinen Filter, ich habe aber auch noch nie einen dunkleren als 15 verwendet). Ich bevorzuge Neutraldichtefilter mit einer Abdunklung um 10 Belichtungsstufen. Damit kann ich bei fast jedem Licht Langzeitbelichtungen durchführen. Sie können sich einen entsprechenden Schraubfilter besorgen, was gerade unterwegs sehr praktisch ist (ich habe einen von Haida im Einsatz). Die Schraubfilter passen aber natürlich jeweils nur für eine Objektivgröße (meiner passt zum Beispiel vor meine 77-mm-Frontlinse). Deshalb habe ich noch einen anderen Haida-Neutraldichtefilter, eine quadratische Glasscheibe, die in eine Halterung vor dem Objektiv geschoben wird (siehe nächste Seite). Diesen Filter kann ich mithilfe von preiswerten Adapterringen für kleinere oder größere Objektive verwenden. Schraubfilter sind natürlich bequemer zu handhaben, aber auch hier ist die Bedienung recht einfach (Sie brauchen nur ein paar Handgriffe mehr und müssen auch etwas mehr mit sich herumtragen). Am Haida-Filter gefällt mir übrigens, dass die Farbe genau passt. Viele Neutraldichtefilter verursachen eine Art Farbstich (z. B. verfärben meine Filter von B+W die Langzeitbelichtungen bräunlich, was manchmal sogar ganz gut aussehen kann – aber eine präzise Farbwiedergabe ist das nicht).

Mehrere Neutraldichtefilter für noch längere Belichtungen

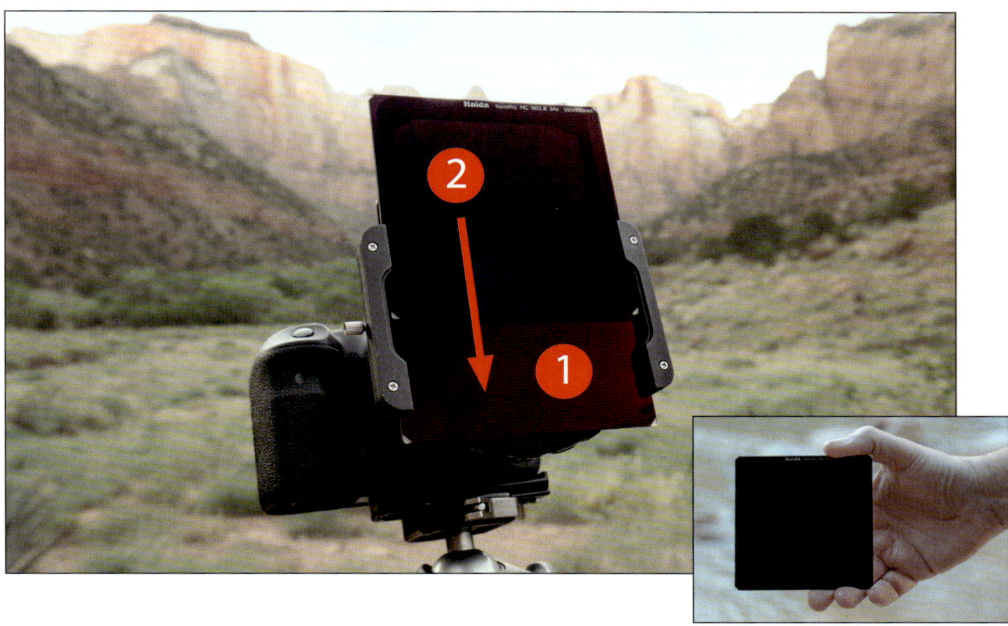

Wie erwähnt, nutze ich einen Neutraldichtefilter mit 10 Belichtungsstufen Abdunklung, und dieser funktioniert in den meisten Fällen super. Aber was ist, wenn Sie den Verschluss länger offenhalten müssen, als es der Neutraldichtefilter mit 10 Belichtungsstufen ermöglicht? Dann setzen Sie zusätzlich noch einen weiteren Neutraldichtefilter auf das Objektiv. Deshalb habe ich neben einem 10-Stufen-Neutraldichtefilter auch einen mit drei Stufen, den ich nur zum Stapeln verwende, wenn ich noch länger belichten muss. Das ist besonders an sehr hellen Tagen praktisch. Hier ein Beispiel, wie gut das funktioniert: Wenn Ihre Verschlusszeit ohne den 10-Stufen-Filter 1/60 Sekunde beträgt, erzielen Sie mit dem Filter nur eine Belichtungszeit von 17 Sekunden für eine korrekte Belichtung (Nr. 1 in der Abbildung). Jetzt legen Sie noch einen 3-stufigen Neutraldichtefilter darüber (Nr. 2 in der Abbildung), und schon können Sie den Verschluss für eine korrekte Belichtung bis zu 2 Minuten und 16 Sekunden lang offenhalten. Das ist ein ziemlich großer Sprung (und Sie erkennen jetzt auch, warum es einen großen Unterschied machen kann, wenn Sie diesen zusätzlichen 3-stufigen Neutraldichtefilter parat haben).

Probieren Sie, im Live View-Modus scharfzustellen

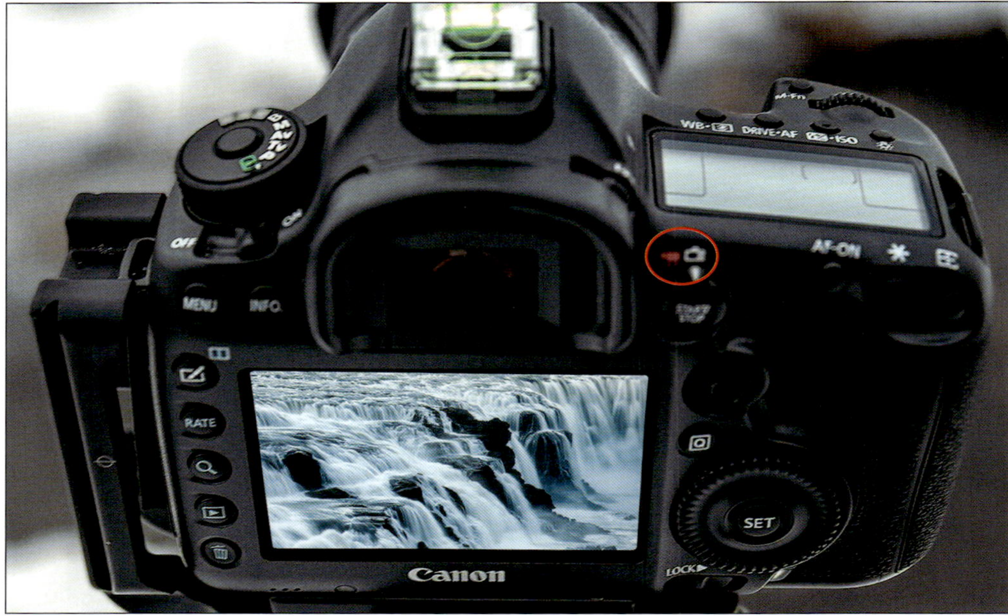

Mit einem Neutraldichtefilter über dem Objektiv erkennen Sie wahrscheinlich nur eine schwarzes Fläche, wenn Sie durch den Sucher schauen. Deshalb müssen Sie scharfstellen, bevor Sie den Filter aufsetzen – durch den Neutraldichtefilter wird die Szene fast schwarz, Ihre Kamera »sieht« nichts mehr und der Autofokus funktioniert nicht. Je nach Marke und Modell Ihrer Kamera können Sie aber möglicherweise im Live View-Modus eine Vorschau Ihrer Langzeitbelichtung erhalten. Bei den meisten Canon-Kameras sehen Sie beispielsweise auch mit einem Neutraldichtefilter vor dem Objektiv eine Vorschau der endgültigen Belichtung, wenn Sie in den Live View-Modus wechseln (sodass Sie das Bild nicht im Sucher, sondern auf dem Display auf der Kamerarückseite sehen). Das Gleiche gilt für Aufnahmen mit einer spiegellosen Kamera, hier sehen Sie das Bild aber angenehmerweise zusätzlich im elektronischen Sucher. Das ist hilfreich, sobald Sie etwas vertrauter mit Langzeitbelichtungen sind. Sie brauchen dann keine Timer-App mehr zu verwenden – schalten Sie einfach die Live-Ansicht ein (oder blicken Sie durch den elektronischen Sucher Ihrer spiegellosen Kamera) und Sie erkennen, wie dunkel oder hell die Belichtung ist. Und schon können Sie ziemlich gut einschätzen, wie lang der Verschluss geöffnet bleiben sollte. Sie brauchen dazu, wie gesagt, schon einige Erfahrung mit Langzeitbelichtungen, aber so kennen Sie die Funktionen schon, wenn Sie bereit dafür sind.

Machen Sie eine zweite Aufnahme im Blendenvorwahlmodus

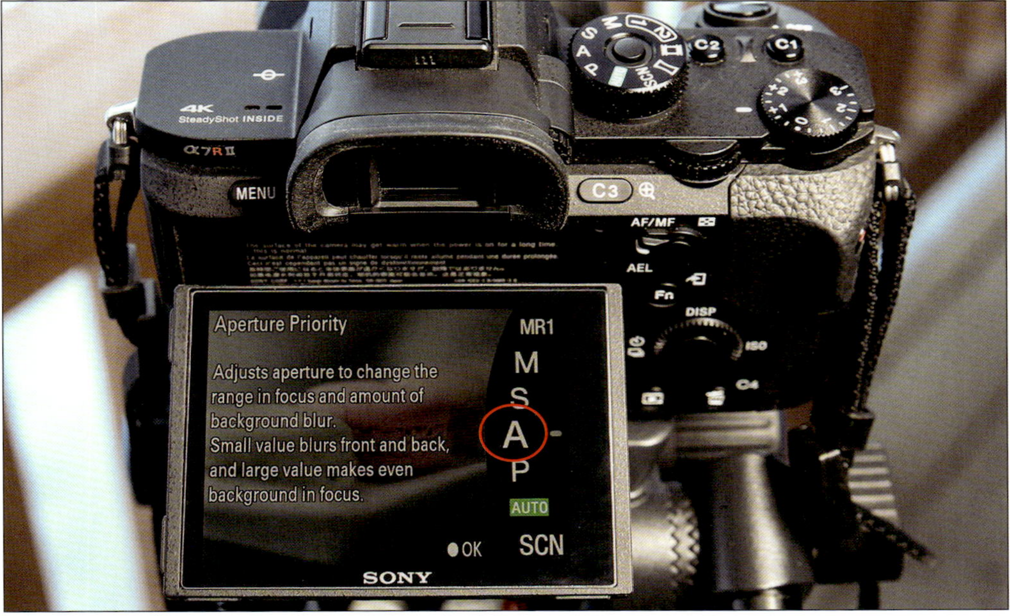

Diesen Trick habe ich von meinem lieben Freund, dem Langzeitbelichtungsexperten Mimo Meidany, gelernt: Nachdem Sie Ihre Langzeitbelichtung fertig haben, nehmen Sie den Neutraldichtefilter vom Objektiv, wechseln zur Blendenpriorität und fotografieren ein normales Bild (keine Langzeitbelichtung). Diese Aufnahme hilft Ihnen, bei Bedarf später in Photoshop wieder scharfe Details in Ihr Foto einzufügen (in Lightroom geht das nicht). In einer Langzeitbelichtung sieht das Wasser manchmal superweich aus oder der Himmel ist wundervoll gestreift, aber andere Bildbereiche wirken vielleicht etwas verschwommen. Bei geöffnetem Verschluss können Detailbereiche durch jede kleinste Bewegung geringfügig verwackeln – selbst durch die minimale Vibration eines vorbeifahrenden Autos oder von Menschen, die über die Brücke laufen, auf der Sie fotografieren. Deshalb ist manchmal ein zweites Foto nützlich, wo all dies absolut scharf ist. Wenn das Wasser und der streifige Himmel leicht verschwommen sind, bemerken Sie es in der Regel nicht, weil diese Elemente ja weich sein sollen. Detailbereiche müssen jedoch scharf sein, und deshalb ist das Zusatzfoto manchmal Gold wert. Mich hat dieser kleine Trick schon mehrmals gerettet. In Kapitel 8 auf Seite 174 zeige ich Ihnen, wie Sie die beiden Bilder (die Langzeitbelichtung und die Aufnahme mit Blendenpriorität) zu einem einzigen gestochen scharfen, detailreichen Langzeitbelichtungsbild kombinieren können. Das geht sehr einfach, und jeder bekommt es hin. Ohne die zweite Aufnahme können Sie den Trick aber nicht anwenden. Wenn Sie also eine gut komponierte Aufnahme haben, dann machen Sie sofort auch das zweite Foto, solange die Kamera noch auf dem Stativ und in genau der gleichen Position ist. Sie werden darüber später vielleicht sehr froh sein.

Rauschreduzierung für Langzeitbelichtungen

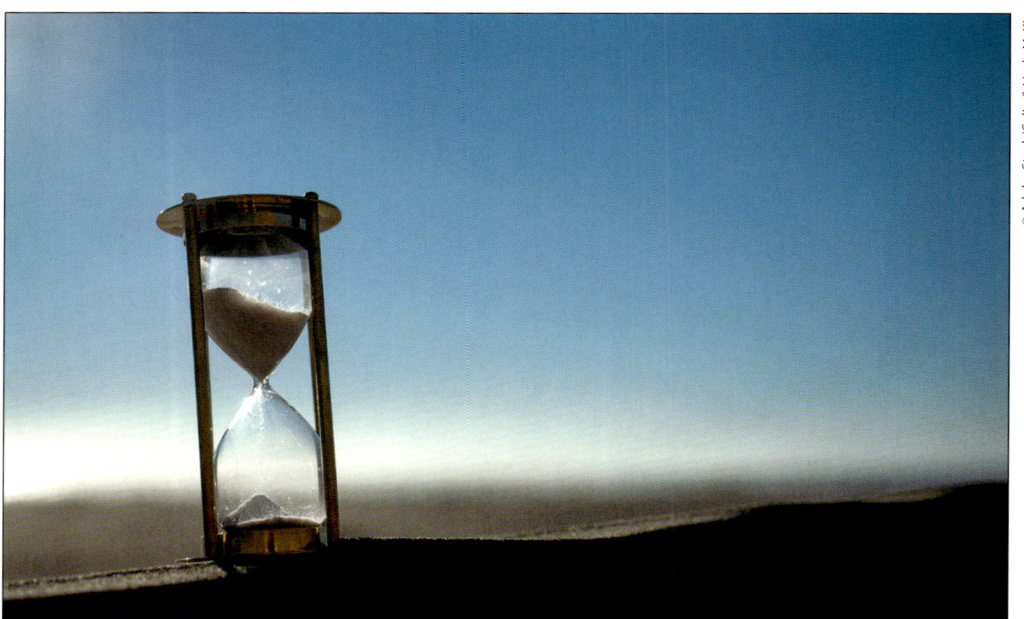

© Adobe Stock/Colin & Linda McKie

Viele Kameras haben eine spezielle Rauschreduzierungsfunktion für Langzeitbelichtungen. So verlockend das auch klingen mag, ich rate davon ab. Der erste Nachteil ist, dass die Rauschreduzierung unmittelbar nach der Aufnahme in Ihrer Kamera angewandt wird und Sie daher nicht gleich das nächste Bild machen können. In vielen Fällen sehen Sie Ihre Aufnahme auch erst auf dem Kameradisplay, wenn die Rauschreduzierung zu Ende gerechnet hat. Wenn Sie beispielsweise eine 6 ½-minütige Aufnahme mit eingeschalteter Rauschreduzierung für Langzeitbelichtungen gemacht haben, müssen Sie weitere 6 ½ Minuten warten, bis der Vorgang abgeschlossen ist. Insgesamt dauert es nun also 13 Minuten, bis Sie sehen können, ob Ihr Bild etwas geworden ist. Das hierdurch reduzierte Rauschen hat außerdem nichts mit dem gewöhnlichen Bildrauschen zu tun, so dass Sie später in der Nachbearbeitung womöglich noch eine normale Rauschreduzierung durchführen müssen. Kurz gesagt, ich schalte diese Funktion an meiner Kamera nicht ein. Wenn ich Bildrauschen unterdrücken muss, mache ich das in Lightroom oder im Camera-Raw-Modul von Photoshop. Ich wende die Rauschreduzierung auf das ursprüngliche RAW-Bild an, und dann nur an den Stellen, wo es wirklich nötig ist (siehe Seite 173). Das kann Ihre Kamera so nicht leisten – sie wendet die Funktion auf das gesamte Bild an.

Wasserfälle und Fließgewässer mit seidigem Look fotografieren

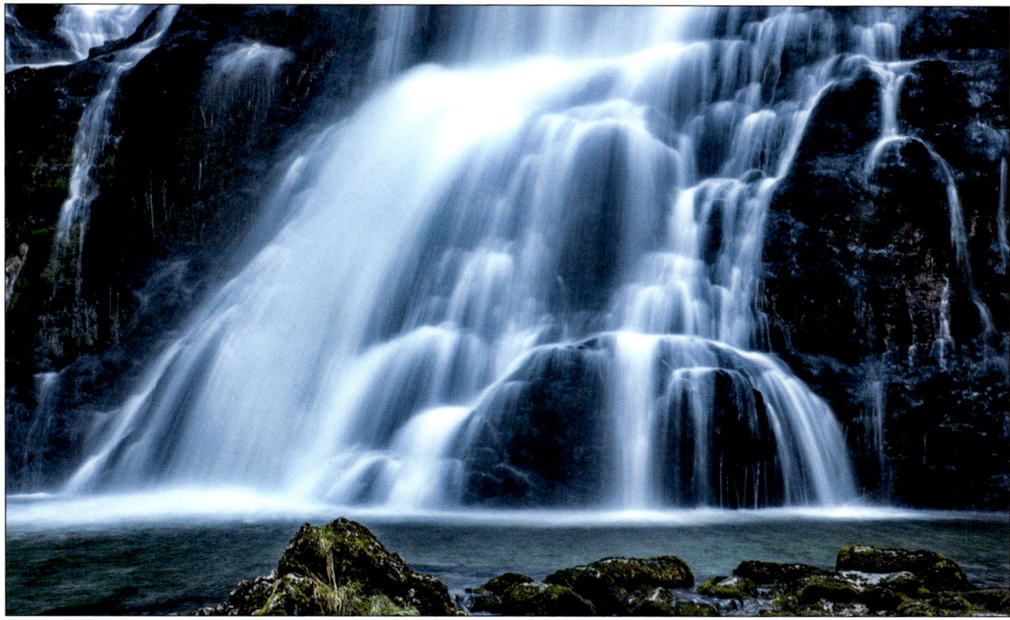

Beim Fotografieren von Wasserfällen streben wir einen seidenglatten Look an (sagen wir mal so: ein Profi würde eher nicht versuchen, mit kurzer Verschlusszeit Wasseroberflächen einzufrieren). Dazu haben wir verschiedene Möglichkeiten. Die gute Nachricht ist, dass sich Wasser meist so schnell bewegt, dass wir keine allzu langen Belichtungszeiten für den seidigen Look benötigen – normalerweise reichen zwei oder drei Sekunden, manchmal sogar weniger. Manchmal gelingt so eine Langzeitbelichtung sogar ohne Neutraldichtefilter, besonders wenn sich der Wasserfall in einem Wald befindet oder der Himmel stark bewölkt ist – stellen Sie einfach die Blende auf f/22 ein und wenn es nicht zu hell ist, bekommen Sie sofort seidiges Wasser. Manchmal genügt sogar ein Polarisationsfilter (siehe Seite 13), um die Belichtung so weit abzudunkeln und den Verschluss etwas länger geöffnet zu halten, dass Sie ausreichend weiches Wasser erhalten. Natürlich können Sie auch einen Neutraldichtefilter verwenden, aber Sie werden hier wahrscheinlich keine 10 Belichtungsstufen benötigen – dies ist einer der seltenen Fälle, in denen wohl ein Filter mit 3 Belichtungsstufen genügt. Das war's auch schon – ich wollte Ihnen nur einige Tipps zum Fotografieren von Wasserfällen und Bächen an die Hand geben.

Die Wolken sollten sich bewegen

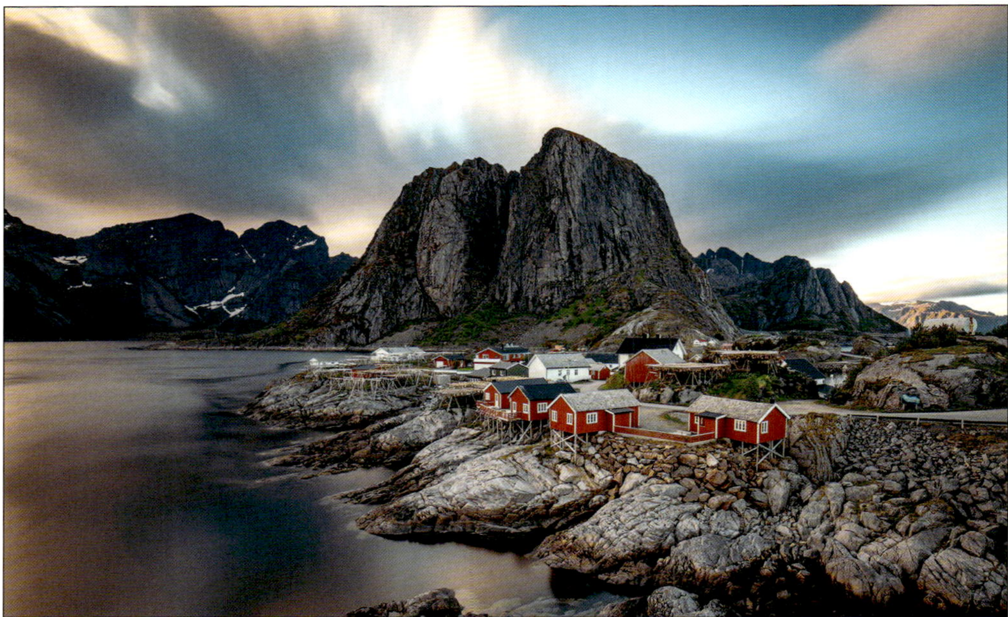

Es gibt zwei wesentliche Punkte, durch die sich tagsüber mit langer Belichtungszeit fotografierte Landschaften auszeichnen: (1) weiches, seidiges Wasser und (2) fantastisch gestreifte Himmel. Für so einen gestreiften Himmel müssen sich die Wolken aber bewegen, je schneller, desto besser. Wenn sie hingegen bewegungslos am Himmel hängen (manchmal machen die das) – dann brauchen Sie gar nicht über eine Langzeitbelichtung nachzudenken, denn Sie bekommen dann lediglich leicht unscharfe Wolken. Und wenn es gar keine Wolken gibt, dann lassen Sie Ihre Ausrüstung besser im Auto und fahren einfach weiter.

Lightpainting – so malen Sie mit Licht

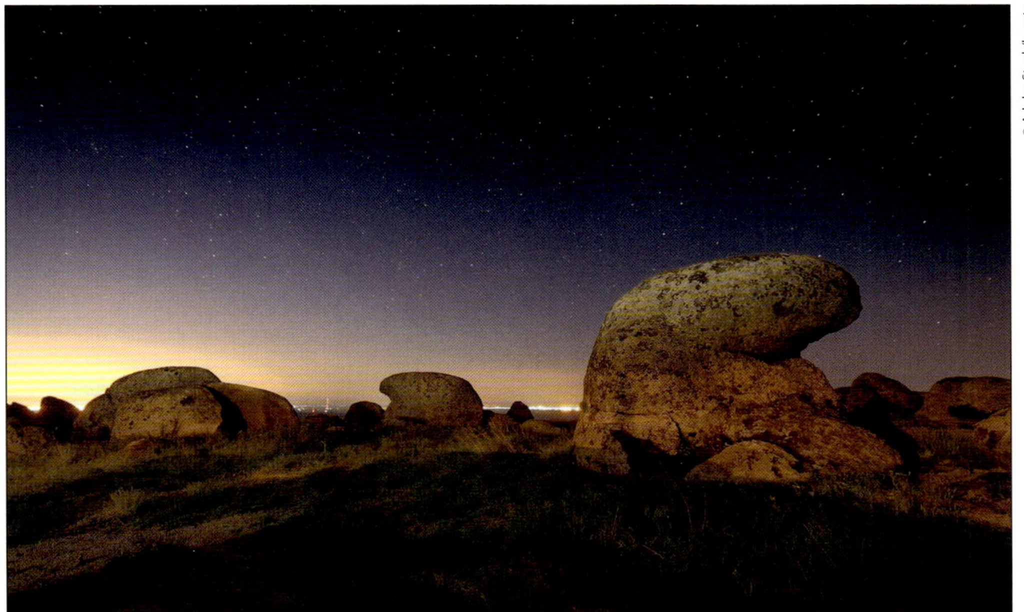

Lightpainting ist ein besonders spannendes (und lustiges) Genre der Langzeitfotografie. Normalerweise wird die Technik nachts angewendet, um ein Vordergrundobjekt (z. B. einige Felsen im Vordergrund) bei geöffnetem Verschluss zu beleuchten. Sie nehmen eine kleine Taschenlampe und »malen« buchstäblich mit wenigen Strichen über den gewünschten Bereich. In der fertig belichteten Aufnahme ist der übermalte Bereich dann »beleuchtet« und gut sichtbar. Sie können einen Bereich sehr subtil beleuchten oder den Eindruck vermitteln, als hätten Sie einen Studioblitz verwendet. Alles hängt davon ab, wie lang Sie mit diesem Licht malen. Zuerst brauchen Sie irgendeine Taschenlampe (auf Seite 142 in Kapitel 7, »Sternenhimmel & die Milchstraße« finden Sie einige Empfehlungen). Mit dieser Lampe fangen Sie dann bei geöffnetem Verschluss an, das gewünschte Objekt zu »übermalen«. Sie müssen etwas herumexperimentieren, um genau herauszufinden, wie lang Sie malen müssen. Planen Sie also für jedes »Lichtgemälde« einige Übungsfotos ein, um herauszufinden, wie lang Sie malen müssen (je länger Sie malen, desto heller wird die beleuchtete Fläche. Sie werden meist nur sehr kurz malen, aber das hängt natürlich auch von der Größe des mit Licht bemalten Elements ab). Halten Sie beim Malen außerdem nicht inne, sonst bekommen Sie an diesen Stellen zu helle Lichter. Malen Sie stattdessen flüssig und in einem Zug durch.

Kapitel 7

Sternenhimmel & die Milchstraße

Himmlische Nachtfotografie

Im alten Rom gab es die Redensart »*Omnes una manet nox.*« die soviel bedeutet wie »Auf alle wartet ein und dieselbe Nacht.« Ferner gab es noch den Ausspruch »*Permitte divis cetera.*« der grob übersetzt heißt: »Was ist aus Peter Cetera, dem früheren Bassisten von Chicago geworden, der das Duett mit Cher gesungen hat?« Anscheinend waren die Römer große Fans des Nachthimmels und der Urbesetzung von Chicago, aber die Nachthimmelfotografie hat Landschaftsfotografen schon immer angezogen. Leider ist das Ganze aus mehreren Gründen etwas knifflig: (1) Die Erde bewegt sich. (2) Die Sterne bewegen sich. (3) Dinge in Ihrer Kamera bewegen sich. (4) Dinge in Ihnen bewegen sich. (5) Es gibt tatsächlich Außerirdische. Hauptsächlich sind es Nummer 2 und 5, aber: Dinge, die sich bewegen, werden eben auch gerne unscharf. Bei einem verwackelten Foto könnten Sie: (1) Es in Photoshop mit dem Filter »Unscharf Maskieren« nachschärfen. (2) Es im Detail-Bedienfeld von Lightroom nachschärfen. (3) Den Filter »Verwacklung reduzieren« in Photoshop ausprobieren. (4) Es mit dem Hochpassfilter von Photoshop versuchen. Oder (5) das Bild den übermächtigen Außerirdischen opfern. Einige Ausrüstungsgegenstände sind für scharfe Sternen- und Milchstraßenfotos unerlässlich: (1) Ein sehr robustes Stativ. (2) Eine Stirnlampe, um die Kamera in absoluter Dunkelheit zu bedienen. (3) Ein Fernauslöser, um die Kamera vibrationsfrei auszulösen. (4) Ein Weitwinkelobjektiv, um die Landschaft und den Himmel zu erfassen. Und (5) eine Berylliumkugel, um dem Alien-Raumschiff genug Schubkraft zu geben, dass es die Erdatmosphäre verlässt und in den Klaatu-Nebel zurückkehrt. Am wichtigsten sind wohl Nummer 1 und 4, aber 3 ist auch nicht zu vernachlässigen.

Ihr Ziel: ein Landschaftsfoto mit Sternenhimmel

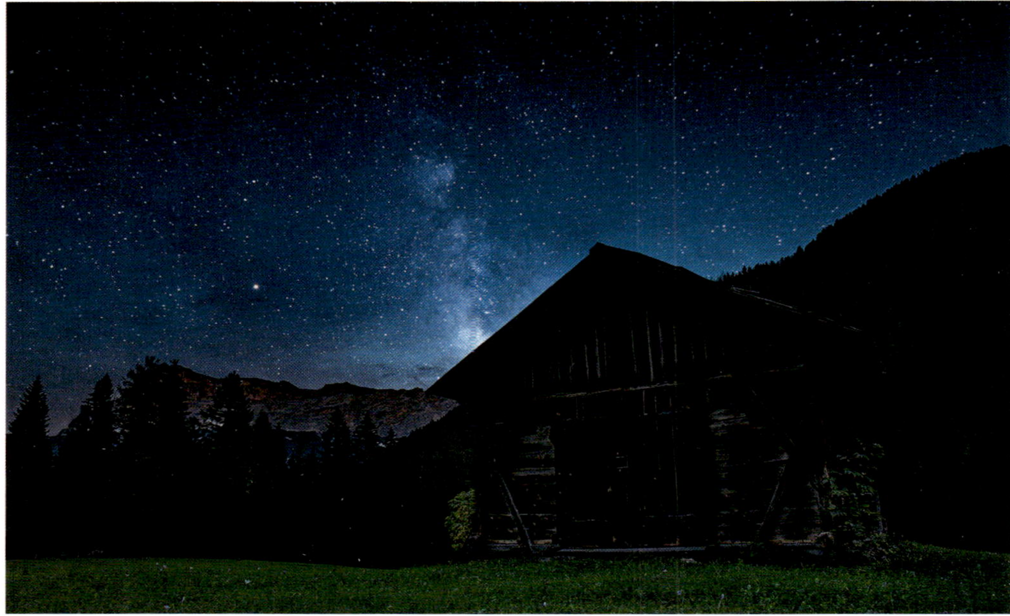

Genau wie eine normale Landschaftsaufnahme profitiert ein Sternenhimmel- oder Milchstraßenfoto meist von einem interessanten Vordergrundelement. Oft enthält es entweder eine erkennbare Silhouette (Berge, eine Felsformation, ein Gebäude, eine Scheune, einen Brückenbogen, einen See oder ein Meer – also ein Element, das auch als Silhouette deutlich erkennbar ist) oder ein künstlich beleuchtetes Landschaftselement (mehr dazu auf Seite 142). Mit einem solchen Vordergrund wirkt das Foto interessanter: Statt einfach die Kamera in den dunklen Himmel zu richten, geben Sie Ihrem Bild einen Kontext. Durchsuchen Sie Google nach »Milky Way Photography« und klicken Sie dann auf **Bilder**. Fast alle Fotos in den Suchergebnissen zeigen ein Vordergrundelement, das alles zusammenhält.

Meiden Sie Lichtverschmutzung

©Adobe Stock/serghi8

Bevor Sie Kamera und Stativ überhaupt auspacken, müssen Sie eine Location mit einem guten Sternenhimmel oder Blick auf die Milchstraße (der »Home-Run« des Nachthimmelfotografen) finden. Das ist viel schwieriger, als es klingt, denn Sie müssen sich dazu weit weg von Städten, Straßen und letztlich allen Spuren der Zivilisation befinden. Solche »Lebenszeichen« (Häuser, Höfe, Reklametafeln, Schnellstraßen usw.) bewirken eine erstaunlich starke »Lichtverschmutzung«, die die Sterne verschleiert, ihr Licht abschwächt (wenn sie überhaupt noch sichtbar sind) und Ihnen damit praktisch jede Chance auf eine tolle Aufnahme nimmt. Selbst wenn die Stadt oder die Häuser weit entfernt sind, sind Sie immer noch angeschmiert – für den tiefschwarzen, unverschmutzten Himmel, den Sie für gute Fotos brauchen, müssen Sie wirklich kilometerweit von der Zivilisation entfernt sein. Es gibt sogar eine offizielle Skala, die die Qualität des Nachthimmels und Ihre Chancen auf gute Fotos bewertet. Diese Bortle-Skala bewertet die Helligkeit des Nachthimmels von 1 bis 9. 9 bedeutet, dass der Himmel so hell ist, dass überhaupt keine Sterne zu sehen sind, und wenn, dann so schwach, dass Sie es praktisch vergessen können. 1 heißt dagegen: »Von diesem Nachthimmel haben Sie immer geträumt«. Wonach sollten Sie also suchen? Nach einer 3 oder besser (je niedriger der Wert, desto besser der Himmel). Finden Sie also zuerst einen Ort, der so weit von menschlichen Ansiedlungen entfernt ist, dass Sie eine Chance auf eine großartige Aufnahme haben. Die Website *https://www.lightpollutionmap.info* hilft Ihnen dabei – suchen Sie dort nach den besten Bortle-Werten.

Achten Sie auf das Wetter: Sie brauchen unbedingt einen wolkenlosen, klaren Himmel

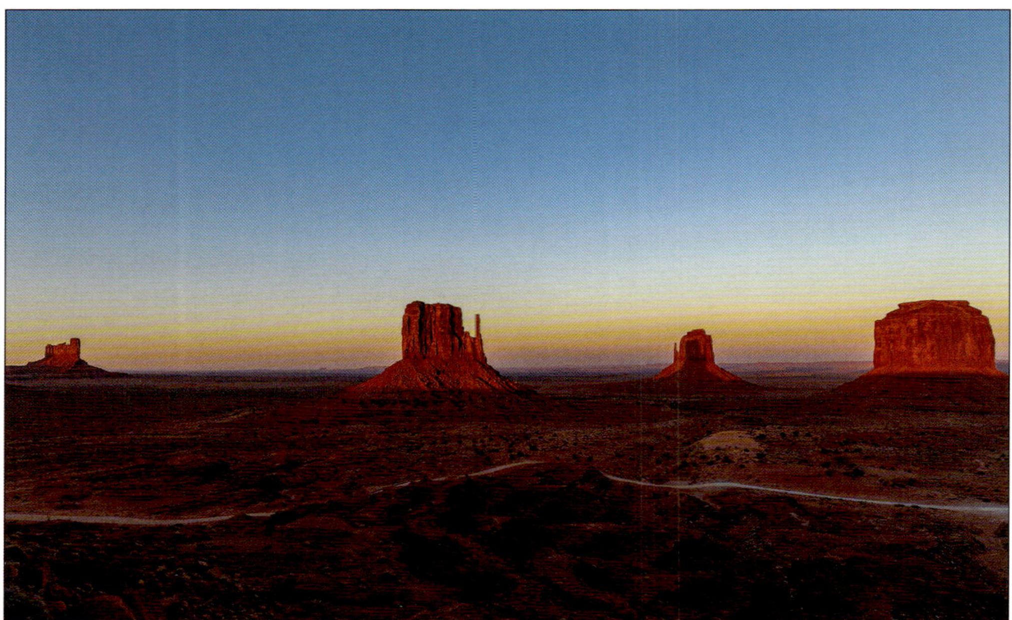

Sie brauchen nicht nur eine Location ohne jegliche Lichtverschmutzung, sondern auch einen klaren, wolkenlosen Himmel – wenn ein paar Wolken (oder etwas Nebel oder Dunst) die Sicht auf den Himmel auch nur teilweise nehmen, werden die Ergebnisse Sie nicht zufriedenstellen. Sie müssen also die Wettervorhersage für Ihren Aufnahmeort kennen. Ein klarer Himmel sollte es sein, so wie der oben gezeigte. Das ist das genaue Gegenteil von dem Himmel, den wir uns für fast alle anderen Landschaftsfotos wünschen, bei denen wir dringend auf Wolken oder Nebel für atmosphärische Effekte angewiesen sind. Ich weiß, dass in jeder erfolgreichen Nachthimmelaufnahme eine Menge an Recherchen und Planung stecken, Hilfe von Mutter Natur und auch etwas Glück. Das ist aber auch ein Grund dafür, dass wir uns solche Bilder so gerne ansehen. Es braucht einiges an Vorbereitung (noch bevor Sie Ihre Kameraausrüstung in die Hand nehmen), eine großartige Aufnahme des Nachthimmels zu bekommen. Wenn aber alles zusammenspielt, wird das Ergebnis absolut phänomenal.

Der Mond ist Ihr Feind

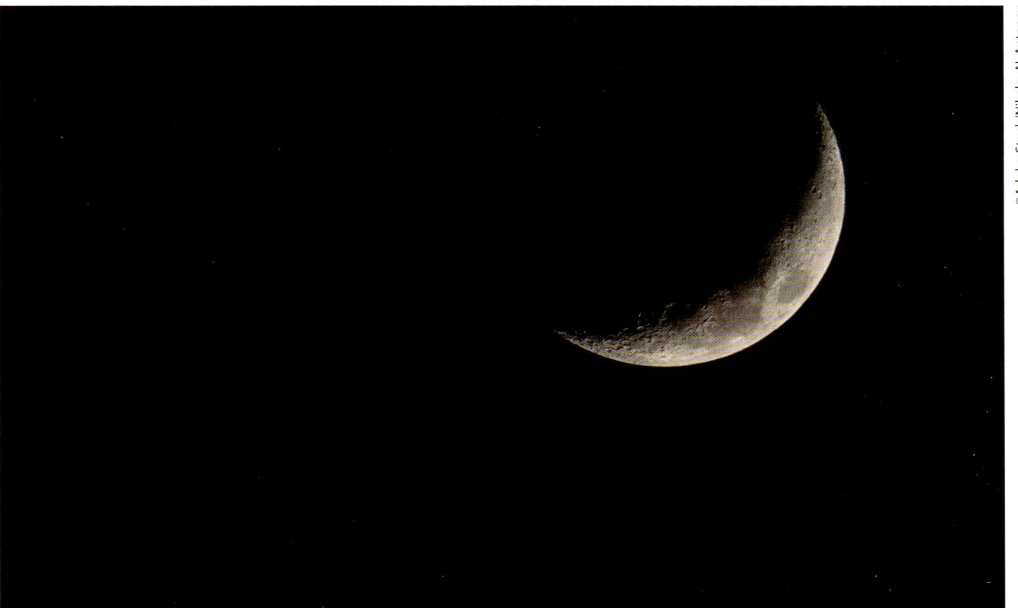

Der Mond ist eine massive Quelle der Lichtverschmutzung, er kann Ihre Milchstraßen- und Sternenhimmelaufnahmen mit seinem Licht überstrahlen und dadurch ruinieren. Je voller der Mond ist, desto schlechter sind die Aufnahmebedingungen am Himmel. Vermeiden Sie also zu fotografieren, wenn der Mond am Nachthimmel steht, oder versuchen Sie es wenigstens nur bei einer sehr schmalen Mondsichel. Idealerweise sollten Sie bei Neumond fotografieren, denn dann ist der Mond völlig unsichtbar. Sie denken vielleicht: »Ich muss mich also wegen der Lichtverschmutzung möglichst weitab von der Zivilisation befinden, es sollte eine klare, wolkenlose Nacht ohne Dunst sein, und das alles muss in einer Neumondnacht stattfinden, die sich nur etwa alle 29 1/2 Tage wiederholt, richtig?« Äh, ja, das stimmt so weit. Sie können aber oft auch bei Halb- oder Viertelmond fotografieren, wenn der Mond noch nicht aufgegangen ist. Die PhotoPills-App, die ich auf Seite 127 vorstelle, teilt Ihnen mit, wann der Mond nachts unterhalb der Horizontlinie steht. Dann können Sie Lichtverschmutzung durch den Mond auch dann vermeiden, wenn gerade nicht Neumond ist. Habe ich jemals behauptet, dass es einfach wäre? Eigentlich schon, aber das gilt erst, wenn Sie bereits vor Ort sind, ohne Lichtverschmutzung oder Wolken, und bei Neumond. Den Termin für den nächsten Neumond erfahren Sie unter *timeanddate.com/astronomy/moon. /new-moon.html.*

Die Milchstraße ist jedes Jahr nur für einige Monate sichtbar

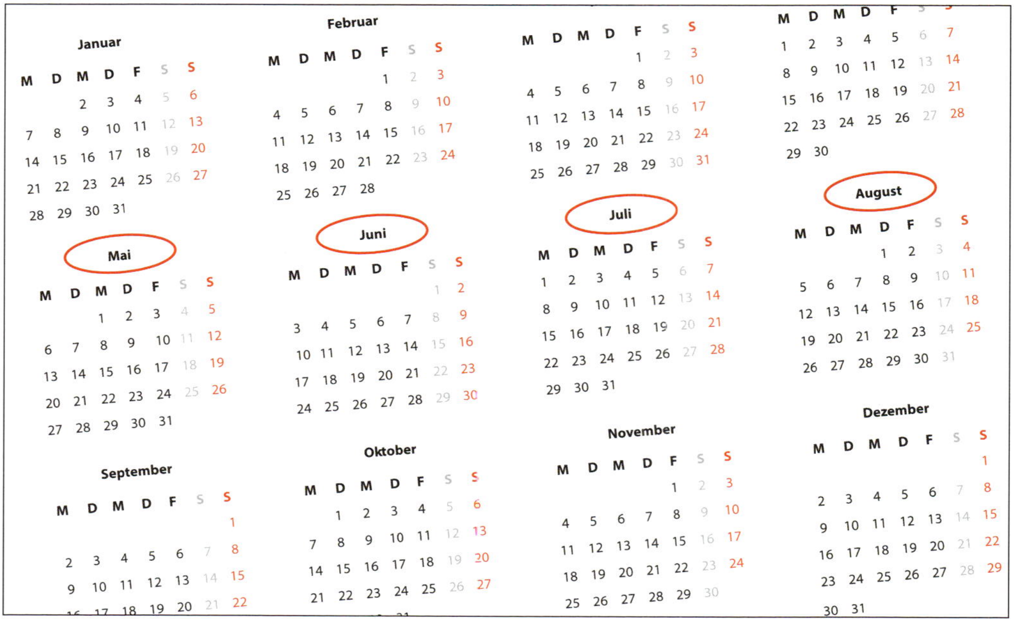

©Adobe Stock/hanohiki

Wenn Sie sich in einer klaren Nacht in einer Gegend ohne Lichtverschmutzung befinden, können Sie zwar problemlos den Sternenhimmel fotografieren, die Milchstraße ist aber von bestimmten Erdregionen aus jeweils nur zu bestimmten Jahreszeiten gut sichtbar. In unserer nördlichen Hemisphäre etwa sehen Sie die Milchstraße nur von etwa März bis September gut. Hier reicht die beste Zeit ungefähr von April bis Ende Juli, denn dann steht das Band der Milchstraße hoch am Himmel. Noch besser wirkt die Milchstraße von der Südhalbkugel aus, weil von hier aus ihr Zentrum am besten sichtbar ist (außerdem ist hier die Luft klarer). – Allerdings: wenn Sie sich nicht sicher sind, auf welcher Hemisphäre Sie sich gerade befinden, sollte das Fotografieren der Milchstraße vielleicht nicht Ihre größte Sorge sein.

Wo genau wird die Milchstraße zu sehen sein? Dafür gibt es eine App

© Adobe Stock/mahod84

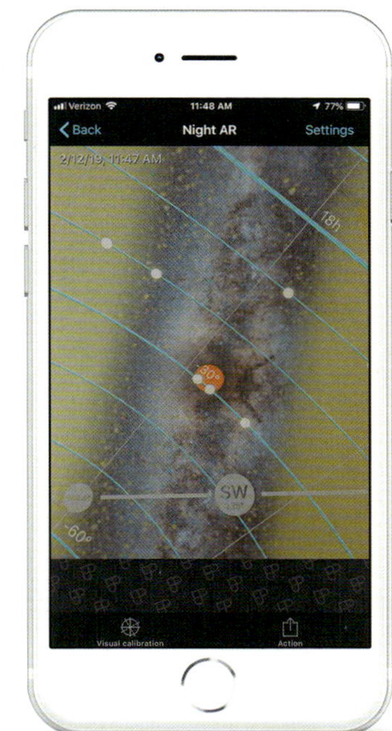

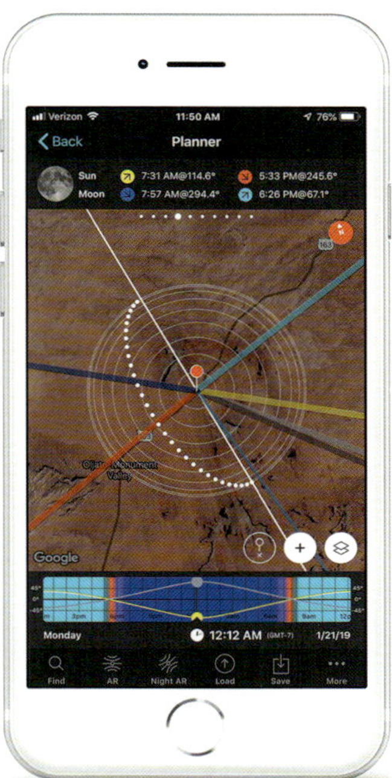

Mein Kumpel Erik Kuna hat mich für die PhotoPills-App begeistert. Sie ist absolut brillant und nahezu unerlässlich, um die Position der Milchstraße am Himmel zu ermitteln. Aber sie kann noch mehr, als einfach nur einen Pfeil einzublenden, der besagt: »Hier drüben wird sie sein.« Sie können Ihre Handykamera auf die Szene richten, die Sie fotografieren möchten, und mittels Augmented Reality wird ein Bild der Milchstraße auf das Display überlagert, genau dort, wo sie am Himmel erscheinen wird. Das ist wirklich erstaunlich und extrem hilfreich, wenn Sie Ihren Aufnahmestandort noch bei Tageslicht auskundschaften und planen. Die App ist für Apple-iPhones (iOS) und Android-Handys verfügbar. Sie kostet ca. 10,- €, ist aber für Nachthimmelfotografen Gold wert.

Stirnlampe mit rotem Licht für Nachtaufnahmen

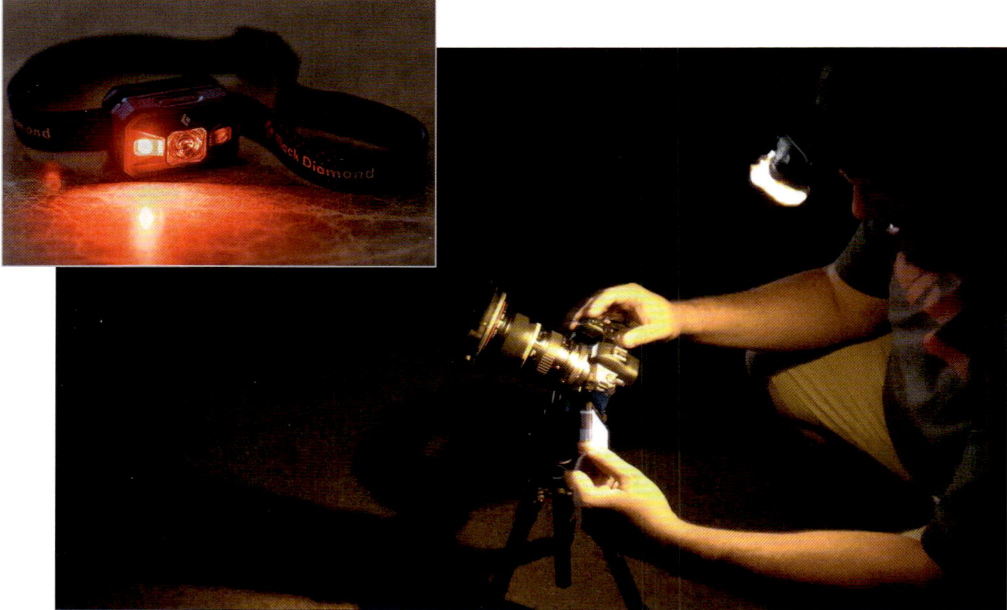

Sie haben große Mühen auf sich genommen, um der Lichtverschmutzung zu entfliehen und könnten jetzt alles vermasseln, wenn Sie einfach eine herkömmliche, dicke Taschenlampe aus der Tasche ziehen. Die verursacht nicht nur Lichtverschmutzung, sondern nimmt auch eine Hand in Anspruch. Sie brauchen aber beide Hände, um alles aufzubauen. Ich empfehle Ihnen deshalb, sich eine Stirnlampe mit zusätzlicher roter LED zu besorgen. Damit haben Sie nicht nur Ihre Hände frei und reduzieren das Licht im Bereich Ihrer Kamera. Die Lampe erfüllt auch noch einen anderen Zweck: Sie kann Ihnen den Weg leuchten, wenn Sie irgendwo abseits der Landstraße durchs Gebüsch oder durch die Wüste oder über Felsen gehen, um zur Location für Ihr Milchstraßenfoto zu gelangen. Außerdem können Sie am Aufnahmeort auf Rot umschalten, um bei der Kameraarbeit Ihre Nachtsicht (und die anderer Fotografen um Sie herum) zu erhalten. Viele Leute schwören auf die beliebten Tikka-Stirnlampe von Petzl. Bei ihr können sie die Helligkeit und Breite des Lichtkegels einstellen und sie ist wetterfest. Sie können sie auch auf Rotlicht umschalten und die Lampe neigen. Zum Betrieb genügen überall erhältliche, herkömmliche AAA-Batterien. Die Lampe kostet um die 25,- €. Die Storm von Black Diamond (im kleinen Bild zu sehen) ist ebenfalls eine sehr schöne Stirnlampe, die rund 35,- € kostet.

Halten Sie Ihre Kamera ruhig

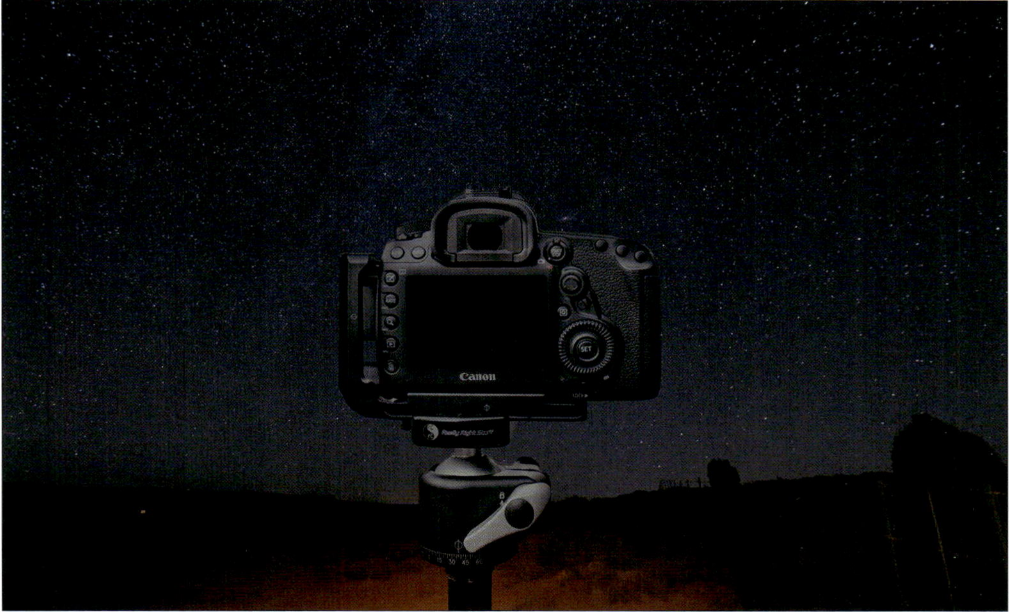

Ihr Verschluss wird einige Sekunden lang offen bleiben. Inzwischen ist es wohl selbstverständlich, aber Sie brauchen natürlich ein Stativ und einen Fernauslöser (mit oder ohne Kabel), um die Kamera während dieser Belichtungszeit absolut ruhig zu halten. Ich muss das an dieser Stelle wiederholen, weil Sie als interessierter Himmelsfotograf vielleicht direkt hierher gesprungen sind und die vorhergehenden Kapitel verpasst haben, also ... Das sind halt so die Sachen, an die man als Buchautor denken muss. Und glauben Sie mir, Autoren wiederholen sich ungern, aber manchmal geht es einfach nicht anders.

Sie müssen im manuellen Modus fotografieren

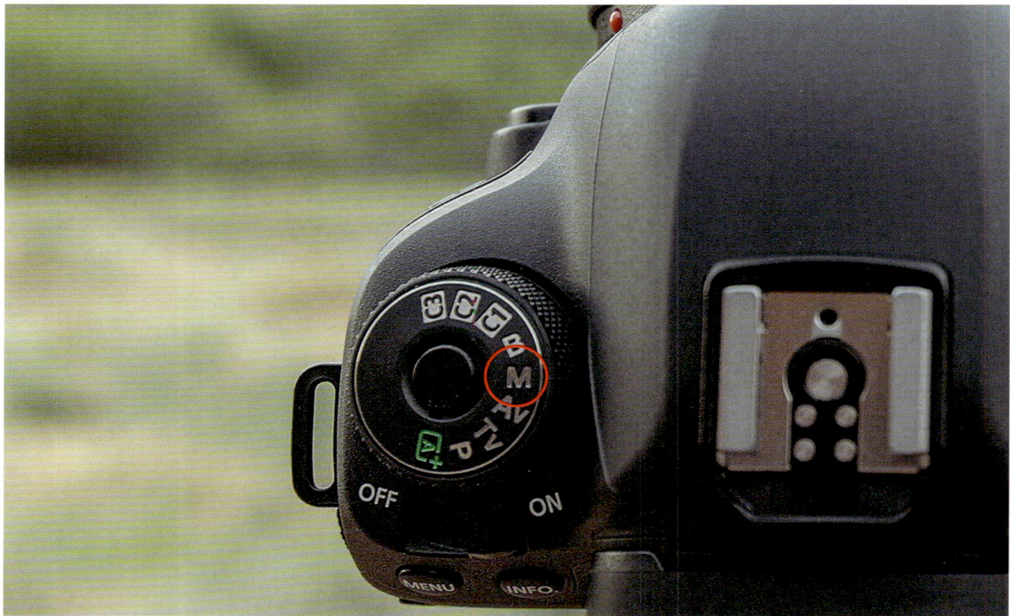

Auch wenn Sie noch kein einziges Bild im manuellen Modus aufgenommen haben, brauchen Sie sich keine Sorgen zu machen. Das ist so einfach, dass Sie dabei auch beim ersten Mal nicht ins Schwitzen kommen. Sie müssen den manuellen Modus der Kamera verwenden, weil Sie eine feste Blende und Verschlusszeit vorgeben müssen, statt die Kamera ihre eigene Entscheidungen treffen zu lassen. Schalten Sie das Moduswahlrad also auf **M**, und dann müssen Sie nur noch zweierlei tun: (1) Wählen Sie die Blende und (2) die Verschlusszeit. Die gute Nachricht lautet: Wenn Sie das einmal getan haben, brauchen Sie sich um diese Einstellungen nicht mehr zu kümmern (und wenn doch, dann handelt es sich nur noch um eine kleine, simple Anpassung).

Diese Blende sollten Sie verwenden

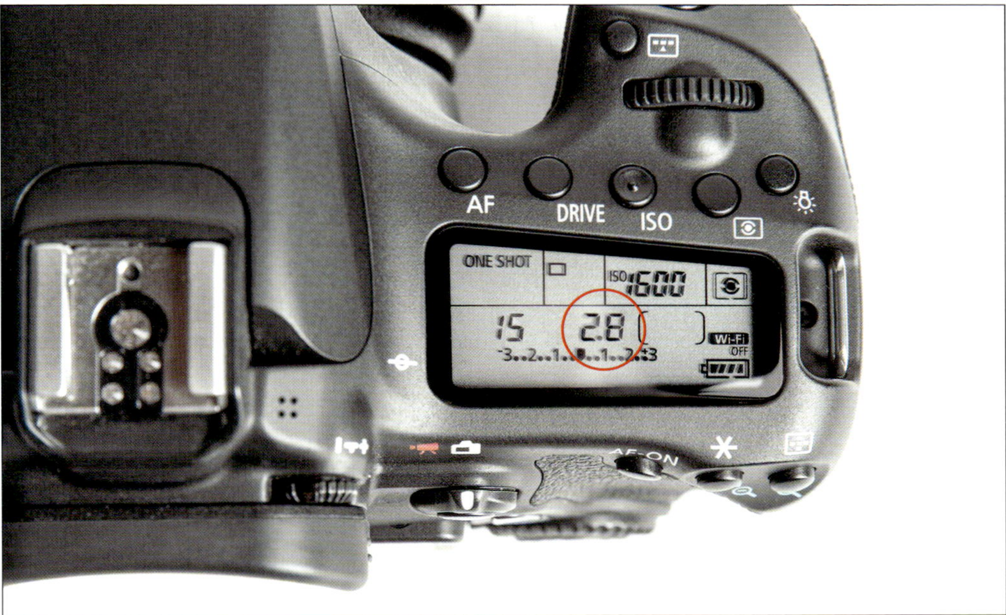

Das ist ganz einfach: Verwenden Sie die niedrigste Blendenzahl (also die größte Öffnung), die Ihr Objektiv zulässt. Wenn Ihr Objektiv also eine maximale Blende von f/2.8 oder sogar f/1.8 hat, dann wählen Sie diese Blendeneinstellung. Vielleicht liegt die größte Blende Ihres Objektivs auch nur bei f/3.5 oder f/5.6, aber egal, welcher Wert es ist: Diesen verwenden Sie. Da die Sterne selbst nicht besonders viel Licht abgeben, zählt jedes Quäntchen Hilfe (durch eine lichtstärkere Öffnung müssen Sie auch die ISO-Empfindlichkeit nicht so weit anheben, dass Sie damit jede Menge Bildrauschen produzieren). Also gilt hier: Je niedriger der Blendenwert, desto besser.

So lange sollten Sie belichten

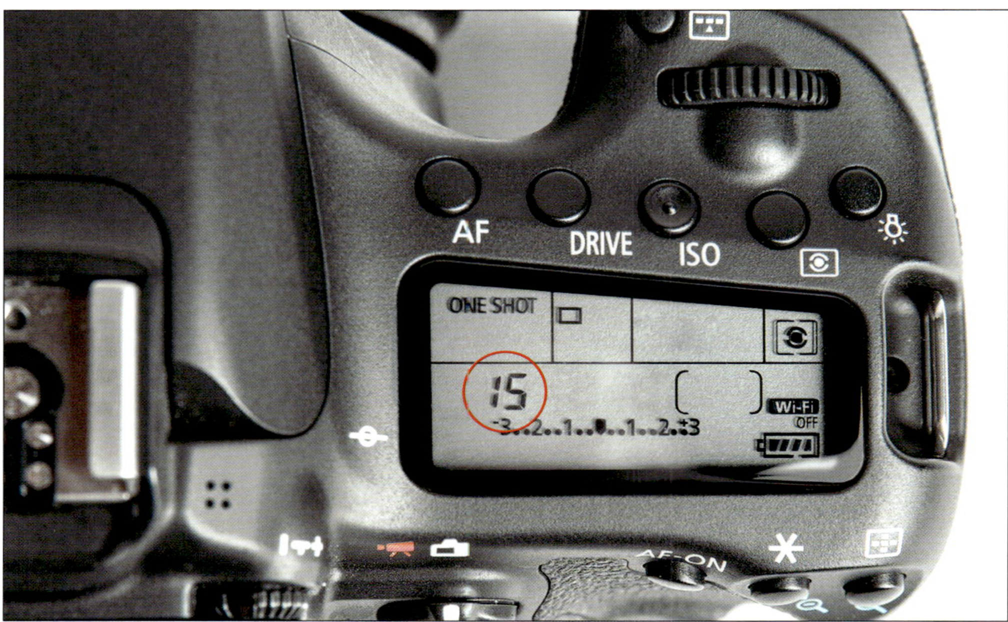

Wie lange müssen Sie den Verschluss geöffnet halten, um großartige Sternenhimmel- und Milchstraßenfotos zu bekommen? In der Regel etwa 12 bis 15 Sekunden. Bei längeren Belichtungszeiten verziehen sich die Sterne durch die Erdrotation von Lichtpunkten zu Lichtspuren. Belichten Sie kürzer als 12 Sekunden, müssen Sie die ISO-Empfindlichkeit Ihrer Kamera so weit hochfahren, dass Sie viel Rauschen bekommen und mit den Ergebnissen wahrscheinlich nicht zufrieden sein werden. Fangen Sie daher mit 15 Sekunden an, zoomen Sie dann auf dem Kameradisplay ein und überprüfen Sie, ob die Sterne schön scharf wirken. Wenn nicht, dann verkürzen Sie die Verschlusszeit um ein bis zwei Sekunden und machen eine Probeaufnahme. Sie brauchen eventuell mehrere Versuche, um das Optimum zu erzielen, vielleicht bei einer Verschlusszeit von 12 oder 13 Sekunden. Wenn Sie es einmal gefunden haben, brauchen Sie sich darum aber auch nicht mehr zu kümmern. Achtung, Nerd-Alarm: Wenn Sie der Typ Mensch sind, der sagt: »Scott, ich will nicht experimentieren. Ich brauche genau die richtige Einstellung für mein Objektiv, meine Blende und meine Sensorgröße, sonst kann ich nachts nicht schlafen«, dann keine Sorge, denn hierfür gibt es die PhotoPills-App (siehe Seite 127). Diese hat eine Funktion, bei der Sie die Megapixel-Auflösung Ihrer Kamera und die Brennweite Ihres Objektivs eingeben und als Rückmeldung eine exakte Verschlusszeit bekommen.

Wann Sie die ISO-Empfindlichkeit hochdrehen sollten

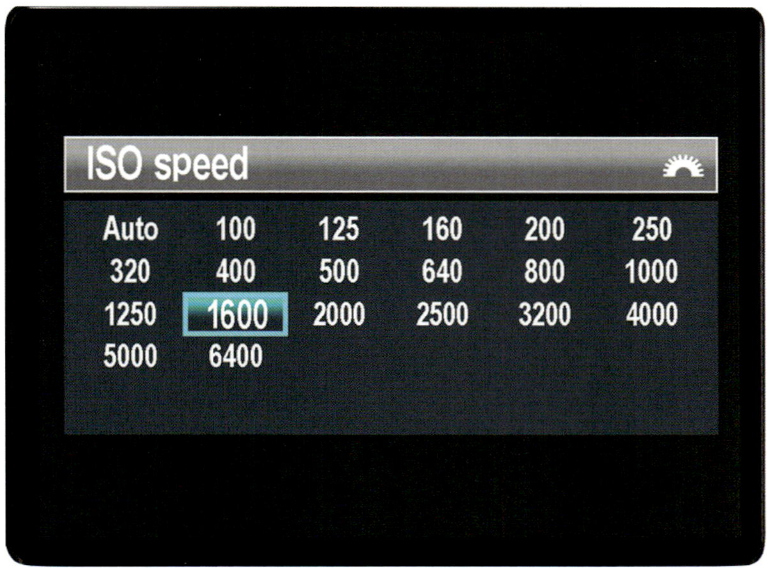

Okay, wir wissen also, dass unsere Verschlusszeit ungefähr bei 15 Sekunden liegen wird. Im Allgemeinen versuchen wir, die ISO-Empfindlichkeit auf dem Stativ so gering wie möglich zu halten (meist ISO 100). In diesem Fall ist es aber erforderlich, an den ISO-Werten zu drehen, um die Dimensionen und die Details der Milchstraße und der Sterne hervorzuheben. Beginnen Sie bei ISO 1600 und prüfen Sie, ob Ihnen die Milchstraße und die Sterne hell genug sind. Vielleicht müssen Sie sogar bis 3200 hochgehen. Das klingt natürlich schon sehr hoch, aber zum Glück ist der größte Teil des Himmels sehr dunkel, so dass das geringe Rauschen, das dadurch auftritt, genau das ist – geringes Rauschen. Machen Sie ein Probefoto bei 15 Sekunden Verschlusszeit und ISO 1600 und überprüfen Sie das Ergebnis. Sie können den ISO-Wert jederzeit erhöhen (verdoppeln) und nachsehen, wie das für Sie aussieht. Höher als ISO 6400 wird kaum jemand gehen wollen, es sei denn, Ihre Kamera ist bekannt dafür, auch bei derart hohen ISO-Werte noch besonders rauscharm zu sein. Denken Sie auch daran, dass wir später in Photoshop oder Lightroom noch einiges nachbearbeiten werden. Wenn Ihr Himmelsfoto also insgesamt etwas zu dunkel wirkt, keine Sorge – Sie können es im Nachhinein noch deutlich aufhellen und gleichzeitig den Rauschpegel in Zaum halten.

Sie müssen in RAW fotografieren

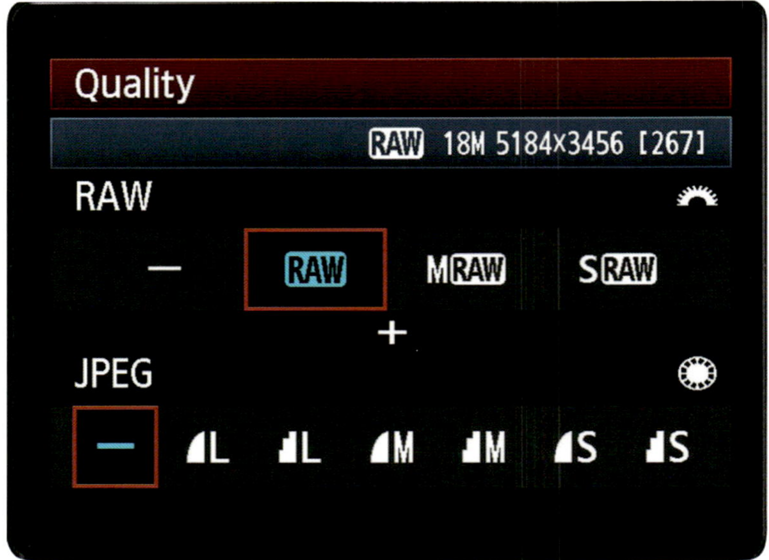

Die Bilder, die Sie im Web sehen, kommen nicht so aus der Kamera. Sie wurden alle nachbearbeitet, einige davon sehr stark. Um sicherzustellen, dass Sie mit Dateien bestmöglicher Qualität arbeiten (das ist besonders wichtig, wenn Sie Ihre Bilder in der Nachbearbeitung stark optimieren wollen), sollten Sie auf jeden Fall im RAW-Modus fotografieren. RAW-Bilder erfassen nicht nur einen größeren Tonwertumfang, sie sind auch viel fehlertoleranter und Ihr Bild nimmt weniger Schaden, wenn Sie umfangreiche Anpassungen vornehmen müssen (und Sie *werden* umfangreiche Anpassungen vornehmen).

Verwenden Sie ein sehr weitwinkliges Objektiv

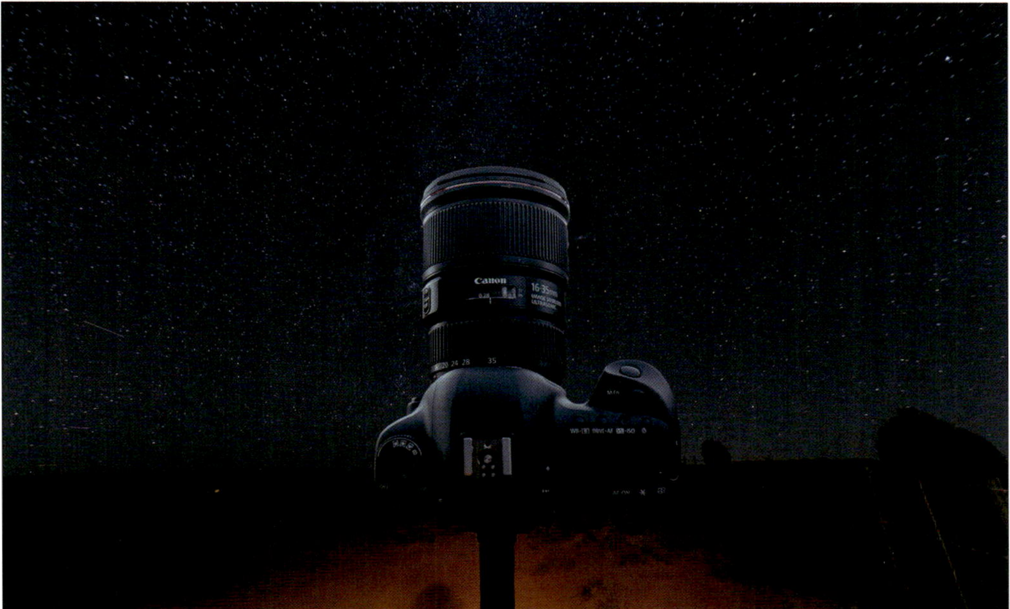

Sie versuchen, den Himmel einzufangen. Der ist echt riesig. Vor allem, wenn Sie versuchen, auch die Milchstraße aufzunehmen, die eine große Fläche einnimmt. Sie brauchen also ein sehr weitwinkliges Objektiv, um alles zu erfassen (denken Sie daran, dass Sie Ihr Bild in der Nachbearbeitung immer noch zuschneiden können). Bei einer Kamera mit Vollformatsensor könnte zwar auch ein 24-mm-Objektiv genügen, aber das ist schon hart an der Grenze, um genug von der Milchstraße aufzunehmen. Ein 16-mm-Weitwinkelobjektiv würde definitiv ausreichen. Wenn Sie ein 15-mm- oder 14-mm-Ultraweitwinkelobjektiv haben, dann umso besser. Und mit einem Weitwinkelzoom wie Nikons 14-24 mm, Canons 11-24 mm oder Tamrons 15-30 mm haben Sie auch noch etwas Spielraum bei der Komposition. An einer Kamera mit APS-C-Sensor wäre ein 18-mm-Weitwinkelobjektiv in Ordnung, besser wären aber 12 mm oder 10 mm Brennweite. Sie sollten wirklich möglichst weitwinklig unterwegs sein, besonders wenn Sie auch etwas vom Vordergrund in die Aufnahme mit einbeziehen möchten. Vergessen Sie beim Packen Ihrer Ausrüstung für Ihre nächtlichen Himmelsaufnahmen also auf keinen Fall Ihr weitwinkligstes Objektiv.

Schalten Sie den Bildstabilisator aus

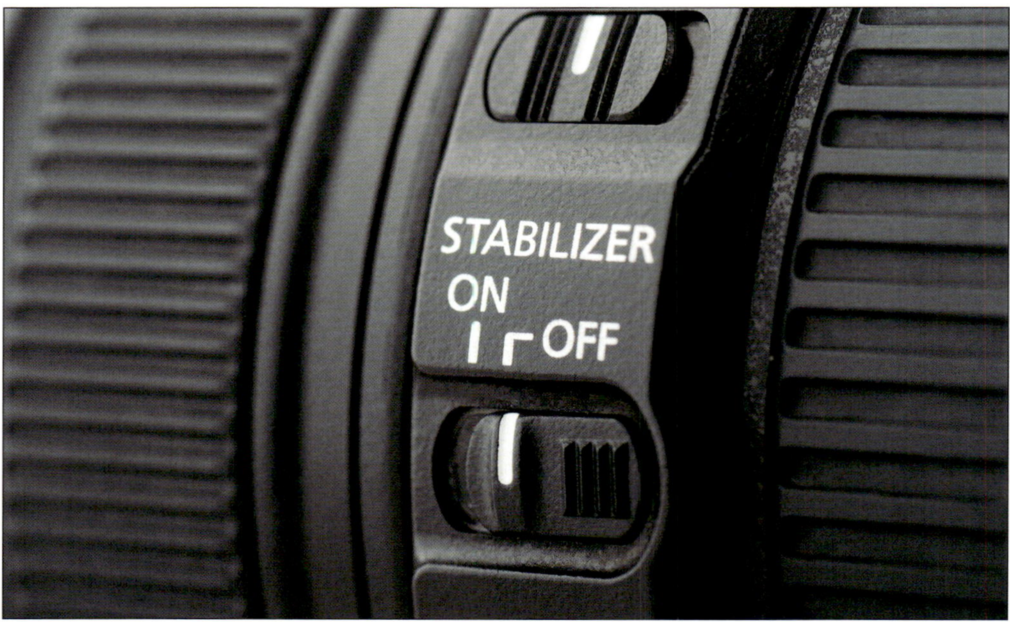

Der Kameraverschluss bleibt für bis zu 15 Sekunden geöffnet, deshalb verwenden Sie ein Stativ. Auf keinen Fall sollte dann der kleine Motor in Ihrem Objektiv endlos nach Vibrationen suchen. Das kann selbst zu Vibrationen führen, und die kleinste Bewegung geht auf Kosten der Bildschärfe. Und ja, einige neuere Objektive auf dem Markt können automatisch erkennen, wenn sich die Kamera auf einem Stativ befindet und den Bildstabilisator dann automatisch deaktivieren. Das ist bisher aber noch die Ausnahme. Wenn Sie nicht sicher sind, ob Ihre Objektive über diese automatische Abschaltfunktion verfügen, stellen Sie einfach den Schalter für Vibrationsreduzierung an Ihrem Objektiv auf **Aus**. So bekommen Sie schärfere Fotos.

So stellen Sie die Sterne scharf: Methode 1

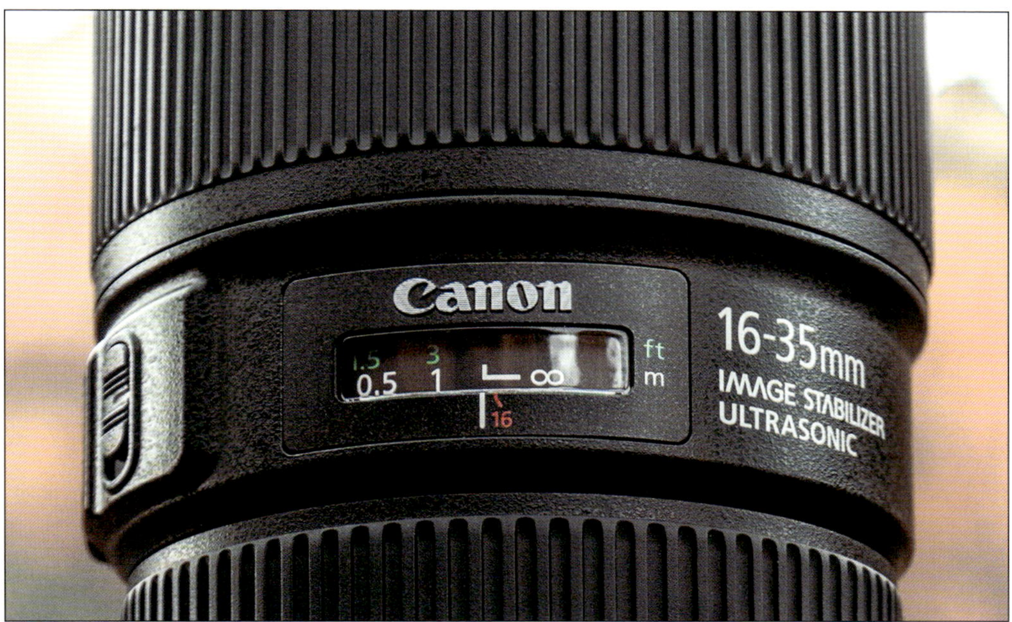

Wir stellen nicht wirklich die Sterne scharf – dafür sie sind zu klein, zu weit entfernt und zu dunkel. Stattdessen fokussieren wir »auf die Unendlichkeit« (wir haben das auch im Kapitel »Komposition« behandelt). Je nach Objektivtyp kann das extrem einfach gehen, da einige Objektive ein kleines Fenster mit einer Entfernungsanzeige zur manuellen Scharfstellung besitzen. Schalten Sie also zuerst Ihr Objektiv auf manuelle Scharfstellung. Auf dieser Skala erkennen sie ein Unendlichkeitssymbol (∞). Ich weiß, was Sie jetzt wohl denken: »Also drehe ich einfach den Fokusring an meinem Objektiv auf dieses Unendlichkeitssymbol, richtig?« Na ja, fast. Sie drehen ihn auf das Unendlichkeitssymbol, aber dann drehen Sie ihn wieder leicht zurück bis auf die kleine vertikale Linie direkt vor dem Unendlichkeitssymbol. Das ist der richtige Punkt, um auf die Unendlichkeit scharfzustellen. Wenn Sie diese kleine Linie nicht haben, verrate ich Ihnen auf der nächsten Seite noch eine andere Lösung.

So stellen Sie die Sterne scharf: Methode 2

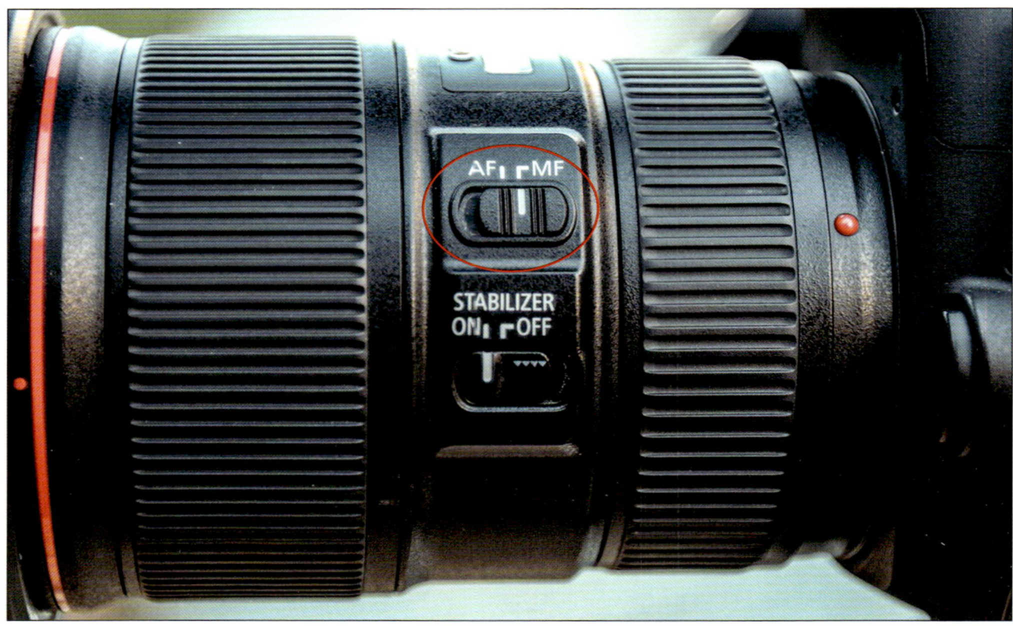

Wenn Sie kein Objektiv mit Entfernungsskala haben, können Sie eine andere Methode nutzen, die ebenfalls sehr gut funktioniert. Zuerst stellen Sie den niedrigsten Blendenwert ein (f/2.8 oder f/1.8) und drehen dann den ISO-Wert wahnsinnig weit hoch (nur für die Scharfstellung). Jetzt schalten Sie auf Live View, betrachten also das Bild auf dem rückwärtigen Kameradisplay. Den Autofokus lassen Sie eingeschaltet und richten Ihr Objektiv auf das am weitesten entfernte sichtbare Objekt – das kann ein Berg oder ein Baum in der Ferne sein, was immer am weitesten von Ihnen entfernt ist und vom Autofokus der Kamera erfasst werden kann. Drücken Sie den Auslöser halb herunter (oder drücken Sie die Taste, mit der Sie fokussieren), um den Fokus zu sperren, und schalten Sie dann sofort am Objektiv auf manuelle Fokussierung um. Zoomen Sie sich mit der Lupentaste auf der Kamerarückseite genau an den scharfgestellten Bereich heran. Wenn dieser Bereich nicht messerscharf ist, drehen Sie am manuellen Fokusring Ihres Objektivs, um ihn absolut scharfzustellen. Jetzt sind auch die Sterne scharf. Vergessen Sie nicht, den ISO-Wert zurückzustellen. Wenn Sie denken, dass es an Ihrer Location nachts nichts geben wird, worauf Sie fokussieren können (das ist gut, weil es dann keine Lichtverschmutzung gibt), dann können Sie diesen Trick auch bereits tagsüber anwenden. Sobald Sie die richtige Scharfstellung so wie oben erläutert gefunden haben, nehmen Sie einen silbernen Fineliner und markieren die Stelle direkt am Objektiv (ein winziger Punkt genügt). Wenn es jetzt bei Nacht zu dunkel für den Autofokus ist, spielt das keine Rolle – wechseln Sie einfach in den manuellen Fokus, drehen Sie den Ring auf diesen Punkt, und schon sind Sie startklar.

Wenn Sie ein schwenkbares Display haben: Nutzen Sie es!

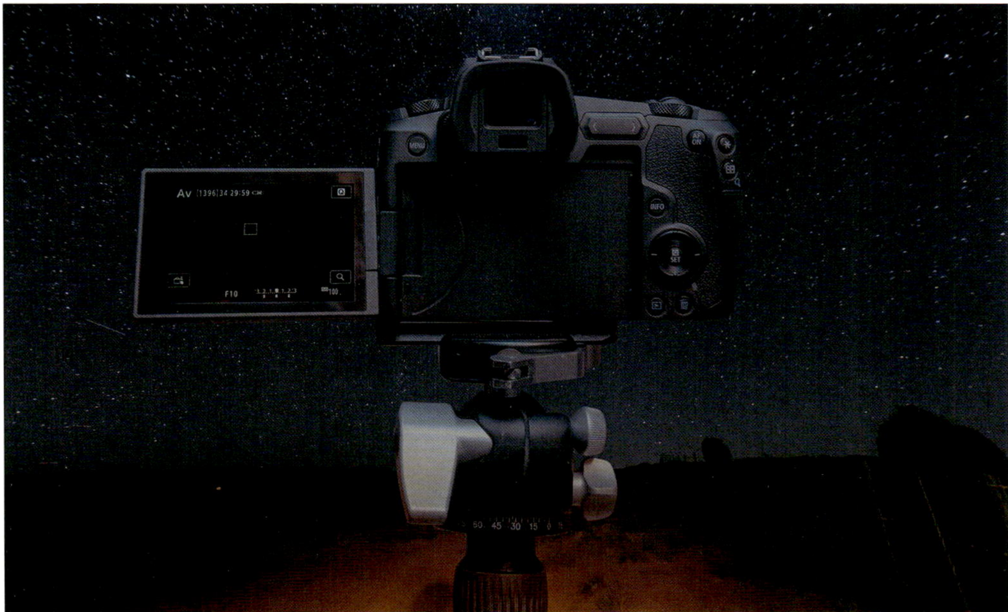

Viele Leute finden es deutlich einfacher, ihre Motive mit eingeschalteter Live View-Funktion scharfzustellen. Dabei sehen Sie sich die Szene auf dem rückwärtigen Kameradisplay statt durch den Sucher an. Wenn Ihre Kamera einen komplett schwenkbaren Bildschirm hat, macht das die Sache natürlich nochmals bedeutend einfacher. Überlegen Sie nur – Ihre Kamera ist weit nach oben in den Himmel gerichtet und um entweder durch den Sucher oder auf die Live-Ansicht auf dem Display zu blicken, müssen Sie sich tief hinter die Kamera hocken. Wenn Sie aber ein ausklappbares Display haben, ist das nicht nötig – Sie können stehenbleiben und alles auf dem schwenkbaren Display betrachten. Das macht Himmelsaufnahmen vom Stativ natürlich um einiges einfacher und komfortabler.

Nutzen Sie Fokuspeaking für extrascharfe Sterne

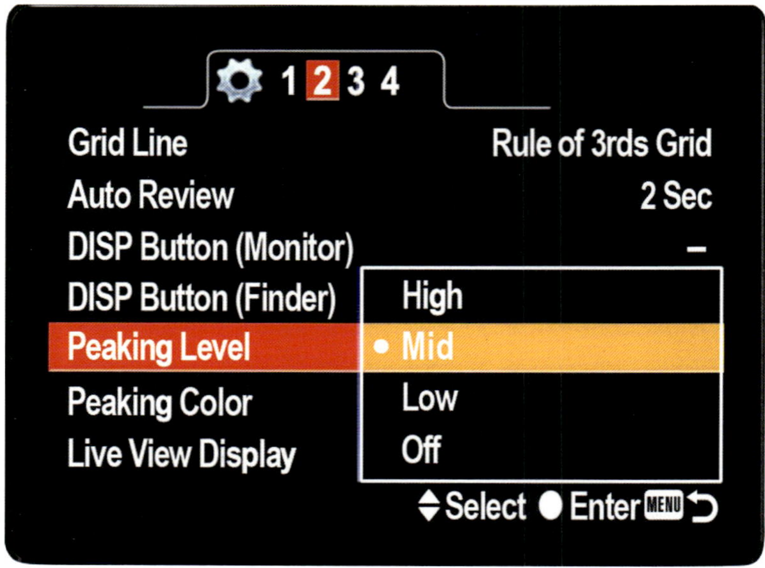

Sie wollen die Sterne ja wirklich gestochen scharf abbilden. Mit der Scharfstellung des Objektivs auf Unendlich funktioniert das schon ganz gut (siehe Seite 137). Wenn Ihre Kamera allerdings eine Fokuspeaking-Funktion hat (viele Kameras haben heutzutage eine, besonders die spiegellosen Modelle), dann können Sie die Schärfe damit nochmals auf die Spitze treiben. Fokuspeaking funktioniert nur, wenn Sie manuell fokussieren (was Sie bei nächtlichen Aufnahmen des Himmels auch tun sollten). Sie hilft beim Scharfstellen, indem Bereiche mit kontrastreichen Kanten hervorgehoben werden – die schärfsten Objekte in Ihrem Foto werden auf dem Bildschirm hell beleucht, so dass Sie genau sehen, was scharfgestellt ist. Das funktioniert besonders gut, um die Sterne scharfzustellen: Zuerst sollte alles schwarz sein und wenn Sie dann anfangen, den Fokus zu optimieren, und auf dem Display ein Haufen Sterne auftaucht, wissen Sie, dass diese scharfgestellt sind. Und so nutzen Sie Fokuspeaking: Schalten Sie zuerst auf Live View, damit Sie das Fokuspeaking auf dem großen rückwärtigen Kamera-Display nutzen können. Dann stellen Sie das Objektiv auf manuelle Fokussierung um und drehen den Fokusring komplett nach links, um die Scharfstellung komplett herauszunehmen. Anschließend beginnen Sie, den Fokusring zu drehen, bis die Sterne langsam auf dem sonst komplett dunklen Bildschirm hervortreten. Sobald sie bei eingeschaltetem Fokuspeaking erscheinen, dann wissen Sie, dass Ihre Sterne scharfgestellt sind. Mehr gibt es dazu nicht zu sagen.

Die Landschaft im Vordergrund beleuchten: Methode 1

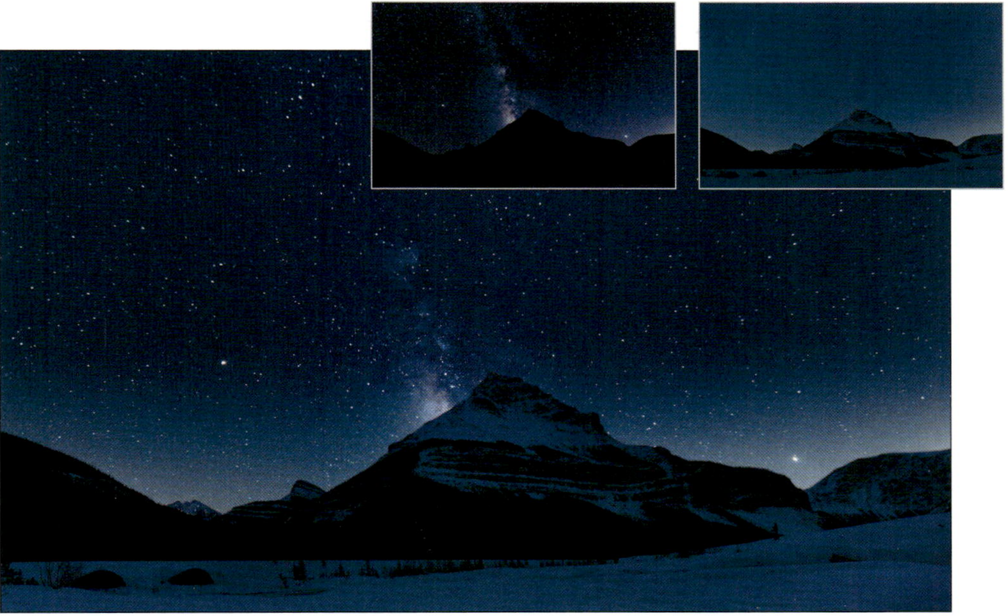

Dies kann entweder die schwierigste oder die einfachste Methode sein, je nachdem, wie geduldig Sie sind. Sie müssen die Location vor Sonnenuntergang erreichen, die gesamte Ausrüstung aufstellen, das Bild komponieren und kurz nach Sonnenuntergang, wenn die gerade untergegangene Sonne die Landschaft noch schwach erleuchtet, machen Sie ein paar Aufnahmen. Auf diese Weise haben Sie den leicht erleuchteten Vordergrund eingefangen. (Eine taghell erleuchtete Landschaft mit einer darübergeklebten dunklen Milchstraße würde – na ja ... nicht besonders toll aussehen, um es mal freundlich auszudrücken. Sie brauchen auf Ihrer Landschaft also das späte Licht nach Sonnenuntergang.) Machen Sie immer wieder dieselbe Aufnahme, bis es völlig dunkel ist. Bewegen Sie die Kamera dabei nicht! Sie ist auf dem Stativ aufgebaut und Sie haben alles für den Nachthimmel vorbereitet, den Sie als nächstes fotografieren. Am Ende bekommen Sie jetzt zwei Fotos: eines mit der schwach beleuchteten Vordergrundlandschaft und eines mit dem pechschwarzen Himmel. Diese beiden Bilder werden Sie in Photoshop zusammenfügen (das geht ganz einfach – und ja, ich habe ein Video für Sie aufgenommen. Sie finden es unter *kelbyone.com/books/landscape*).

Die Landschaft im Vordergrund beleuchten: Methode 2

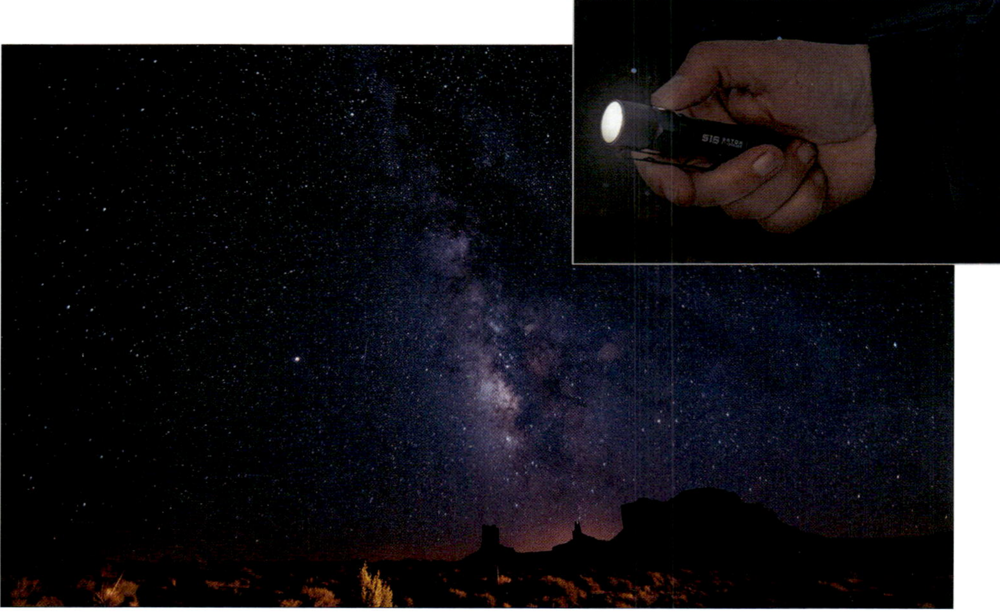

Eine weitere beliebte Methode, um den Vordergrund hervorzuheben, ist das »Malen mit Licht« oder »Lightpainting« (wir haben uns das auch schon im Langzeitbelichtungskapitel angesehen). Es geht einfacher, als es klingt, aber vielleicht brauchen Sie ein paar Versuche, bis Sie eine Szene nach Ihren Vorstellungen beleuchtet haben. Grundsätzlich »malen« Sie mit dem Licht einer kleinen LED-Taschenlampe über eine nahegelegene Felsformation, einen Vordergrundbereich, einen Baum usw., während Ihre Kamera mit geöffnetem Verschluss die Sterne aufnimmt. Sie brauchen nicht besonders lange zu malen, aber doch lange genug, um diese Vordergrundbereiche zu beleuchten. Wie gesagt, brauchen Sie einige Testläufe, um das herauszufinden, aber meist reichen wenige Sekunden. Es klingt irgendwie verrückt, funktioniert aber super. Für ein größeres Objekt, das weiter in der Ferne liegt (etwa eine große Felsformation oder den Mount Rushmore oder ein außerirdisches Raumschiff), benutzt mein Freund und Kollege Dave Black (für viele der Vater der modernen Lichtmalerei) einen superhellen, tragbaren, wiederaufladbaren Halogenscheinwerfer, der wirklich große Objekte bis zu einer Entfernung von etwa 90 Meter beleuchtet (das sollte er aber mit seinen 5 Millionen Candela auch!). Mit etwa 500,- € war er nicht billig, aber wie Dave sagt: »Mach's richtig oder lass es bleiben!« Wenn Sie nicht so viel ausgeben und lieber eine kleinere, aber trotzdem irrsinnig helle Lampe wollen, dann sehen Sie sich die A15 bzw. die A22R von Coast an *(www.coastportland.de)*. Ihr Lichtkegel reicht bis zu 130 bzw. 98 Meter weit und dabei sind sie kaum größer als ein Kugelschreiber (nur 10 cm lang und 140 g schwer) und kosten nur um die 60,- €. Für eine kleine Taschenlampe ist das immer noch viel, aber wenn Sie sie als ihre »Lichtmalmaschine« betrachten, dann tut es längst nicht mehr so weh.

Milchstraßenfotos nachbearbeiten

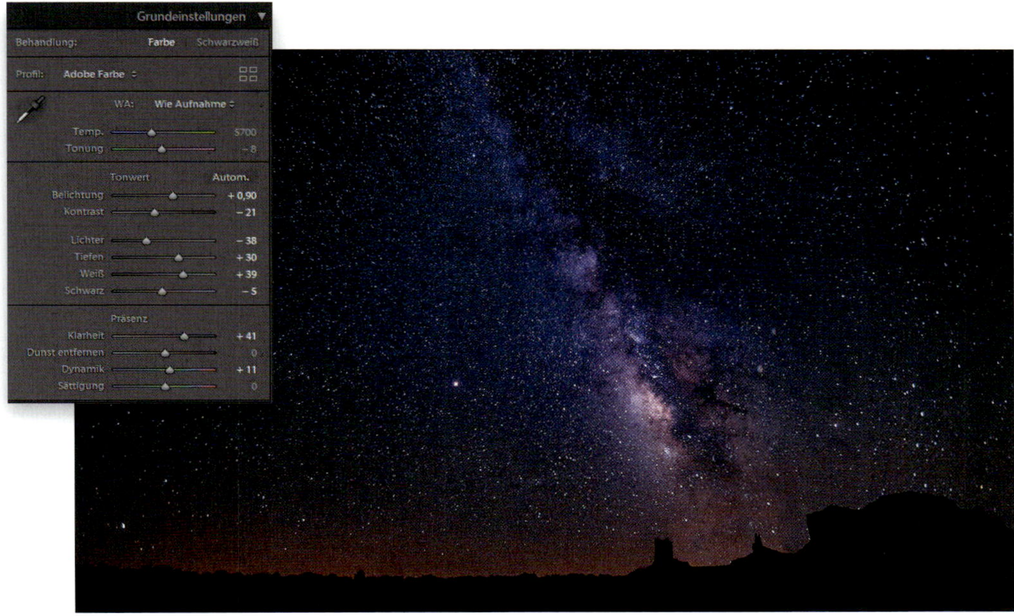

Ich habe ein kurzes Video mit meinen Techniken zur Nachbearbeitung einer Sternenhimmel-/Milchstraßenaufnahme gedreht (ich nutze Adobe Lightroom und/oder Photoshop). Das ist nicht schwierig, man muss nur ein paar Regler verschieben. Aber wundern Sie sich nicht, wenn Sie etliche Anpassungen vornehmen müssen, bis das Bild Ihren Vorstellungen entspricht. Denn es wird nicht gleich perfekt aus der Kamera kommen. Die wichtigsten Werkzeuge in Lightroom oder im Camera-Raw-Modul von Photoshop sind: (1) Der **Belichtung**-Regler. Sie müssen den Himmel entweder abdunkeln oder aufhellen – es hängt vom Bild ab und davon, wie es nach den anderen Anpassungen aussieht. (2) Der **Dunst-entfernen**-Regler. Er wirkt bei Nachthimmeln Wunder (es handelt sich um eine besondere Art von Kontrastkorrektur) und ist vielleicht das Beste, was der Milchstraßenfoto-Nachbearbeitung passieren konnte: Die Funktion durchschneidet den Dunst einfach und verstärkt dabei auch noch die Farben ein wenig. (3) Der **Klarheit**-Regler. Ein weiteres mächtiges Werkzeug für Sternenhimmel. Wenn Sie Ihn nach rechts ziehen, heben Sie den Mitteltonkontrast an, wodurch die Sterne manchmal wirklich gut herausgearbeitet werden. (4) Scharfzeichnung. Sie schärfen jedes Sternenfoto entweder mit der **Schärfen**-Funktion im **Detail**-Bedienfeld von Lightroom oder mit dem Photoshop-Filter **Unscharf maskieren** nach. (5) Weißabgleich. Passen Sie den **Temp.**- und den **Farbton**-Regler am, um gelegentliche Farbstiche zu entfernen (etwa einen rötlichen Himmel). Stellen Sie dazu einen neutraleren Weißabgleich her. Ich füge auch gerne einen leichten künstlerischen Farbstich etwa in Richtung Blau oder Magenta hinzu. (6) **Kontrast**- (ziehen Sie den Regler nach rechts) sowie **Schwarz**- und **Weiß**-Regler. Ziehen Sie den **Weiß**-Regler nach rechts, werden Ihre Sterne heller; ziehen Sie den **Schwarz**-Regler nach links, bekommen Sie einen kräftigeren, dunkleren Himmel rund um die Sterne. Diese drei Regler werden Sie ausgiebig nutzen. Mein Video dazu finden Sie unter *kelbyone.com/books/landscape.*

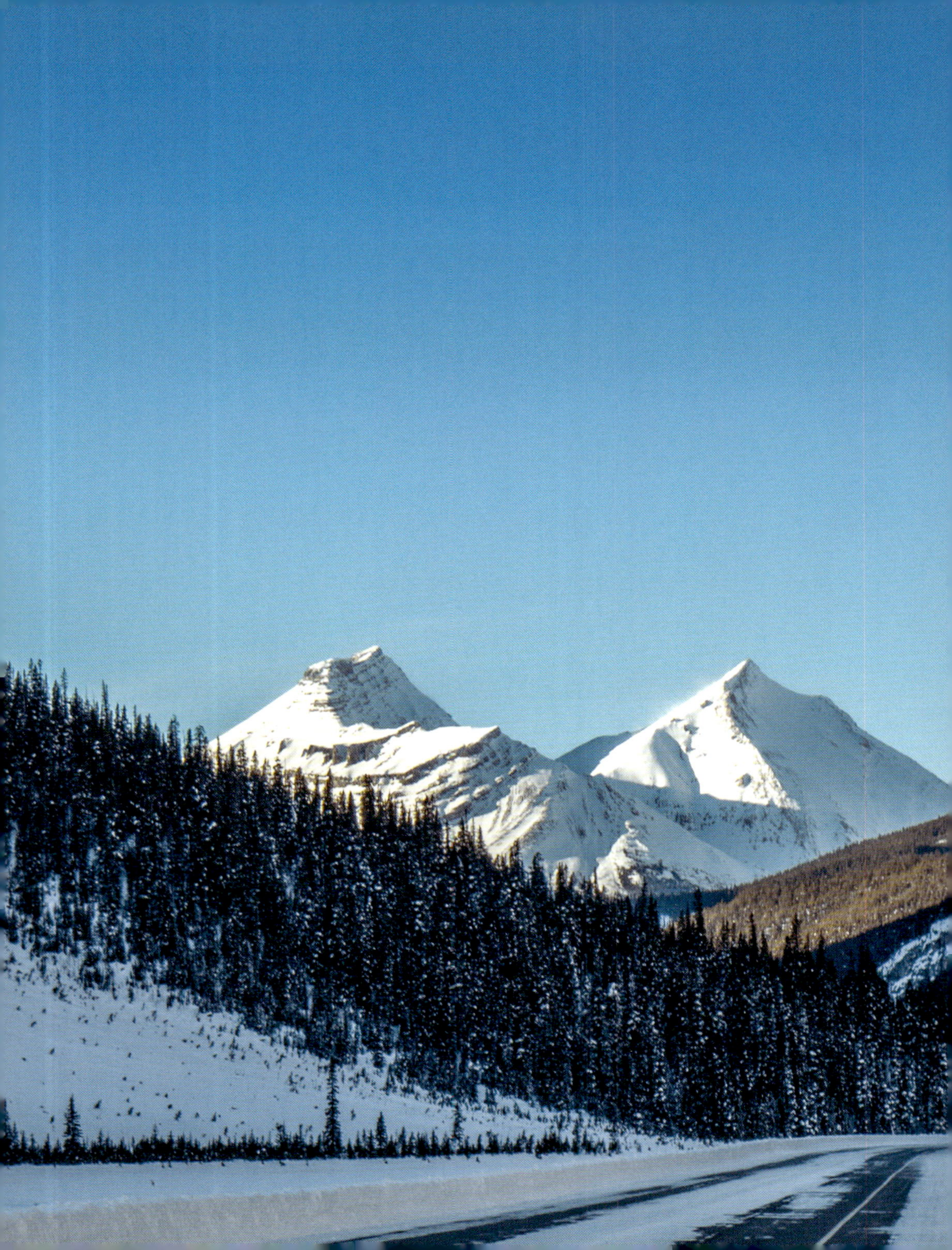

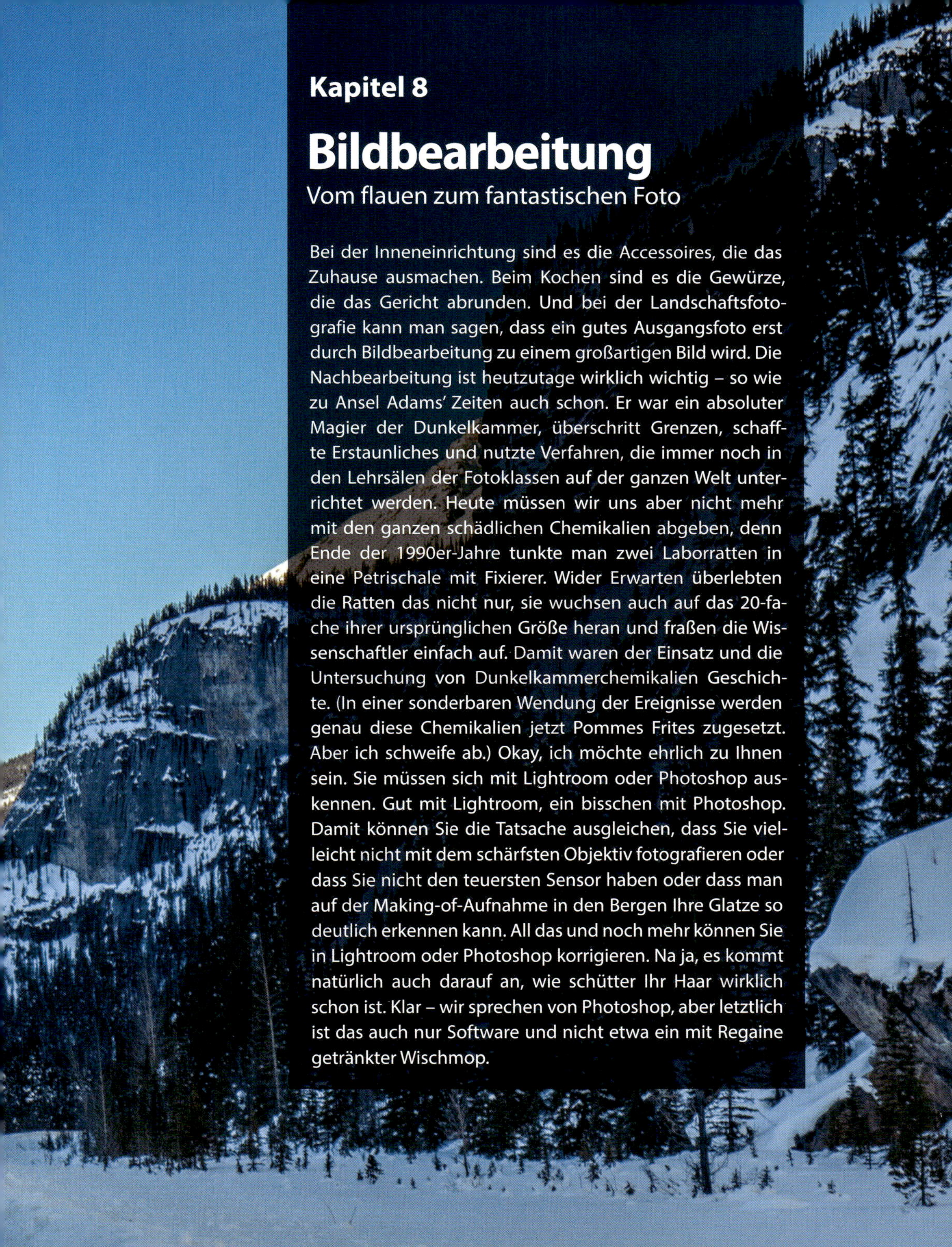

Kapitel 8

Bildbearbeitung

Vom flauen zum fantastischen Foto

Bei der Inneneinrichtung sind es die Accessoires, die das Zuhause ausmachen. Beim Kochen sind es die Gewürze, die das Gericht abrunden. Und bei der Landschaftsfotografie kann man sagen, dass ein gutes Ausgangsfoto erst durch Bildbearbeitung zu einem großartigen Bild wird. Die Nachbearbeitung ist heutzutage wirklich wichtig – so wie zu Ansel Adams' Zeiten auch schon. Er war ein absoluter Magier der Dunkelkammer, überschritt Grenzen, schaffte Erstaunliches und nutzte Verfahren, die immer noch in den Lehrsälen der Fotoklassen auf der ganzen Welt unterrichtet werden. Heute müssen wir uns aber nicht mehr mit den ganzen schädlichen Chemikalien abgeben, denn Ende der 1990er-Jahre tunkte man zwei Laborratten in eine Petrischale mit Fixierer. Wider Erwarten überlebten die Ratten das nicht nur, sie wuchsen auch auf das 20-fache ihrer ursprünglichen Größe heran und fraßen die Wissenschaftler einfach auf. Damit waren der Einsatz und die Untersuchung von Dunkelkammerchemikalien Geschichte. (In einer sonderbaren Wendung der Ereignisse werden genau diese Chemikalien jetzt Pommes Frites zugesetzt. Aber ich schweife ab.) Okay, ich möchte ehrlich zu Ihnen sein. Sie müssen sich mit Lightroom oder Photoshop auskennen. Gut mit Lightroom, ein bisschen mit Photoshop. Damit können Sie die Tatsache ausgleichen, dass Sie vielleicht nicht mit dem schärfsten Objektiv fotografieren oder dass Sie nicht den teuersten Sensor haben oder dass man auf der Making-of-Aufnahme in den Bergen Ihre Glatze so deutlich erkennen kann. All das und noch mehr können Sie in Lightroom oder Photoshop korrigieren. Na ja, es kommt natürlich auch darauf an, wie schütter Ihr Haar wirklich schon ist. Klar – wir sprechen von Photoshop, aber letztlich ist das auch nur Software und nicht etwa ein mit Regaine getränkter Wischmop.

JPEG- oder TIFF-Bilder in Camera Raw öffnen

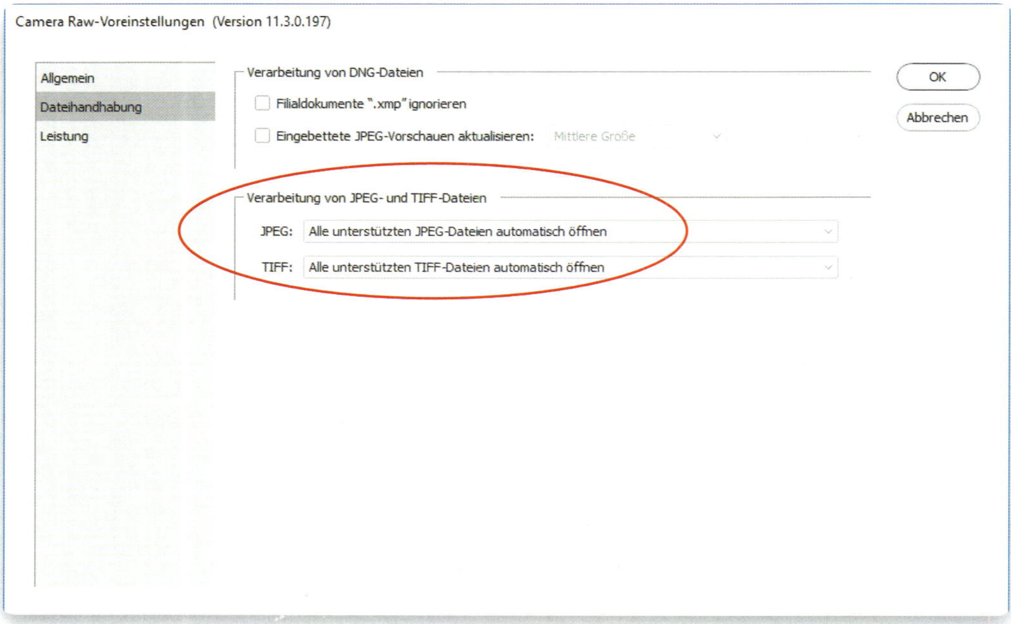

Wenn Sie mit Photoshop statt mit Lightroom arbeiten und im RAW-Format fotografieren, öffnen sich Ihre Bilder automatisch im Camera-Raw-Fenster (Adobe Camera Raw ist ein Bestandteil von Photoshop und Fotografen verwenden es heutzutage für den größten Teil der Grundbearbeitung ihrer Bilder). Aber auch wenn Sie im JPEG- oder TIFF-Format fotografieren, können Sie Ihre Bilder in Photoshop öffnen (wenn Sie mit Lightroom arbeiten und Ihre Bilder von Lightroom an Photoshop und zurück übertragen, sind die folgenden Schritte nicht nötig): (1) Öffnen Sie in Photoshop das Menü **Datei** und wählen Sie **Öffnen** (am PC: **Öffnen als**), um das **Öffnen**-Dialogfeld aufzurufen. Wählen Sie das/die JPEG- oder TIFF-Bild(er) aus, das/die Sie in Camera Raw öffnen möchten, und klicken Sie im Popup-Menü **Format** im unteren Bereich des Dialogfelds auf Option **Camera Raw**. Dadurch werden die ausgewählten Bilder in Camera Raw geöffnet. (Hinweis: Wenn am Mac das Popup-Menü **Format** nicht angezeigt wird, klicken Sie unten links auf die Schaltfläche **Optionen**, um es einzublenden.) Alternativ (2) kann Photoshop JPEG- oder TIFF-Bilder automatisch in Camera Raw öffnen. Sie müssen dazu einfach die Camera-Raw-Einstellungen anpassen. Öffnen Sie das Menü **Photoshop** (PC: **Bearbeiten**) und wählen Sie **Voreinstellungen > Camera Raw**, um das zugehörige Dialogfeld zu öffnen. Im Bereich **Verarbeitung von JPEG-, HEIC- und TIFF-Dateien** (PC: **Verarbeitung von JPEG- und TIFF-Dateien**) wählen Sie **Alle unterstützten JPEG- und HEIC-Dateien automatisch öffnen** aus dem ersten Popup-Menü. Aus dem zweiten wählen Sie **Alle unterstützten TIFF-Dateien automatisch öffnen**. Nun werden sämtliche JPEG- und TIFF-Bilder direkt in Camera Raw geöffnet.

Einen besseren Ausgangspunkt wählen

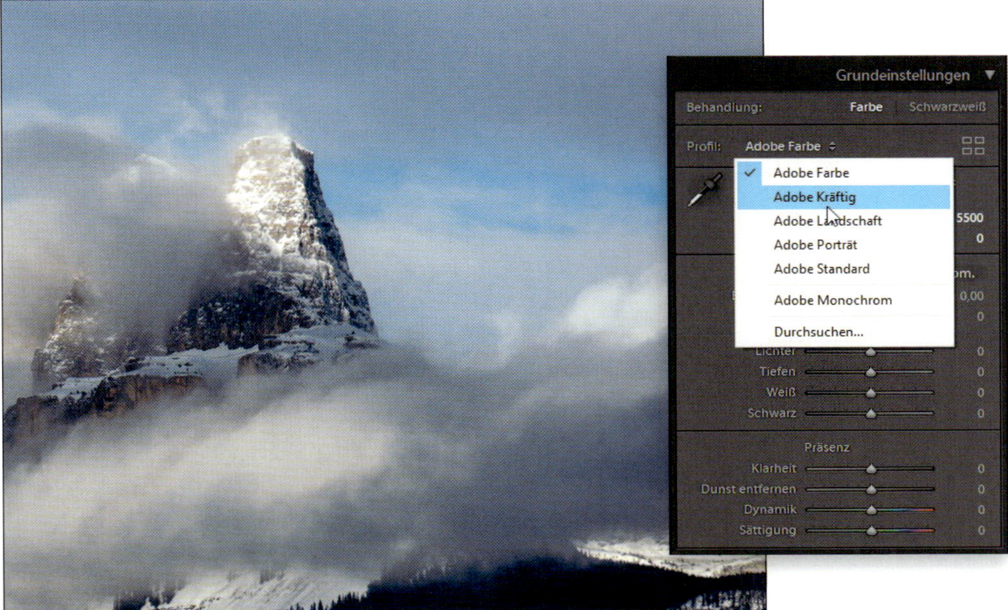

Dieser erste Bildbearbeitungsschritt ist nur dann relevant, wenn Sie im RAW-Format aufnehmen. Fotografieren Sie in JPEG oder TIFF, können Sie diese Seite komplett überspringen. Also, ihr RAW-Fotografen, beschäftigen wir uns kurz mit der Geschichte der Fotografie, damit Sie verstehen, was wir jetzt tun werden. In den Zeiten der analogen Fotografie verwendeten fast alle Standardfilme von Kodak. Für schönere Landschaftsfotos mit satten, kräftigen Farben nutzten die Profis einen Trick: Sie wählten einen anderen Film – Fuji Velvia –, der die Dynamik und den Kontrast steigerte und so bessere Landschaftsbilder erlaubte. Nun, genau dasselbe können wir in Lightroom und Photoshop erreichen. Wenn Sie Ihr RAW-Bild öffnen, muss das Programm dieses interpretieren und dazu nutzt es standardmäßig ein Farbprofil namens »Adobe Color«. Dieses liefert eine recht ansprechende RAW-Datei als Ausgangspunkt für die Bearbeitung. Bei der Landschaftsfotografie entspricht dieses Profil jedoch dem Kodak-Film. Mit einem Trick finden Sie einen besseren Ausgangspunkt: Sie wählen das **Adobe-Landschaft**- oder das **Adobe-Kräftig**-RAW-Profil. Mit beiden bekommen Sie ein lebendigeres, kontrastreicheres Bild. Sie können die Profile über das Popup-Menü im oberen Bereich des **Grundeinstellungen**-Bedienfelds ausprobieren (siehe Abbildung oben). Welches der beiden sollen Sie nehmen? Ich würde beide ausprobieren und schauen, mit welchem das jeweilige Bild am besten aussieht. Dieses wenden Sie dann an, und jetzt haben Sie einen besseren Ausgangspunkt für die Bildbearbeitung – gerade so, als hätten Sie eine frische Rolle Velvia 50 eingelegt.

Zuerst den Weißabgleich einstellen

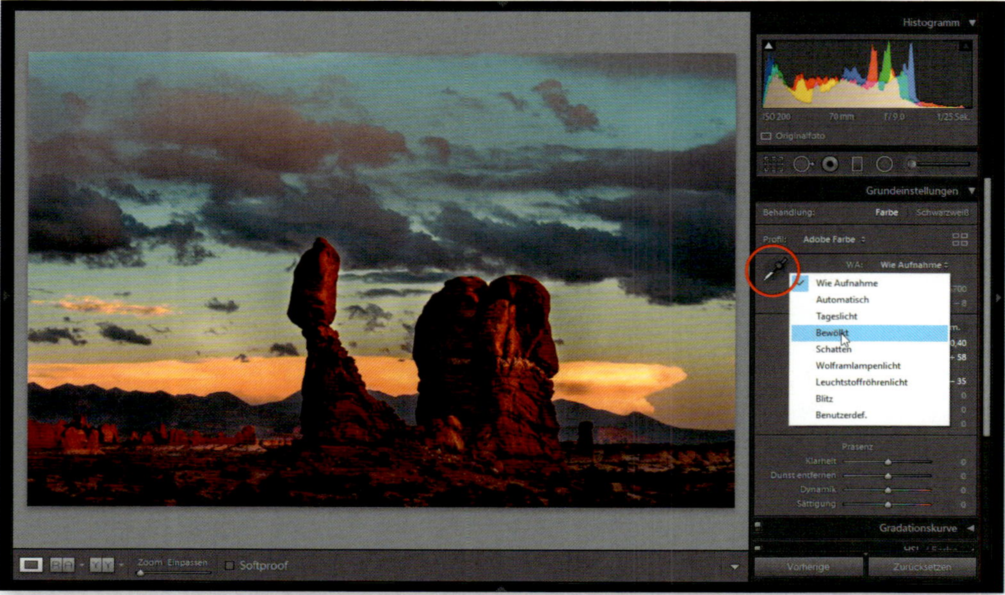

Ich halte es für wichtig, zuerst den Weißabgleich einzustellen. Wenn Sie ihn nämlich erst zu einem späteren Zeitpunkt im Bearbeitungsprozess ändern, kann sich die Gesamtbelichtung ändern (öffnen Sie ein Bild und ziehen Sie die **Weißabgleich**-Regler hin und her, während Sie das Histogramm betrachten – Sie werden sehen, wie stark sich die Belichtung ändert). Deshalb stellen wir den Weißabgleich von Anfang an richtig ein. Wenn Sie in RAW fotografiert haben, können Sie aus dem **Weißabgleich**-Popup-Menü (siehe Abbildung) dieselben Weißabgleichvorgaben wie in Ihrer Kamera wählen. Probieren Sie einfach ein paar aus, um zu testen, welche für Ihr Bild am besten geeignet ist (zum Glück gibt es keine ISO-Norm für korrekten Weißabgleich – Sie sind der Fotograf, es ist Ihr Werk, Sie können entscheiden, was Ihnen zusagt). Eine weitere Methode zum Einstellen des Weißabgleichs (die ich persönlich am häufigsten nutze) ist das **Weißabgleich**-Werkzeug in der linken oberen Ecke des Lightroom-**Grundeinstellungen**-Bedienfelds (in der Abbildung rot eingekreist) oder im linken Bereich der Camera-Raw-Symbolleiste. Die Funktionsweise ist einfach: Sie klicken einfach mit der Pipette auf eine Bildstelle, die hellgrau sein sollte. Wenn es in Ihrem Bild nichts Hellgraues gibt, dann klicken Sie stattdessen auf eine neutrale Farbe (etwa bräunlich, beige, cremefarbig usw.). Gefällt Ihnen das Ergebnis nicht, klicken Sie einfach anderswo hin, bis das Resultat Ihnen zusagt (normalerweise brauche ich ein paar Klicks, bis ich einen Weißabgleich finde, der mir gefällt). Dies ist eine wirklich einfache und durchaus empfehlenswerte Methode zur Einstellung des Weißabgleichs.

Einen kreativen Weißabgleich wählen

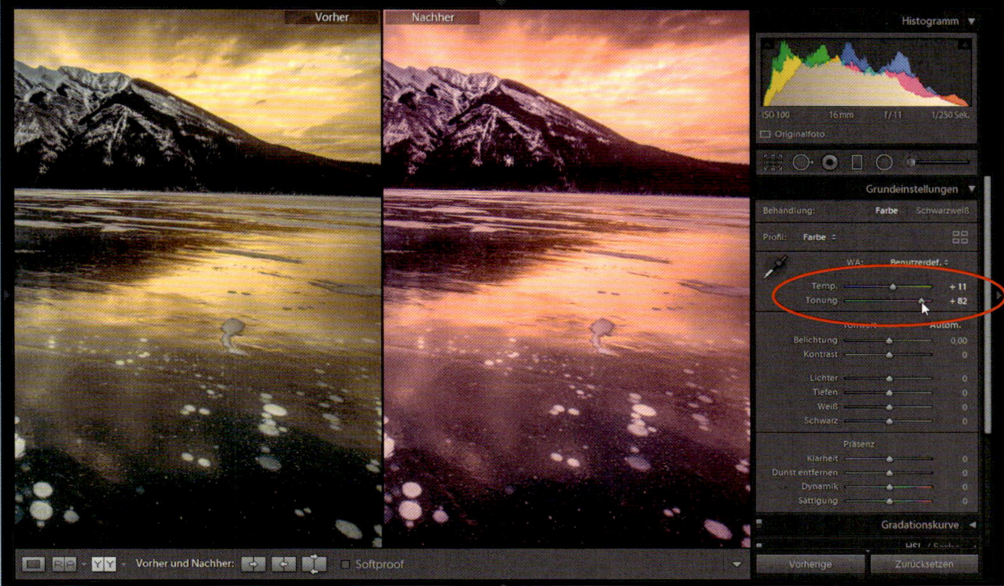

Wenn Sie statt eines exakten einen kreativeren Weißabgleichs wünschen (damit der Weißabgleich besser aussieht als in der eigentlichen Aufnahme), empfehle ich den **Temp.** (Temperatur)- und den **Tonung**-Regler. Beide finden Sie im oberen Bereich des **Grundeinstellungen**-Bedienfelds. Das Schöne an ihnen ist, dass Sie an den Farbbalken direkt unter den Reglern ablesen können, wohin Sie ziehen müssen, um eine bestimmte Farbe zu erhalten. Möchten Sie beispielsweise mehr Blau, ziehen Sie einfach den **Temp.**-Regler in Richtung Blau. Wünschen Sie weniger Blau (und damit eine wärmere Farbe), ziehen Sie ihn nach rechts in Richtung Gelb. Super einfach zu bedienen – dank der Farbbalken.

Weiß- und Schwarzpunkt setzen

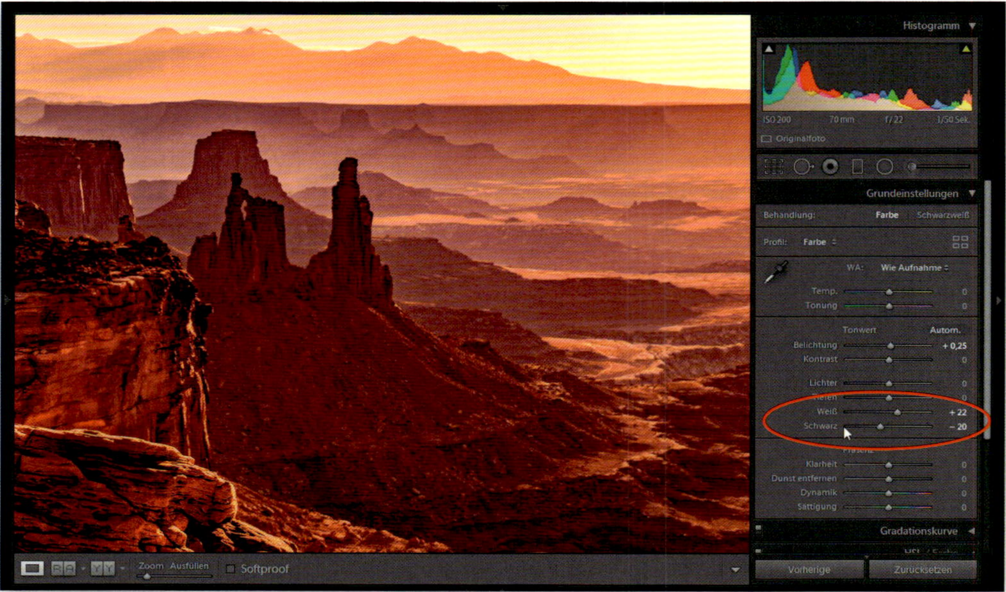

Nachdem Sie den Weißabgleich eingestellt haben, erweitern Sie als Nächstes den gesamten Tonwertumfang des Bilds, um das Optimum aus ihm herauszuholen, ohne die Weiß- oder Schwarztöne zu beschneiden. Dazu setzen Sie den Weiß- und Schwarzpunkt. Dann werden die Weißtöne im Bild so hell wie möglich, ohne auszufressen, die Schwarztöne so dunkel wie möglich, ohne komplett abzusaufen. Sie könnten das von Hand erledigen, aber zum Glück übernimmt Lightroom (oder Camera Raw) die Aufgabe automatisch für Sie: Halten Sie in Lightroom die **Umschalt**-Taste gedrückt und doppelklicken Sie im **Grundeinstellungen**-Bedienfeld direkt auf **Weiß** und dann auf **Schwarz**. In Camera Raw doppelklicken Sie mit gedrückter **Umschalt**-Taste auf den Regler selbst. Beides bewirkt dasselbe – **Weiß**- und **Schwarz**-Regler werden verschoben, Weiß- und Schwarzpunkt werden automatisch festgelegt. Wenn sich einer der Regler nur geringfügig verändert, ist der Tonwertbereich dieses Bilds bereits ziemlich groß. Meist ist es der **Schwarz**-Regler, der sich nur wenig oder gar nicht verändert. Indem Sie die **Alt**-Taste gedrückt halten und dann einen der beiden Regler ziehen, können Sie den Weiß- und Schwarzpunkt auch manuell einstellen. Beim Ziehen des **Weiß**-Reglers wird der Bildschirm zunächst schwarz und alle weiß dargestellten Bereiche werden beschnitten (diese Pixel sind ausgefressen). Wenn Sie rote, grüne oder blaue Bereiche sehen, macht das nichts aus – Sie beschneiden nur Details in diesen Kanälen, nicht im Gesamtbild. Beim Schwarz-Regler wird der Bildschirm zunächst komplett weiß und in allen schwarz dargestellten Bereichen werden die Schwarztöne beschnitten (enthalten also keine Details mehr).

Belichtung einstellen

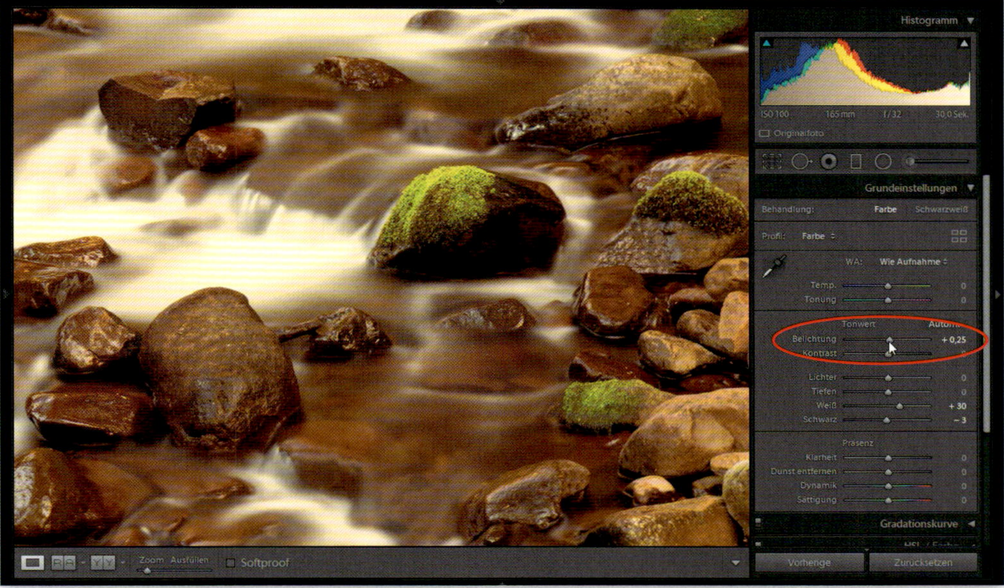

Nachdem Sie Weiß- und Schwarzpunkt eingestellt haben, beurteilen Sie das Bild. Wenn Ihnen das Gesamtbild nach dem Setzen des Weiß- und Schwarzpunkts etwas zu hell oder dunkel geraten ist, korrigieren Sie es mit dem **Belichtung**-Regler im **Grundeinstellungen**-Bedienfeld. Ziehen Sie ihn nach rechts, um das Bild aufzuhellen, nach links, um es abzudunkeln. Da Sie zuerst Weiß- und Schwarzpunkt einstellen, müssen Sie den **Belichtung**-Regler normalerweise nicht sehr stark verschieben, vor allem da er so leistungsstark ist – er steuert die Gesamtmitteltöne für Ihr Bild und das Ziehen in beide Richtungen hat deutliche Auswirkungen.

Beschnittene Lichter wiederherstellen

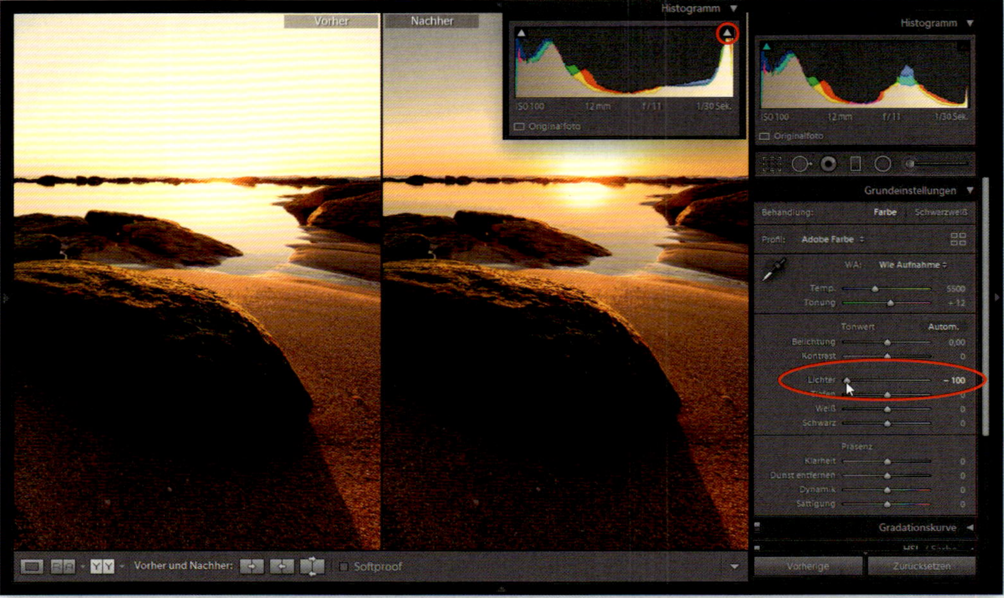

Das Schlimmste, was Ihrem Bild passieren kann, sind ausgefressene (beschnittene) Lichter. Aus diesem Grund verfügen die meisten Kameras über eine eingebaute Überbelichtungswarnung (siehe Seite 31), damit Sie wissen, ob beim Fotografieren die Lichter beschnitten werden. Sie sollten diese Option einschalten, da bei Landschaftsaufnahmen meist die Lichter in den Wolken, Wasserfällen oder schneebedeckten Bergen ausfressen. Solche Bereiche enthalten dann überhaupt keine Details mehr. Natürlich sollten Sie die Beschneidung bereits beim Fotografieren vermeiden, indem Sie die Belichtung etwas verringern. Ich selbst fotografiere Landschaften im Blendenvorwahlmodus, verringere also mit der Belichtungskorrektur die Belichtung, wenn ich eine Lichterwarnung sehe. Aber auch wenn sich eine Überbelichtung nicht beim Fotografieren vermeiden lässt, können Sie die beschnittenen Lichter in Lightroom oder Camera Raw oft mit dem **Lichter**-Regler des **Grundeinstellungen**-Bedienfelds wiederherstellen. Prüfen Sie zuerst, ob die Lichter übersteuern. Dazu betrachten Sie das Histogramm oben rechts – insbesondere das Dreieck in der rechten oberen Ecke (im kleinen Bild oben eingekreist). Ist dieses Dreieck weiß gefüllt, werden Bildbereiche beschnitten. Um zu prüfen, welche, klicken Sie auf das Dreieck. Dann werden die beschnittenen Bereiche rot hervorgehoben. Ziehen Sie jetzt den **Lichter**-Regler nach links, bis die roten Bereiche verschwunden sind und nichts mehr übersteuert. So einfach geht das. Wenn Sie übrigens ein rotes, grünes oder blaues Dreieck in Ihrem Histogramm sehen, wird genau diese Farbe beschnitten. Das ist nicht annähernd so schlimm wie das weiße Dreieck, das ein Ausfressen aller Kanälen signalisiert. Normalerweise kümmere ich mich nicht um eine Beschneidung in nur einem einzigen Kanal.

Schatten öffnen

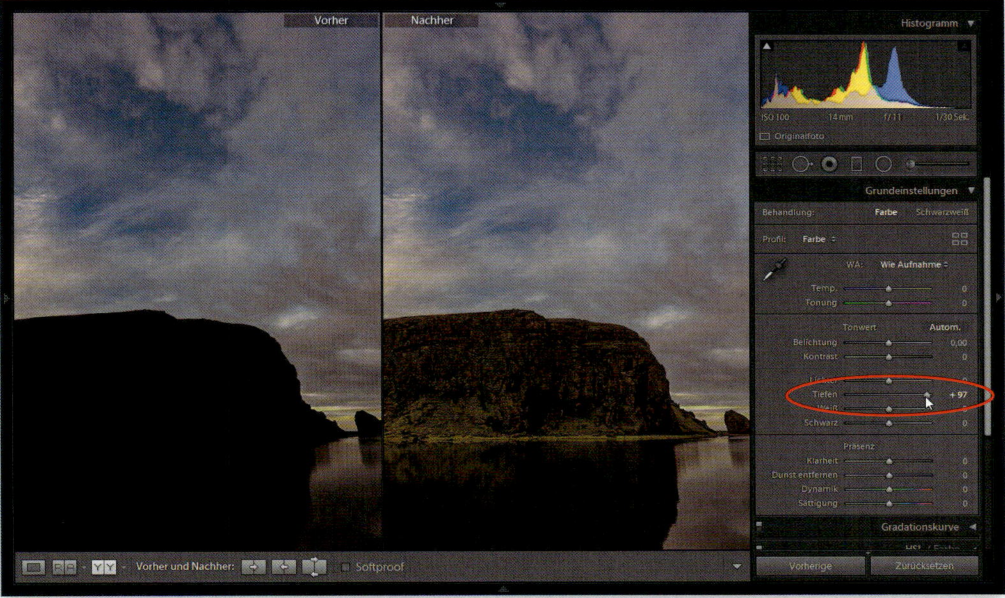

Bei Landschaftsaufnahmen wirken besonders die Details faszinierend. Wenn jedoch bestimmte Schattenbereiche in Ihrem Bild zu dunkel sind, werden sie durchgehend schwarz und verlieren an Detailzeichnung. Zum Glück gibt es dafür im **Grundeinstellungen**-Bedienfeld den **Tiefen**-Regler. Wenn Sie diesen nach rechts ziehen, werden die Tiefen deutlich geöffnet. Sie sollten jedoch nicht zu weit nach rechts ziehen. Möglicherweise braucht Ihr Foto genau das, aber je nach Bild könnte auch ein »HDR-Look« entstehen, wenn Sie zu weit nach rechts ziehen (und ich meine nicht den »guten HDR-Look«). Passen Sie hier also auf. Wie immer kommt es auf das Bild an, aber mit diesem Regler kann man es leicht übertreiben, da er ziemlich starke Auswirkungen hat. Wenn Sie weit nach rechts ziehen, beginnt das Bild manchmal auch irgendwie flach und kontrastlos auszusehen. In diesem Fall ziehen Sie den **Kontrast**-Regler nach rechts, um etwas von dem verlorenen Kontrast zurückzuholen – aber nur ein bisschen, sonst laufen die Bildtiefen wieder zu. Der **Tiefen**-Regler funktioniert bei Gegenlichtaufnahmen besonders gut – wenn Sie ihn nach rechts ziehen, holen Sie die dunklen Bereiche wie durch Zauberhand zurück. Sie selbst konnten die Details in diesen Bereichen beim Betrachten der Szene vor Ort gut erkennen. Das liegt daran, dass unsere Augen einen viel größeren Dynamikbereich haben als ein Kamerasensor. Deshalb entstehen auch so viele Bilder, bei denen das Motiv fast zur Silhouette wird. Sie selbst können vor Ort problemlos alle Details erkennen. Wenn Sie durch den Sucher Ihrer Spiegelreflexkamera schauen, sieht die Szene genauso aus, aber dann machen Sie die Aufnahme und das Motiv wird zur Silhouette. Das ist nicht Ihre Schuld, sondern die des Sensors – aber jetzt wissen Sie zumindest, wie Sie in der Bildbearbeitung gegensteuern können.

Details und Strukturen verbessern

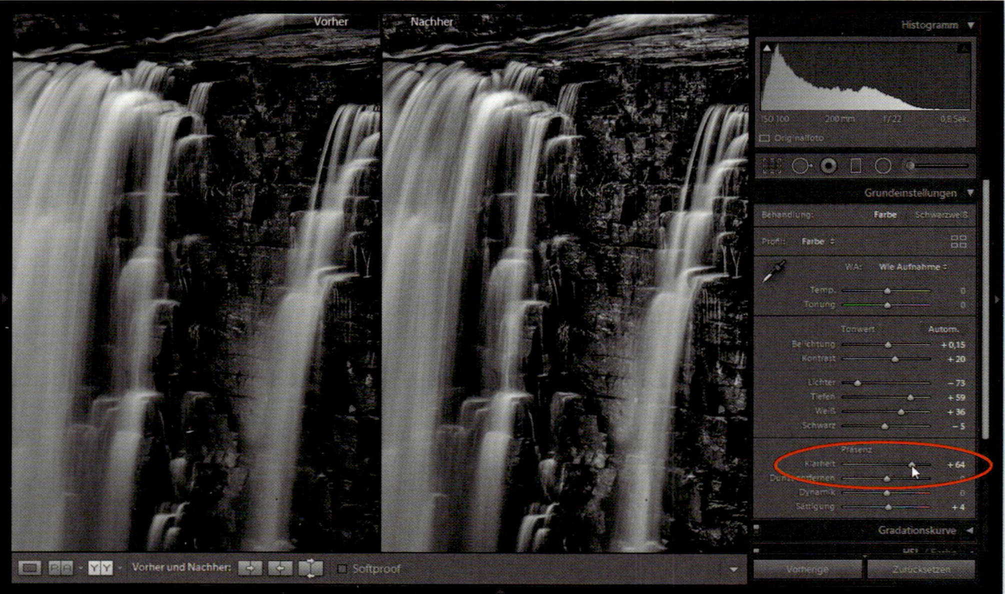

Eines der mächtigsten Werkzeuge zur Verbesserung von Details und Strukturen ist der **Klarheit**-Regler von Lightroom und Camera Raw. Sie finden ihn am unteren Rand des **Grundeinstellungen**-Bedienfelds. Technisch gesehen erhöht er den Mitteltonkontrast (wenn man ihn nach rechts zieht), aber ich betrachte ihn einfach als Detailverstärker. Er arbeitet Strukturen und Tiefenwirkung richtig heraus und ist absolut perfekt für Landschaftsaufnahmen: Er bringt Details in Felsformationen zum Vorschein, verleiht dem Wasser Glanz und dem Laub Kontur – er ist sozusagen unsere Geheimwaffe. Nur, woher wissen Sie, wann Sie zu viel Klarheit angewendet haben? Sobald Sie Säume an den Objektkanten oder eine Art Schlagschatten hinter den Wolken erkennen, sind Sie zu weit gegangen. Meistens verwende ich den **Klarheit**-Regler ziemlich großzügig, aber auch hier kommt es auf Ihr Bild an (ich weiß, dass ich das schon eine Million Mal in diesem Buch geschrieben habe). Je mehr Bildkonturen vorhanden sind, desto mehr Klarheit kann die Aufnahme vertragen. Bei weicheren Bildmotiven, etwa Blumen, sollten Sie den Regler nicht so weit ziehen. Da er den Mitteltonkontrast verstärkt, könnten die Mitteltöne bei starker Anwendung etwas abgedunkelt werden. In diesem Fall erhöhen Sie zum Ausgleich den **Belichtung**-Regler um etwa +0,20 bis +0,30, um die Mitteltöne wieder etwas zu öffnen.

Farben zum Leuchten bringen

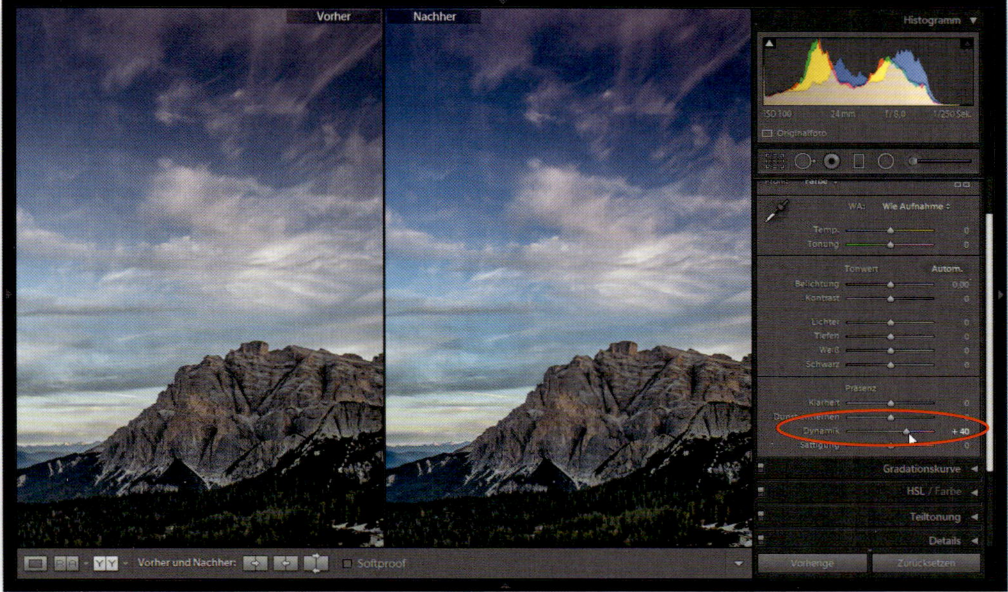

Wenn die Farben in Ihrem Bild noch lebendiger wirken sollen, ziehen Sie den **Dynamik**-Regler im unteren Bereich des **Grundeinstellungen**-Bedienfelds ein wenig nach rechts (oder weit nach rechts – entscheiden Sie selbst). Es handelt sich um eine Art intelligenten **Sättigung**-Regler, da er im Gegensatz zu diesem nicht einfach alle Bildfarben verstärkt (deshalb verwenden wir den **Sättigung**-Regler nie, um Farben zu verstärken, sondern nur, um Farbe wegzunehmen, das Bild also zu entsättigen). Vielmehr wertet er das Bild aus und wenn er Bereiche mit ungesättigten Farben vorfindet, verstärkt er diese deutlich. Bereits ziemlich gesättigte Bereiche werden nur geringfügig verstärkt. Ein spezieller mathematischer Algorithmus vermeidet zudem die Verstärkung von Hauttönen. Die Personen auf Ihrem Foto werden anschließend also nicht sonnenverbrannt oder sonstwie merkwürdig aussehen. Der Regler ist ziemlich intelligent. Wenn Sie Ihrer Farbe also etwas auf die Sprünge helfen wollen, ziehen Sie ihn nach rechts.

Nachträglich einen Neutraldichteverlaufsfilter hinzufügen

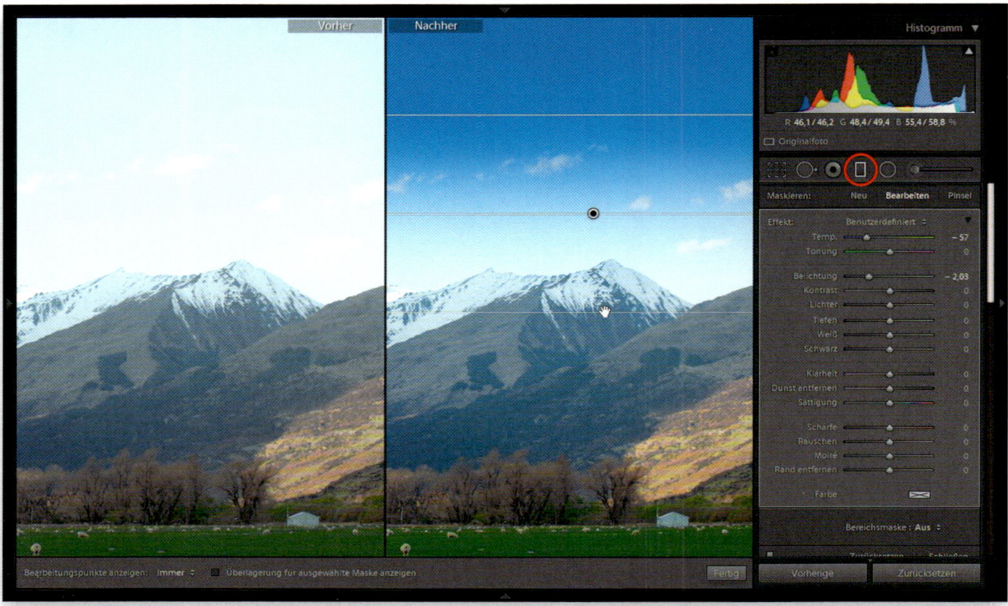

Erinnern Sie sich an den Neutraldichteverlaufsfi ter, mit dem wir uns auf Seite 14 beschäftigt haben? Dieser dunkelt den Himmel ab und verläuft dann bis zur Horizontlinie ins Transparente, sodass sowohl der Vordergrund als auch der hellere Himmel korrekt belichtet werden. Wenn Sie keinen Neutraldichteverlaufsfilter besitzen (oder Sie ihn, wie ich leider schon so häufig, im Auto zurückgelassen haben), können Sie auch nachträglich den **Verlaufsfilter** von Lightroom oder Camera Raw nutzen. Dieser bietet auch noch einige zusätzliche Vorteile. Sie finden ihn in der Lightroom-Symbolleiste direkt unter dem Histogramm (siehe roter Kreis oben) bzw. in Camera Raw im rechten Bereich der Symbolleiste am oberen Fensterrand. Wenn Sie das Icon anklicken, erscheinen die zugehörigen Schieberegler auf der rechten Seite des Fensters. Diese gleichen – auch in der Reihenfolge – denen im **Grundeinstellungen**-Bedienfeld. Zuerst sollten Sie alle Regler auf Null zurücksetzen. Dazu doppelklicken Sie in Lightroom auf das Wort **Effekt** oben links im Bedienfeld. In Camera Raw klicken Sie auf das Minuszeichen links von **Belichtung**, um alle Regler außer der **Belichtung** auf Null zurückzusetzen. Diese wird auf -0,50 gesetzt. Okay – nun ziehen Sie den **Belichtung**-Regler auf –1,00 (eine Belichtungsstufe), halten dann die **Umschalt**-Taste gedrückt, klicken oben in die Bildmitte und ziehen nach unten, bis der Mauszeiger die Horizontlinie erreicht. Dadurch dunkeln Sie den oberen Bereich des Himmels ab, dann wird dieser langsam nach unten hin immer heller, bis zum Punkt, an dem Sie aufgehört haben zu ziehen. Dort hat der Filter gar keine Auswirkungen mehr. So funktioniert auch ein echter Neutraldichteverlaufsfilter. Wenn der Himmel dunkler werden soll, ziehen Sie den **Belichtung**-Regler nach links. Cooler Tipp: Soll der Himmel blauer werden, ziehen Sie den **Temp.**-Regler (Temperatur) ein wenig nach links.

Bilder zuschneiden und begradigen

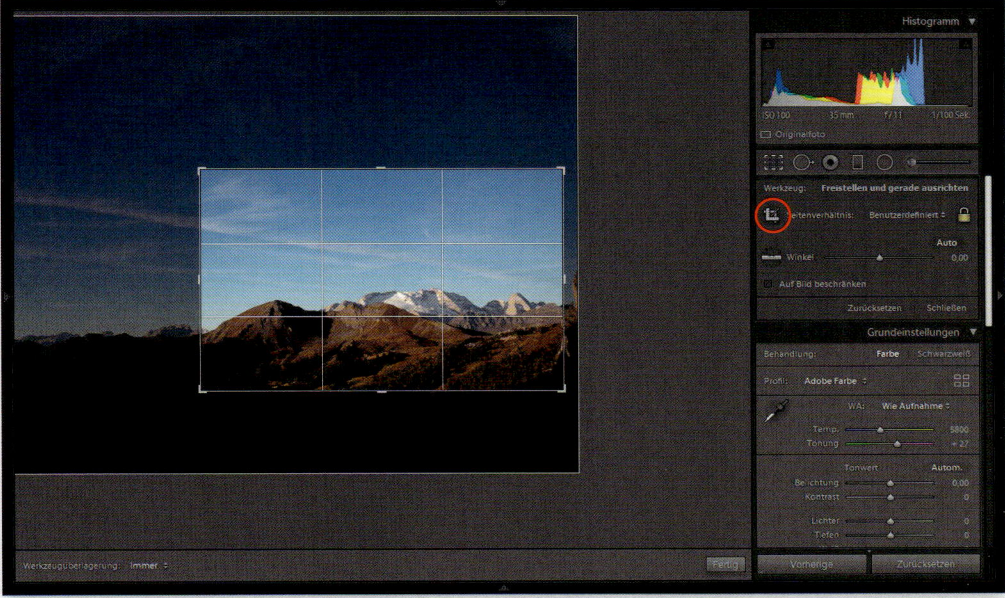

Das **Freistellungswerkzeug** ist das am häufigsten verwendete Tool in Photoshop und Lightroom und seine Bedienung ist denkbar einfach. Am liebsten nutze ich das **Freistellungswerkzeug** in Lightroom oder Camera Raw: Wenn Sie es sich später anders überlegen, kein Problem – Sie können die Freistellung jederzeit rückgängig machen (nur in Lightroom, nicht in Camera Raw). Anzumerken ist, dass das Tool in Lightroom und Camera Raw jeweils etwas anders funktioniert (und in Lightroom als **Freistellungsüberlagerung** bezeichnet wird). Beginnen wir in Lightroom: Hier klicken Sie einfach in der Symbolleiste rechts unter dem Histogramm im rechten Bedienfeldbereich auf das Symbol **Freistellungsüberlagerung.** Um Ihr Bild herum entsteht ein Freistellungsrahmen. Standardmäßig bleiben die Bildproportionen beim Zuschnitt erhalten. Wenn Sie ein anderes Seitenverhältnis wünschen, klicken Sie auf das goldene Schlosssymbol oben rechts im Werkzeug-Bedienfeld. Jetzt können Sie einfach einen der Seiten- oder Eckgriffe des Freistellungsrahmens nach innen ziehen. Möchten Sie den Freistellungsrahmen drehen, beispielsweise um das Bild gerade auszurichten, zeigen Sie mit der Maus knapp neben den Freistellungsrahmen, sodass sich der Mauszeiger in einen doppelköpfigen Pfeil verwandelt. Klicken und ziehen Sie dann nach oben/unten, um das Bild zu drehen. Lightroom bietet im Bedienfeld zudem ein Ausrichtungswerkzeug: Klicken Sie auf das Winkelsymbol und ziehen Sie über ein Element, das genau waagerecht oder senkrecht sein soll. Der Freistellrahmen dreht sich entsprechend und das Bild wird ausgerichtet. Das **Freistellungswerkzeug** in Camera Raw funktioniert ähnlich, nur dass Sie nicht automatisch einen Freistellungsrahmen um das Bild erhalten: Sie müssen diesen auf dem Bild erst aufziehen. Wenn Sie in Lightroom den Freistellungsrahmen durch Ziehen neu positionieren, verschieben Sie das Bild selbst – in Photoshop verschieben Sie den Rahmen.

Bilder in Schwarzweiß umwandeln

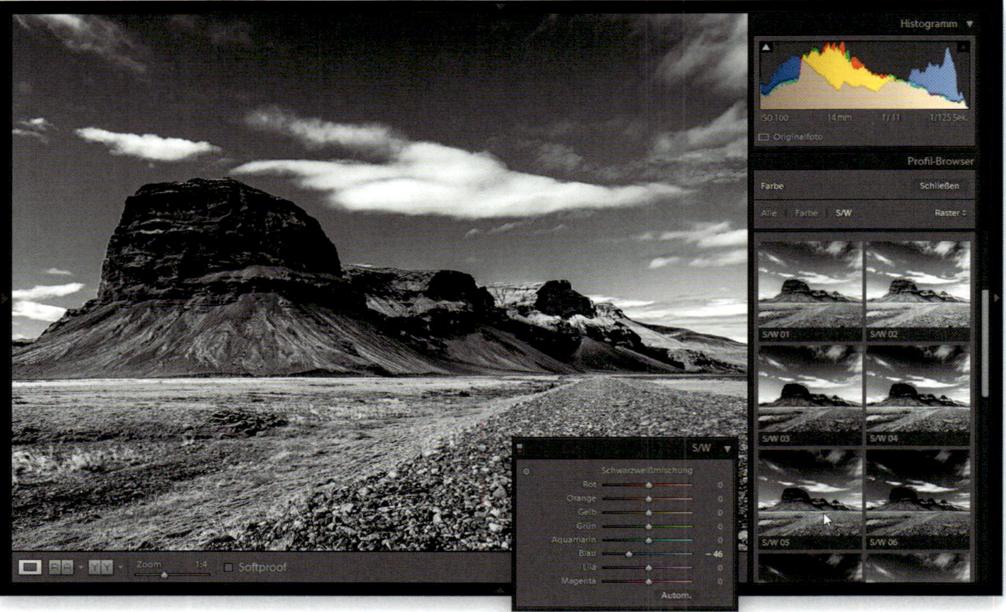

Verzichten Sie auf die Option **Behandlung: Schwarzweiß** von Lightroom oder Camera Raw. Es gibt eine bessere Möglichkeit, eine Schwarzweiß-Konvertierung durchzuführen, die sich zudem noch über das **S/W(HSL-Einstellungen)**-Bedienfeld anpassen lässt: Wenden Sie ein Schwarzweißprofil an. Davon gibt es 12, und alle liefern ein etwas anderes Ergebnis. Sie können sie rasch in der Vorschau durchgehen, um auszuprobieren, welche sich am besten für Ihr Bild eignet. Diese kreativen Profile finden Sie oben rechts im **Grundeinstellungen**-Bedienfeld. Klicken Sie auf das Symbol mit den vier Kästchen, um den Profil-Browser aufzurufen (siehe Abbildung), scrollen Sie nach unten und öffnen Sie die **SW-Profile**. Fahren Sie nun einfach mit der Maus über die Profile, erhalten Sie eine Vorschau, wie Ihr Bild mit dem jeweiligen Profil aussehen würde. Werfen Sie auf alle einen kurzen Blick, klicken Sie dann auf das Profil, mit dem Ihr Foto am besten aussieht, und schon haben Sie einen guten Ausgangspunkt für die Bearbeitung Ihres Schwarzweißbilds. Klicken Sie oben rechts auf die Schaltfläche **Schließen**, um den Profilbrowser zu schließen. Jetzt scrollen Sie nach unten zum **S/W**-Bedienfeld (in Camera Raw klicken Sie auf das **HSL-Einstellungen**-Symbol, das vierte von links unter dem Histogramm). Jeder Farbregler steuert einen anderen Bereich Ihres Bilds. Soll der Himmel beispielsweise dunkler werden, ziehen Sie den **Blau/Blautöne**-Regler nach links. Soll er heller werden? Ziehen Sie den Regler nach rechts. Manche Einstellungen sind selbsterklärend, aber am besten ziehen Sie einfach jeden Regler einige Male kurz hin und her, um zu sehen, was er bewirkt und ob er das Bild verbessern kann. Wenn Sie fertig sind, verfeinern Sie das Ergebnis im **Grundeinstellungen**-Bedienfeld (**Kontrast** ist bei Schwarz-Weiß-Bildern das Wichtigste, also nur zu), und dann schärfen Sie es natürlich auf Teufel komm raus (mit dem Schärfen befassen wir uns auf Seite 163).

Zwei Techniken zur Kontrastverstärkung

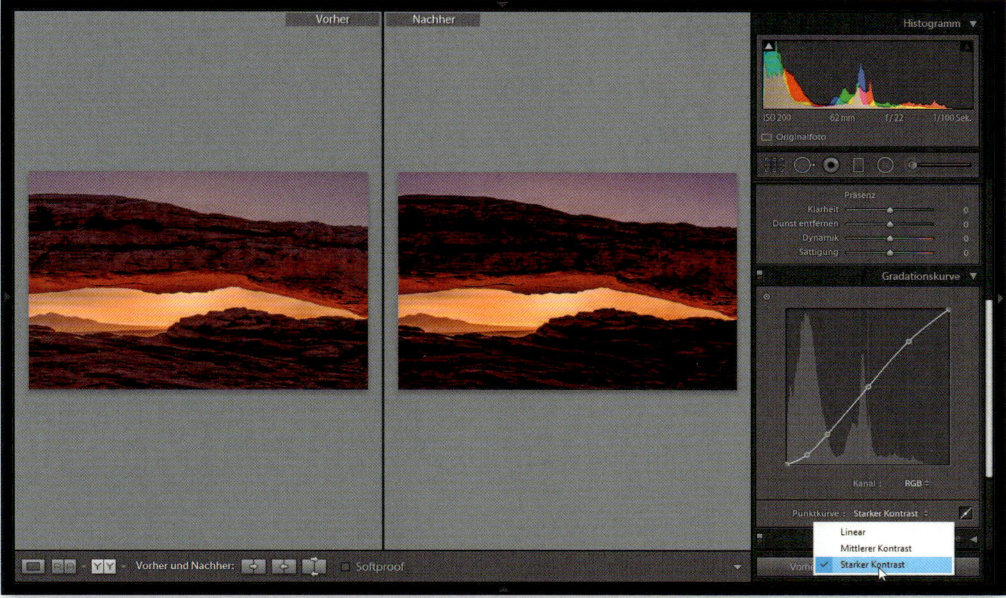

Die naheliegendste Lösung ist der **Kontrast**-Regler im **Grundeinstellungen**-Bedienfeld. Ich verwende ihn sehr häufig. Ziehen Sie ihn nach rechts, um den Bildkontrast zu verstärken; ziehen Sie ihn nach links, um Kontrast herauszunehmen (ideal für den Instagram-Look). Ich mag richtig kontrastreiche Bilder. Deshalb ziehe ich den **Kontrast**-Regler oft deutlich nach rechts (besonders bei Schwarzweißbildern). Dadurch wird das Weiß weißer und das Schwarz schwärzer. Beides zusammen hat den positiven Nebeneffekt lebhafterer Farben. Fügen Sie erst dann Kontrast hinzu, wenn Sie Weiß- und Schwarzpunkt festgelegt haben, denn dadurch verstärken Sie den Kontrast bereits. Sie sollten das also erledigen, bevor Sie mit dem **Kontrast**-Regler arbeiten. Das ist die einfachste Methode. Wenn Sie dem Kontrast mehr Aufmerksamkeit schenken möchten, arbeiten Sie stattdessen oder zusätzlich mit dem **Gradationskurve**-Bedienfeld. Unter der Kurve finden Sie das Popup-Menü **Punktkurve**, das auf **Linear** steht – somit hat es keine Auswirkungen. Um den Kontrast zu erhöhen, wählen Sie aus dem Popup-Menü **Voreinstellung** die Option **Mittlerer Kontrast** und oder **Starker Kontrast**. Bei beidem erscheint innerhalb des Rasters eine S-förmige Kurve. Beim **Mittleren Kontrast** ist die S-Form nur ganz leicht. Wenn Sie **Starker Kontrast** wählen, ist die S-Form ausgeprägter und wenn Sie dann noch die Punkte auf der Kurve ziehen, sodass diese steiler wird, wird der Kontrast weiter verstärkt. Ziehen Sie den oberen rechten Punkt nach oben, fügen Sie mehr Weiß hinzu. Die Mitteltöne können Sie mit dem mittleren Punkt aufhellen oder abdunkeln (zum Aufhellen ziehen Sie nach oben, zum Abdunkeln nach unten). Ziehen Sie einen der beiden Punkte links unten nach oben, um die Schatten aufzuhellen, bzw. nach unten, um sie abzudunkeln (und dadurch noch mehr Kontrast hinzuzufügen).

Dunst entfernen

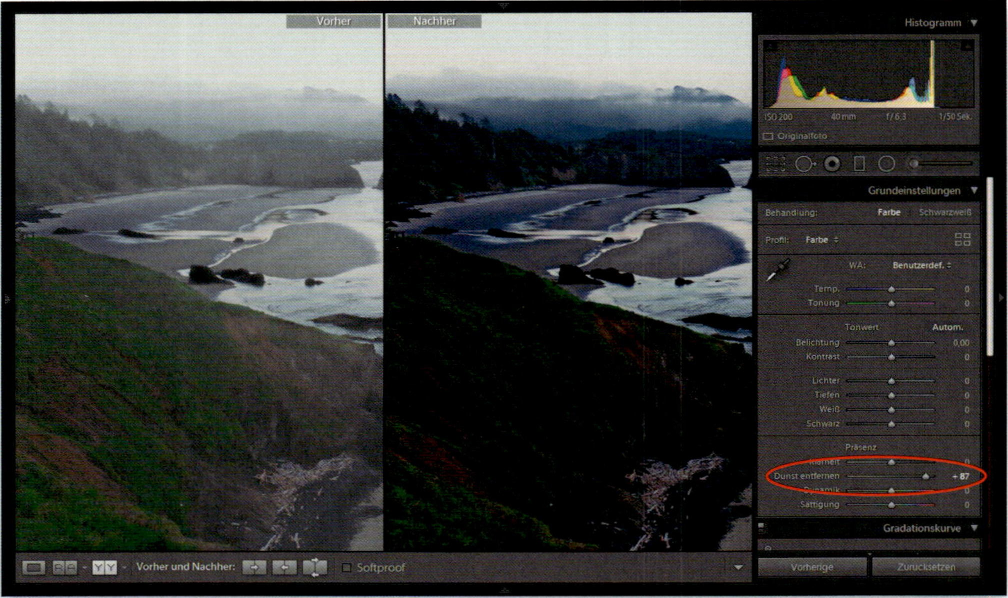

Wenn Sie an einem trüben Tag fotografiert haben oder sich ein Dunstschleier durch Ihr Bild zieht, gibt es eine ganz einfache Lösung – einen Regler mit dem schlichten Namen **Dunst entfernen**. Je weiter Sie ihn nach rechts ziehen, desto mehr Dunst wird entfernt. Werfen Sie einen Blick auf das Beispiel, das ich am Cannon Beach in Oregon fotografiert habe. Es war ein ziemlich trüber Tag, aber dank des **Dunst-entfernen**-Reglers ist das kein Problem. Der Regler hat zwei Nebenwirkungen, wenn Sie es mit ihm übertreiben: (1) Er fügt den betroffenen Bereichen einen bläulichen Farbton hinzu und (2) er verstärkt eine dunkle Vignettierung in den Bildecken. Eine Vignettierung würde ich deshalb zuerst entfernen (normalerweise erledigen Sie das über das Kontrollfeld **Vignettierung** im Reiter **Manuell** im Bereich **Objektivkorrekturen**). Den Blaustich, der durch eine starke Dunstentfernung manchmal entsteht, können Sie über die Registerkarte **Sättigung** des **HSL/Farbe**-Bedienfelds beheben: Ziehen Sie den **Blau**-Regler ein wenig nach links.

Objektivprobleme korrigieren

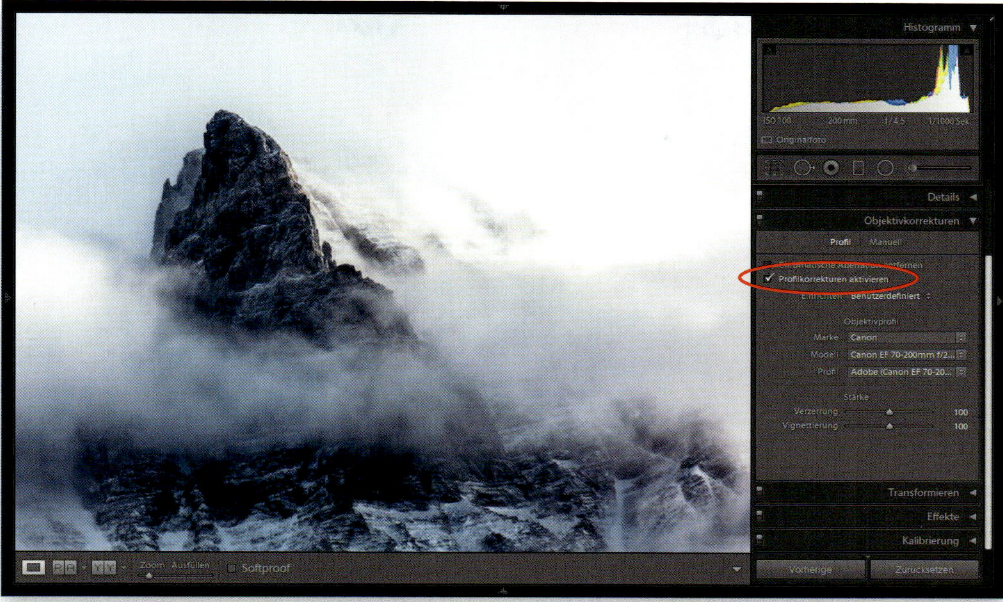

Da Sie in der Landschaftsfotografie viel mit Weitwinkelobjektiven arbeiten, möchten Sie sicherlich wissen, wie Sie einige typische Abbildungsprobleme beheben. Zum Glück ist das heutzutage ziemlich einfach. Gehen Sie zunächst zum **Objektivkorrekturen**-Bedienfeld, klicken Sie auf die Registerkarte **Profil** und aktivieren Sie das Kontrollfeld **Profilkorrekturen aktivieren**. Lightroom und Camera Raw verfügen über riesige integrierte Datenbanken mit Objektivkorrekturprofilen und können anhand Ihrer Aufnahmedaten bestimmen, mit welchem Objektiv Ihr Bild entstanden ist. Wenn Sie dieses Kontrollfeld aktivieren, findet das Programm das richtige Profil (zumindest normalerweise) und wendet die entsprechende Korrektur auf Ihr Bild an. Das ist sehr hilfreich, reicht aber manchmal nicht ganz. Bevor Sie sich mit dem Fall beschäftigen, dass Lightroom (oder Camera Raw) Ihr Objektiv nicht erkennt, können Sie nachhelfen, indem Sie einfach Ihre Objektivmarke (Canon, Nikon, Tamron, Sigma, etc.) aus dem Popup-Menü **Marke** auswählen. Dann findet das Programm das Profil normalerweise. Wenn Sie Ihr genaues Objektiv dort nicht finden (auch das kommt vor), wählen Sie eines, das in der Brennweite dem von Ihnen verwendeten entspricht. Wenn es dann immer noch Verzeichnungsprobleme gibt, können Sie im **Objektivkorrekturen**-Bedienfeld auf die Registerkarte **Manuell** klicken. Hier finden Sie einen Regler für die **Verzerrung**. Mit diesem können Sie tonnenförmige Verzeichnungen korrigieren. Ziehen Sie den Regler einfach ein paar Mal hin und her, dann wird seine Funktionsweise offensichtlich, und Sie können mit ihm die verbleibende Verzerrung ausgleichen.

Violette oder grüne Farbsäume (chromatische Aberration) entfernen

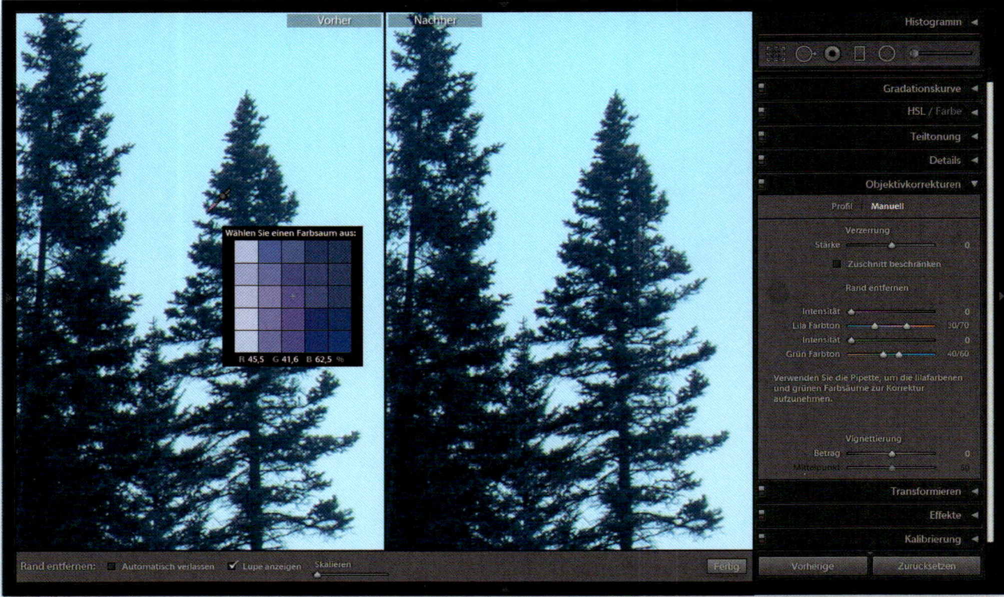

Wenn Sie violette, magentafarbene oder grüne Säume um Objektkonturen bemerken (z.B. um die Konturen eines Berges oder von Bäumen, wie im Vorher-Bild links zu sehen), haben Sie es mit dem »chromatische Aberration« genannten Objektivfehler zu tun. Oft kann Lightroom oder Camera Raw diese Farbsäume automatisch entfernen: Klicken Sie einfach im **Objektivkorrekturen**-Bedienfeld auf das Register **Profil** und aktivieren Sie das Kontrollfeld **Chromatische Aberration entfernen** (in Camera Raw öffnen Sie das **Objektivkorrekturen**-Bedienfeld mit einem Klick auf das sechste Symbol von links unter dem Histogramm). Wenn die Farbsäume dadurch nicht vollständig verschwinden, zoomen Sie stark in den entsprechenden Bereich ein und klicken auf das Register **Manuell**. Hier finden Sie den Bereich **Rand entfernen** mit seinen **Intensität**-Reglern. Mit diesen können Sie die Farbsäume entfernen. Ziehen Sie einen der Regler gerade so weit nach rechts, dass die Farbsäume verschwinden. Wenn Sie das Problem dadurch nicht lösen können, müssen Sie eventuell die exakten Farbtöne auswählen. Klicken Sie im Bereich **Rand entfernen** auf das Werkzeug **Farbsaum-Farbauswahl** (gibt es in Camera Raw nicht), dann einmal direkt auf den Farbsaum. (Sie erhalten wie in der obigen Abbildung einen Vergrößerungsbereich mit den eingezoomten Pixeln, sodass Sie sie leicht auswählen können. Diese violetten Pixel haben im blauen Himmel nichts verloren, richtig?) Die **Farbton**-Regler unter den beiden **Intensität**-Reglern helfen Ihnen, den exakten Violett- oder Grünton zu bestimmen, der das Problem verursacht. Und beim Klicken mit dem Werkzeug **Farbsaum-Farbauswahl** verschieben sich diese Regler an die richtige Position. Sie können die **Farbton**-Regler auch manuell verschieben und/oder den von den Reglern erfassten Farbbereich erweitern, indem Sie die beiden Regler voneinander wegziehen.

Landschaftsbilder schärfen

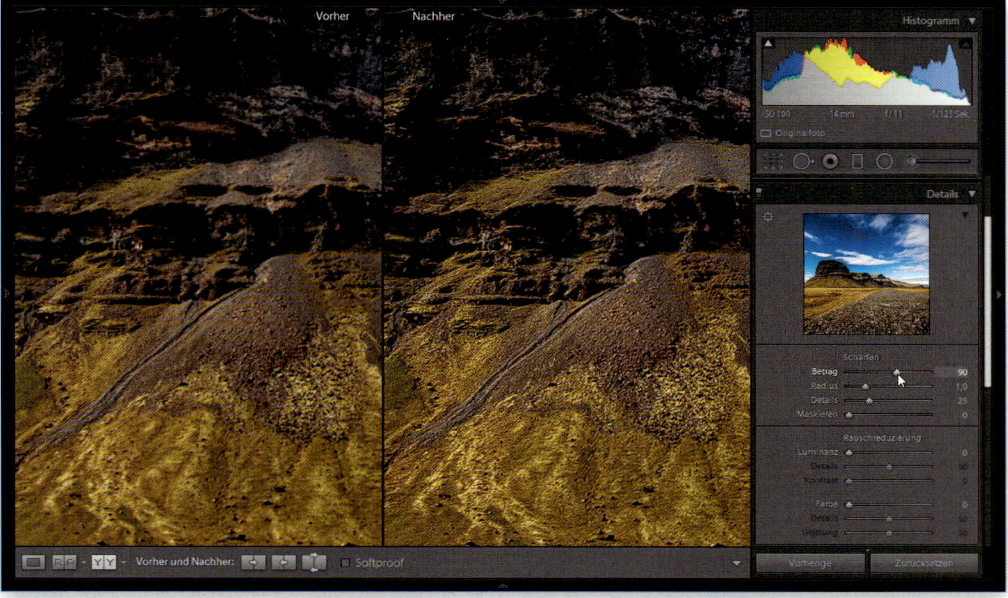

Ich schärfe grundsätzlich alle Landschaftsfotos. Weil sie viele Details, Konturen und Strukturen enthalten, können Landschaftsbilder eine starke Schärfung vertragen. Sowohl Lightroom als auch Camera Raw bieten Voreinstellungen für die Scharfzeichnung. In Lightroom finden Sie diese im linken Bedienfeldbereich im **Vorgaben**-Bedienfeld des **Entwickeln**-Moduls. Scrollen Sie nach unten, klicken Sie auf **Schärfen**, und Sie erhalten die Voreinstellungen **Leicht**, **Mittel** und **Stark**. Ich nutze für die meisten Landschaftsaufnahmen die Voreinstellung **Stark**, aber wenn Sie das Gefühl haben, dass diese etwas zu stark für Ihr Bild ist, versuchen Sie es mit **Mittel**. **Leicht** ist nicht geeignet – das ist zu wenig. Wenn Ihnen **Stark** nicht ausreicht, wenden Sie es trotzdem mit einem Klick an, gehen dann zum **Details**-Bedienfeld im rechten Bedienfeldbereich und ziehen den **Betrag**-Regler nach rechts, um die Scharfzeichnung zu verstärken. Wenn auch das nicht genügt, erhöhen Sie den Radius auf 1,1 (haben Sie etwa eine 50-Megapixel-Kamera verwendet, erhöhen Sie den Wert auf bis zu 1,2). In Camera Raw klicken Sie auf das **Vorgaben**-Symbol (das zweite von rechts unter dem Histogramm) und klicken dann im Bereich **Vorgaben** auf **Schärfen**. Möchten Sie eine kreative Schärfung anwenden (und nur ein paar ausgewählte Bereiche nachschärfen, nachdem die Grundschärfe des Bilds stimmt), nehmen Sie den **Korrekturpinsel** (**K**), setzen alle Regler auf Null, ziehen den **Schärfe**-Regler ein wenig nach rechts und malen über die Bereiche, die Sie punktuell schärfen möchten.

Reflexionen hinzufügen

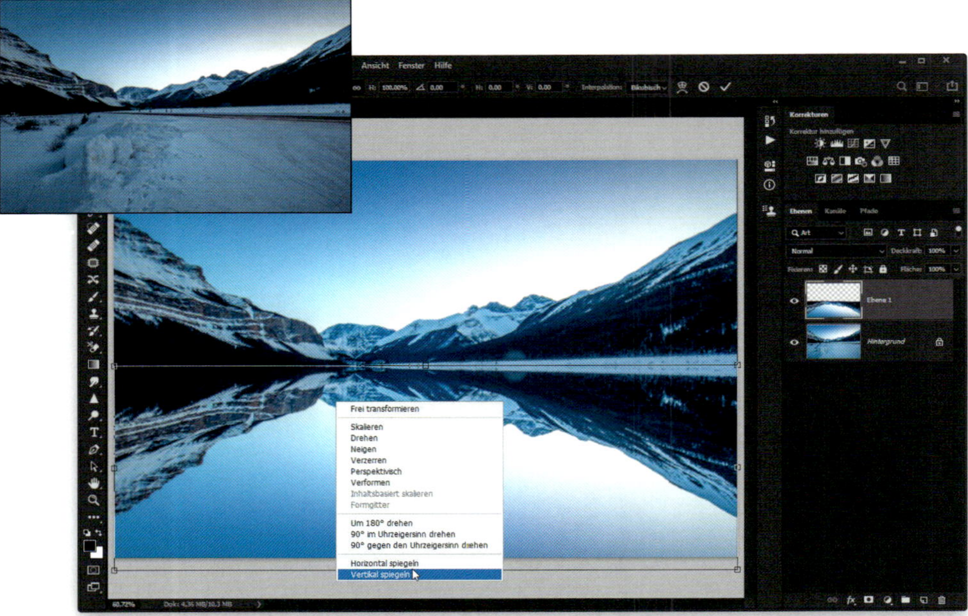

Okay, das ist jetzt absolut geschummelt, aber alle machen es so (na ja, nicht alle, aber eben doch so viele Fotografen, dass auch Sie wissen sollten, wie es geht ... Sie wissen schon ... nur für den Fall ...). Sie brauchen dazu Photoshop (in Lightroom funktioniert es nicht). Als ersten Schritt ziehen Sie mit dem **Auswahlrechteck**-Werkzeug (**M**) eine Auswahl von der Oberkante der Wasserlinie (oder der Horizontlinie, wenn kein Wasser vorhanden ist) bis zur Bildoberkante. Damit ist alles vom Wasser aufwärts markiert. Drücken Sie nun **Befehl/Strg**+ **J**, um den ausgewählten Bereich auf eine eigene Ebene zu kopieren. Mit **Befehl/Strg + T** aktivieren Sie die **Frei-transformieren**-Funktion. Klicken Sie mit der rechten Maustaste in den Begrenzungsrahmen, wählen Sie **Vertikal spiegeln** (wie hier gezeigt), und drücken Sie dann **Enter**, um die Transformation zuzuweisen. Wechseln Sie zum **Verschieben**-Werkzeug (Taste **V**), halten Sie die **Umschalt**-Taste für eine exakte Ausrichtung gedrückt und ziehen Sie senkrecht nach unten, bis sich die beiden Wasserlinien treffen. So entsteht die Reflexion. Vielleicht sollten Sie abschließend noch (also, so würde ich es jedenfalls machen ... Sie wissen schon ... falls ich jemals diese Schummelei anwenden würde), die Reflexion ein wenig abdunkeln, damit sie dezenter ausfällt. Dazu können Sie den **Camera-Raw**-Filter verwenden: Öffnen Sie das Menü **Filter** und wählen Sie (richtig geraten) den Befehl **Camera-Raw-Filter**. Im folgenden Dialogfeld ziehen Sie einfach den **Belichtung**-Regler geringfügig nach links, um die Reflexion abzudunkeln. Klicken Sie auf **OK** – und fertig.

Weiße Säume korrigieren

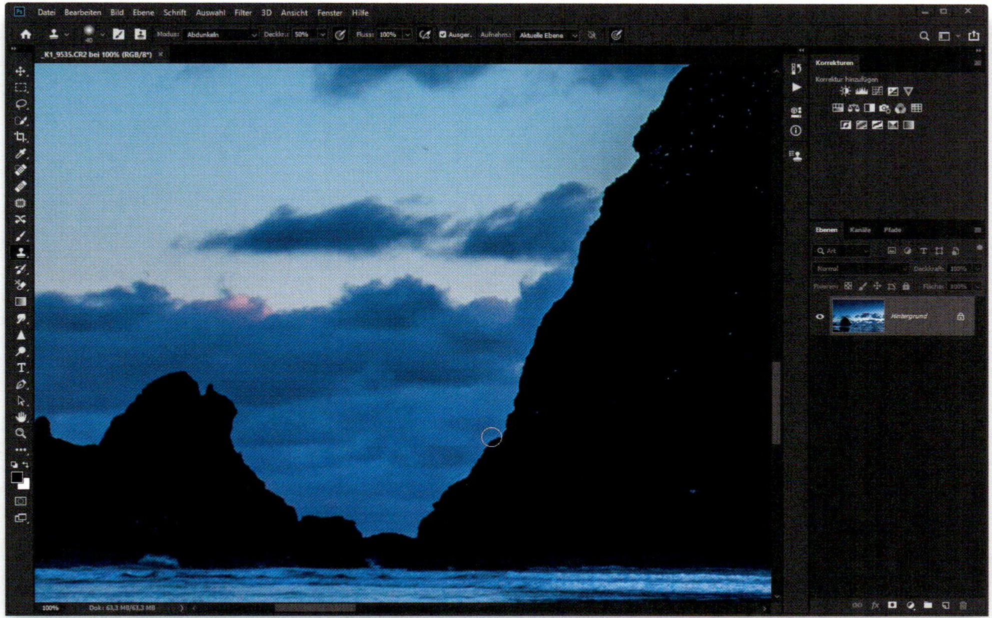

Wenn Sie Ihr Bild stark nachbearbeiten, zum Beispiel eine Menge Kontrast oder Klarheit hinzugefügt haben, erhalten Sie manchmal ein weißes Leuchten an den Kontrastkanten, wie etwa an den Konturen von Bergen oder Felsen. Und das sieht nicht gerade toll aus. Solche hellen Säume entferne ich grundsätzlich, denn sie wirken störend und signalisieren anderen Photoshop-Anwendern, dass Sie das Bild zu stark bearbeitet haben. Glücklicherweise lassen sich die Säume eigentlich recht einfach entfernen. Die Arbeit ist allerdings etwas langweilig und Sie brauchen Photoshop. Nehmen Sie das **Schnellauswahl**-Werkzeug (**W**) und malen Sie um die Farbsäume herum (im abgebildeten Beispiel übermalen Sie also den Himmel bis zur Felskante, um ihn auszuwählen. Das ist genau die Funktionsweise des Schnellauswahl-Werkzeugs: Sie können damit Auswahlbereich ins Bild malen, und intelligente Technologien verhindern, dass Sie versehentlich Elemente wie den Fels auswählen. Holen Sie sich nun das **Kopierstempel**-Werkzeug (**S**) aus der Symbolleiste (sein Symbol sieht aus wie ein Gummistempel), gehen Sie dann in die Optionsleiste am oberen Fensterrand, senken Sie die Deckkraft auf 50 % und ändern Sie den Mischmodus auf **Abdunkeln** (dadurch wirkt das Werkzeug nur auf Pixel, die heller sind als die Kopierquelle). Halten Sie die **Alt**-Taste gedrückt und klicken Sie rechts neben den weißen Saum, um einen geeigneten Bereich auszuwählen. Bewegen Sie jetzt den Mauszeiger über den weißen Saum und beginnen Sie zu malen. Dabei kopiert (klont) Photoshop den danebenliegenden Himmelsbereich direkt über den weißen Saum. Abschließend drücken Sie **Befehl/Strg + D**, um die Auswahl aufzuheben. Wie gesagt kann es bei einem großen Landschaftsbild recht viel Zeit kosten, sich hier Stück für Stück voranzuarbeiten. Aber wenn Sie es geschafft haben und Ihr Bild ohne weiße Säume vor sich haben, werden Sie mit Sicherheit finden, dass es sich gelohnt hat.

Fokusstacking-Serie zusammenfügen

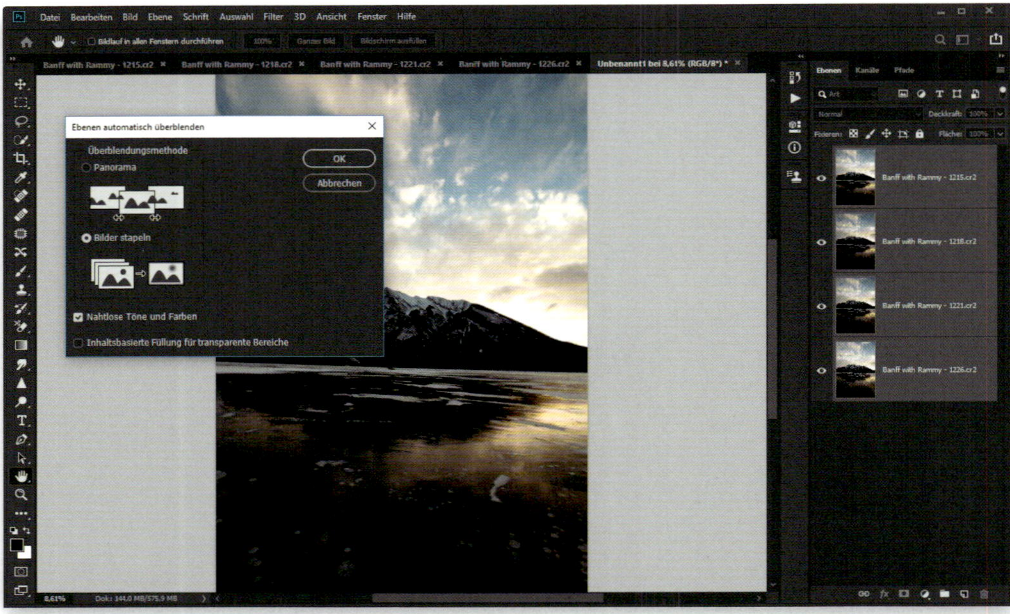

Wenn Sie Ihr Bild mit der Fokusstacking-Technik aufgenommen haben (siehe Seite 191), erfahren Sie hier, wie die Nachbearbeitung geht: Öffnen Sie zunächst die Bilder in Photoshop (es funktioniert nur in Photoshop, nicht in Lightroom). Öffnen Sie dann das Menü **Datei**, wählen Sie **Skripten** und dann **Dateien in Stapel laden**. Im nun angezeigten Dialogfeld **Ebenen laden** klicken Sie auf die Schaltfläche **Geöffnete Dateien hinzufügen** und dann auf **OK**, um die Bilder in einem einzigen Dokument zusammenzuführen. Dabei erhält jedes Bild seine eigene Ebene. Da Sie mit dem Stativ fotografiert haben, passen die Ebenen perfekt aufeinander, sodass Sie jetzt nur noch die unscharfen Bereiche der einzelnen Ebenen maskieren müssten. Das Ergebnis wäre ein sehr scharfes Bild mit einer enormen Schärfentiefe. – Sie sagen, Sie kennen sich nicht mit Ebenenmasken aus? Macht nichts, Photoshop übernimmt das für Sie. Nehmen wir etwa an, dass Sie vier Bilder geöffnet haben – das **Ebenen**-Bedienfeld enthält dann vier Ebenen (siehe oben). Klicken Sie auf die oberste Ebene, halten Sie die **Umschalt**-Taste gedrückt und klicken Sie auf die unterste Ebene, um alle vier Ebenen auszuwählen. Nun öffnen Sie das Menü **Bearbeiten** und wählen **Ebenen automatisch überblenden**. Im folgenden Dialogfeld klicken Sie auf das Optionsfeld **Bilder stapeln**, aktivieren das Kontrollfeld **Nahtlose Töne und Farben** und klicken auf **OK**. Jetzt passiert etwas Unglaubliches – Photoshop analysiert Ihre Bilder, findet die scharfen Bereiche jeder Aufnahme und fügt entsprechende Ebenenmasken hinzu. Jetzt sehen Sie nur noch die scharfen Bereiche jedes Bildes, alles andere bleibt hinter einer schwarzen Ebenenmaske verborgen. Sie haben nun ein Bild mit enormer Tiefenwirkung und Photoshop hat den Großteil der harten Arbeit für Sie erledigt. Sie müssen nur noch rechts oben das Bedienfeldmenü des **Ebenen**-Bedienfelds öffnen und den Befehl **Auf eine Ebene reduzieren** wählen. Zack – fertig!

Trick für einen blauen Himmel

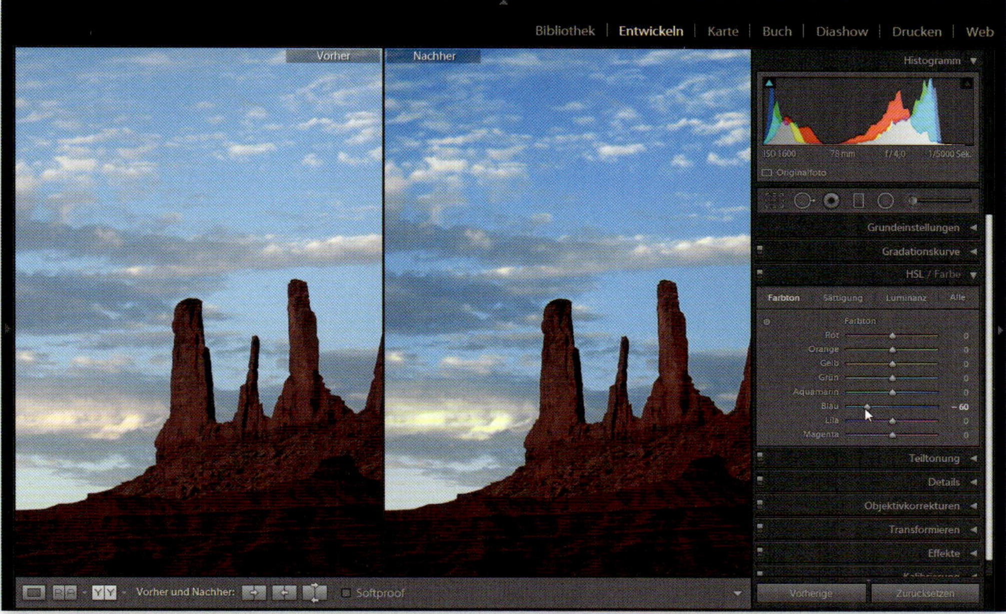

Wenn Ihr Himmel zwar blau ist, aber eben ein verwaschenes, langweiliges Blau aufweist anstatt des schönen, satten Himmelblaus, das Sie gerne hätten, versuchen Sie Folgendes: Gehen Sie zum **HSL/ Farbe**-Bedienfeld – in Lightroom finden Sie es im rechten Bedienfeldbereich; in Camera Raw klicken Sie auf das vierte Symbol von links unter dem Histogramm. Anschließend klicken Sie im oberen Bedienfeldbereich auf die Registerkarte **Luminanz**, ziehen den **Blau/Blautöne**-Regler nach links und erleben Ihr blaues Wunder. Okay, »Wunder« mag in diesem Fall ein wenig übertrieben sein, aber auf jeden Fall wird Ihr Himmel blauer oder sogar atemberaubend blau – und das ist immer gut.

Autom.-Button als Ausgangspunkt nutzen

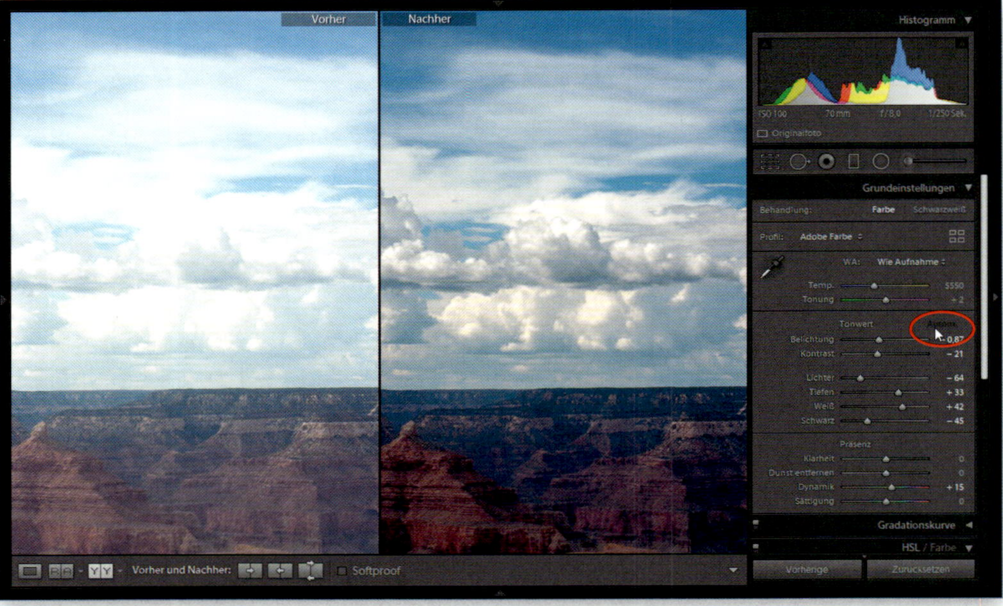

Im **Grundeinstellungen**-Bedienfeld von Lightroom und Camera Raw gibt es einen **Autom.**-Button. Früher war der total unbrauchbar, aber mittlerweile (endlich) ist die Funktion eigentlich ganz in Ordnung, zumindest als Ausgangspunkt. Sie liefert Ihnen kein fertiges Bild, aber wenn Sie nicht genau wissen, wo Sie anfangen sollen, ist sie auch nicht schlechter als andere Möglichkeiten. Am **Autom.**-Button gefällt mir nicht, dass er die Tiefen zu stark öffnet und den Kontrast verringert. Lesen Sie sich das einmal laut vor: »Er verringert den Kontrast.« Wer immer bei Adobe auf diese Idee kam, war kein Landschaftsfotograf. Für bessere Ergebnisse gehen Sie folgendermaßen vor: Gleich nachdem Sie auf den **Autom.**-Button geklickt haben, ziehen Sie den **Kontrast**-Regler wieder auf mindestens Null (oder sogar höher), verringern dann den **Tiefen**-Wert um mindestens ⅓ bis ½ der eingestellten Verstärkung, indem Sie den Regler nach links ziehen. Dann erhalten Sie ein ganz gutes Ergebnis. Ich glaube, das bekommen Sie mit den in diesem Kapitel vorgestellten Werkzeugen besser hin – aber wenn Sie nicht sicher sind, wo Sie anfangen sollen, klicken Sie auf den **Autom.**-Button, nehmen die beiden genannten Anpassungen vor und haben zumindest einen Ausgangspunkt. Stellen Sie außerdem sicher, dass Sie das passende RAW-Profil auswählen (statt **Adobe Color** wählen Sie **Adobe Landschaft** oder **Adobe Kräftig**; siehe Seite 147), bevor Sie auf die **Autom.**-Schaltfläche klicken.

Verträumten Look erzeugen (»Orton-Effekt«)

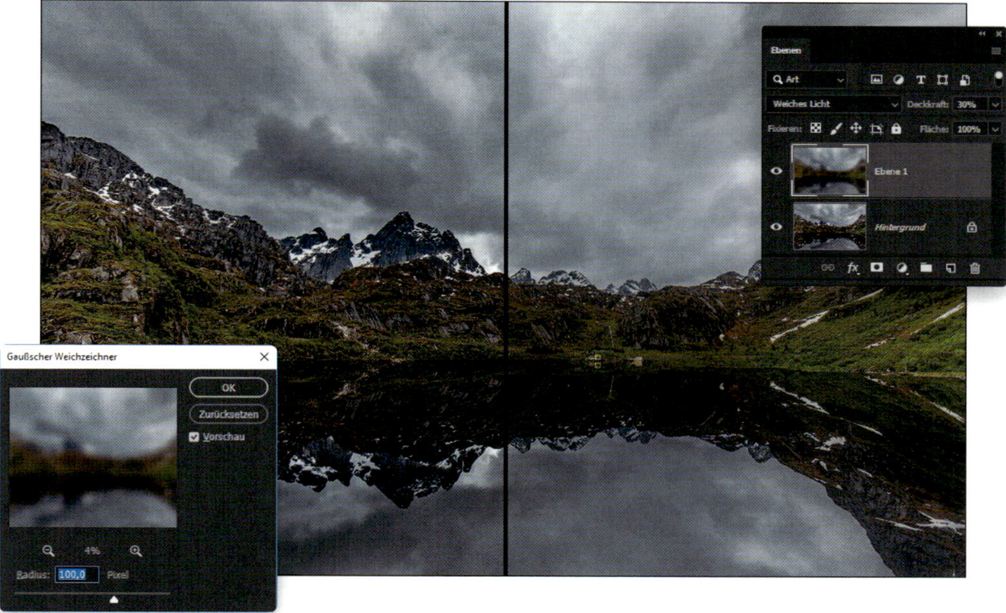

Diesen bei Landschaftsfotografen beliebten Look können Sie in Photoshop erzeugen – es handelt sich um eine Unschärfe, die vor allem auf die Lichter und weniger stark auf die Schattenzonen angewandt wird. Vielleicht haben Sie bereits die Bezeichnung »Orton-Effekt« für diesen verträumten Look gehört. Er wurde von Michael Orton in den 1980er-Jahren geschaffen. Nun erlebt er eine Renaissance – wir sehen ihn auf Instagram auch bei manchen hochkarätigen Fotografen. Deshalb möchte ich Ihnen zeigen, wie Sie ihn erzeugen. Es gibt eine Reihe verschiedener Techniken und eine, die sich auch für HDR-Bilder eignet (weil sie den übertrieben geschärften Look mancher HDR-Bilder abmildert), geht so: Duplizieren Sie mit **Befehl/Strg + J** die Hintergrundebene und wenden Sie einen starken Gaußschen Weichzeichner an (**Filter > Weichzeichner > Gaußscher Weichzeichner**). Nehmen Sie dabei einen Radius von 80, 100 oder sogar 120 Pixeln für die richtig hochauflösenden Bilder von 50+-Megapixel-Kameras. Wirklich alle Details sollen unscharf werden. Ändern Sie anschließend über das Popup-Menü oben links im **Ebenen**-Bedienfeld den Ebenenmischmodus der unscharfen Ebene in **Weiches Licht** und senken die Deckkraft auf 30 %, um den Effekt fertigzustellen (**Weiches Licht** verändert den Kontrast; die Lichter und Tiefen werden intensiver). Oder Sie versuchen, die Ebene im Mischmodus **Normal** zu belassen, senken die Deckkraft auf 20 bis 30 % (je nachdem, wie verträumt die Szene wirken soll) und öffnen dann mit **Befehl/Strg + L** die Tonwertkorrektur. Ziehen Sie den Weißregler ganz nach links, um die Lichter zu verstärken, dann den Schwarzregler ein wenig nach rechts, um die Schatten zu verstärken. Probieren Sie beide Methoden aus und prüfen Sie, welche davon Ihnen besser gefällt und zu Ihrem Stil passt.

Wolken ersetzen: Technik 1

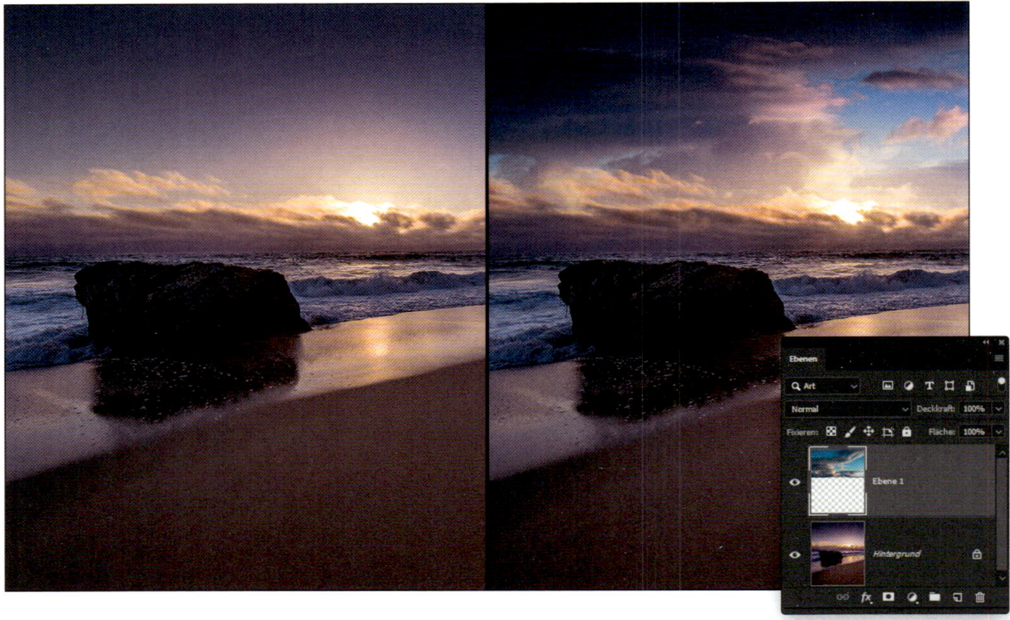

Da wir beim Fotografieren keine Kontrolle über die Wolken haben, ist die Kunst des Wolkenersetzens unglaublich populär geworden. Dabei nehmen Sie in Photoshop einen schönen oder interessanten Himmel aus einem anderen Bild und ersetzen mit ihm den ursprünglichen, langweiligen, wolkenlosen Himmel Ihrer Aufnahme – viele Top-Profis tun das inzwischen, ohne mit der Wimper zucken. Da es so alltäglich geworden ist, möchte ich Ihnen gleich zwei Techniken zeigen. Vorab sollten Sie einige Dinge beachten, damit der neue Himmel natürlich wirkt: (1) Stellen Sie sicher, dass die Sonne die Wolken von der gleichen Seite beleuchtet wie im Bild mit dem langweiligen Himmel. Sollte dies nicht der Fall sein, aktivieren Sie nach der Auswahl des Wolkenbilds das **Frei-transformieren**-Werkzeug (zu finden im **Bearbeiten**-Menü), klicken mit der rechten Maustaste in das Begrenzungsfenster und wählen **Horizontal spiegeln**, um die Wolken zu spiegeln, sodass die Sonne und sämtliche Schatten auf der richtigen Seite stehen. (2) Die neuen Wolken sollten dem allgemeinen Farbton Ihres Bilds entsprechen. Fügen Sie also einen Sonnenuntergangshimmel nicht in ein tagsüber fotografiertes Bild ein und umgekehrt. (3) Im Idealfall sollten die neuen Wolken mit einem ähnlichen Objektiv aufgenommen sein, damit ihre Größe und Form korrekt wirken. Mit einem 200-mm-Objektiv fotografierte Wolken wirken in einer Weitwinkelaufnahme wahrscheinlich unpassend. Wenn Sie all das beachtet haben, sollten Sie zuerst die folgende Photoshop-Technik ausprobieren: Kopieren Sie das Wolkenbild in den langweiligen Himmel, öffnen Sie dann das Popup-Menü für den Ebenenmischmodus (oben links im **Ebenen**-Bedienfeld) und scrollen Sie durch die einzelnen Mischmodi. Die Vorschau zeigt, wie die Wolken nach der Verrechnung mit dem Bild aussehen würden. Meiner Meinung nach wirken **Multiplizieren**, **Weiches Licht** oder **Ineinanderkopieren** meist am besten, aber es kommt natürlich auf das jeweilige Bild an. Sie können auch die Deckkraft der Ebene etwas herabsetzen, damit sie sich besser in das Bild einfügt.

Wolken ersetzen: Technik 2

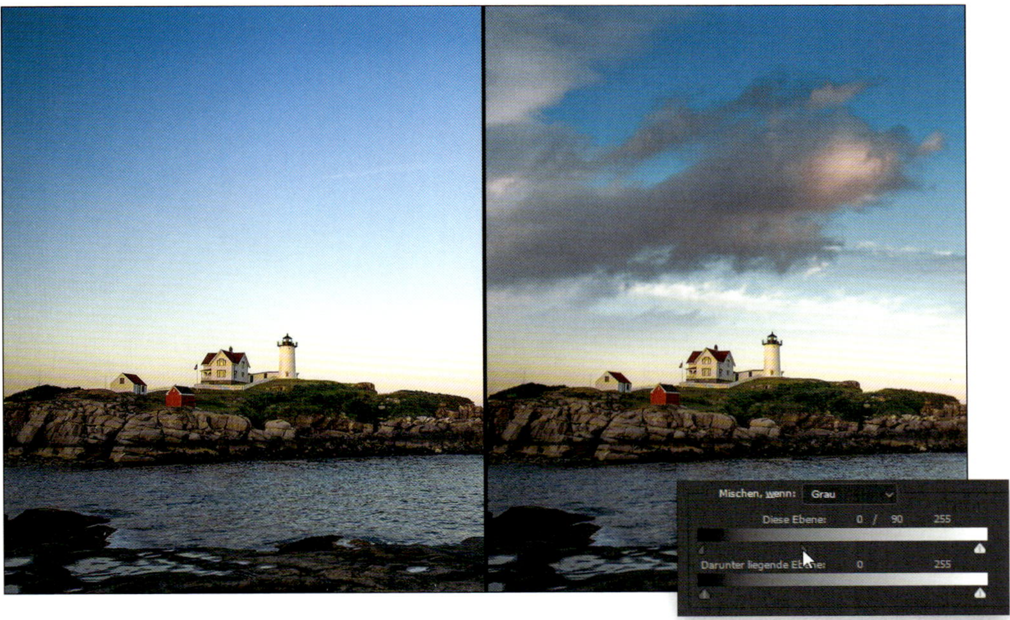

Sie können noch eine weitere Technik ausprobieren. Na ja, eigentlich sind es 1 ½ Techniken. Vielleicht sogar zwei. Keine Ahnung – aber los geht's: (1) Fügen Sie die neuen Wolken in Ihr Originalbild mit dem langweiligen Himmel ein. Im **Ebenen**-Bedienfeld doppelklicken Sie auf die Wolkenebene, um die **Mischoptionen** im Dialogfeld **Ebenenstil** aufzurufen. Im unteren Bereich sehen Sie den Bereich **Mischen wenn** mit zwei Schiebereglern. Diesen nutzen wir, um eine ansprechende Mischung zu erzeugen. Bevor Sie aber einfach anfangen, die Regler zu ziehen, halten Sie die **Alt**-Taste gedrückt. Wenn Sie nun einen der Regler ziehen, teilt er sich in zwei Hälften, wodurch Sie einen wesentlich weicheren Übergang erhalten. Ohne die gedrückte **Alt**-Taste sollten Sie die Regler nicht betätigen! Da jedes Bild anders ist, kann ich Ihnen nicht sagen, welcher der beiden Regler der richtige für eine perfekte Mischung ist, Sie müssen sie einfach nach dem Prinzip »Versuch macht kluch« ein paar Mal hin und her ziehen und herausfinden, was funktioniert. Meist erzielen Sie hier ein ziemlich gutes Ergebnis, falls das mit der auf der vorigen Seite geschilderten Technik nicht gelungen ist. Die nächste Technik (die ½) besteht darin, die Wolken in das Dokument mit dem langweiligen Himmel zu kopieren, dann die **Alt**-Taste gedrückt zu halten und auf das Symbol **Ebenenmaske hinzufügen** am unteren Rand des **Ebenen**-Bedienfelds zu klicken (es ist das dritte Symbol von links und sieht aus wie ein Rechteck mit einem Kreis darin). Die Wolkenebene ist nun hinter einer schwarzen Maske verborgen und die Wolken sind komplett unsichtbar; Sie sehen nur noch das Originalbild auf der unteren Ebene. Holen Sie sich das **Pinselwerkzeug** (**B**), wählen Sie einen weichen Pinsel aus der Optionsleiste, setzen Sie die Vordergrundfarbe auf Weiß und malen Sie die Wolken an den gewünschten Stellen ins Bild. Möglicherweise müssen Sie noch den Mischmodus der Wolkenebene ändern, damit diese sich besser ins Bild einfügt, oder die Deckkraft ein wenig reduzieren. Aber auch diese Technik lohnt einen Versuch. (Übrigens ist das die Maskieren-Technik, die Sie auf Seite 166 noch nicht kannten.)

Störende Elemente entfernen

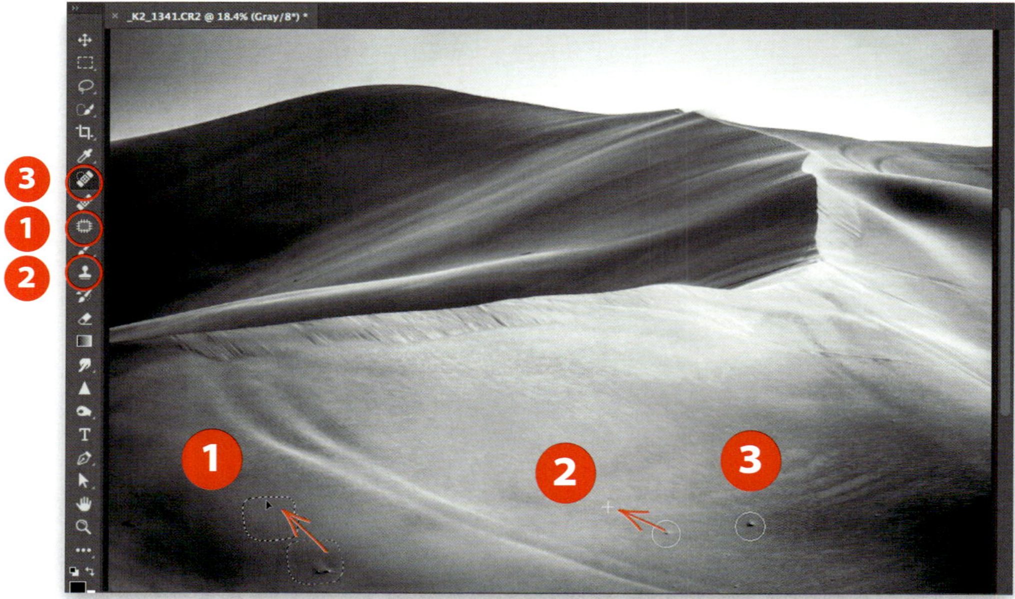

Wenn Sie nur einen kleinen Fleck entfernen möchten, können Sie die **Bereichsreparatur** von Lightroom verwenden: Klicken Sie einfach auf die entsprechende Stelle und schon ist der Störenfried weg – normalerweise. Die Technik ist nicht besonders genau und funktioniert manchmal ziemlich unzureichend. Deshalb rate ich hier immer zu Photoshop – seine Werkzeuge zum Entfernen von störenden Elementen sind genial. Die drei wichtigsten sind: (1) Das **Ausbessern**-Werkzeug. Damit entferne ich größere Objekte. Ziehen Sie eine lose Auswahl um das zu entfernende Element, klicken Sie in die Auswahl und ziehen Sie diese in einen nahegelegenen, makellosen Bereich. Sobald Sie die Maustaste loslassen, springt die Auswahl wieder an die Ausgangsposition zurück und die störenden Elemente sind verschwunden. Ich liebe dieses Werkzeug! (2) Das **Kopierstempel**-Werkzeug. Damit können Sie einen Bildbereich direkt über das störende Objekt kopieren. Suchen Sie sich einfach einen makellosen, nahegelegenen Bereich, halten Sie die **Alt**-Taste gedrückt und klicken Sie einmal, um diesen Bereich aufzunehmen (Sie sehen an der angeklickten Stelle ein Fadenkreuz – siehe Abbildung oben). Pinseln Sie über das Element, das Sie entfernen möchten, klicken Sie einmal – das sollte genügen. Diese Technik eignet sich auch wunderbar, um größere Objekte zu entfernen. Denken Sie aber daran, dass Sie tatsächlich eine Kopie der mit gedrückter **Alt**-Taste angeklickten Bildstelle erzeugen. Achten Sie deshalb darauf, dass Sie kein erkennbares Klonmuster erzeugen. (3) Der **Bereichsreparatur-Pinsel**. Ein fantastisches Werkzeug, und viel besser als die **Bereichsreparatur** von Lightroom. Stellen Sie einfach die Pinselspitze etwas größer ein als das störende Objekt und klicken Sie dieses an. Fertig. Ein einfacher Klick, und es ist weg. Sie müssen keine Quellpixel oder dergleichen wählen. Deshalb ist der **Bereichsreparatur-Pinsel** so beliebt. Er eignet sich optimal zum Entfernen kleiner Objekte, zum Beispiel von Stromleitungen oder Zweigen, die ins Bild ragen.

Rauschreduzierung gezielt anwenden

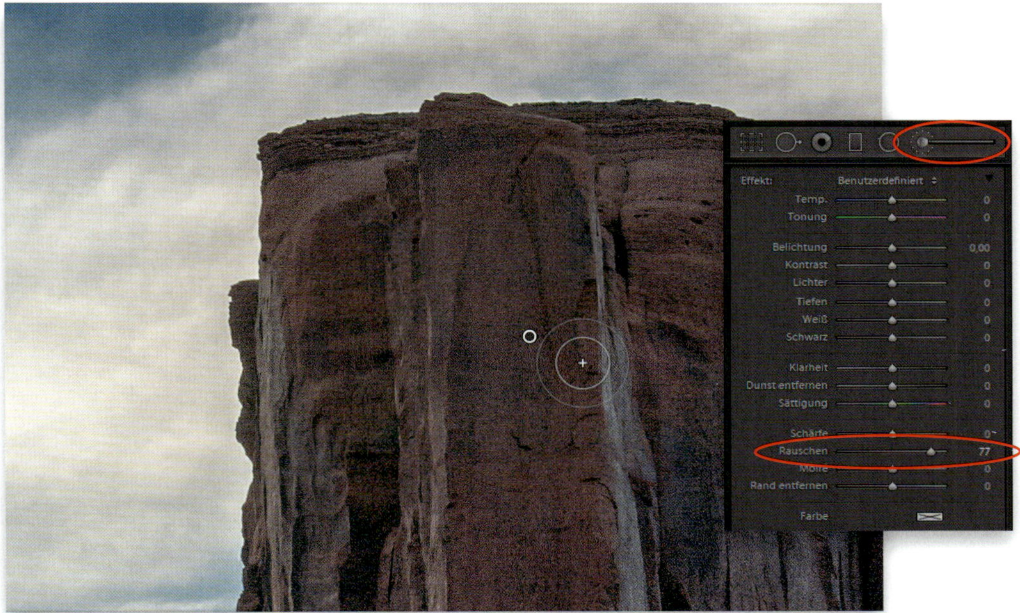

Die Rauschreduzierung in der Bildbearbeitung ist immer ein Problem, denn dabei wird unweigerlich eine gewisse Weichzeichnung angewandt. Das funktioniert zwar meist, aber Sie erhalten eben ein weichgezeichnetes Bild, und das widerspricht allem, was wir in der Landschaftsfotografie anstreben – nämlich gestochen scharfe Fotos. Es handelt sich also um einen faulen Kompromiss: Entweder erhalten Sie ein weniger verrauschtes, aber unscharfes Bild oder ein verrauschtes, scharfes Bild. Keines von beidem ist toll. Deshalb finde ich den folgenden Trick so praktisch, denn in den meisten Fällen befindet sich das Rauschen in den Bildtiefen, und je stärker Sie die Tiefen öffnen (oder je heller das ganze Bild wird), desto mehr fällt das Rauschen ins Auge. Anstatt also das Rauschen im gesamten Bild zu unterdrücken und das Bild dadurch komplett weichzuzeichnen, nutzen wir den **Korrekturpinsel** (**K**) in Lightroom oder Camera Raw, um die Rauschreduzierung genau dorthin zu malen, wo wir sie tatsächlich brauchen. Zum Beispiel in den abgebildeten Felsen. Der Himmel ist wunderbar – Sie erkennen dort überhaupt kein Rauschen und deshalb braucht es dort auch keine Rauschreduzierung. Holen Sie sich den Korrekturpinsel, ziehen Sie den **Rauschen**-Regler (oben rot eingekreist) nach rechts und malen Sie einfach über die verrauschten Bereiche. Den Rest des Bilds lassen Sie schön scharf. Auf diese Weise wenden Sie die Rauschunterdrückung nur dort an, wo Sie sie tatsächlich brauchen, und erhalten einen Großteil der Bildschärfe.

Langzeitbelichtungen kombinieren

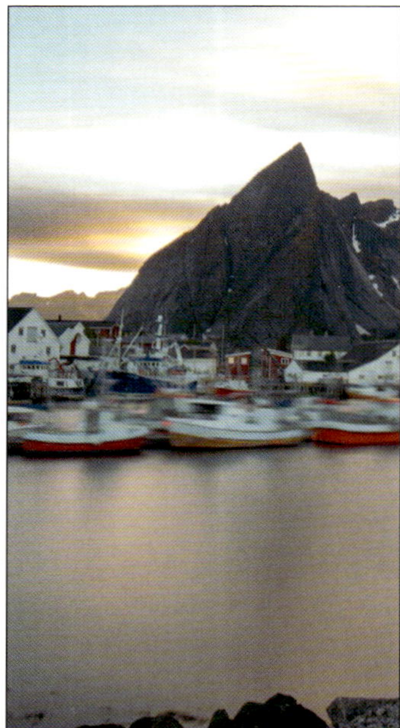
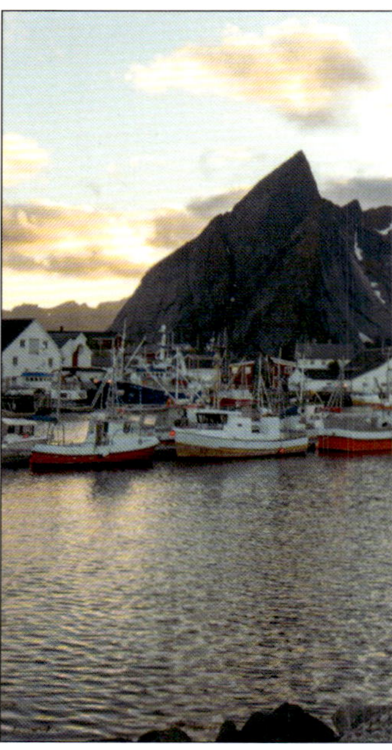
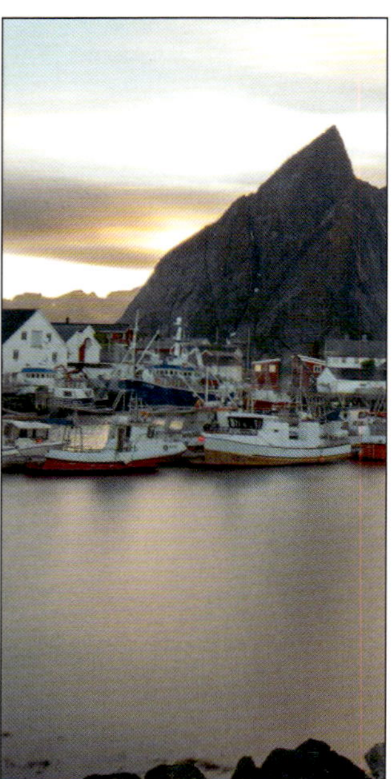

Bereits im Kapitel »Langzeitbelichtungen« habe ich auf Seite 115 erwähnt, dass es eine wirklich gute Idee ist, nach der Langzeitaufnahme ein normales Bild mit scharfen Details im Blendenprioritätsmodus zu machen. Es ist besonders hilfreich, wenn sich etwas in Ihrem Bild bewegt, wie in der obigen Abbildung die Boote im Hafen. Das linke Foto ist die Langzeitbelichtung für das sich bewegende Wasser. Natürlich sind hier die Boote alle verschwommen, weil sie sich bewegten, während der Verschluss für die Langzeitbelichtung geöffnet blieb. Das mittlere Bild ist die normale Aufnahme, die ich im Blendenprioritätsmodus mit normaler Verschlusszeit gemacht habe. Sie erkennen, dass die Bewegung der Boote eingefroren ist. Das rechte Bild ist eine Kombination aus beidem und das Beste aus beiden Welten: Ich bekomme das weiche, seidige Wasser, die Boote sind hingegen scharf. Das erledigen Sie in Photoshop, und es geht viel einfacher, als man meinen könnte. Öffnen Sie beide Bilder in Photoshop und kopieren Sie das scharfe, mit Blendenpriorität aufgenommen Bild über die Langzeitbelichtung (einfach per Copy & Paste, es wird dann auf einer eigenen Ebene eingefügt). Halten Sie dann die **Alt**-Taste gedrückt und klicken Sie auf das Symbol **Ebenenmaske hinzufügen** am unteren Rand des **Ebenen**-Bedienfelds, um die scharfe Ebene mit einer schwarzen Ebenenmaske auszublenden. Schnappen Sie sich jetzt das Pinselwerkzeug (**B**), achten Sie darauf, dass die Vordergrundfarbe weiß ist, und übermalen Sie die bewegten Boote. So legen Sie die scharfen, unbewegten Boote auf der obersten Ebene frei. Ich habe wieder ein kurzes Video für Sie aufgenommen, das Ihnen genau zeigt, wie es geht. Sie finden es zusammen mit den anderen Videos auf der in der Einleitung erwähnten Webseite zum Buch, *kelbyone.com/books/landscape/*.

Detaillierten Mond hinzufügen

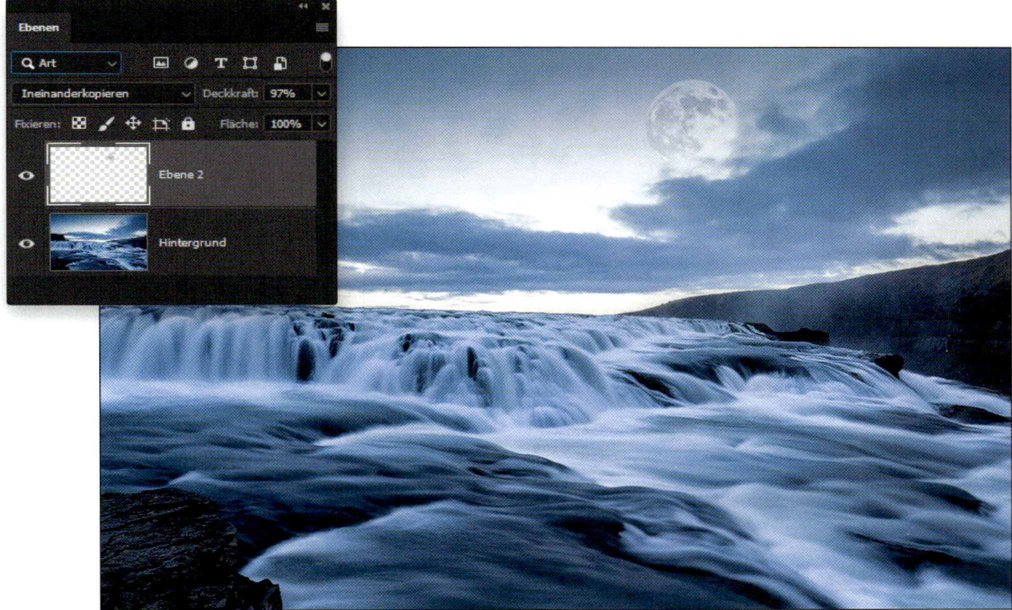

Um Ihrem Landschaftsbild einen detaillierten Mond hinzuzufügen, beginnen Sie natürlich mit einer detaillierten Mondaufnahme bei Vollmond (oder fast Vollmond). Fotografieren Sie mit einem Stativ und belichten Sie zunächst auf die Landschaft. Anschließend machen Sie eine zweite Aufnahme, bei der Sie auf den Mond belichten, ohne sich um die Landschaft zu kümmern. Dann fügen Sie die beiden Bilder einfach in Photoshop zusammen. Nun, selbst wenn Sie nicht auf diese Weise vorgegangen sind, können Sie die Bilder leicht zusammensetzen. Zuerst nehmen Sie das **Auswahlellipse**-Werkzeug (**M**) und ziehen eine schöne enge Auswahl um den Mond auf. (Tipp: Halten Sie beim Aufziehen der Auswahl die **Leertaste** gedrückt. Dann können Sie sie beim Erstellen neu positionieren. Das erleichtert den Vorgang enorm – Sie werden es merken, wenn Sie es ausprobieren.) Drücken Sie nun **Befehl/Strg + C**, um den ausgewählten Mond zu kopieren, dann wechseln Sie zu Ihrem Landschaftsbild und drücken **Befehl/Strg + V**, um den Mond auf einer neuen Ebene in das Bild einzufügen. Holen Sie sich das **Verschieben**-Werkzeug (**V**) und ziehen Sie den Mond dorthin, wo er in Ihrer Landschaft erscheinen soll. Wenn Sie ihn vergrößern oder verkleinern müssen, drücken Sie **Befehl/Strg + T**, klicken auf einen Eckpunkt und ziehen nach außen oder innen, um ihn größer oder kleiner zu machen. Bestätigen Sie die Transformation mit **Enter**. Jetzt brauchen Sie nur noch den Mond mit dem Rest des Bilds zu verschmelzen: (1) Ändern Sie den Mischmodus der Mondebene entweder auf **Ineinanderkopieren** oder **Weiches Licht** (Sie können natürlich durch das Menü scrollen, um zu prüfen, ob eine andere Füllmethode besser aussieht). Und (2) senken Sie die Deckkraft ein wenig, damit der Mond nicht so stark hervorsticht. Das war es schon! Wollen Sie wissen, wie ich es geschafft habe, dass der Mond teilweise hinter den Wolken verschwindet? Ich habe ein Video für Sie erstellt – Sie wissen ja, wo Sie es finden: *kelbyone.com/books/landscape/*.

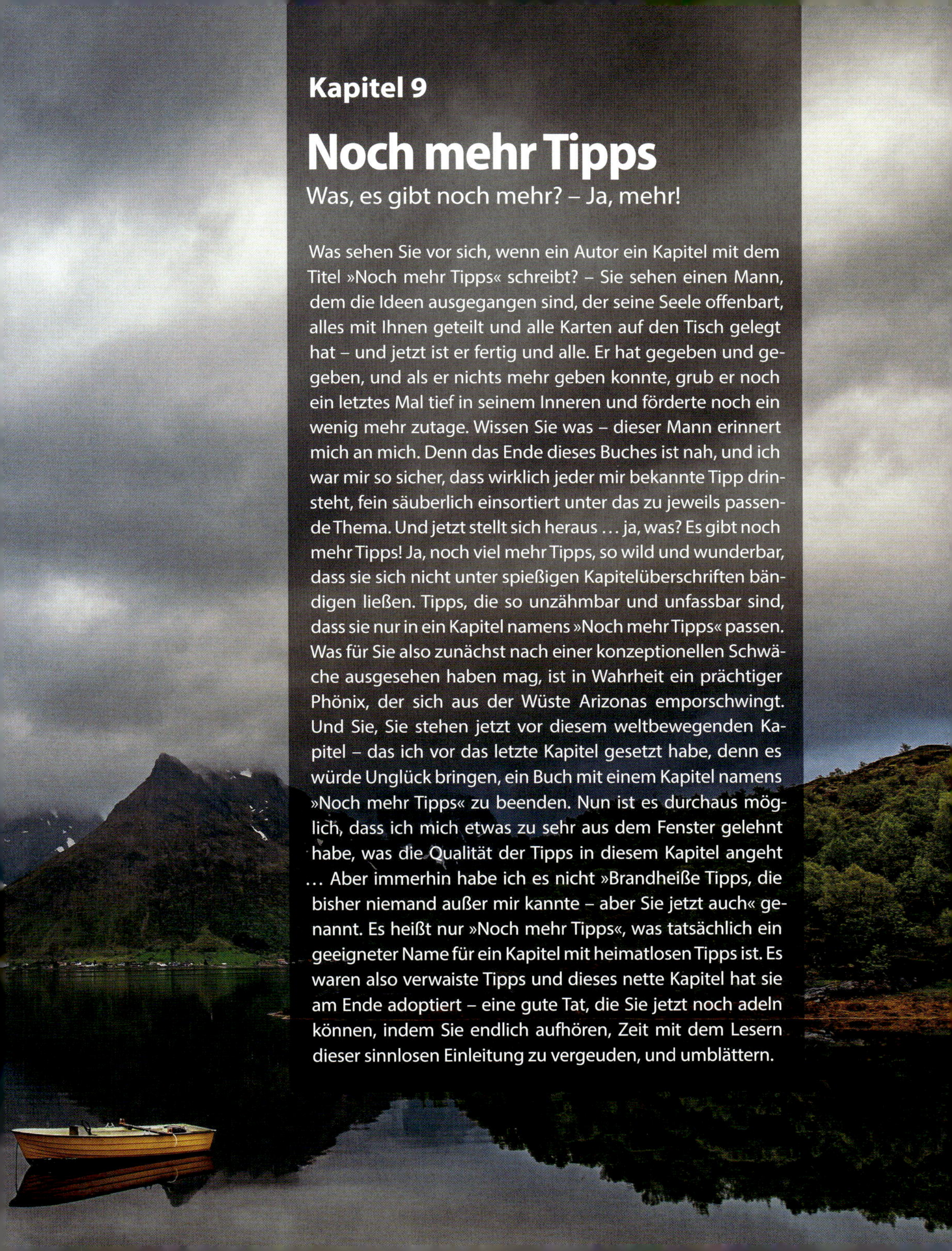

Kapitel 9

Noch mehr Tipps

Was, es gibt noch mehr? – Ja, mehr!

Was sehen Sie vor sich, wenn ein Autor ein Kapitel mit dem Titel »Noch mehr Tipps« schreibt? – Sie sehen einen Mann, dem die Ideen ausgegangen sind, der seine Seele offenbart, alles mit Ihnen geteilt und alle Karten auf den Tisch gelegt hat – und jetzt ist er fertig und alle. Er hat gegeben und gegeben, und als er nichts mehr geben konnte, grub er noch ein letztes Mal tief in seinem Inneren und förderte noch ein wenig mehr zutage. Wissen Sie was – dieser Mann erinnert mich an mich. Denn das Ende dieses Buches ist nah, und ich war mir so sicher, dass wirklich jeder mir bekannte Tipp drinsteht, fein säuberlich einsortiert unter das zu jeweils passende Thema. Und jetzt stellt sich heraus … ja, was? Es gibt noch mehr Tipps! Ja, noch viel mehr Tipps, so wild und wunderbar, dass sie sich nicht unter spießigen Kapitelüberschriften bändigen ließen. Tipps, die so unzähmbar und unfassbar sind, dass sie nur in ein Kapitel namens »Noch mehr Tipps« passen. Was für Sie also zunächst nach einer konzeptionellen Schwäche ausgesehen haben mag, ist in Wahrheit ein prächtiger Phönix, der sich aus der Wüste Arizonas emporschwingt. Und Sie, Sie stehen jetzt vor diesem weltbewegenden Kapitel – das ich vor das letzte Kapitel gesetzt habe, denn es würde Unglück bringen, ein Buch mit einem Kapitel namens »Noch mehr Tipps« zu beenden. Nun ist es durchaus möglich, dass ich mich etwas zu sehr aus dem Fenster gelehnt habe, was die Qualität der Tipps in diesem Kapitel angeht … Aber immerhin habe ich es nicht »Brandheiße Tipps, die bisher niemand außer mir kannte – aber Sie jetzt auch« genannt. Es heißt nur »Noch mehr Tipps«, was tatsächlich ein geeigneter Name für ein Kapitel mit heimatlosen Tipps ist. Es waren also verwaiste Tipps und dieses nette Kapitel hat sie am Ende adoptiert – eine gute Tat, die Sie jetzt noch adeln können, indem Sie endlich aufhören, Zeit mit dem Lesern dieser sinnlosen Einleitung zu vergeuden, und umblättern.

Regenausrüstung (und warum Sie sie brauchen)

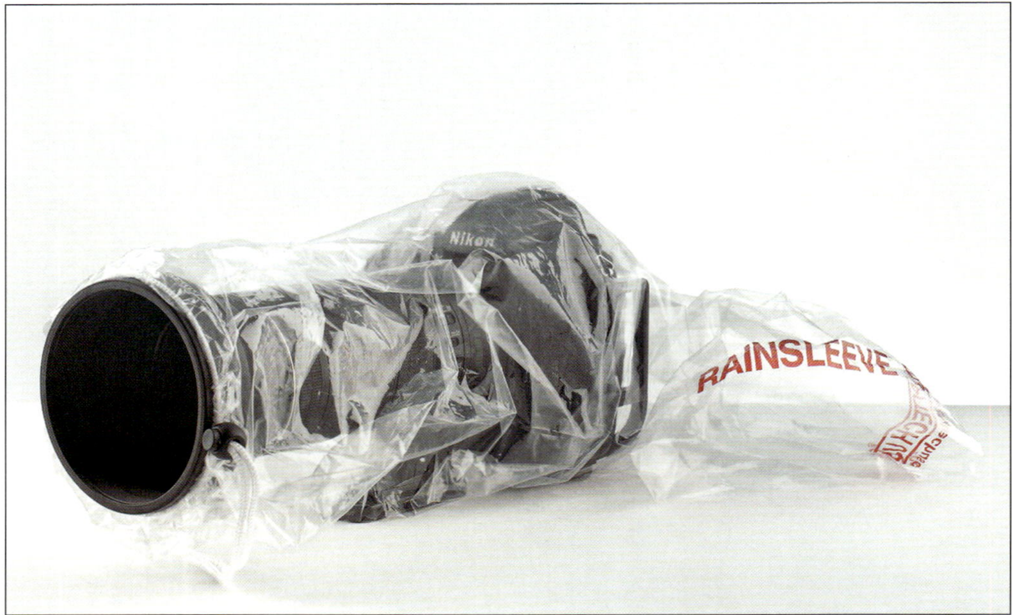

Sie fotografieren im Freien – und dort kann bekanntlich alles passieren. So könnten Sie in Gegenden mit eher wechselhaftem Wetter vom Regen überrascht werden. Dann sollten Sie einige Regenabdeckungen dabei haben – aber auch dann, wenn Sie direkt vor oder direkt nach einem Regen fotografieren wollen, und es vielleicht noch tröpfelt. Es gibt teure High-End-Regenabdeckungen, doch die sind meiner Meinung nach eher etwas für Sportfotografen, die stundenlang im strömenden Regen fotografieren müssen. Besorgen Sie sich stattdessen etwas Kleines und Leichtes, das Sie bei Bedarf jederzeit aus Ihrer Kameratasche herausziehen können (die beste Regenausrüstung ist die, die Sie tatsächlich dabei haben). Am kleinsten und preiswertesten sind die Regenschutzhüllen von OP/Tech. Ich betrachte sie als Notabdeckungen, sie sehen aus wie Plastiktüten mit jeweils einem Loch an beiden Enden. Aber wenn Sie vom Regen überrascht werden, dann halten sie zumindest Ihre Ausrüstung trocken, sodass Sie noch etwas weiterfotografieren können. Sie sind superbillig, kosten im Zweierpack nur ca. 10,- €. Was die Qualität angeht, sind die Regenschutzhüllen »Think Tank Photo Emergency« deutlich besser(lassen Sie sich nicht vom Namen täuschen – sie sind fantastisch und nicht nur für Notfälle geeignet). Sie passen gut in Ihre Kameratasche, sind einfach und schnell einsetzbar und mit rund 40,- € recht preiswert. Wenn Sie dieses Geld übrig haben, sind sie es wirklich wert.

So trocknen Sie Ihre nasse Ausrüstung

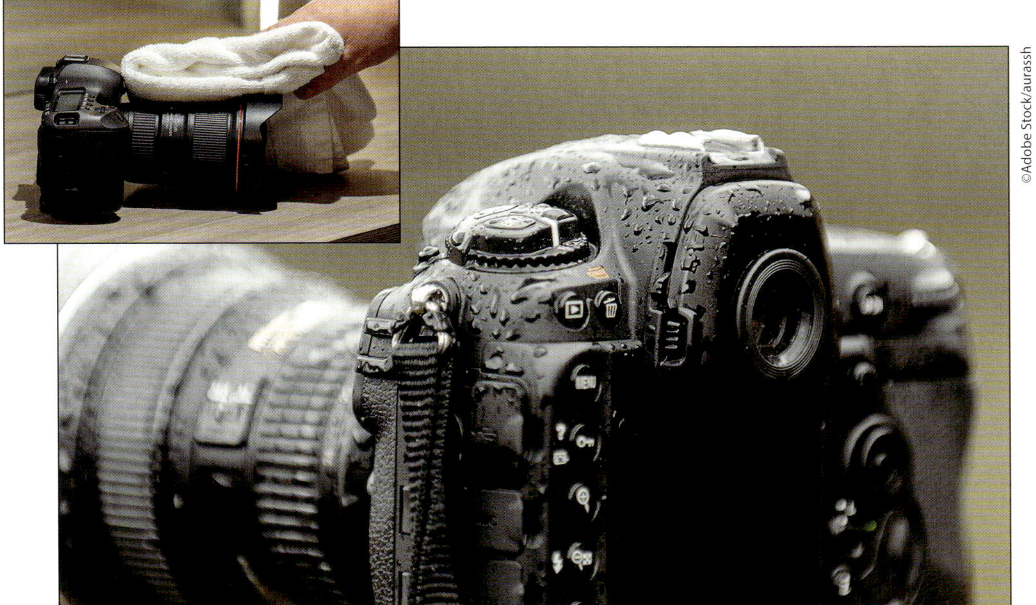

©Adobe Stock/aurassh

Wenn Sie ohne Regenschutz vom Regen erwischt werden (das kann passieren!), dann sollten Sie Ihre Ausrüstung trocknen, sobald Sie wieder zurück im Auto oder im Hotel sind. Selbst wenn Ihre Ausrüstung wetterfest ist (viele High-End-Spiegelreflexkameras sind regenfest), sollten Sie dabei keine Fehler machen, um nicht beim Trocknen versehentlich ein neues Problem zu verursachen. Nehmen Sie einfach ein weiches Handtuch und tupfen Sie Ihre Ausrüstung trocken. Wischen Sie sie nicht ab – Sie riskieren sonst, Wasser in die Elektronik zu drücken – tupfen Sie einfach nur.

Kleine Teiche oder Pfützen für Reflexionen nutzen

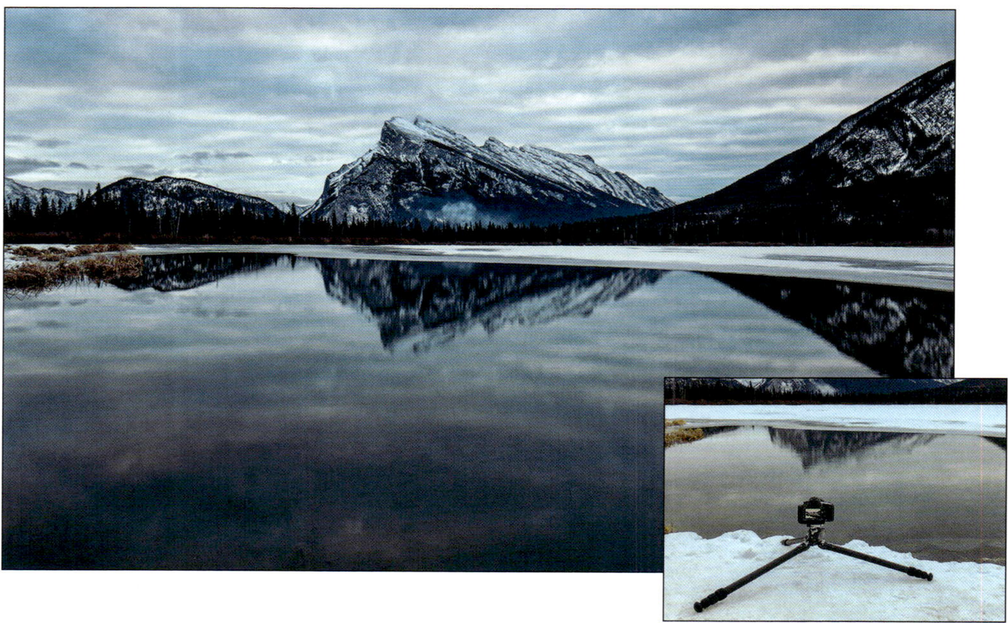

Sie brauchen keinen sagenhaft großen See, um tolle Reflexionen zu bekommen – ein kleiner Teich oder sogar eine Pfütze genügen. Der Trick ist, die Kamera wenige Zentimeter über der Pfütze zu positionieren, so dass die Reflexion darin zu Ihrem gesamten Vordergrund wird. Das funktioniert besser, als man meinen könnte, und Sie können die Spiegelung exakt einrichten. Bevor wir uns damit befassen, empfehle ich Ihnen einen kurzen Probelauf mit Ihrer Handykamera. Stellen Sie die Handykamera einfach auf Selbstauslösermodus, drücken Sie den Auslöser und platzieren Sie das Smartphone nur wenige Zentimeter über der Pfütze. Wenn das Ergebnis auf dem Handydisplay schon ordentlich aussieht, stellen Sie sich vor, wie gut es mit Ihrer Spiegelreflex- oder Systemkamera aussähe. Wenn es nicht überzeugt, dann wissen Sie wenigstes Bescheid, bevor Sie sich für das Bild ein Bein ausreißen. Um wirklich tief runterzugehen, brauchen Sie entweder ein Platypod (siehe Seite 7) oder ein kleines Stativ wie ein GorillaPod, oder Sie müssen Ihr normales Stativ sehr niedrig aufbauen. Das funktioniert mit den meisten Stativen gut, ist aber oft etwas mühsam, weil Sie nur bei wenigen Modellen die Mittelsäule herausziehen und in die Waagerechte kippen können. Sie müssen also den Kugelkopf abnehmen, die Mittelsäule herausziehen und sie dann von unten her wieder einsetzen. Dann befestigen Sie den Kugelkopf wieder an der umgedrehten Mittelsäule und Ihre Kamera am Kugelkopf (ja, die Kamera steht nun auf dem Kopf). Schließlich senken Sie die Mittelsäule so weit ab, dass sich die umgedrehte Kamera nur wenige Zentimeter über der Pfütze befindet (verstehen Sie, warum ich dafür lieber ein Platypod benutze?). Wenn Sie die Aufnahme in Lightroom oder Photoshop öffnen, wird sie natürlich verkehrt herum angezeigt, so dass Sie das Bild zunächst um 180° drehen müssen. Kurz gesagt: Bei einem normalen Stativ mit Mittelsäule müssen Sie so ein Reflexionsfoto wirklich wollen.

Wolkenreiche Tage – die Softbox der Natur

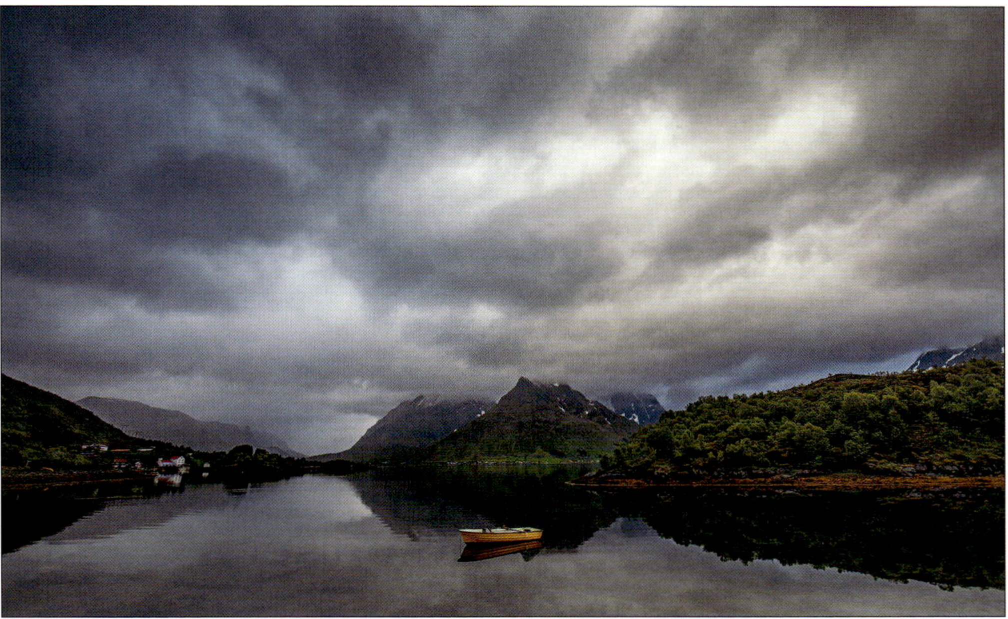

An hellen, sonnigen Tage ist das Licht hart und ungünstig. Deshalb nutzen wir diese Zeit tagsüber zum Auskundschaften von Locations, für die Nachbearbeitung, zum Schlafen, zum Einkaufen und zu so manchem anderen als zum Fotografieren – es sei denn (und das ist jetzt wichtig), es ist ein wirklich bewölkter oder bedeckter Tag. Wenn der Himmel verhangen ist, verbirgt sich die harte Sonne hinter den Wolken, das Licht wirkt weicher und vorteilhafter für Landschaften. Ich habe für Bewölkung schon den Begriff »Softbox der Natur« gehört, weil das Licht dann weicher und diffuser wirkt. Bewölkte oder bedeckte Tage eignen sich auch gut, um Motive zu fotografieren, die eine lange Belichtungszeit erfordern, etwa Wasserfälle und Bäche. Manchmal kommen Sie dann sogar ohne Neutraldichtefilter aus: Das Licht ist so schwach, dass Sie einfach eine sehr kleine Blende wie etwa f/16 oder f/22 für eine lange Belichtung einstellen können. An einem sehr bewölkten Tag kann dies zu Belichtungszeiten von mehren Sekunden führen. Behalten Sie im Hinterkopf: Wolken sind fast immer unsere Freunde.

Fotografieren Sie nicht direkt in Schwarzweiß

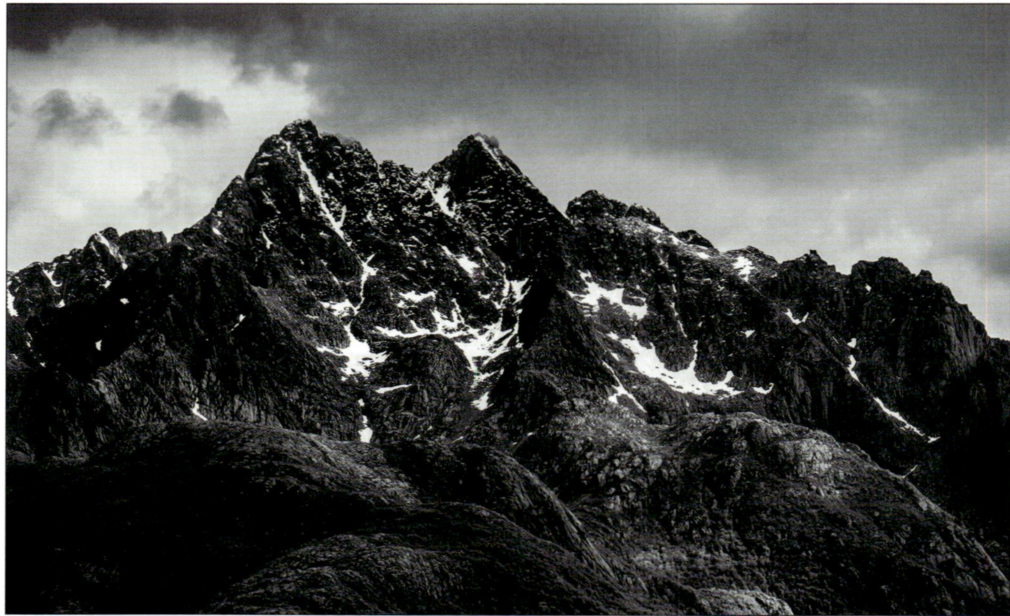

Manche Kameras haben eine eingebaute Schwarzweiß-Einstellung. Ich empfehle Ihnen, diese nicht zu verwenden, da sie Ihre Möglichkeiten in der späteren Bildbearbeitung einschränkt. Der beste Weg, ein tolles schwarz-weißes Landschaftsbild zu erstellen, beginnt mit einer tollen Farbaufnahme. Wenn Sie all die Farbdaten haben, können Sie in der Nachbearbeitung noch einiges damit anstellen: Verstärken Sie einzelne Farben oder schwächen Sie sie ab (stellen Sie sich vor, Sie verstärken oder verdunkeln eine grasbewachsene Wiese durch Verschieben des **Grün**-Reglers, oder Sie dunkeln den Himmel mit dem **Blau**- oder **Cyan**-Regler ab – wie auf Seite 158 beschrieben). All das geht nicht, wenn Sie in Schwarzweiß fotografieren. Damit schränken Sie Ihre Nachbearbeitungsoptionen stark ein und gewinnen dabei nichts, außer der Möglichkeit, ein Schwarzweißbild auf der Kamerarückseite zu betrachten. Halten Sie sich alle Möglichkeiten offen und fotografieren Sie stets in Farbe – auch und gerade, wenn Sie später ein Schwarzweißbild erstellen wollen.

Zeigen Sie Menschen in Ihren Landschaften

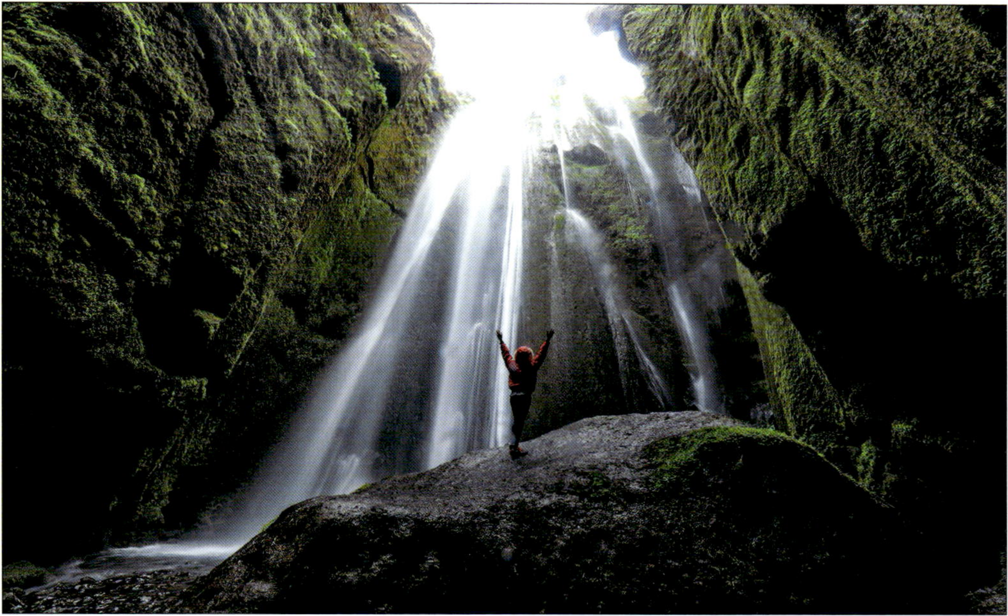

Jahrelang hatten »richtige« Landschaftsfotos nie oder selten eine Person im Bild. Heute ist es dagegen sehr verbreitet, einen oder mehrere Menschen zu integrieren. Es gibt sehr versierte und bekannte Landschaftsfotografen auf Instagram, die die Person in der Aufnahme zu ihrem »Markenzeichen« gemacht haben, und das wird immer beliebter. Wenn Sie es richtig machen, kann dies tatsächlich sehr interessant wirken und gleichzeitig die Größenverhältnisse verdeutlichen, ohne dabei von der Landschaft selbst abzulenken. Beispiele sind ein Angler in einem Fluss; ein einsamer Spaziergänger am Strand; ein Wanderer hoch oben in den Bergen – oder jemand, der vor einem Kanu steht und auf einen weiten See hinausschaut (oder vielleicht eine Person, die alleine auf einem Steg steht und auf einen riesigen See blickt). Es kann einfach jemand sein, der im Schneidersitz im Vordergrund sitzt und in die Szene schaut, oder nächtliche Camper mit von innen beleuchteten Zelten oder auch ein weiterer Fotograf mit seinem Stativ, der die Szene aus einem anderen Blickwinkel aufnimmt. Wenn Sie bisher noch nicht daran gedacht haben, Menschen in Ihre Szenen zu integrieren, dann sollten Sie es vielleicht jetzt einmal ausprobieren.

Geheimnisvoller Look durch Nebel und atmosphärische Effekte

Ich bin ein Nebelfan, und zum Glück bin ich damit nicht alleine. Wenn ich ein Landschaftsfoto mit klar abgegrenztem Bodennebel oder einen nebligen See im Morgengrauen zeige, oder wenn ich von oben in ein Tal fotografiere, in dem Nebel die Landschaft darunter bedeckt, dann ruft das immer eine Reaktion beim Betrachter hervor. Diese atmosphärischen Effekte sind (solange wir es damit nicht übertreiben) echte Publikumslieblinge, weil die Fotos dramatisch und geheimnisvoll wirken. Wo und wann finden Sie also am ehesten Nebel? – In Tälern oder tiefer gelegenen Gebieten, am frühen Morgen oder an Tagen, an denen die Temperatur unter den Taupunkt fällt. Damit der Nebel hängenbleiben kann, darf es auch nicht allzu windig sein. Wenn die Nacht zuvor bewölkt war, steigen Ihre Chancen, wenn alles zusammenkommt, sogar sehr deutlich. Natürlich haben Sie auch nur begrenzt Zeit, den Nebel zu fotografieren, denn nach Sonnenaufgang erwärmen sich Boden und Luft und der Nebel löst sich auf. Es ist trotzdem schwierig, Nebel genau vorherzusagen (Prognosen sind immer schwierig, weil sie die Zukunft betreffen), also setzen Sie am besten auf die lokale Wettervorhersage. Wenn Sie hören, dass es am nächsten Morgen Nebel geben soll, dann ist das nicht Ihr Stichwort zum Ausschlafen, sondern um aufzustehen und raus zu gehen, bevor der Nebel verfliegt. Dramatische und stimmungsvolle Bilder warten (und gleich danach bekommen Sie Ihre Pfannkuchen – Sie können also gar nichts falsch machen).

Ein beschlagenes Objektiv freibekommen

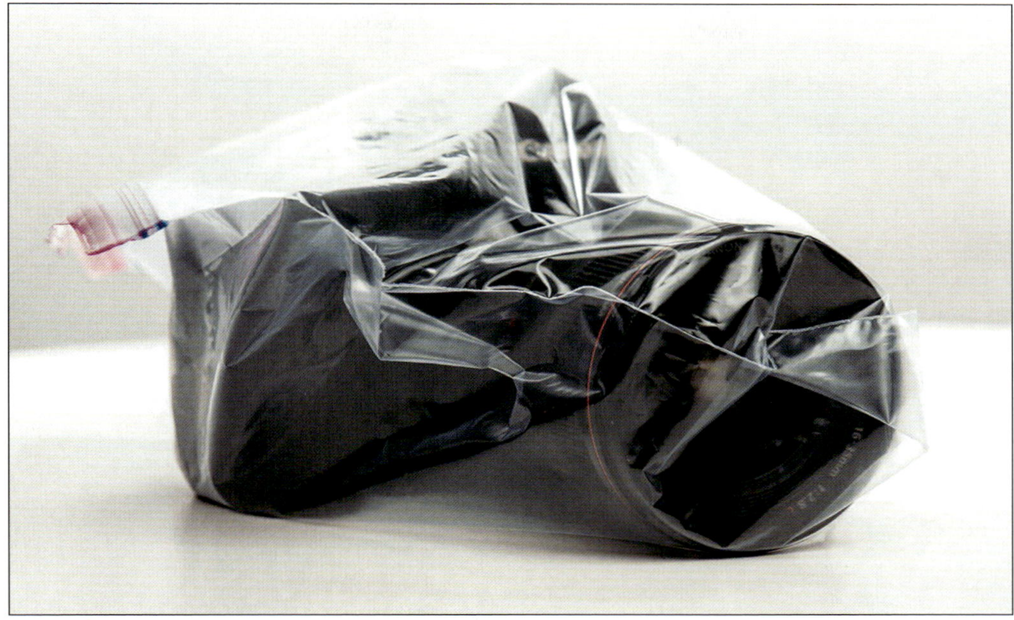

Wenn Sie vom Kalten ins Warme kommen, beschlägt Ihre Kamera (die Feuchtigkeit in der warmen Luft kondensiert auf der kalten Hardware). Das Kondenswasser verschwindet allmählich, wenn sich Kamera und Objektiv akklimatisiert haben, aber das braucht eben Zeit – manchmal bis zu 30 Minuten. Wenn Sie etwa Ihre im klimatisierten Auto abgekühlte Kamera der schwülen Außenluft aussetzen, können Sie die nächste halbe Stunde nicht fotografieren. Dies ist ein weiterer Grund für meinen Rat, möglichst früher zum Aufnahmeort zu gehen, als es nötig scheint – vor allem für Aufnahmen im Morgengrauen. Möglicherweise dauert es 15 bis 30 Minuten, bis Ihr Objektiv nicht mehr beschlagen ist. Sprechen wir zuerst darüber, wie wir die Gefahr des Beschlagens minimieren können. Eine beliebte Technik ist es, Kamera und Objektiv in eine große, verschließbare Plastiktüte vom Typ »Gefrierbeutel« zu packen – online können Sie überraschend große finden. Bevor Sie die Tüte verschließen, versuchen Sie, so viel Luft wie möglich herauszudrücken. Dann packen Sie die Kamera in die Kameratasche und verschließen diese fest. Wenn Sie sich dem Aufnahmeort nähern, drehen Sie die Heizung im Auto etwas auf, damit sich Ihre Ausrüstung an die wärmere Temperatur anpassen kann. Sollte sich beim Auspacken Kondenswasser am Objektiv bilden, wischen Sie es nicht ab – lassen Sie es einfach auf natürliche Weise verschwinden. Wischen Sie die Frontlinse weder mit Ihrem Hemd (immer eine schlechte Idee) noch mit einem Mikrofasertuch ab, sonst verschmieren Sie sie und müssen sie dann ohnehin in wenigen Sekunden erneut reinigen. Warten Sie einfach ein paar Minuten, bis das Kondenswasser von alleine verschwindet.

Wie Sie einen fantastischen Himmel bekommen

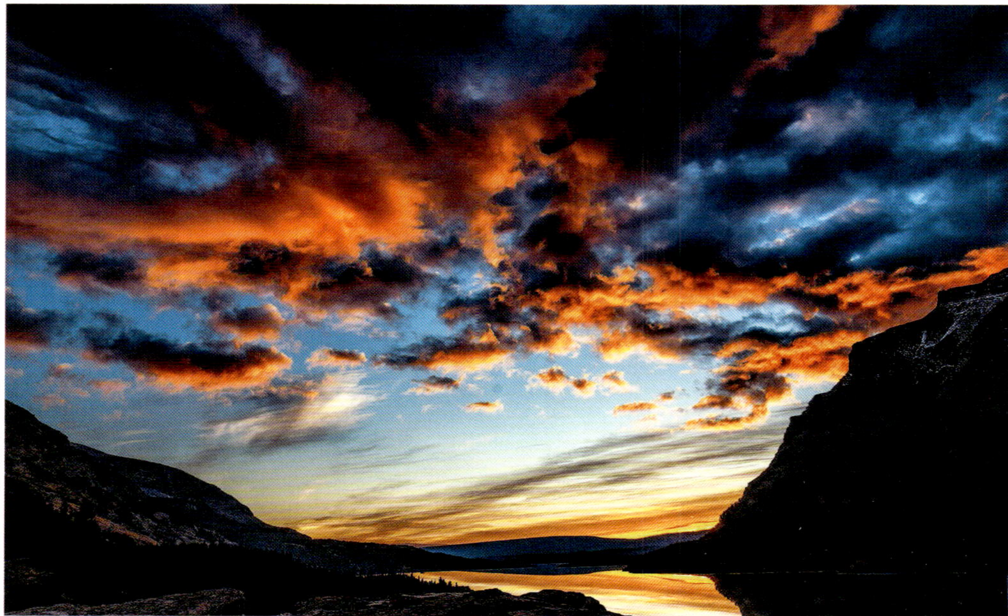

Wir alle kennen es: Sie haben alles richtig gemacht, den Ort sorgfältig erkundet, sind früh aufgestanden und vor Ort mit Ihrer Ausrüstung angekommen, um einen tollen Sonnenaufgang aufzunehmen. Aber dann hat gar nichts funktioniert. Es war zu neblig oder Regenwolken bedeckten den Himmel oder es war viel zu klar und gab eben keinen »Sonnenaufgang«, sondern einfach nur einen Übergang von dunkel nach hell. Falls Sie bei einem Shooting noch nie auf diese Weise gescheitert sind, dann kommt das sicher noch. Die Natur ist einfach unberechenbar und der vielversprechende Wetterbericht vom Vorabend liegt plötzlich fernab der Realität (die Zukunft ist schwer vorherzusagen, auch wenn es nur um ein paar Stunden geht). Wenn Mutter Natur nicht mitspielt, die Location es aber wert ist, streichen Sie diese nicht von Ihrer Liste. Kommen Sie stattdessen am nächsten Morgen wieder und versuchen Sie es erneut. Und wenn Sie wieder eine Pleite erleben, dann kommen Sie noch einen Tag später wieder dorthin. Wenn Sie als Fotograf Ausdauer haben, werden Ihre Bilder den Neid Ihrer Kollegen wecken. »Oh, Mann, hattest du ein Glück! Als ich dort war, hatte ich einen grauenhaften Himmel!« Es war kein Glück – Sie haben einfach nicht aufgegeben und es geschafft! Sie sind immer wieder an den tollen Ort zurückgekehrt, bis Sie den richtigen Morgen erwischt haben. Sie haben eine der schwersten Aufgaben der Landschaftsfotografie gemeistert, und die besteht darin, auf den perfekten Himmel und den perfekten Morgen zu warten, an dem einfach alles zusammenkommt. Dann entstehen wirklich phänomenale, glorreiche Landschaftsaufnahmen! Sie bekommen nicht nur großartige Bilder, sondern sehen die Schöpfung Gottes in ihrer vollen Schönheit. Betrachten Sie es so: An wie vielen Tagen im Monat gibt es einen tollen Himmel? An nur einigen wenigen. Wenn Sie nur einmal hingehen, wie stehen Ihre Chancen? Schlecht. Wollen Sie Ihre Chancen verdoppeln? Dann gehen Sie ein zweites Mal hin.

So erhalten Sie Detailzeichnung im Mond

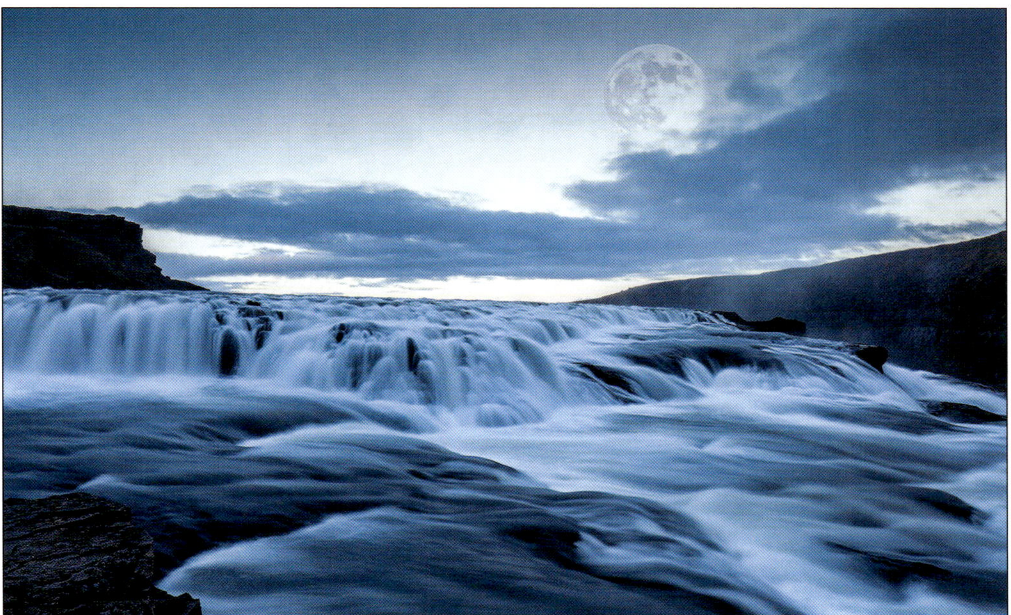

Wenn Sie einen großen, schönen Vollmond über Ihrer Landschaft haben (Glück gehabt), sind Sie wahrscheinlich sehr enttäuscht, wenn Sie Ihre Aufnahme später am Computer öffnen und feststellen, dass dort überhaupt keine Monddetails erkennbar sind. Man sieht nur eine große weiße Lichtkugel, wie eine etwas weniger helle Version der Sonne. Wie also gelingt ein richtig belichtetes Landschaftsfoto, in dem auch die Details des Mondes zu sehen sind? Dafür brauchen Sie zwei Aufnahmen: Einmal belichten Sie auf die Landschaft, und einmal mit geänderten Einstellungen auf den Mond; hierbei dunkeln Sie die Belichtung um einiges ab. Dann setzen Sie beide Aufnahmen in Photoshop in etwa 30 Sekunden zu einem Bild zusammen. Das geht ganz einfach – siehe Seite 175 im Kapitel »Bildbearbeitung«. Sie könnten dazu einfach die Belichtungsreihenfunktion Ihrer Kamera einschalten und sie so einstellen, dass sie eine normale Aufnahme macht, eine, die um zwei Belichtungsstufen dunkler ist (diese werden Sie für den Mond verwenden) und eine, die zwei Stufen heller ist (diese werden Sie wahrscheinlich verwerfen). Wenn Sie sowieso eine Belichtungsreihe aufgenommen haben – warum können Sie sie dann nicht einfach zu einem HDR-Bild kombinieren, um das Beste aus allen Bildern zu erhalten? Nun, das können Sie versuchen, aber die Ergebnisse werden Ihnen wahrscheinlich nicht annähernd so gut gefallen wie die der einfachen Technik auf Seite 175.

Mehr Akkuleistung bei Kälte

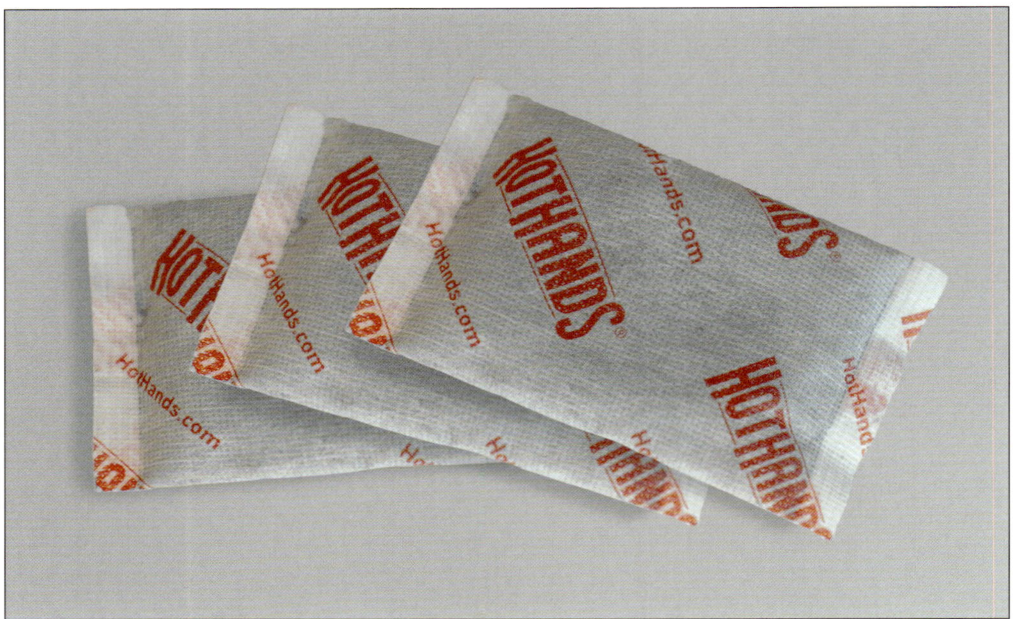

Wenn Sie bei Kälte fotografieren, brauchen Sie viele Zusatzakkus, denn aus verschiedenen langweiligen Gründen gehen die Kameraakkus bei Kälte schneller in die Knie. Wenn Ihre Akkus bei Aufnahmen an kalten Orten länger halten sollen, dann packen Sie ein oder zwei Handwärmer direkt daneben. Sie können die preiswerten oder die schicken wiederaufladbaren High-Tech-Packs verwenden und Ihre Akkus damit bis zum Einsatz mollig warm halten. Entweder das – oder Sie schleppen einen ganzen Haufen Akkus durch die Kälte. Ihre Entscheidung.

Lichtstrahlen im Wald erzeugen

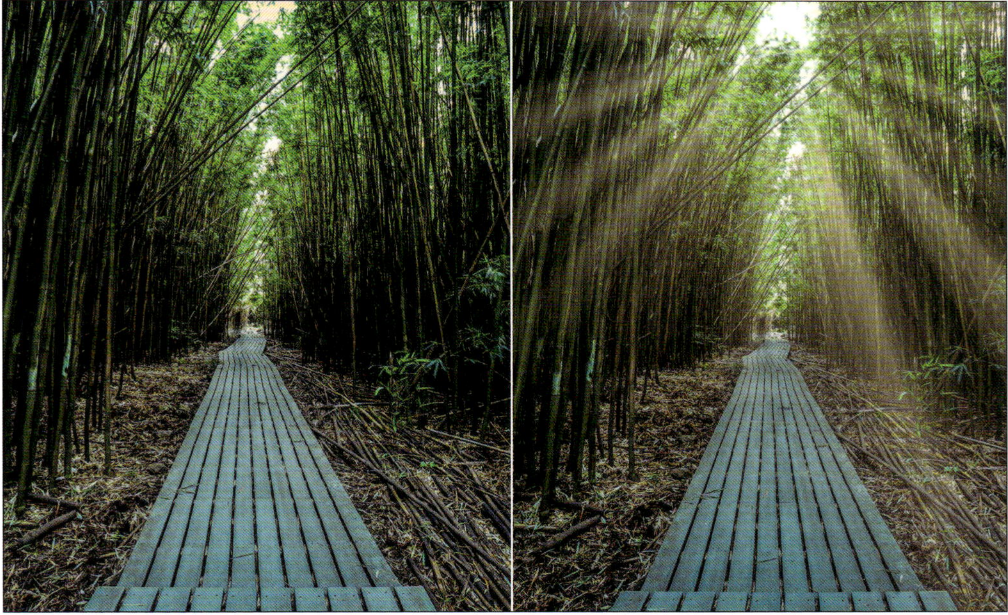

Vielleicht haben Sie Glück und sind an einem Tag im Wald, an dem es nicht gar zu neblig ist, aber doch neblig genug, um tolle Lichtstrahlen festzuhalten, die durch die Bäume fallen. Oder Sie gehen so vor wie einige mir bekannte Landschaftsfotografen und fügen die Lichtstrahlen einfach hinterher in Photoshop ein. Oder Sie machen es sich noch einfacher: Es gibt ein Plug-in namens »Luminar« für Photoshop und Lightroom. Dessen Funktion »Sonnenstrahlen« ist einfach nur großartig, sehr leistungsstark und ganz einfach zu bedienen. (Ich habe es oben rechts verwendet.) Wenn Sie alles mit der Kamera machen wollen, gibt es noch einige Tricks. Sie können zum Beispiel ein paar Dosen Aerosol-Sprührauch kaufen (das Zeug, das auch bei Filmaufnahmen eingesetzt wird: Es ist mit rund 10,- € pro Dose nicht gerade billig, aber einfach zu handhaben und gut transportabel). Kurz vor dem Fotografieren sprühen Sie in dem Bereich, in den das Licht einfällt, und bekommen so Ihre Strahlen. Dasselbe gilt auch für Fotos in engen Bergschluchten: Zunächst sehen Sie die Lichtstrahlen überhaupt nicht, sondern nur helles Licht. Erst wenn ein anderer Fotograf dort ein paar Handvoll Sand in die Luft wirft, werden die Strahlen sichtbar. Wenn Sie wirklich Dampf machen und Mega-Strahlen bekommen wollen, dann kaufen (oder mieten) Sie sich eine akkubetriebene Nebelmaschine (ja, so etwas gibt es) und nehmen Sie sie mit. So können Sie ganz nach Bedarf tolle Lichtstrahlen erzeugen. Also, entweder haben Sie Glück oder Sie helfen eben selbst etwas nach.

Eine Sonne mit Strahlenkranz erzeugen

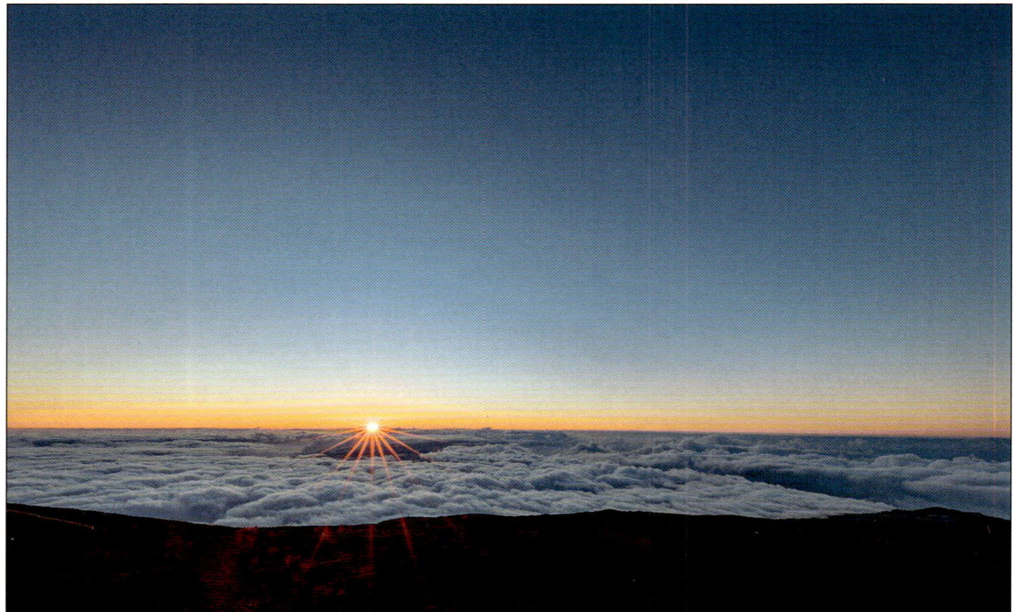

Die Sonne zeigt sich in unseren Aufnahmen normalerweise nur als große, hell leuchtende Kugel. Aber auf manchen Bildern gehen von der Sonne auch wundervolle, wohldefinierte Strahlenkränze aus. Mit welchem Trick bekommt man einen solchen Strahlenkranz? Zwei Dinge sind dabei zu beachten: (1) Sie müssen die Sonne so positionieren, dass sie den Rand irgendeines Bildelements berührt – die Flanke eines Berges, den Rand eines Baumes, die Spitze einer Felsformation. (2) Nehmen Sie die Szene bei f/22 auf, das bringt den Strahlenkranz-Effekt. War das schon alles? – Yup.

Schärfentiefe durch Fokusstacking steigern

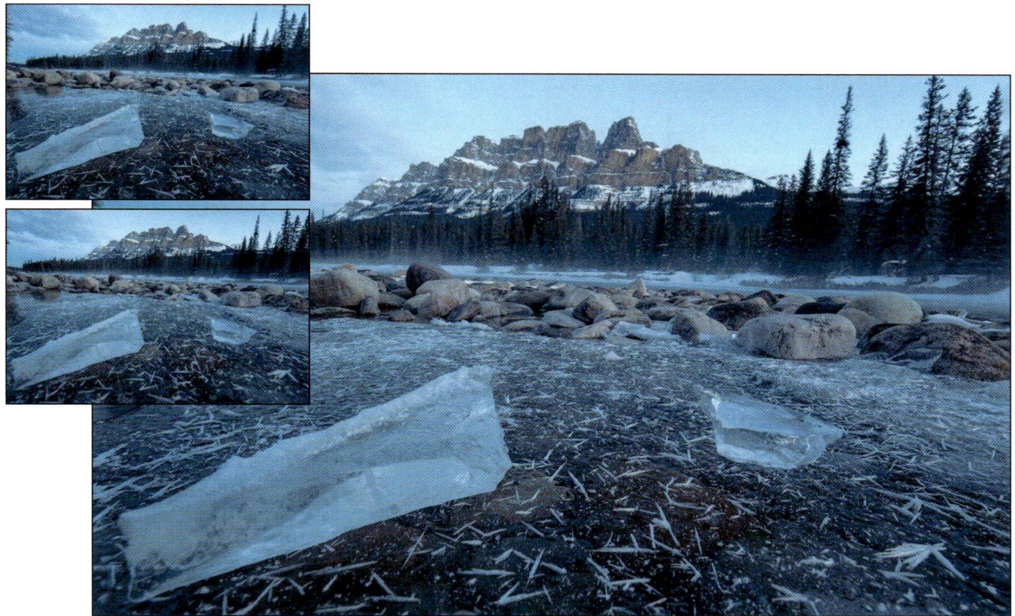

Wie bekommen Sie bei einem Landschaftsbild mit starkem Vordergrund ein scharfes Vordergrundelement (z. B. einen Felsen, einen Ast oder eine Wildblume)? Für entfernte Objekte wie einen Berg oder eine große Felsformation nehmen Sie ganz einfach einen Blendenwert wie etwa f/11. Aber wie schaffen Sie es, den Felsen oder die Wildblume direkt vor Ihrer Nase ebenso scharf abzubilden? Dazu steigern Sie die Schärfentiefe durch so genanntes »Fokusstacking«: Sie machen mehrere Aufnahmen, in denen Sie verschiedene Landschaftsbereiche scharfstellen, und kombinieren diese dann in Photoshop zu einem einzigen Bild (klingt kompliziert, ist aber eigentlich einfach). Wichtig ist, dass Sie die besten Ergebnisse mit einem Stativ erzielen. Beim ersten Bild (oben links) legte ich den Fokuspunkt zunächst auf den Eisbrocken im Vordergrund. Wie Sie sehen, sind die Felsformationen direkt dahinter unscharf. Bei der zweiten Aufnahme (unten links) habe ich die Felsen scharfgestellt, und jetzt sind die Eisbrocken vorne unscharf. Natürlich könnten Sie dieses Konzept fortführen und eine Aufnahme mit scharfgestellter Baumreihe machen, dann eine mit den Bergen dahinter. Für das dritte Bild habe ich die beiden Aufnahmen in Photoshop geöffnet und die Funktion **Ebenen automatisch überblenden** angewendet. Dabei wurden die scharfen Teile aus beiden Fotos zu einer neuen Ebene zusammengeführt, in der sowohl das Eis im Vordergrund als auch die Felsen scharf abgebildet sind. Dann habe ich dieses neue Bild einfach auf eine Ebene reduziert und mit der erweiterten Schärfentiefe abgespeichert. (Den Nachbearbeitungsprozess beim Fokusstacking zeige ich Ihnen auf Seite 166 genau. Er ist einfach, aber wie Sie sehen, geht mir hier gerade der Platz aus.)

Staub auf dem Sensor vermeiden

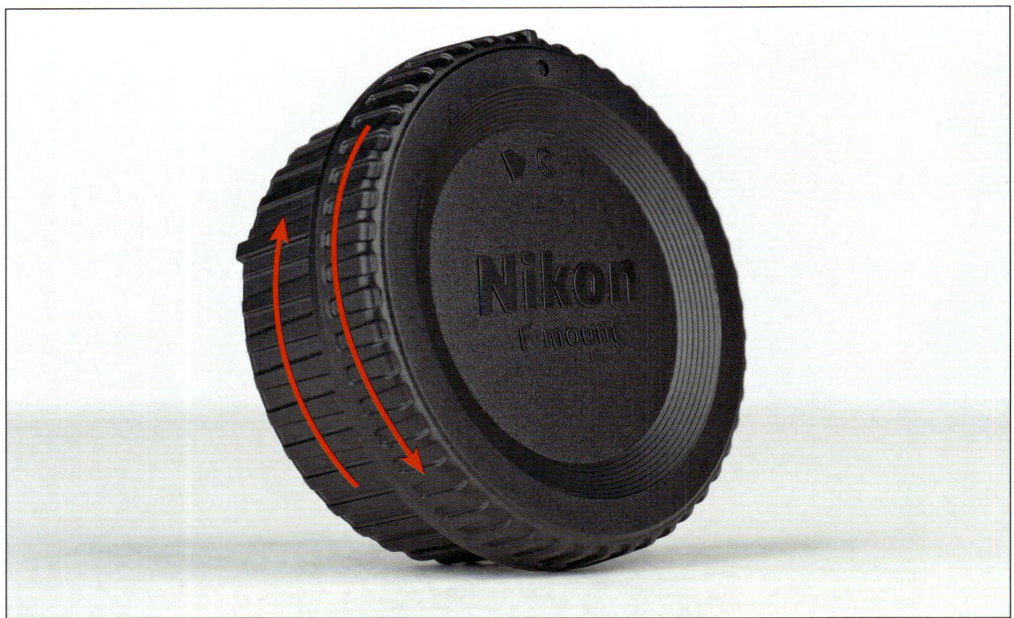

Staub auf dem Sensor ist das Schlimmste. Am meisten hasse ich daran, dass er sich nicht nur auf einem der Fotos zeigt, sondern auf allen, immer an der gleichen Stelle – und wo immer die ist, es ist wirklich ätzend, das in Photoshop zu entfernen. Also versuchen Sie am besten, das Problem ganz zu vermeiden. Die fünf Sekunden, in denen Sie vor Ort das Objektiv aus der Tasche nehmen und auf die Kamera setzen, sind meist nicht dafür verantwortlich, dass Sie später Staub und Dreck in Ihrer Kamera haben. Das passiert später, am Ende des Shootings: Objektiv- und Gehäusedeckel stecken seit Stunden in einer Tasche und ziehen dort Dreck an. Wenn Sie diese staubigen Deckel jetzt wieder auf das Objektiv und die Kamera setzen, dringt der angesammelte Schmutz ins Objektiv und die Objektivöffnung des Kameragehäuses ein. Das ist ein Patentrezept für verstaubte Sensoren. Zum Glück ist die Lösung ganz einfach: Sobald Sie Objektiv- und Gehäusedeckel von Objektiv und Kamera abnehmen, schrauben Sie sie ineinander (wie hier zu sehen ist). So dichten sie sich gegenseitig ab, es gelangt kein Schmutz hinein und Sie vermeiden es, später einen Haufen Staub und Dreck in Ihr Kameragehäuse oder Ihr Objektiv zu kippen.

Objektivwechsel vor Ort

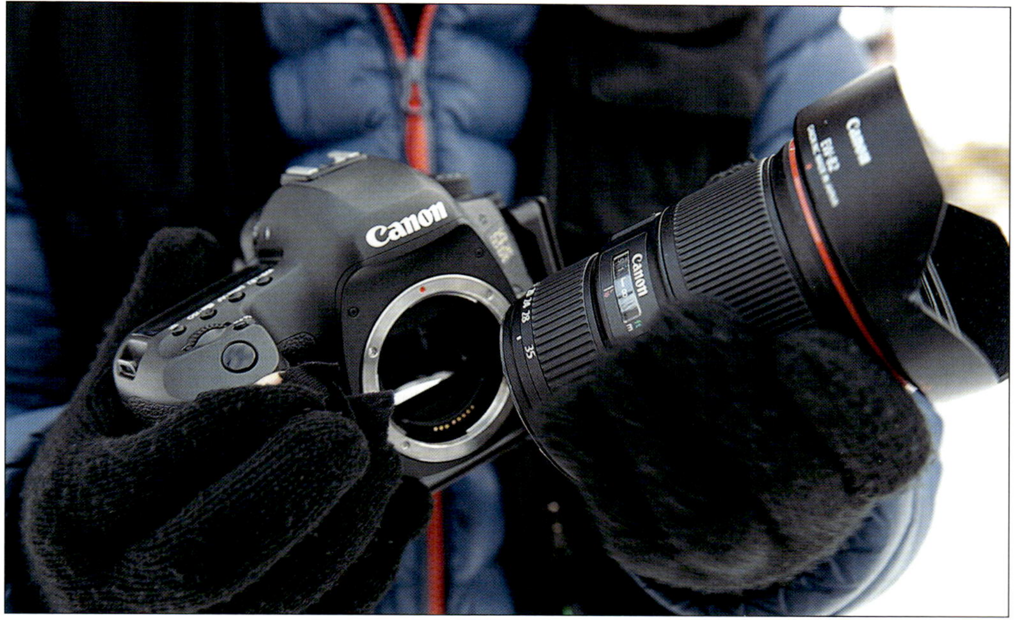

Hier ein paar Tipps für einen sicheren Wechsel ohne Verschmutzung des Kamerasensors: (1) Schalten Sie die Kamera vor dem Objektivwechsel aus. Der Sensor ist dann nicht »aufgeladen« und die Wahrscheinlichkeit sinkt, dass sich Staub oder Dreck darauf ablagern. (2) Wechseln Sie das Objektiv im Freien möglichst schnell, damit kein Staub in Ihre Kamera eindringt – je kürzer die Zeit mit abgenommener Schutzkappe, desto besser. (3) Bevor Sie das Objektiv wechseln, überlegen Sie einige Sekunden, ob dies in der momentanen Umgebung sinnvoll ist. Wenn es tröpfelt, staubig oder windig ist und Dinge umherwirbeln, gehen Sie lieber zurück in Ihr Auto oder in ein Haus. (4) Zuerst machen Sie das neue Objektiv bereit, indem Sie den hinteren Objektivdeckel abnehmen. (5) Drehen Sie Ihr Kameragehäuse beim Objektivwechsel mit der Öffnung nach unten. Dann ist die Gefahr geringer, dass etwas hineinfällt (so wie oben gezeigt geht es auch, aber es ist besser, wenn die Öffnung nach unten zeigt). Und (6) Sie brauchen in dieser Situation eine weitere Hand: eine, um die Kamera zu halten, eine, um das Objektiv zu halten, das Sie gerade anbringen wollen, und eine dritte für das Objektiv, das Sie abnehmen. Lassen Sie sich nicht verleiten, das gerade abgenommene Objektiv unter den Arm zu klemmen – das ist ein todsicheres Rezept, es fallen zu lassen. Da wir eine Hand zu wenig haben, hier ein paar Möglichkeiten, den Wechsel trotzdem sicher durchzuführen: (1) Nachdem Sie Ihr aktuelles Objektiv entfernt haben, setzen Sie beide Kappen auf und legen es für einen Moment an einen sicheren Ort. (2) Stecken Sie dieses Objektiv in ein freies Fach Ihrer Kameratasche (vielleicht dort, wo das Objektiv war, das Sie gerade herausgenommen haben). Und mein Favorit (3): Geben Sie es einem Freund, der die Kappen aufsetzt, während Sie das andere Objektiv an der Kamera befestigen (er wird damit zur »dritten Hand«, was eigentlich ein toller Name für einen Horrorfilm wäre).

Die Handy-App als »Landschaftsassistent«

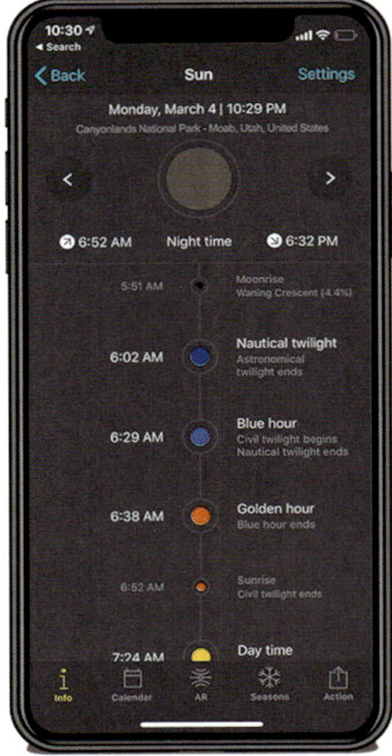

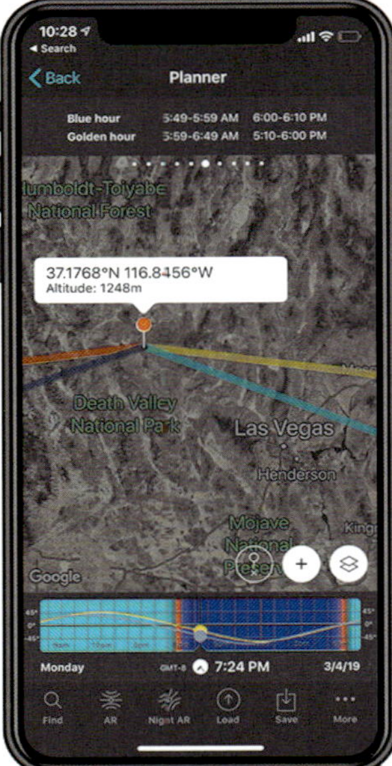

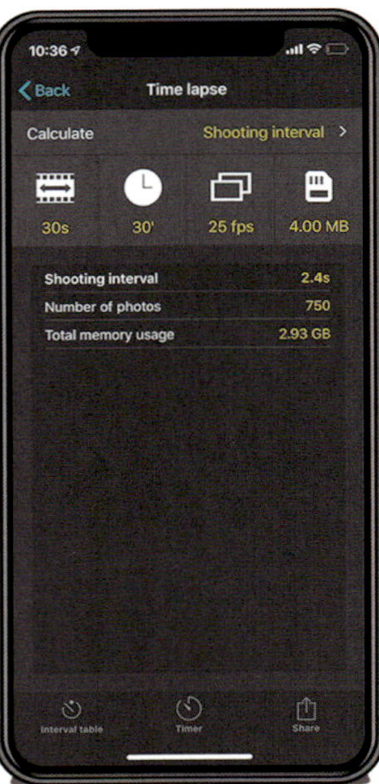

PhotoPills ist eine bei Landschaftsfotografen äußerst beliebte App, die Ihnen nicht nur sagt, wann und wo genau die Sonne an einem bestimmt Tag auf- und untergeht. Sie kann noch viel mehr: Sie berechnet auch, wann die blaue und die goldene Stunde eintreten, sie bietet einen Mondphasen-Kalender, einen Schärfentieferechner und einen Taschenrechner zum Bestimmen der hyperfokalen Distanz sowie die Berechnung von Langzeitbelichtungen und Zeitrafferaufnahmen. Die kleine App ist unglaublich leistungsstark und kostet im App Store oder im Google Play Store nur 10,99 € (das ist der Preis, den ich zuletzt dafür gesehen habe, aber bei allen Preisen sind Änderungen vorbehalten). Wie auch immer, wenn Sie nach einer verflixt vielseitigen Universal-App suchen, geben Sie die 11,- € aus und schon haben Sie einen Landschaftsfoto-Assistenten dabei (er isst Ihnen nichts weg und als Unterkunft genügt ihm bereits Ihre Tasche). Habe ich erwähnt, dass Photo Pills auch 3D-Augmented-Reality bietet, sodass Sie das Handy mit der App hochhalten und zum Beispiel sehen können, wie die Milchstraße über der von Ihnen anvisierten Szene aussehen würde? Das ist extrem hilfreich für Ihre Komposition – auf Seite 127 lesen Sie mehr drüber.

Zeitrafferaufnahmen machen

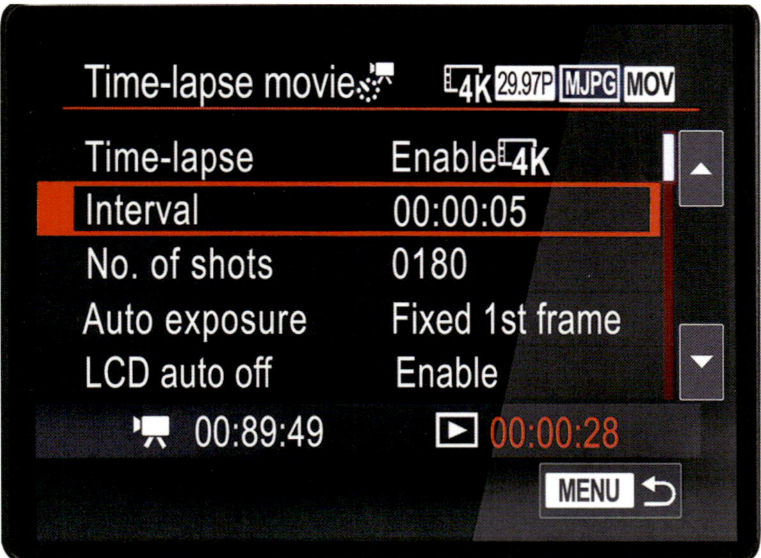

Sie sind bereits vor Tagesanbruch aufgestanden oder beginnen Ihre Aufnahmen vielleicht eine Stunde vor Sonnenuntergang und werden bis mindestens eine halbe Stunde nach Sonnenuntergang vor Ort sein. Wolken ziehen über den Himmel. Wissen Sie, was toll wäre? Wenn Sie den Sonnenauf- oder -untergang mit Ihrer Zweitkamera im Zeitraffer aufzeichnen würden. Viele der heutigen Kameras beherrschen diese Funktion (falls nicht, gibt es Auslöser mit Intervall-Timer wie den von mir verwendeten Vello ShutterBoss II Timer Remote Switch). Und so geht es: Die Kamera darf sich nicht bewegen, also nutzen Sie ein Stativ. Legen Sie einen vollen Akku und eine Speicherkarte mit ausreichend Platz ein. Stellen Sie Ihre Kamera auf Blendenpriorität, wählen Sie als Blende z. B. f/11, um eine gute Schärfentiefe zu bekommen, und einen niedrigen ISO-Wert wie etwa 100. Stellen Sie per Autofokus scharf und schalten Sie dann am Objektiv auf manuelle Fokussierung um. Anschließend aktivieren Sie im Kameramenü den Zeitraffer (es handelt sich dabei um eine Reihe von Standbildern, die zusammen wie ein Film aussehen; deshalb spricht man auch von »Zeitraffer-Fotografie«). Legen Sie das Aufnahmeintervall fest, z. B. ein Bild alle 30 Sekunden oder alle 5 Sekunden. Wählen Sie jetzt aus, wie viele Aufnahmen Sie insgesamt machen möchten (wenn Sie z. B. 90 Minuten lang alle 30 Sekunden ein Bild machen, müssten Sie hier 180 Bilder einstellen). Hinweis: Um herauszufinden, wie viele Sekunden mindestens zwischen den einzelnen Aufnahmen liegen müssen, können Sie schnell ein paar Testaufnahmen machen. Drücken Sie dann den Auslöser (oder die Start-/Stopptaste am Fernauslöser), um den Zeitraffer zu starten. Nach 180 Aufnahmen (oder der von Ihnen gewählten Anzahl) stoppt das Programm automatisch. Ich habe ein kurzes Video erstellt, das Ihnen zeigt, wie Sie den Zeitraffer ganz einfach in Lightroom zusammensetzen können. Sie finden es auf der in der Einleitung erwähnten Begleit-Website zum Buch: *https://kelbyone.com/books/landscape/*.

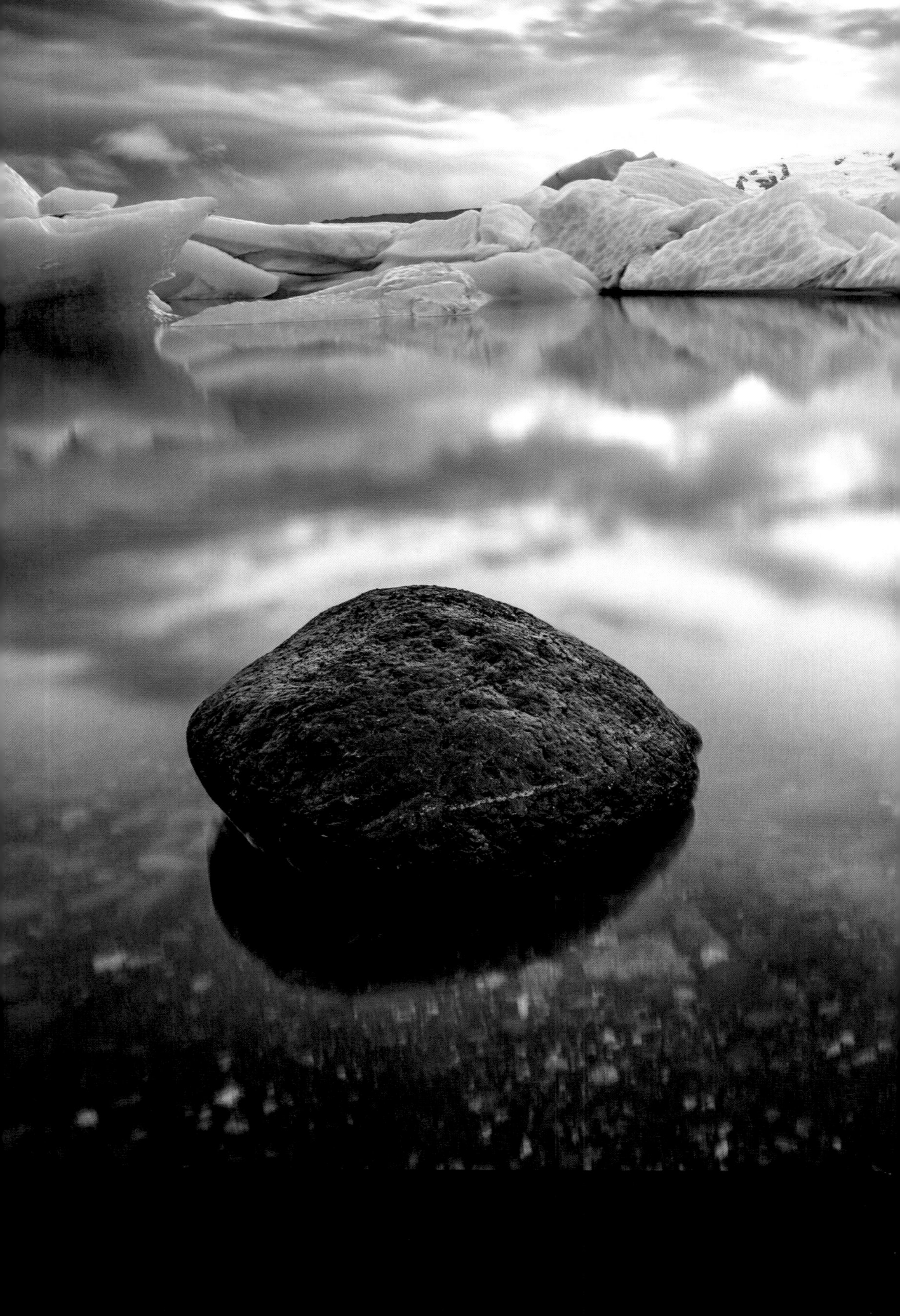

Kapitel 10

Praxisrezepte

So kreieren Sie tolle Fotos

Ich kann nicht glauben, dass Sie so weit gekommen sind. Ich kann nicht glauben, dass dies schon Kapitel 10 ist, das letzte Kapitel im Buch, und dass Sie alle Kapiteleinleitungen gelesen haben. Sogar die über die Nachthimmelfotografie – obwohl Sie sich dafür gar nicht interessieren, und doch haben Sie die Einleitung gelesen. Wissen Sie, das sagt mir viel über Sie, fünf Dinge eigentlich: (1) Sie passen sich nicht der Masse an. Sie sind eine Rebellin, ein Außenseiter. Das gefällt mir. (2) Sie beugen sich nicht dem Gruppenzwang anderer Landschaftsfotografen, die Sachen sagen wie: »Das Buch gefällt mir, aber diese albernen Kapiteleinleitungen sind unerträglich ...« Denken Sie daran, dass Leute, die Dinge als »albern« bezeichnen, meist selbst recht spaßbefreit sind. (3) Sie haben einen ausgezeichneten Literaturgeschmack. Sie kannten die lateinischen Phrasen in den Einleitungen und haben trotzdem immer auch meine groben Übersetzungen gelesen, von denen viele ... na ja, eben grob sind. Ich mag Sie. (4) Sie haben nach etwa 2/3 der Einleitung zu Kapitel 7 erkannt, dass meine etwas beliebig wirkenden Gedankenflüsse mehr sind, als es auf den ersten Blick scheint. Dass sich unter ihnen eine tiefere Wirklichkeit verbirgt. Und Sie haben diese freigelegt und damit eine spirituelle, untrennbare Verbindung zwischen uns enthüllt, ganz wie die Pflanzen um das Wurzelsystem eines Baumes nur durch dieses gedeihen können. Dank dieser Einleitungen sind wir in eine Sphäre gereist, in der wir uns auf eine Weise und auf einer Ebene verstehen, die anderen für immer verschlossen bleiben wird. Wir haben die Grenze der Realität und der Abkürzungen überschritten, die General Pershing im Ersten Weltkrieg verwendet hat. Uns verbindet ein unbeschreibliches und untrennbares Band, für das es keinen Namen gibt. Wir sind jung. No promises, no demands. Love is a battlefield. Und (5) Sie sind wahrscheinlich ein Alien und haben dieses Buch im Laden gestohlen.

Diese beiden Dinge brauchen Sie für die meisten Rezepte

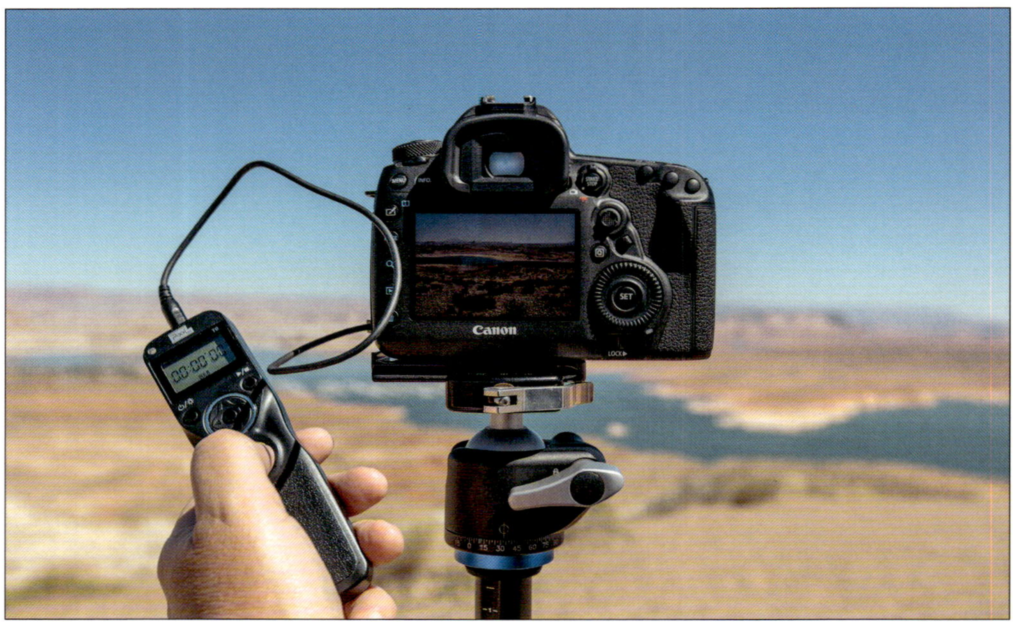

Damit Sie es nicht immer wieder lesen müssen – für die meisten Rezepte in diesem Kapitel gilt: Als ersten Schritt platzieren Sie Ihre Kamera auf einem Stativ und schließen einen Kabelauslöser an, oder Sie verwenden einen drahtlosen Auslöser. Ich schreibe das nur einmal, hier auf der ersten Seite, und für die übrigen Rezepte setze ich es dann einfach voraus. Ehrlich gesagt sind die Tageslichtaufnahme auf Seite 207 und einige andere bei Tag aufgenommene Fotos ohne Stativ entstanden. Der Hinweis gilt also für die meisten Aufnahmen. Bei den am helllichten Tag aufgenommenen Fotos wusste ich, dass die Verschlusszeit sehr kurz sein würde, also verzichtete ich auf Stativ oder Platypod. Wären die Aufnahmen mit Stativ trotzdem schärfer geworden? Darauf können Sie wetten! Wie Sie in diesem Buch gelernt haben, sind Stativ und Fernauslöser für Landschaftsfotografen genauso wichtig wie ein Herd und scharfe Messer für einen Koch. Von nun an nenne ich Ihnen nur noch den Bildtyp und das Rezept, mit dem Sie den Look erzielen können, und gehe nicht ständig auf das Stativ und den Auslöser ein. Denn wie ein guter Koch (der übrigens viele deftige Schmorgerichte zubereiten sollte), wissen Sie das bereits. Okay, heizen Sie den Ofen vor und lassen Sie uns anfangen.

Komposition mit Führungslinien

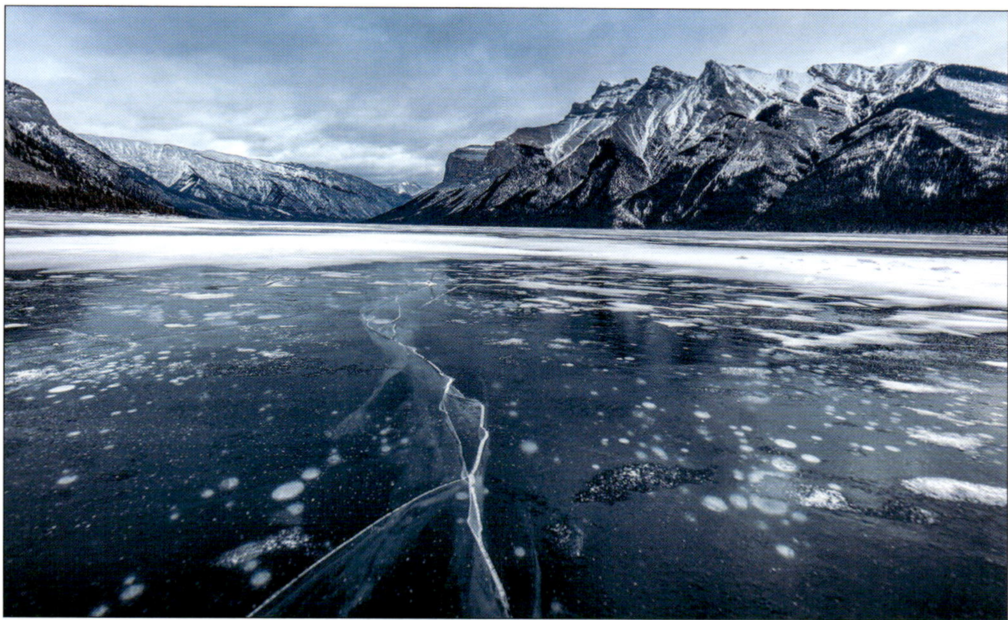

Merkmale dieses Bildtyps: Eine klare Führungslinie im Eis zieht den Blick des Betrachters ins Bild.

Zutaten: Die Führungslinien sind hier das wesentliche Bildelement. Sie müssen im Vordergrund ein Element finden, das den Blick des Betrachters in das Bild leitet. In diesem Beispiel umrundete ich den See auf der Suche nach Rissen im Eis, die zu den Bergen im Hintergrund führten. Ich fand Risse in alle möglichen Richtungen, aber hier zählt nur, dass sie in die Richtung weisen, in die Sie den Blick des Betrachters führen wollen. Nachdem ich einen solchen Riss gefunden hatte, positionierte ich das Stativ direkt dahinter und so dicht wie möglich am Boden, um das Beste aus dieser Führungslinie zu machen. Durch die möglichst tiefe Position wurden die Risse im Eis viel deutlicher und der Führungslinieneffekt noch stärker. Hätte ich das Stativ auf Augenhöhe aufgebaut, wären die Risse weiter weg und viel subtiler. Da ich sehr dicht am Boden fotografierte und ein nahes Vordergrundelement hatte, konnte ich auch ein besonders weitwinkliges Objektiv verwenden.

Aufnahmeort: Jasper-Nationalpark, Alberta, Kanada.

Kameraeinstellungen: Aufgenommen im Blendenvorwahlmodus; 16–35-mm-Objektiv bei 16 mm; ISO 100 bei f/11; Verschlusszeit: 1/4 Sekunde.

Spiegelartige Reflexionen

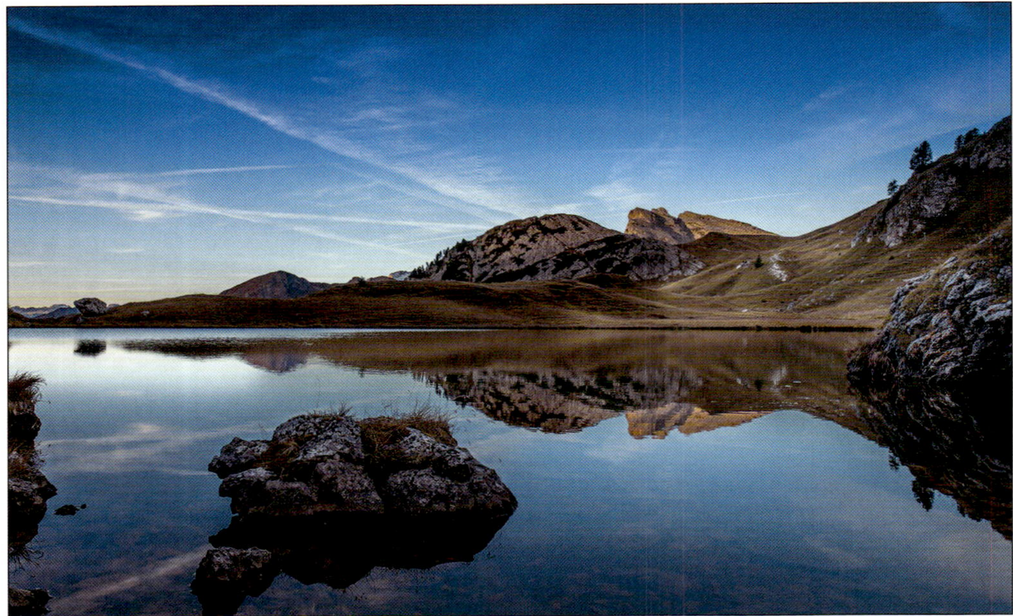

Merkmale dieses Bildtyps: Eine spiegelartige Reflexion der Szene.

Zutaten: Für eine ruhige, spiegelglatte Wasseroberfläche sollten Sie frühmorgens fotografieren, bevor der Wind auffrischt. Eine Stunde danach ist es schon zu spät – das Wasser beginnt, sich zu kräuseln, und das Spiegelbild verschwindet meist. Durch das stille Wasser im Vordergrund kann man bis zu den Felsen am Grund hinuntersehen. Wenn Sie mehr von diesen Steinen unter Wasser zeigen wollten, könnten Sie einen Polarisationsfilter vor Ihr Objektiv setzen, der die Reflexionen stark reduziert. In diesem Fall wollten wir aber gerade die Spiegelung zeigen. Von der Bildkomposition her liegt die Horizontlinie scheinbar fast in der Mitte, und diese Positionierung mag ich eigentlich nicht besonders. Das Originalfoto ist jedoch höher; es wurde für das Buchlayout zugeschnitten. Für eine niedrigere Aufnahmeperspektive habe ich außerdem die Stativbeine abgesenkt (in Kapitel 1 finden Sie weitere Informationen zu Stativen).

Aufnahmeort: Lago di Valparola in den norditalienischen Dolomiten, an der Straße zwischen dem Dörfchen La Villa und dem Falzaregopass.

Kameraeinstellungen: Aufgenommen im Blendenvorwahlmodus; 24–70-mm-f/2.8-Objektiv bei 24 mm; ISO 100 bei f/8; Verschlusszeit: 1/250 Sekunde. Warum f/8 statt meiner Standardblende f/11? Wahrscheinlich habe ich versehentlich am Einstellrad gedreht, dabei aber noch Glück gehabt, denn f/8 ist die nächstbeste Wahl neben f/11, also ist nichts Schlimmes passiert.

Starke Vordergrundelemente

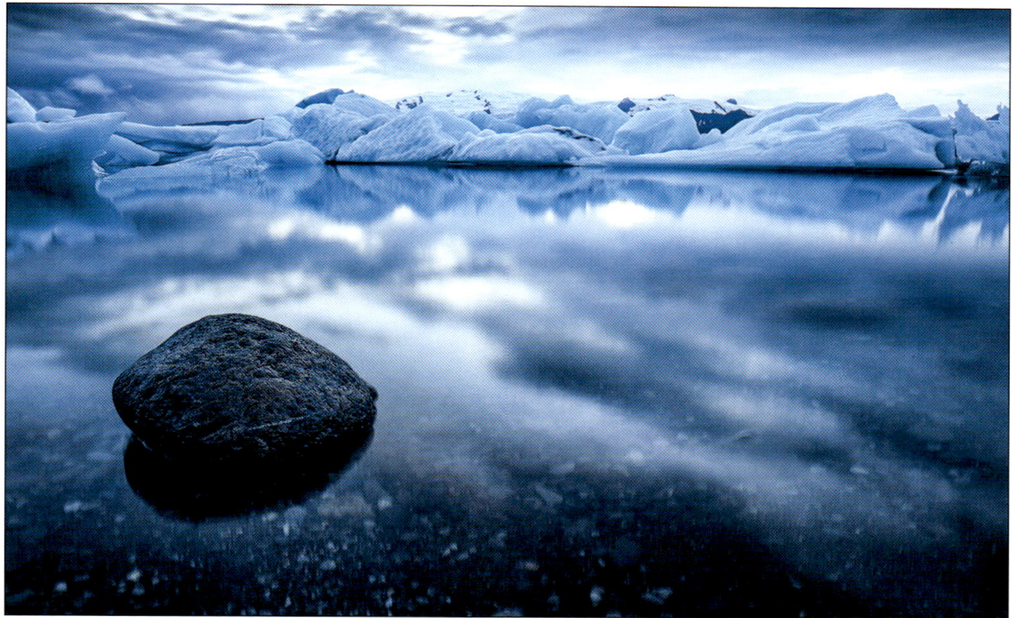

Merkmale dieses Bildtyps: Ein starkes Vordergrundelement, das den Betrachter in den Rest des Bilds hineinzieht.

Zutaten: Der Fels im Vordergrund sorgt für Intensität und Tiefe und führt den Blick in die Aufnahme hinein. Er ist der visuelle Auftakt des Fotos. Ich streifte am Ufer entlang, bis ich ein geeignetes Vordergrundelement fand. Der Blick wird sofort auf den Felsen im Vordergrund gezogen – und außerdem hatte ich das Glück, dass die Reflexionen im Wasser Führungslinien erzeugten, die optisch vom Felsen und Ufer zum Eisberg führen. Im Wasser vor dem Felsen ist geradezu ein großer Pfeil zu erkennen. Ich habe das Stativ ziemlich weit abgesenkt, um eine niedrigere Perspektive zu erhalten.

Aufnahmeort: Jökulsárlón-Gletschersee im Südosten Islands, etwa 50 Minuten von der Stadt Höfn entfernt.

Kameraeinstellungen: Aufgenommen im Blendenvorwahlmodus; 24–70-mm-f/2.8-Objektiv bei 24 mm; ISO 100 bei f/22; Verschlusszeit: 1/30 Sekunde. Warum die Blendeneinstellung f/22? Das war ein Versuch: Im Hintergrund sieht man eine Reihe schneebedeckter Berge und ich war bereit, eine mögliche Beugungsunschärfe gegen einen gleichermaßen scharfgestellten Vorder- und Hintergrund einzutauschen. In diesem Fall hat sich das nicht wirklich gelohnt. Die Berge heben sich nicht deutlich genug vom Eis ab, als dass man sie wirklich wahrnehmen würde.

Dramatischer Himmel

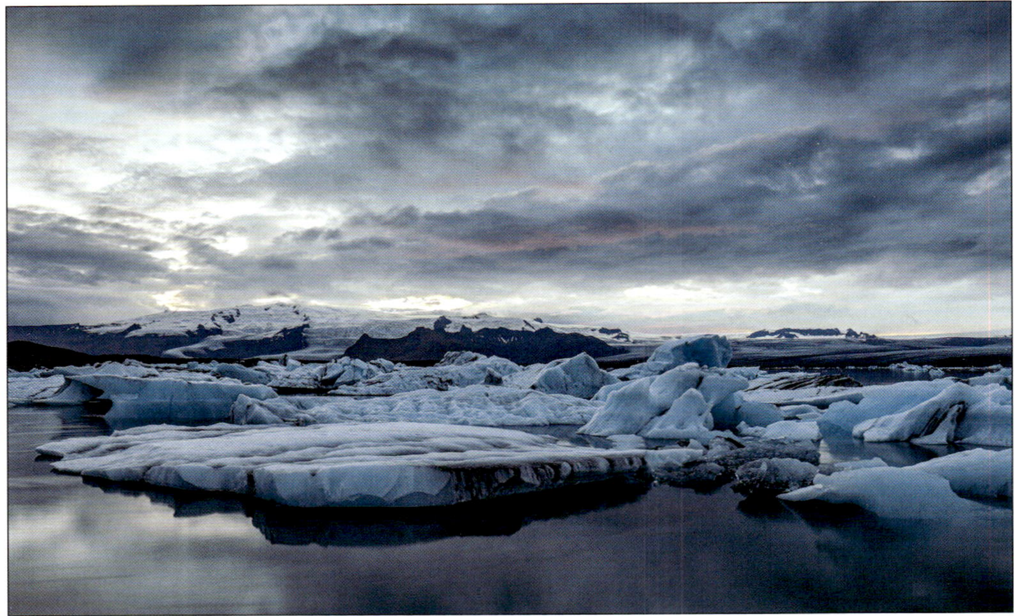

Merkmale dieses Bildtyps: Ein dunkler, dramatischer Wolkenhimmel.

Zutaten: Ich habe schon mehrfach erwähnt, dass man direkt vor oder nach Regenfällen tolle Bilder machen kann, und hier sehen Sie einen solchen Himmel – nach dem Unwetter. Es hatte stundenlang geschüttet. Es goss so heftig, dass mein Kumpel und ich bei einem frühen Abendessen beschlossen hatten, das Hotel nicht einmal mehr für ein Sonnenuntergangsfoto zu verlassen, da es keinen Sonnenuntergang geben würde. Aber dann entdeckten wir eine kleine Lücke in der Wolkendecke und probierten unser Glück. Wir nahmen die 50-minütige Fahrt auf uns und wussten, dass wir zumindest einen interessanten Himmel bekommen würden, wenn sich das Wetter auch nur geringfügig besserte, und – Junge, Junge, so war es dann auch. Es regnete die ganze Fahrt über und hörte erst kurz vor unserer Ankunft vor Ort auf. Wenn Sie so einen tollen Himmel haben, zeigen Sie in Ihrer Komposition mehr Himmel und weniger Vordergrund. Der Aufnahmezeitpunkt nach Sonnenuntergang sorgt für schönes, weiches Licht und durch die Wolken kommt wahrscheinlich etwas Farbe ins Bild. Ich senkte das Stativ ab und platzierte den Bildausschnitt so, dass ein Teil des Eises direkt vor mir im Vordergrund lag. Das stille Wasser war genauso ein Glücksfall wie die Tatsache, dass es überhaupt zu regnen aufgehört hatte.

Aufnahmeort: Jökulsárlón-Gletschersee im Südosten Islands, etwa 50 Minuten von der Stadt Höfn entfernt.

Kameraeinstellungen: Aufgenommen im Blendenvorwahlmodus; 24–70-mm-f/2.8-Objektiv bei 24 mm; ISO 100 bei f/9; Verschlusszeit: 6 Sekunden.

Berggipfel

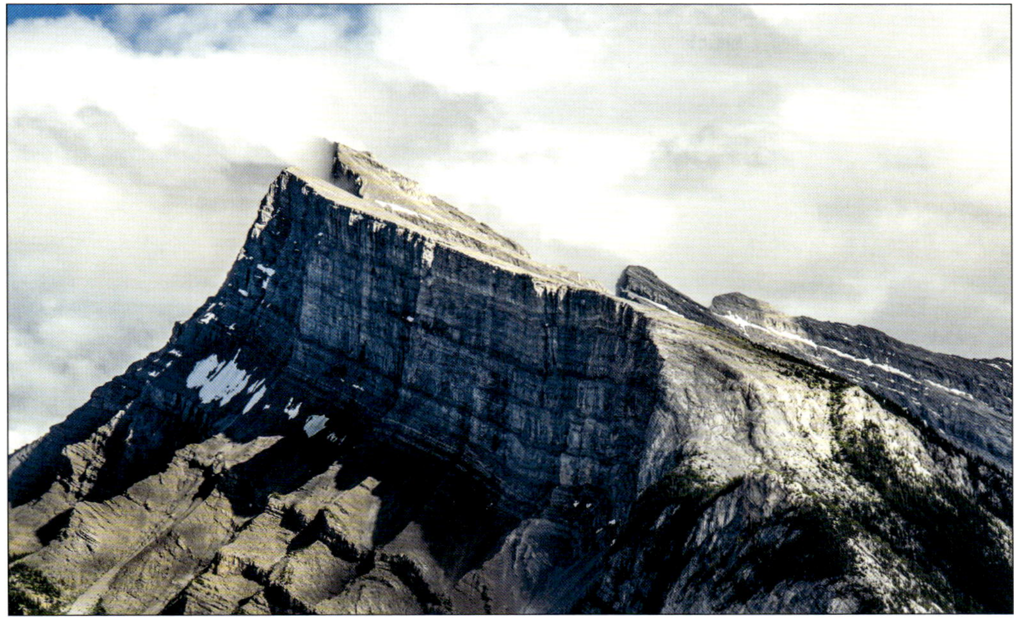

Merkmale dieses Bildtyps: Nahe Detailaufnahme von Wolken an einem Berggipfel.

Zutaten: Berge werden meist vom Boden aus mit einem Blick nach oben fotografiert. Daher erhält der Betrachter eine andere Sichtweise, wenn Sie die Perspektive wechseln und – wie hier – von weiter oben aus fotografieren. Auch durch die starke Annäherung ergibt sich eine andere, ungewohnte Ansicht, da die meisten Fotos vom Boden aus gemacht werden und die Berggipfel klein und weit entfernt sind. Hier holen Sie sie ganz nah heran und zeigen Details, die man normalerweise nicht sehen würde.

Aufnahmeort: Banff, Alberta, Canada.

Kameraeinstellungen: Aufgenommen im Blendenvorwahlmodus; 28–300-mm-f/3.5–5.6-Objektiv bei 150 mm; ISO 200 bei f/10; Verschlusszeit: 1/640 Sekunde.

Wasserfälle

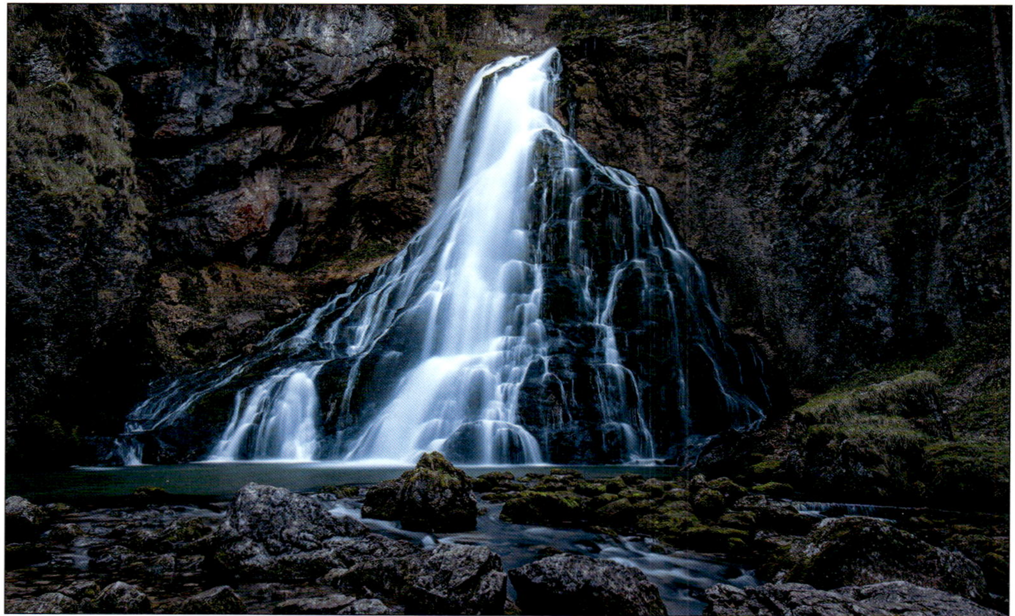

Merkmale dieses Bildtyps: Weiches, seidig fließendes Wasser eines Wasserfalls.

Zutaten: Wenn Sie das Tageslichtfoto eines Wasserfalls mit weichem, seidigem Wasser betrachten, dann wissen Sie, dass ein Neutraldichtefilter zum Einsatz kam. Wahrscheinlich ein einzelner Filter mit 10 Belichtungsstufen Abdunklung oder mehrere übereinandergelegte Neutraldichtefilter (in Kapitel 6 auf Seite 113 finden Sie weitere Informationen zum Einsatz von Filtern). Die Aufnahme oben entstand an einem hellen, sonnigen, wolkenlosen Tag, aber selbst wenn ich den Himmel zeigen wollte, bräuchte ich ein weitwinkligeres Objektiv oder ich müsste ein Panorama aus mehreren Fotos zusammensetzen, um alles ins Bild zu bekommen (in Kapitel 5 ab Seite 82 erfahren Sie mehr über Panoramen). Hier befinde ich mich tief unten auf einem Felsen und nutze ein mit Spitzschrauben verankertes Platypod als Stativersatz.

Aufnahmeort: Gollinger Wasserfall in Golling an der Salzach, Österreich.

Kameraeinstellungen: Aufgenommen im Bulb-Modus; 24–105-mm-f/4-Objektiv bei 24 mm; ISO 100 bei f/8; Verschlusszeit: 37 Sekunden (das ist länger, als die normalen Aufnahmemodi erlauben, weshalb ich dieses Bild im Bulb-Modus fotografiert habe). Ein Neutraldichtefilter mit 10 Belichtungsstufen ermöglichte mir eine Belichtungszeit von 37 Sekunden (das ist wohl rund 30 Sekunden länger als erforderlich). Irgendwann hatte ich es satt, 37 Sekunden auf jedes Bild zu warten, und wechselte auf einen Filter mit drei Belichtungsstufen. Damit ging es viel schneller und das Wasser sah genauso seidig aus. Wenn Sie länger als fünf Sekunden belichten, um an einem Wasserfall oder Bach seidiges Wasser zu bekommen, holen Sie damit nicht mehr allzu viel heraus.

Bachläufe mit seidigem Wasser

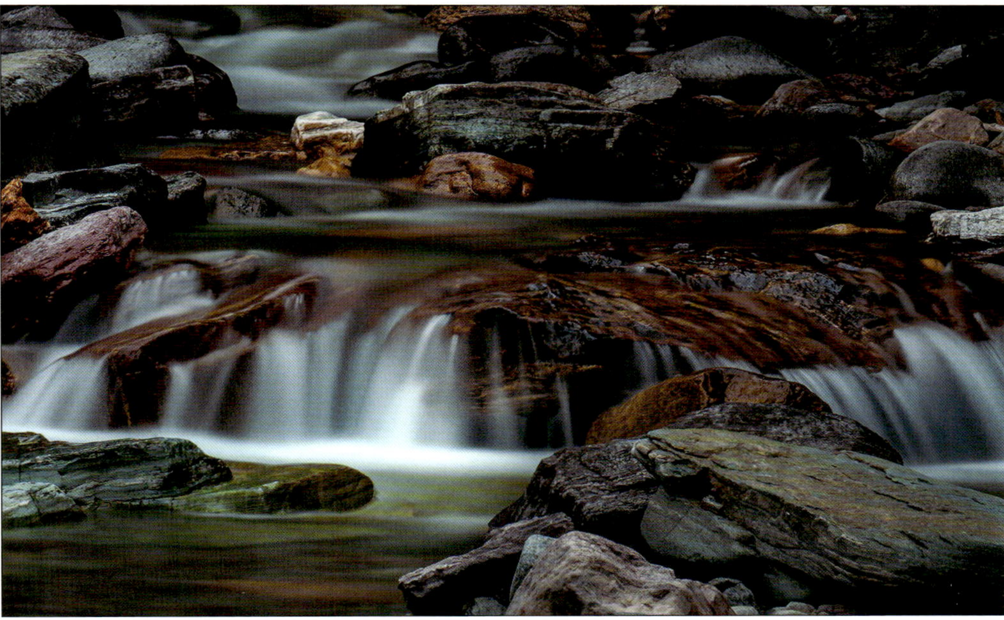

Merkmale dieses Bildtyps: Bach mit weichem, seidigen Wasser.

Zutaten: Gute Bilder von Bächen sind schwerer aufzunehmen als gedacht, vor allem, weil sie so unaufgeräumt wirken. Oft befinden sich allerlei Stöcke und Blätter und sonstige ablenkende Dinge in der Aufnahme. Deshalb versuchte ich, einen möglichst sauberen Abschnitt des Bachlaufs zu finden. Dann zoomte ich nahe an diesen Bereich heran (die Szene vor mir war viel größer, als sie hier wirkt – dies ist nur ein kleiner Ausschnitt). Ein oder zwei kleine Stöckchen kann ich in Photoshop leicht entfernen, aber es ist trotzdem wichtig, mit einer möglichst klaren Szene zu beginnen. Außerdem handelt es sich hier um eine Langzeitbelichtung und normalerweise würde man einen Neutraldichtefilter benötigen, um das Wasser so seidenglatt abzubilden. Aber es hatte geregnet, und der Himmel war grau und finster. Dazu kamen noch das dichte Blätterdach der Bäume und viel Schatten. Deshalb konnte ich einfach einen hohen Blendenwert – in dem Fall f/22 – einstellen, um den Verschluss lange genug offen zu halten (in diesem Fall dauerte die Belichtung 30 Sekunden, was ohne Neutraldichtefilter erstaunlich lang ist).

Aufnahmeort: Glacier Nationalpark, Montana, USA.

Kameraeinstellungen: Aufgenommen im Blendenvorwahlmodus; 70–200-mm-f/2.8-Objektiv bei 200 mm; ISO 100 bei f/22; Verschlusszeit: 30 Sekunden.

Sonnenaufgang am Meer

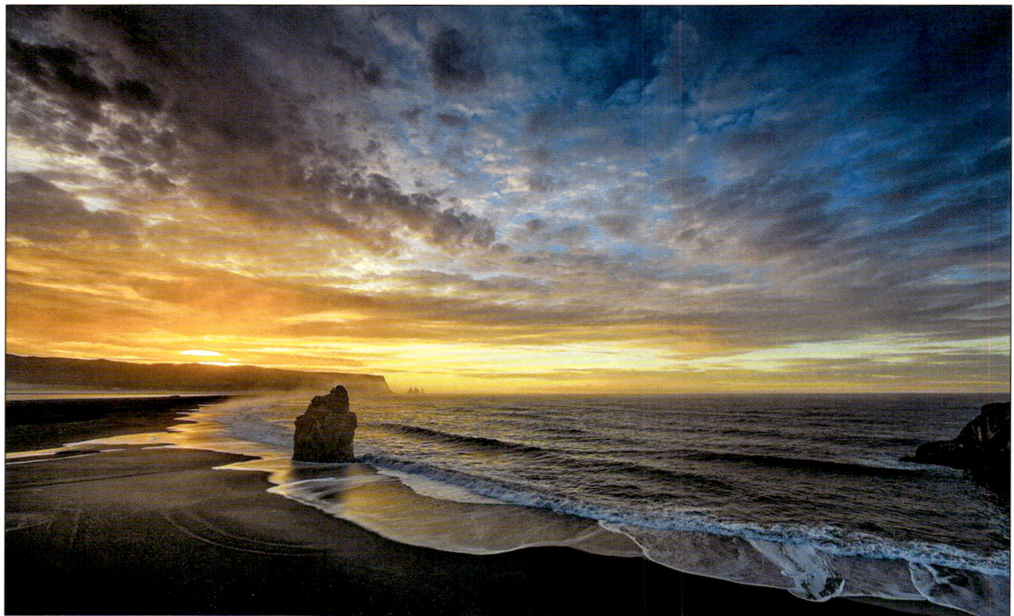

Merkmale dieses Bildtyps: Monumentale weitwinklige Sonnenaufgangsszene.

Zutaten: Diese Aufnahme entstand größtenteils durch glückliche Fügung – ich hatte das Glück, dass Mutter Natur mir an diesem Morgen einen unglaublichen Wolkenhimmel darbot, der das ganze Morgenlicht einfing. Ohne diese Wolken (also bei klarem Himmel) wäre die Aufnahme dank des weichen Lichts ebenfalls in Ordnung gewesen, aber all diese Farben hätte es nicht gegeben. Und die machen das eigentliche Bild aus. Ich fotografierte an einem hoch gelegenen Aussichtspunkt mit einem Ultraweitwinkelobjektiv.

Aufnahmeort: Schwarzer Sandstrand Reynisfjara, fotografiert vom Aussichtspunkt bei Dyrhólaey nahe der Stadt Vík, Island.

Kameraeinstellungen: Aufgenommen im Blendenvorwahlmodus; 14-mm-f/2.8-Objektiv; ISO 100 bei f/11; Verschlusszeit: 1/30 Sekunde.

Landschaft bei Tageslicht

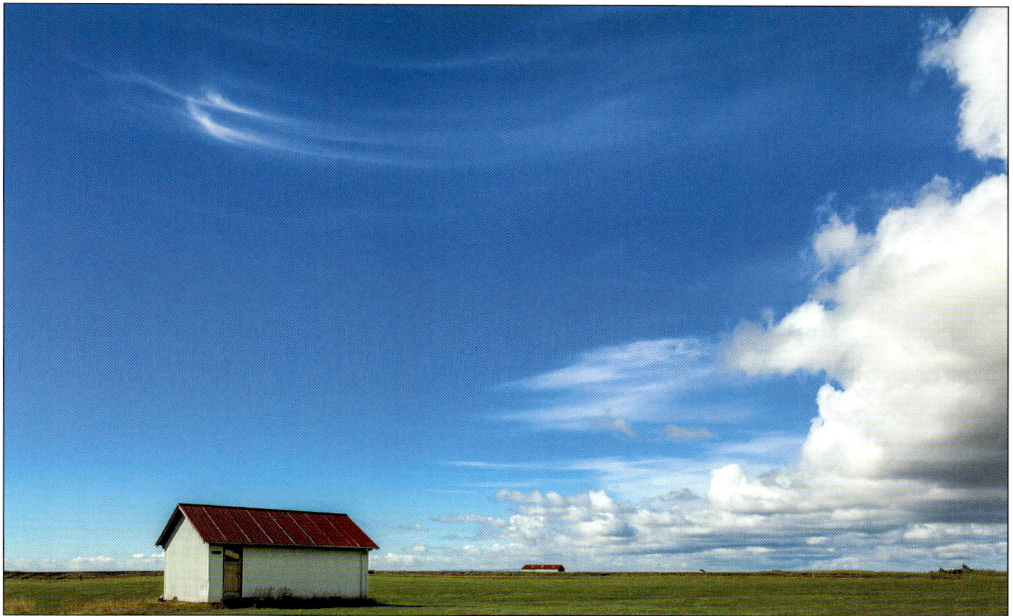

Merkmale dieses Bildtyps: Landschaft bei Tageslicht mit dem Himmel als Blickpunkt.

Zutaten: Dieses simple Foto wirkt durch vier Merkmale: (1) Es ist wunderbar ausgewogen. Die Hütte auf der linken Seite bietet mit ihrer starken, einfachen Form und ihren Farben ein wundervolles Gegengewicht zu den diagonal gegenüberliegenden Wolken auf der rechten Seite. Diese Balance verleiht der Aufnahme ihre Geschlossenheit. (2) Der Vordergrund ist bis auf die Hütte uninteressant. Hier bietet es sich von der Komposition her an, möglichst wenig von diesem Vordergrund im Bild zu zeigen, also die Horizontlinie sehr niedrig anzusetzen und dadurch den Himmel mit den ausgedehnten Wolken zu betonen (obwohl ich den Wolkenstreifen über der Hütte noch interessanter finde als die großen Wolken rechts). Und (3) außerdem überzeugt die Aufnahme durch ihre Einfachheit. Schließlich fotografierten wir (4) zwar im direkten Sonnenlicht, aber das Licht und die Schatten wirken nicht hart. Tatsächlich sind überhaupt keine Schatten zu sehen, nur auf einer Seite der Hütte. Meist ist direktes Licht hart und unangenehm, aber diese besondere Szene kaschiert die Härte – ein glücklicher Zufall.

Aufnahmeort: Südisland an der Straße zwischen dem Gullfoss-Wasserfall und Reykjavik.

Kameraeinstellungen: Aus der Hand im Blendenvorwahlmodus aufgenommen; 24–70-mm-f/2.8-Objektiv bei 30 mm; ISO 100 bei f/8; Verschlusszeit: 1/800 Sekunde.

Wasser mit langer Belichtungszeit

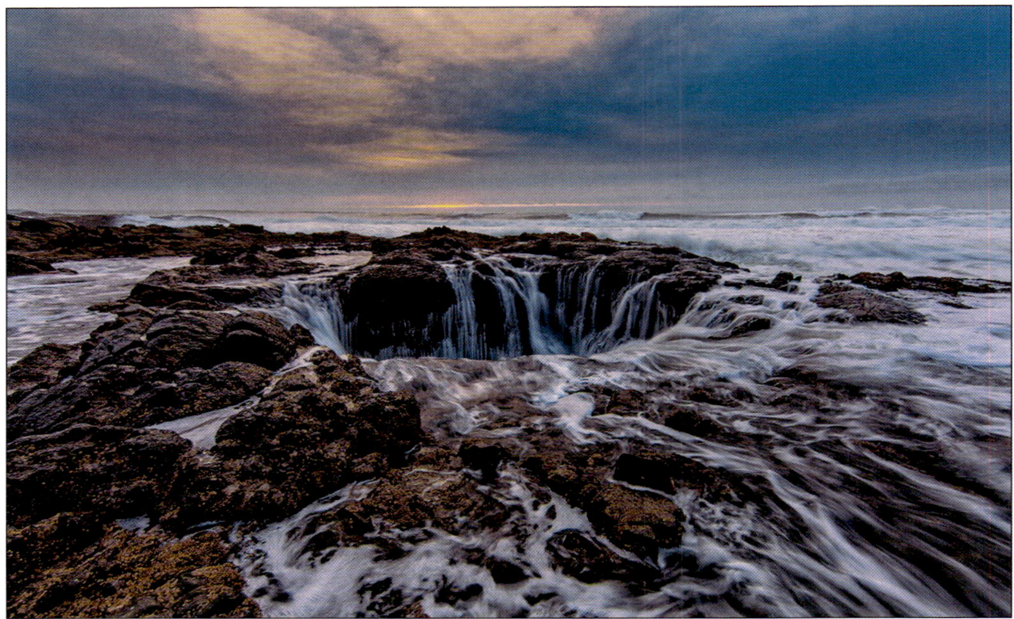

Merkmale dieses Bildtyps: Ein Sonnenuntergangsfoto mit weichem, seidigen Wasser.

Zutaten: Für eine Aufnahme wie diese müssen Sie vor allem lange herumstehen und warten – warten, bis so viel Wasser das Felsloch erreicht, dass Ihre Langzeitbelichtung der Wasseroberfläche gut aussieht. An diesem Tag konnte ich nicht lange genug belichten, um wirklich seidenweiches Meerwasser außerhalb des Abflusslochs zu erhalten. Das Wasser strömte zu schnell hinein und direkt wieder heraus. Die wichtigste Zutat ist hier also Geduld. Leider gab es eine dicke maritime Dunstschicht, so dass die Sonne nicht wirklich »unterging«, sondern einfach irgendwie verschwand. Der Himmel war dann nicht mehr besonders spektakulär, also konzentrierte ich die Komposition auf Thor's Well selbst (beachten Sie die hohe Horizontlinie, die den Blick auf den Himmel begrenzt). Ich nutzte die Felsen vor mir als Vordergrund, um den Blick auf das Felsloch zu lenken. Ich stehe auf den Felsen, die Beine meines Stativs stehen im Wasser. Schon nach kurzer Zeit kam eine Welle und durchnässte mich und meine Ausrüstung völlig. Hinweis: Diese Aufnahme und die auf der gegenüberliegenden Seite wurden beide an derselben Location aufgenommen.

Aufnahmeort: Thor's Well, Yachats, Oregon, USA.

Kameraeinstellungen: Aufgenommen im Blendenvorwahlmodus; 14-mm-f/2.8-Objektiv; ISO 100 bei f/20; Verschlusszeit: 1/4 Sekunde. Ich hatte keinen Neutraldichtefilter dabei, also stellte ich f/20 ein, um den Verschluss länger offen zu halten. Ich hätte auch auf f/22 gehen können, um noch etwas länger zu belichten, aber das Wasser war so schnell weg, dass es keinen großen Unterschied gemacht hätte.

HDR-Landschaftsfoto

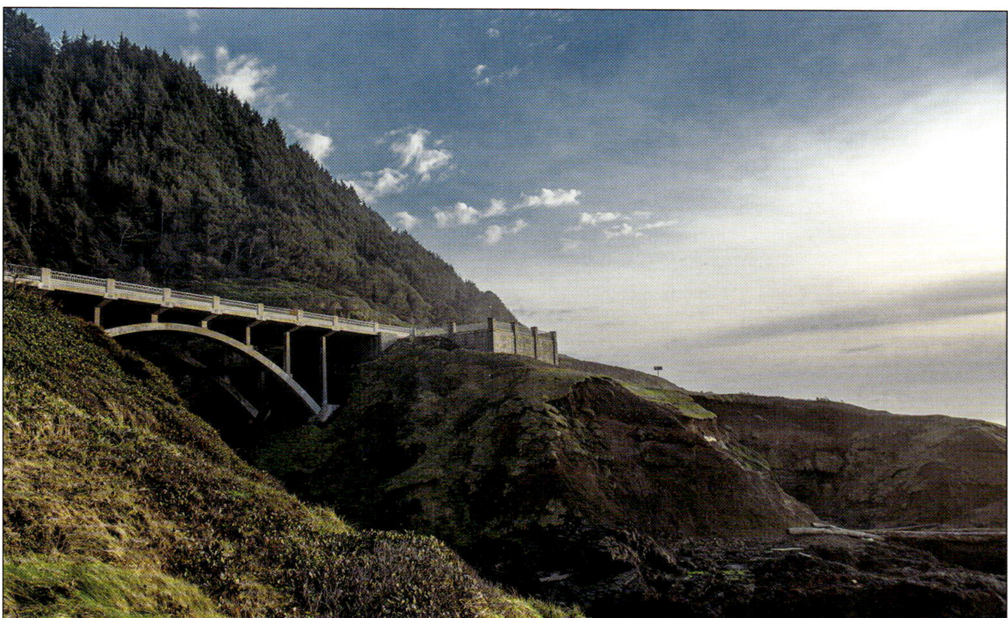

Merkmale dieses Bildtyps: Plastische Tiefen ohne Bildrauschen.

Zutaten: Einer der größten Vorteile von in Lightroom oder Camera Raw zu einem einzigen Bild kombinierten Belichtungsreihen liegt neben dem zusätzlichen Tonwertumfang darin, dass Sie die Tiefen viel besser als üblich aufhellen können, ohne massives Bildrauschen zu erhalten (wie etwa unter der Brücke und im Gestein). Aufgrund des erweiterten Tonwertumfangs können Sie bei der Bildbearbeitung außerdem noch etwas weiter gehen und dem Bild einen charakteristischen »Look« verleihen. Diese Aufnahme entstand an derselben Location wie das Bild auf der vorherigen Seite – Thor's Well. Ich drehte mich einfach um und sah bei meinem Blick zurück zur Straße diese Szene, also machte ich ein Bild.

Aufnahmeort: Thor's Well, Yachats, Oregon, USA, Blick zurück in Richtung Spouting Horn und den Oregon Coast Highway.

Kameraeinstellungen: Aufgenommen im Blendenvorwahlmodus; 28–300-mm-f/3.5–5.6-Objektiv bei 28 mm; ISO 100 bei f/6.3; Verschlusszeit: 1/160 Sekunde. Warum f/6.3? Da habe ich eindeutig nicht aufgepasst – idealerweise hätte ich mit f/11 fotografieren sollen.

Berglandschaft mit Ebenen

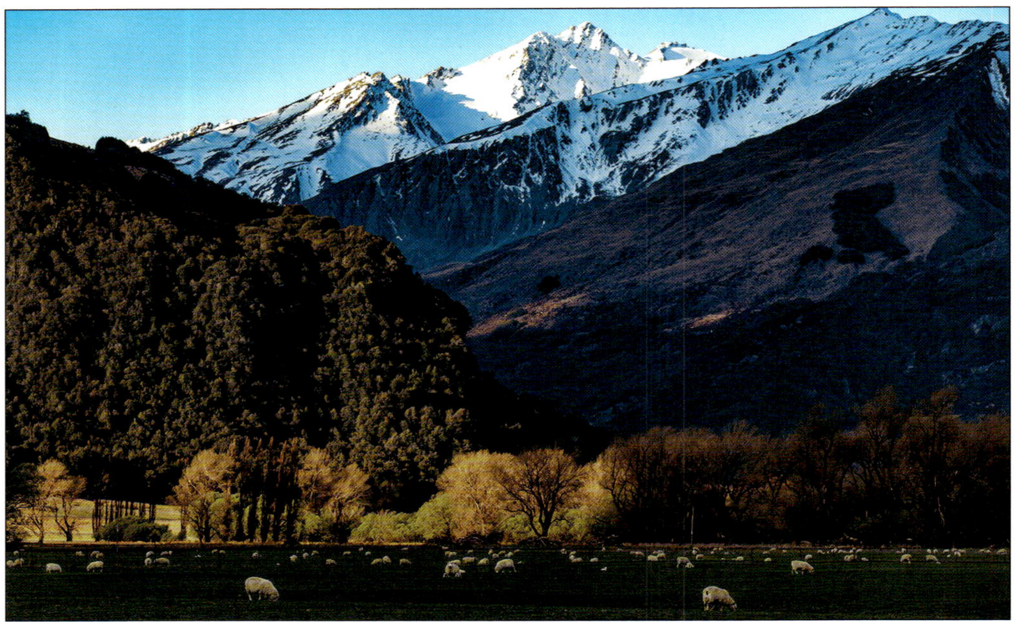

Merkmale dieses Bildtyps: Eine Berglandschaft mit viel räumlicher Tiefe.

Zutaten: Hier gibt es zwei wesentliche kompositorische Aspekte: (1) Der Himmel war absolut wolkenlos und in solchen Situationen versuchen wir, möglichst wenig von dem langweiligen Himmel zu zeigen. Sehen Sie sich meine Komposition an. Ich habe den Bildausschnitt so gewählt, dass gerade so viel Himmel zu sehen ist, dass die Berge einen minimalen Hintergrund erhalten. (2) Der andere Aspekt ist die räumliche Tiefe zwischen Vorder- und Hintergrund. Die Schafe auf der Weide sind das Vordergrundelement und dann folgen zahlreiche interessante Ebenen – die Baumreihe dahinter, dann der bewaldete Hügel, dann rechts davon einige dunklere Berge, dahinter schneebedeckte Gipfel und schließlich der Himmel. Hier haben wir eine Menge räumliche Tiefe mit vielen Ebenen, und zum Glück passen auch die Farben so gut zusammen. Ich habe gar kein Problem damit, wenn auch Glück bei meinen Aufnahmen im Spiel ist.

Aufnahmeort: Auf dem Weg von Queenstown nach Auckland, Neuseeland.

Kameraeinstellungen: Aufgenommen im Blendenvorwahlmodus; 70–200-mm-f/2.8-Objektiv bei 145 mm; ISO 200 bei f/6.3; Verschlusszeit: 1/125 Sekunde. Warum f/6.3 und ISO 200? Diese Aufnahme habe ich ohne Stativ gemacht. Wir waren mit dem Auto unterwegs und ich hatte meine Kamera in der Hand. Wir fuhren links ran an und ich sprang kurz aus dem Wagen, um das Bild zu machen. Bei einer kleineren Blende wäre meine Verschlusszeit zu lang gewesen, um aus der Hand eine scharfe Aufnahme zu bekommen. Deshalb habe ich auch den ISO-Wert auf 200 erhöht, um bis auf zu 1/125 Sekunde herunterzugehen. Die Brennweite 145mm war notwendig, um den Zaun an der Straße aus dem Bild zu verbannen.

Einfachheit

Merkmale dieses Bildtyps: Eine schlichte, saubere Aufnahme mit kleinen Lichtflecken.

Zutaten: Meine liebsten Landschaftsfotos sind meist auch die schlichtesten. Es passiert in ihnen nur sehr wenig – und dieses Bild hier ist ein gutes Beispiel dafür. Ich sah kleine Lichtflecken auf diesen Hügelkuppen, also fuhren wir mit dem Auto rüber, damit ich ein Foto machen konnte. Der Himmel hatte eine schöne Farbabstufung und war so attraktiv, dass ich viel davon zeigen wollte. Also platzierte ich die Horizontlinie im unteren Drittel der Aufnahme. Der negative Raum des Himmels leitet den Blick direkt auf die weichen, sanften Hügelformen. In der Nachbearbeitung in Lightroom übermalte ich die Lichtflecken auf den Hügeln mit dem Korrekturpinsel mit +0,50 Belichtung (einer halben Belichtungsstufe), damit sie noch besser zur Geltung kamen. Das tolle Licht verdanke ich dem Aufnahmezeitpunkt am späten Nachmittag (etwa eine Stunde vor Sonnenuntergang).

Aufnahmeort: Auf dem Weg von Queenstown nach Auckland, Neuseeland.

Kameraeinstellungen: Aufgenommen im Blendenvorwahlmodus; 70–200-mm-f/2.8-Objektiv bei 168 mm; ISO 400 bei f/10; Verschlusszeit: 1/640 Sekunde. Ich fotografierte aus der Hand, also hob ich den ISO-Wert so weit an, dass ich eine kleinere Blende nutzen und alles scharfstellen konnte. ISO 400 war viel zu hoch. Vielleicht hätte ich die Empfindlichkeit auch gar nicht anheben müssen. Mit ISO 200 und einer Blende von f/8 wäre ich jedenfalls problemlos ausgekommen (Sie würden auch keinen echten Schärfeunterschied zwischen f/8 und f/10 bemerken), und ich hätte dann ein rauschärmeres Foto bekommen.

Panoramabilder

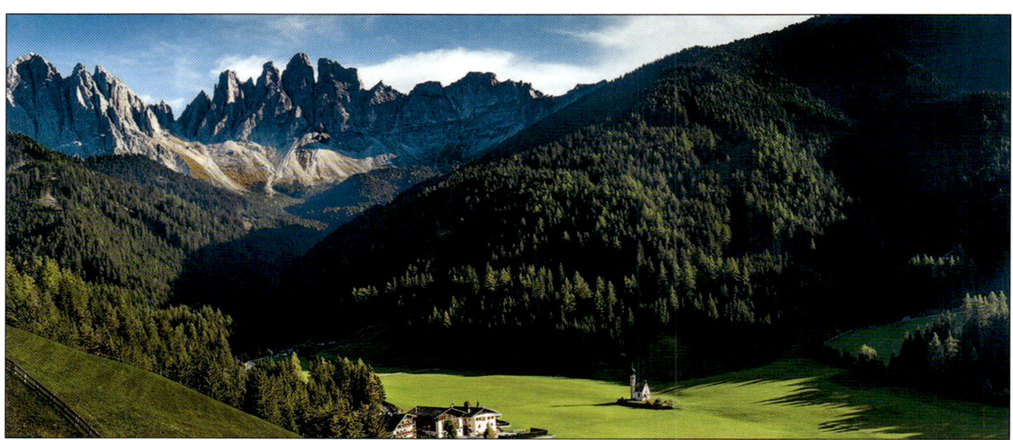

Merkmale dieses Bildtyps: Panoramafoto ohne engen Zuschnitt.

Zutaten: Diese Aufnahme besteht aus mehreren Einzelbildern, die in Lightroom zu einem einzigen Panoramabild kombiniert wurden. Aufgenommen wurden sie von einem Hügel mit Blick auf die Szene. Mit 70 mm Brennweite begrenzte ich die Verzerrung, die ein weitwinkligeres Objektiv erzeugt hätte. Aus demselben Grund – zur Begrenzung der Verzerrung – drehte ich die Kamera ins Hochformat. Damit stellte ich zugleich sicher, dass ich genug Bildinhalte erhalten würde und nicht einen Großteil des Vordergrunds oder der Berggipfel abschneiden müsste. Das Hochformat bot mir mehr Platz, um die beim Zusammenfügen entstehenden Lücken wegzuschneiden. In Lightroom entschied ich mich dann allerdings, die Funktion **Randverkrümmung** zu nutzen, um so viel wie möglich vom Originalbild zu erhalten (siehe Kapitel 5 auf Seite 99).

Aufnahmeort: Val di Funes in den Dolomiten in Norditalien.

Kameraeinstellungen: Aufgenommen im Blendenvorwahlmodus; 70–200-mm-f/2.8-Objektiv bei 70 mm; ISO 100 bei f/7.1; Verschlusszeit: 1/250 Sekunde.

Weitwinkelaufnahme mit tiefem Blickwinkel

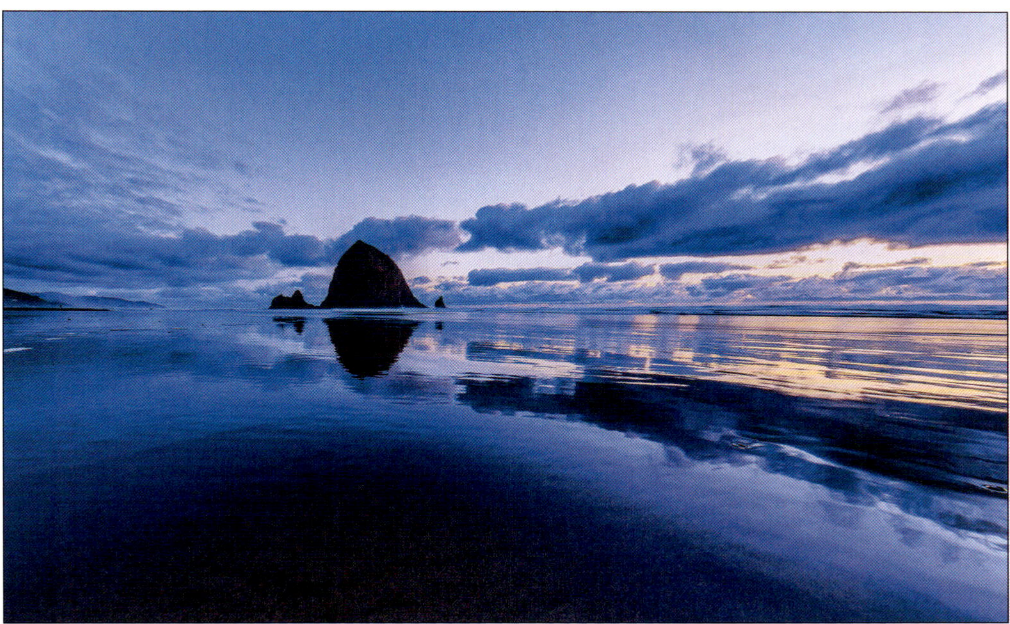

Merkmale dieses Bildtyps: Ein weitläufiger Sonnenuntergang am Meer mit Spiegelungen, tollen Farben und Wolken.

Zutaten: Grundvoraussetzung ist ein Sonnenuntergang mit schönem Licht. Wenn Sie das Stativ dicht am Boden aufbauen, wirken die Reflexionen des Wassers am Strand klarer und deutlicher. Als wir dort standen, sah die Spiegelung nicht so glasklar aus, aber durch die niedrigere Perspektive kam sie richtig zur Geltung (ich senkte alle drei Stativbeine bis zum Anschlag ab. Ich musste es dann aber immer wieder hochnehmen und vor einer unerwarteten Welle fliehen). Ein Superweitwinkelobjektiv drängt die Szene in die Ferne und nach außen. Dadurch erscheinen die Objekte zwar weiter entfernt, aber es entsteht auch die weite, schwungvolle »Monumentalität« diese Aufnahme. Die Wolken hielten die Farben toll fest, und während diese an sich schon ziemlich schön waren, optimierte ich den Weißabgleich mit den **Temp.**- und **Farbton**-Reglern in Lightroom (auch in Camera Raw zu finden), um die Farbe zu erhalten, die Sie hier sehen. Diese Regler verwende ich immer dann, wenn ich einen eher künstlerischen als präzisen Weißabgleich anstrebe. In Kapitel 8 auf Seite 149 erfahren Sie mehr über den kreativen Weißabgleich.

Aufnahmeort: Cannon Beach, Oregon, USA.

Kameraeinstellungen: Aufgenommen im Blendenvorwahlmodus; 11–24-mm-f/2.8-Superweitwinkelobjektiv bei 11 mm; ISO 100 bei f/11; Verschlusszeit: 1.3 Sekunden.

Atmosphärische Effekte

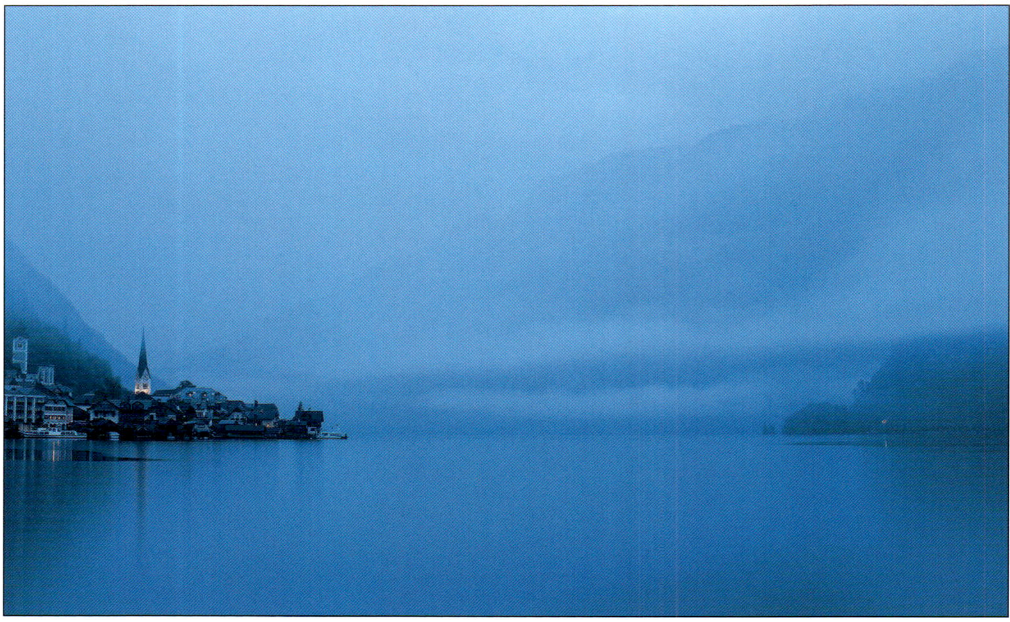

Merkmale dieses Bildtyps: Tiefhängender Nebel verleiht der Szene eine geheimnisvolle Wirkung.

Zutaten: Ich habe eine ganze Bildserie von genau dieser Szene zu verschiedenen Tageszeiten aufgenommen. Dieses Foto mit dem Nebel ist mein Favorit. Atmosphärische Effekte wie tief hängender Nebel verleihen Ihrer Aufnahme eine geheimnisvolle Aura, vermitteln aber auch Ruhe, weil sie dem Bild die Härte nehmen. Das gefällt mir. Hilfreich sind auch mehrere Nebelschichten – wie hier – mit sehr gut definierten, tief hängenden Nebelschwaden direkt über dem See, dazu aber auch noch einer weiteren Nebelschicht, die den Berg dahinter größtenteils verdeckt. Die beste Zeit, um solchen Nebel einzufangen, ist der frühe Morgen – in diesem Fall vor der Morgendämmerung (lesen Sie in Kapitel 9 auf Seite 198, um zu erfahren, wann am ehesten Nebel auftritt). Stehen Sie also früher auf als sonst, denn sobald die Sonne aufgeht, beginnt sich der Nebel aufzulösen.

Aufnahmeort: Hallstatt, Österreich.

Kameraeinstellungen: Aufgenommen im Blendenvorwahlmodus; 24–70-mm-f/2.8-Objektiv bei 24 mm; ISO 100 bei f/11; Verschlusszeit: 1/60 Sekunde.

Tiefe Bergschluchten

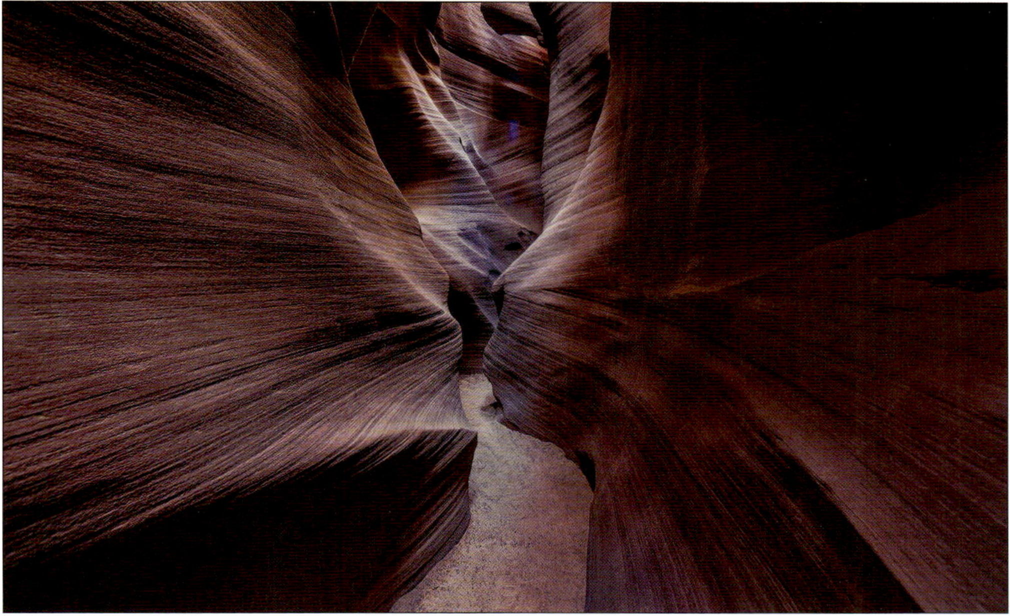

Merkmale dieses Bildtyps: Glatte, farbenfrohe Wände mit interessantem Licht und vielen scharfen Details.

Aufnahmeort: Etwas außerhalb von Page, Arizona, USA. Dies sind nicht die berühmten Schluchten des Upper und Lower Antelope Canyon, die jeden Tag von Hunderten Touristen gestürmt werden (deren Hauptziel es zu sein scheint, durch Ihre Langzeitbelichtung zu laufen). Es ist der viel weniger besuchte, fotografenfreundlichere Horseshoe Bend Slot Canyon (alias »Secret Slots«).

Kameraeinstellungen: Aufgenommen im Blendenvorwahlmodus; 14-mm-f/2.8-Objektiv; ISO 100 bei f/10; Verschlusszeit: 3.2 Sekunden.

Anmerkungen: Nachdem ich schon häufig in Schluchten fotografiert habe, lautet mein größter Kompositionstipp für Sie, auch den Boden mit ins Bild zu nehmen. Sonst weiß der Betrachter nicht genau, was er gerade vor sich hat, und das Foto wirkt eher wie ein Bildschirmhintergrund am Computer. Die größte Herausforderung beim Fotografieren von Slot-Canyons in Arizona ist, dass jeder dort knipsen möchte. Wie schon erwähnt, gibt es in den beiden bekanntesten Canyons so viele Fotografen, dass Sie manchmal kaum einen Platz zum Fotografieren finden, und immer wieder laufen Leute durch Ihre Langzeitbelichtung oder rempeln Sie oder Ihre Ausrüstung an. Außerdem ist es sehr staubig und sandig und die Fotografen werfen Sand in die Luft, um Lichtstrahlen-Bilder zu machen (siehe Seite 189). Packen Sie daher Ihre Kamera in eine Regenhülle, um die Elektronik vor Staub zu schützen.

Index

N

O

P

Q

R

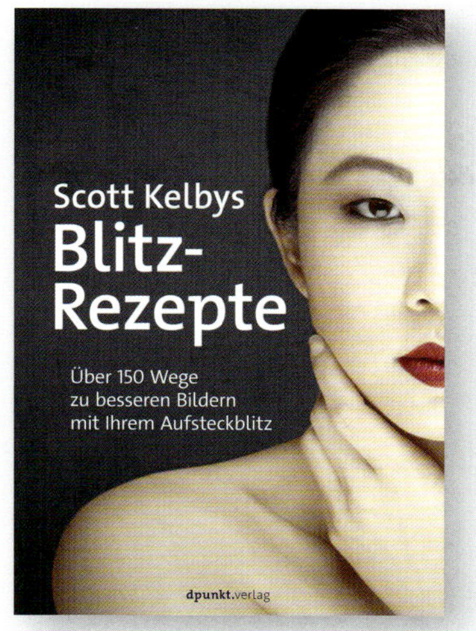

Scott Kelby

Scott Kelbys Blitz-Rezepte

Über 150 Wege zu besseren Bildern mit Ihrem Aufsteckblitz

2018
206 Seiten, Broschur
€ 22,90 (D)

ISBN:
Print 978-3-86490-540-7
PDF 978-3-96088-344-9
ePub 978-3-96088-345-6
mobi 978-3-96088-346-3

Fristet auch Ihr Aufsteckblitz ein Schattendasein, weil Sie ihn – enttäuscht von den ersten Resultaten – ins Dunkel von Schrank oder Schublade verbannt haben? Sie sind nicht allein (Ihr Blitz auch nicht) und Hilfe ist nah. In diesem Buch präsentiert Ihnen Scott Kelby Rezepte für das Arbeiten mit Aufsteckblitzen, mit denen Sie endlich zu den ersehnten Bildern kommen. Auf jeder Seite dieses Buches wird ein typisches Problem gezeigt und gelöst, so dass Sie das Buch durchlesen oder darin ganz nach Bedarf stöbern können. Also laden Sie die Akkus und räumen Sie Ihrem Blitz ein Fach in der Fototasche frei – mit diesem Buch werden Sie ihn immer dabei haben wollen!

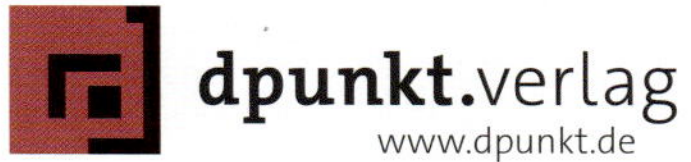

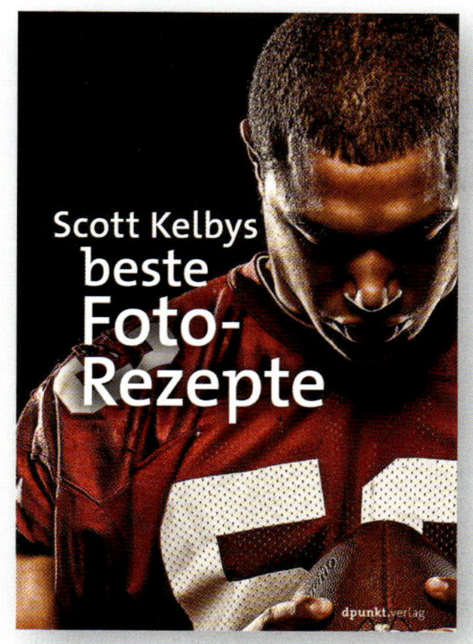

Scott Kelby

Scott Kelbys beste Foto-Rezepte

2017
332 Seiten, Festeinband
€ 29,90 (D)

ISBN:
Print 978-3-86490-437-0
PDF 978-3-96088-112-4
ePub 978-3-96088-113-1
mobi 978-3-96088-114-8

Der Bestseller ist zurück – mit dem Besten aus Scott Kelbys Büchern »Foto-Rezepte 1« und »Foto-Rezepte 2« sowie den »Foto-Sessions«.

Komplett aktualisiert und mit vielen neuen Tipps für richtig gute Fotos! Ein Buch für alle Einsteiger in die Digitalfotografie, zum Durchlesen, Stöbern und Nachschlagen.

Scott Kelby zeigt Ihnen, wie Sie Bilder machen wie ein Profi. Lernen Sie mit seinen Schnellrezepten, welches Zubehör Sie benötigen, welche Tricks Sie kennen sollten und wie Sie knifflige Probleme lösen.

Keine Theorie, nur Praxis pur – unterhaltsam und leicht verständlich präsentiert von einem der weltweit erfahrensten Trainer in der Digitalfotografie!

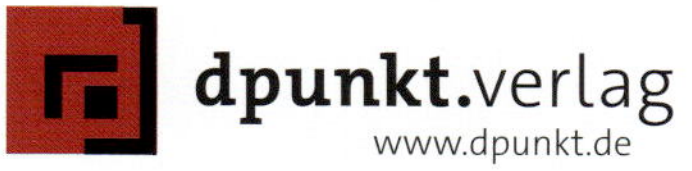